중국

다국적기업의 전략 변화 전망

자동차 산업의 미래

중국

다국적기업의 전략 변화 전망

자동차 산업의 미래

최병헌 지음

ksi 한국학술정보㈜

머리말

1978년 개혁 개방 정책을 실시한 이후 약 30년이 지난 지금, 중국은 미국, 일본에 이어 세계 3위의 자동차 생산대국이 되었다. 2006년 중국의 자동차 생산량은 약 728만 대에 달했으며 내수 판매량은 722만 대로 사상 처음으로 중국은 일본을 제치고 세계 2위 자동차 내수시장을 보유한 국가가 되었다. 특히 중국의 자동차산업에서 승용차 부문의 성장이 매우 눈부시다. 1992년 중국의 승용차(세단형) 생산량은 1991년 8만 대에 불과했으나 2002년 109만 대에 달했고 2006년에는 387만 대에 달했다. 중국 자동차산업에서 승용차 부문의 부상은 공급 측면에서 다국적기업의 역할 증대를, 수요 측면에서 1인당 소득의 증가를 의미한다. 아울러 다국적기업의 역할 증대와 국민소득의 증가는 중국 자동차산업 발전에 있어서 정부보다는 시장동력이 더욱 중요해졌음을 의미한다.

사실 중국 자동차산업은 다국적기업이 중국에 합자기업을 설립하기 시작한 1980년대 중반부터 지금까지 20여 년간 중국 특색의 사회주의 시장경제체제의 특징과 한계, 변화를 가장 잘 나타내주는 산업의 전형이라고 볼 수 있다. 산업정책의 수립과 추진 과정에서 중국 중앙정부와 지방정부, 국유기업과 다국적기업 간 긴장과 갈등이 끊임 없이 표출되었기 때문이다. WTO에 가입하기 이전까지 중국 정부의 자동차산업 관련 정책이 국유기업 보호와 다국적기업에 대한 진출 규제에 초점을 맞추었다면, WTO 가입 이후 중국 정부는 다국적기업에 대한 규제 완화와 시장경쟁을 통한 자동차산업 구조조정 촉진을 가장 중시하고 있다. 즉, 중국 자동차 기업의 대형화와 집중화를 도모함으로써 해외시장에서 인정받는 독자적인 승용차모델 개발 능력을 꾸준히 향상시키고, 이를 통해 중국산 자동차의 해외시장 진출을 더욱 적극적으로 추진하겠다는 것이다. 이제 자동차산업은 중국의 지속적인 경제성장과 산업 발전에 있어서 중국 정부와 기업의 미래를 향한 자신감이 가장 강력하게 응집된 산업이 되었다.

아울러 세계 경제에서 중국이 차지하는 비중이 계속 커지고 있듯이, 세계 자동차산업 발전에서 중국은 이미 반드시 고려해야만 하는 핵심지역이 되었다. 특히 세계 5위의 자동차생산 국가인 한국의 입장에서 중국 자동차산업의 부상은 각별한 의미를 갖는다. 중국의 부상은 한국 자동차산업의 지속적인 성장 발판 마련이라는 기회 요인과 더욱 치열해진 경쟁상황이라는 위협 요인을 동시에 가지고 있기 때문이다. 이 책은 이러한 현실적 배경과 학술적 접근의 필요성을 바탕으로 쓰여진 것이다. 책의 구성과 내용은 기본적으로 필자가 2006년에 작성한 박사학위 논문을 그대로 준용하였다. 다만 학위 논문에서 제시하였던 통계자료는 2005~2006년 자료로 바꾸었고, 이에 따라 일부 내용이 수정되고 보완되었다. 이 책은 모두 7장으로 구성되어 있으며, 가장 핵심적인 부분은 제4장, 다국적기업의 중국 자동차산업 진출현황과 추이, 그리고 제5장, 다국적기업의 중국 자동차산업 진출전략 분석이다. 4장과 5장을 바탕으로 제6장에서는 향후 20여 년간 중국 거시경제발전 상황과 자동차산업 정책, 구조 변화와 함께 다국적기업의 전략 변화 방향을 전망하였다.

어느 책의 저자나 마찬가지이겠지만 필자도 앞으로 이 책이 자동차산업에 종사하는 기업인들과 중국 산업과 기업을 연구하는 학자들 및 중국 자동차산업과 기업발전에 관심이 있는 일반인들에게 널리 읽혀지고 회자(膾炙)되었으면 하는 바람이 있다. 물론 이 책이 중국 자동차산업의 미래를 내다보고, 현대자동차를 포함한 다국적기업들의 對중국 전략 변화를 세심하게 짚어보는 데 미흡한 면이 있다. 중국 자동차산업의 발전 과정과 현황에 대한 분석을 중심으로 논리를 전개하다 보니, 다국적기업의 전략 변화 방향을 제시함에 있어서 근거 부족과 논리의 비약이라는 지적을 피해갈 수 없기 때문이다. 이 책의 미흡한 부분과 수정 및 보완이 필요한 부분에 대해서는 독자 여러분의 적극적인 지적과 조언을 바란다. 독자들의 소중한 지적과 의견들은 향후 증보판 출판 기회가 주어진다면 최대한 반영할 계획이다.

마지막으로 이 책이 나오기까지 지도편달을 아끼지 않으셨던 한국외국어대학교의 강준영 교수님과 오승렬 교수님, 원종근 교수님, 그리고 이 책의 기본 골격이 된 필자의 학위논문에 대해 따끔한 충고와 조언을 주셨던 박장재 교수님과 박상수 교수님께도 진심으로 감사드린다. 아울러 단행본 출판 제안을 주시고 편집과 수정 작업을 맡아주셨던 한국학술정보㈜의 신재훈 팀장님과 김상희 선생님께도 깊은 감사의 마음을 전하고 싶다. 책 집필 기간 동안 바로 옆에서 필자를 묵묵히 지켜봐 준 소중하고 사랑스런 딸, 리아와 아내, 현진에게도 아빠로서 남편으로서 그동안 제 역할을 다하지 못한 미안함과 함께 첫 출판의 기쁨을 전하고자 한다. 무엇보다도 필자 주변에 소중한 사람들을 보내주시고 책 집필 과정에서 좋은 분들을 만나게 해 주셨으며, 건강과 지혜를 허락하신 하나님께 감사드린다.

2007년 10월
중국 상하이에서, 저자 최 병 헌

목 차 ● ● ● ● ● ●

제1장 서론

  중국 자동차산업이 공급과잉이라는 항간의 우려에도 불구하고 지칠
줄 모르게 성장하고 있다. 2006년에 중국은 총 727.9만 대의 자동차를
생산하여 미국, 일본에 이어 세계 3대 자동차 생산대국이 되었다. 또한
자동차 내수판매량은 721.6만 대에 달해 일본을 제치고 세계 2위가 되
었다. 2006년에 중국의 자동차 생산량과 판매량은 전년 대비 각각
27.5%, 25.3% 증가하였고 2007년에는 자동차 생산량과 판매량이 900
만 대에 달할 것으로 예상된다. 바야흐로 중국의 자동차산업은 적어도
양적인 측면에서는 최고의 부흥기를 맞이하고 있다. 중국이 세계 3대
자동차 생산국이자 2위 소비국이 되었다는 사실과 승용차 부문의 급성
장 및 자동차산업이 중국경제에서 차지하는 비중이 계속 증가하고 있
다는 점은 다음 세 가지 측면에서 큰 의미를 갖는다.
  첫째, 중국의 자동차산업이 신속하게 세계 자동차산업의 체제 속에
편입되고 있다는 점이다. 즉, 세계 자동차산업에 있어서 공급과잉 현상
과 신차개발비용의 증가는 전세계 다국적기업들로 하여금 생존을 위한
치열한 경쟁과 상호협력이라는 두 가지 과제를 동시에 요구하고 있다.
아울러 연구개발과 부품조달, 제조 및 판매에 이르기까지 기업활동의
가치사슬(Value Chain)에서 자동차산업이 갈수록 범세계적 산업(global

industry)이 되어 가고 있어, 중국에 진출한 다국적기업들은 對중국 사업계획을 중국뿐만 아니라 세계시장의 관점에서 수립하지 않으면 안 되게 되었다. 즉, 중국 자동차시장을 포괄하는 범세계적 전략의 수립과 추진능력은 과거보다 더욱 중요한 기업역량이 된 것이다.

둘째, 중국 자동차시장에서 시장동력의 증가이다. 우선 수요 측면에서 공공부문 수요의 감소와 민간 수요의 증가는 중국에서 승용차 생산 및 판매 증가와 함께 두드러지게 나타나고 있다. 1995년 중국 승용차의 용도별 수요비중을 살펴보면 공무용 승용차의 비중이 64%로 택시, 운수업 등 영업용(21%)이나 가정용(15%) 비중보다 훨씬 높았다. 하지만 2004년 공무용 승용차 비중은 35% 수준으로 떨어진 반면 가정용 승용차의 비중은 40%를 넘어선 것으로 나타났다. 공무용 승용차에 대한 수요가 감소한 가장 큰 이유는 국유기업 개혁 및 외자기업과 사영기업의 급성장으로 인해 중국경제에서 공공부문이 차지하는 비중이 계속 축소[1])되고 있기 때문이다. 또한 2005년 현재 중국에서 민간 보유 자동차는 약 3,160만 대였는데 그중 법인을 제외한 개인이 보유한 자동차는 1,848만 대로 민간 보유 자동차의 60%에 육박하였다.

공급 측면에서도 중국의 자동차산업에서 주요 자동차기업들의 시장지배력이 갈수록 커지고 있다. 2001년 8대 자동차기업[2])이 중국의 전체 자

---

1) 중국의 공업생산에서 국유(State-owned) 및 국유주식제(State-controlled) 기업 숫자는 2000년 5만 3,489개, 2002년 4만 1,124개, 2005년 2만 7,477개로 감소하였고 중국의 공업생산 부가가치증가액에서 국유 및 국유주식제기업이 차지하는 비중은 2000년 54.3%, 2002년 48.3%, 2005년 37.6%로 계속 떨어졌음(中國統計年鑑 2006, 526).
2) 중국정부는 1987년 이후 전국에 난립한 자동차기업들을 3大(디이, 상하이, 둥펑), 3小(베이징, 톈진, 광조우), 2微(창안, 구이조우) 등 8개 기업을 중심으로 대형화, 집중화하는 작업을 실시하여 왔음. 하지만 중국이 WTO에 가입한 뒤에는 자동차산업에서 '3大3小2微'라는 용어는 거의 사용하지 않고 있으며 3大기업과 창안자동차를 제외하면 기존 8대 기업의 구성도 많이 바뀌었음.

동차 생산에서 차지하는 비중은 80% 수준에 육박하였다. 주요 자동차기업들의 시장지배력이 커지면서 자동차산업정책 수립에 있어서 이들 기업의 입장표명이나 의견제시가 실질적인 영향력으로 작용하고 있다. 아울러 주요 자동차기업의 합자 파트너인 다국적기업들의 기술력과 정보력은 여전히 중국 파트너들보다 우월한 지위를 유지하고 있다. 이젠 중국 자동차산업을 살펴봄에 있어서 산업정책이나 정부 역할보다도 각 기업들의 전략과 성과에 더욱 큰 관심을 가져야 하는 시기가 된 것이다.

셋째, 자동차산업 발전에 있어서 중국정부 역할의 변화이다. 1980년대 중반부터 다국적기업들이 본격적으로 중국에 진출하면서 중국 자동차시장은 서서히 공급자 시장에서 수요자 시장으로 발전해 왔다. 특히 1990년대 중반 이후 자동차산업의 중심이 상용차에서 승용차 부문으로 이동하면서 중국의 자동차산업은 정부가 주도하는 산업발전 모델에서 점차 탈피, 시장에 의해서 움직이기 시작했다. 하지만 동시에 중국의 도시화, 산업화로 인한 원유소비의 급증과 환경오염 및 국제 원자재 가격의 불안정성 등은 정부개입의 새로운 근거를 제공하고 있다. 즉, 중국정부는 에너지수요 급증과 고유가 및 환경오염으로 인한 손실이 지속 가능한 고도 경제성장 발판 마련에 큰 타격을 가할 수 있다는 위기의식을 갖기 시작했다. 따라서 중국정부는 본격적인 승용차 대중화 시대에 대비하여 에너지 절감형, 친환경 자동차의 생산과 소비촉진을 위해 뭔가를 해야만 하는 입장에 놓여 있다고 볼 수 있다.

이제 '중국 자동차 산업의 미래: 다국적기업의 전략변화 전망(이하, 본 연구)'에서는 완성차 제조 부문의 다국적기업들이 對중국 진출전략을 어떻게 변화시켜 왔는지, 변화의 동인(動因)은 무엇인지 분석하고자 한다. 또한 중국 자동차기업3)의 경영전략 변화도 다국적기업의 진출전

---

3) 본 연구에서 중국 자동차기업은 대형 국유(국영)기업 및 집체기업, 중소형 국유기업, 민영기업 등 중국 본토(indigenous)기업을 가리키며, 중국에 진출

략 변화라는 측면에서 함께 살펴보고자 한다. 한편 경영전략이란 경쟁에서 이기기 위해, 또한 목표 달성을 위한 수단으로서 특정 기업이 다른 기업들보다 유리한 상황에서 경쟁할 수 있도록 뭔가를 계획하고 실행하는 것까지 포함한 개념이다(조영복·정동섭 2003, 17). 중국 자동차산업에 대한 다국적기업의 진출전략 및 중국 자동차기업의 경영전략에 대한 연구는 앞서 언급한 중국 자동차산업의 세 가지 측면의 함의를 도출하고 중국 자동차산업을 전망하는 데 매우 유용하게 활용될 수 있을 것이다. 아울러 본 연구는 중국 자동차산업 발전에 대한 거시적 분석보다는 중국 자동차기업 및 다국적기업의 활동에 초점을 맞춘 미시적 분석이 현재 중국 자동차산업의 역동성과 다양성 및 향후 발전방향을 진단하는 데, 더 나은 접근방법이라는 판단하에 수행되었음을 밝혀 둔다.

한 다국적기업 및 중국 파트너와 합자나 합작으로 설립한 다국적 합자기업은 제외하였음. 한편 중국 자동차기업은 거의 대부분 국유나 국영기업임.

제1절 연구목적 및 필요성

1. 연구목적

본 연구, '중국 자동차 산업의 미래: 다국적기업의 전략변화 전망'의 연구목적은 다음과 같이 다섯 가지로 정리할 수 있다.

첫째, 중국 자동차산업 및 세계 자동차산업의 발전현황과 특징을 파악하기 위함이다. 세계 자동차산업은 1990년대에 공급과잉과 비용 상승, 국제 유가의 불안정 및 환경기준의 강화 등의 요인으로 인해 대대적인 구조조정 시기를 겪었다. 이러한 세계 자동차산업 구조조정의 소용돌이 속에 다국적기업 간 전략적 제휴와 인수합병은 상시적인 현상이 되었다. 한편 1992년에 사상 처음으로 자동차 생산량이 100만 대를 넘었던 중국은 2000년 207만 대, 2002년 325만 대, 2004년 507만 대, 2006년 723만 대에 달해, 이미 미국, 일본에 이어 세계 3대 자동차 생산국으로 자리 잡았다. 질적인 측면을 떠나 적어도 양적인 측면에서 중국 자동차산업은 지난 20여 년 동안 눈부신 성장을 거두었으며, 이제 세계 자동차산업을 논함에 있어 미국, 일본, EU와 함께 중국을 고려하지 않으면 안 되는 시점을 맞이한 것이다. 이에 본 연구에서는 세계 자동차산업의 동향과 특징을 짚어 보고 그 속에서 중국 자동차산업의 발전 상황과 특징을 심층적으로 분석해 보고자 한다.

둘째, 본 연구는 중국 자동차산업에 진출하기 위한 다국적기업들의 경영전략 변화 추이와 향후 전략 수립의 방향을 분석하는 데 중점을 두었다. 1980년대 중반 이후 중국 자동차산업에 본격적으로 진출하기 시작한 다국적기업들은 수출 위주의 전략으로부터 기술 라이센싱, 공동 생산, 위탁판매 형태의 非지분형과 지분형 제휴단계를 거쳤으며, 합자 기업 설립에 이르기까지 중국 자동차기업과 전략적 제휴를 對중국 진출전략의 핵심으로 삼아 왔다고 할 수 있다. 따라서 중국 자동차산업에서 다국적기업과 중국 자동차기업간 전략적 제휴 유형과 성격 변화를 파악하는 것은 중국 자동차산업 발전의 동력과 구조를 이해하는 데 매우 중요하다.

한편 2005년 말까지 '6+3'⁴⁾이라고 불리며 세계 자동차산업을 이끌어 가는 다국적기업들은 모두 중국시장에 진출하였다. 중국이 '세계의 공장'이자 '세계의 시장'으로 부상하면서 가전이나 IT산업처럼 중국 자동차시장도 이미 다국적기업의 격전장이 되었다. 특히 2005년에는 자동차 공급과잉과 판가하락으로 전년 대비 중국 자동차산업 매출액 증가율이 10.7%에 그쳐, 2003년과 2004년 매출액 증가율, 각각 37%, 12.2%에 비해 증가율이 많이 둔화되었다. 특히 2005년 중국 자동차산업에서 완성차 부문의 세전 이윤총액은 581억 위엔으로 2004년(708억 위엔)보다 무려 127억 위엔 하락했다(中國汽車工業年鑑 2006, 533). 1999~2005년까지 지속적으로 증가했던 이윤총액이 2005년에는 전년 대비 마이너스 증가율(-7.7%)을 기록한 것이다.

중국 자동차기업 간 경쟁이 점차 치열해지고 공급과잉에 대한 우려가

---

4) 일반적으로 세계 자동차산업에서 '6+3'의 6대 기업은 세계적인 판매망과 연간 500만 대 이상의 양산체제를 구축한 GM, 포드, 다임러 크라이슬러, 폭스바겐, 토요다, 르노-닛산 등이며 3개 기업은 기술과 브랜드로 특화된 PSA 푸조-시트로앵, BMW, 혼다를 지칭함. 한편 다임러 크라이슬러는 2007년 8월, 다임러 그룹이 크라이슬러의 지분 80.1%를 전량 매각함으로써 1998년 합병 이후 9년 만에 지분제휴관계가 완전히 청산되었음. 다만 본 연구에서는 다임러와 크라이슬러 간 인수합병 종료 이전 관계에 초점을 맞추어 하나의 기업으로 기술하였음.

점점 커지고 있는 상황에서 전체 산업에 대한 분석 못지않게 각 기업의 경영성과와 경쟁우위 요인에 대한 분석이 중요한 연구주제로 부상하였다. 현재 중국 자동차산업의 기업 군은 생산규모와 지배구조에 따라 대형 국유기업(주류 자동차기업)과 다국적기업, 다국적 합자기업5) 및 민영기업6)과 중소 국유기업(非주류 자동차기업) 등 대략 네 그룹으로 나눌 수 있는데, 최근 중국정부의 산업정책에 대한 각 그룹별 이해관계가 대립하는 경우가 점차 많아지고 있다. 중국정부는 2004년 6월에 발표한 '자동차산업 발전정책'(이하, 신정책)에서 대형 국유기업과 다국적 합자기업들을 중심으로 자동차산업 구조조정을 꾸준히 추진해 나가려는 의지가 강한 것으로 드러났다(서석흥 2004). 하지만 이러한 정책적 의지가 시장에서 얼마나 실현될 지에 대해서는 섣불리 예단하기 어렵다. WTO 가입과 함께 중국 자동차산업은 다국적기업의 세계화 전략에 속속 편입되기 시작했고 중국 자동차기업들은 상시적으로 발생하고 있는 전략적 제휴와 인수합병의 대상이자 주체로 등장하였기 때문이다. 중국 자동차산업의 발전방향을 전망함에 있어 산업정책보다도 각 기업들의 경영전략, 특히 다국적기업들의 글로벌 플랜(Global Plan)이 무엇인지를 정확히 파악하는 것이 갈수록 중요해지고 있는 것이다.

  셋째, 중국 자동차산업의 발전양상 및 자동차기업 경영성과의 변화가 다국적기업의 對중국 진출전략 변화에 미치는 영향을 살펴보고자 한다.

---

5) 본 연구에서는 중국 자동차기업(거의 대부분 국유기업)과 다국적기업이 공동출자(보통 50 : 50)로 설립한 합자기업을 다국적 합자기업이라고 지칭하였음. 대형 국유기업 산하에는 톈진이치샤리와 같이 중국기업 간 설립한 합자기업도 존재하기 때문임. 한편 중국기업과 다국적기업의 합자기업 설립 및 출자현황에 대해서는 본 연구 제4장 1절 <도 4-1>과 <도 4-2>를 참조.

6) 2005년 현재 중국 자동차산업에서 대표적인 민영기업으로서 지리(吉利)자동차를 들 수 있음. 한편, 서석흥(2004)은 지리(吉利)자동차와 치루이(奇瑞)자동차, 허페이(哈飛)자동차 등 중대형 국유기업과 민영기업을 합쳐, 非주류 민족기업이라고 지칭하였음.

세계 3대 자동차 생산국이자 시장으로 부상한 중국에서 자동차산업은 WTO 가입을 전후하여 구조적 변화를 겪고 있다. 중국 자동차기업의 자주적인 신차개발과 해외시장 진출성과에 대한 평가와 반성도 그러한 구조적 변화의 중요한 산물이라고 할 수 있다. 즉, 중국 자동차산업은 다국적기업과 제휴와 협력을 통한 양적인 성장보다는 중국 자동차기업이 주체가 되는 질적인 성장을 주문하는 시기를 맞이하고 있는 것이다. 문제는 중국 자동차산업의 현실이 중국정부와 기업인, 학자들의 의지나 계획대로 잘 움직이지 않는다는 데 있다. 무엇보다도 중국 자동차산업의 핵심으로 부상한 승용차 부문에서 다국적기업 우위가 계속 유지되고 있기 때문이다.

결국 중국 자동차산업에서 자주적인 신차개발 및 독자모델의 해외시장 진출은 다국적 합자기업 설립 위주의 성장모델만으로는 한계가 있으며, 뭔가 새로운 성장모델을 찾아야 할 시점인 것이다. 본 연구는 양적 성장에서 질적 성장으로 전환하려는 중국 자동차산업의 발전양상에서 다국적기업의 중국진출 전략 변화와 중국 자동차기업의 경영전략의 변화가 긴밀하게 맞물려 있다고 보았다. 즉, '非지분형 제휴→지분형 제휴→합자기업 설립→인수합병 및 단독투자'로 나아가는 일련의 흐름은 다국적기업이나 중국 자동차기업에서 함께 나타나고 있으며, 시장을 통한 단타거래(수출입)에서 수평적 통합(전략적 제휴) 및 수직적 통합(인수합병)을 이루어 가려는 양측의 움직임도 일관되게 포착되었다. 개별 기업의 경영성과와 사업목표에 대한 비교, 분석은 전략 변화를 촉진하는 요인과 함의를 도출하는 데 있어서 실증적인 접근을 가능하게 할 것이다.

넷째, 본 연구는 자동차산업 육성을 위한 산업정책 및 중국정부의 역할 변화에 대해서도 살펴보고자 한다. 중국정부가 자동차산업을 지주(支柱)산업으로 지정하여 정책적 지원과 육성에 본격적으로 나서기 시

작한 때는 1980년대 중반부터라고 할 수 있다. 그 이전의 자동차산업
에 대한 정책은 군수물자 지원, 공공부문의 수요충족 등 정부의 계획과
지령[7]에 의한 생산량 할당 수준에 머물렀다고 볼 수 있다(하상조
1997, 476~477). 중국정부는 자동차산업에서 기업난립, 저효율, 저품질
및 영세성 문제를 해결하기 위해 1980년대 중반부터 '7.5 계획', '2000
년 계획', '8.5계획'을 순차적으로 추진하였다. 이러한 정책들이 일관적
으로 강조하고 있는 것은 상용차에서 승용차 생산 위주로의 전환, 자동
차 생산의 집중화와 전문화 추진, 자주적인 신차개발능력 향상 및 중국
자동차기업 보호를 위한 다국적기업의 진입 제한으로 요약할 수 있다.

아울러 중국정부는 1994년 2월에 '자동차공업산업정책'을 발표하여
승용차 부문을 중심으로 국제적인 경쟁력을 갖춘 3~4개의 대형기업을
집중 육성, 기술혁신과 규모의 경제를 달성하겠다는 의지를 밝혔다. 중
국이 WTO에 가입한 이후 2004년 6월에 발표된 신정책에서 중국정부
는 자동차산업의 대형화와 집중화 기조를 기본적으로 유지하면서 신규
진입 요건의 강화, 독자모델 개발 및 독자브랜드 육성, 다국적 합자기업
수출지원 및 완성차와 부품 수입 요건 강화 등을 구체적으로 명시하였
다. 이러한 산업정책들에 대한 평가[8]는 그 기준과 평가시점에 따라 얼
마든지 달라질 수 있다. 분명한 것은 자동차산업 발전에 있어서 중국정

---

7) 1982년 중국 전체 자동차 생산량(15.2만 대)에서 지령계획에 의한 생산량의
   비중은 92.3% 수준에 달했으며 1986년과 1989년 지령계획 생산량 비중은
   각각 36.1%, 22.2%로 하락하였음(하상조 1997).
8) 1980년대 이후에 실시된 중국 자동차산업정책에 대해서는 정책목표 달
   성에 대체로 실패하였다는 이유로 부정적인 평가가 주류를 이루고 있음. 특
   히 1994년 '자동차공업산업정책'에 대해 서석홍(2004), 정환우(2004) 등은
   중국 자동차기업의 영세성 지속, 독자개발능력 미비 및 다국적기업의 영향
   력 강화 등을 근거로 실패하였다고 주장하였음. 하지만 다국적기업과 합자
   를 통한 기술과 자본의 도입 및 승용차 부문 육성정책은 그 당시 중국 자동
   차산업의 수준과 특성을 고려할 때, 실패라고 단정 짓기에는 어려운 측면이
   있음.

부의 역할과 위상이 과거에 비해 많이 약화되었다는 점이며 자원과 환경 등 질적 성장의 중요성에 대한 인식이 확산되면서 정부 역할이 과거와 달라지고 있다는 점이다. 이에 본 연구에서는 자동차산업 발전에 있어서 중국정부의 역할과 의지 및 영향력을 분석해 보고자 하였다.

마지막으로 중국 자동차산업 수요자에 관한 분석을 통해 중국 소비시장의 발전현황 및 발전전망을 짚어 보고자 하였다. 세계 대부분의 나라(지역)에서 자동차는 주택과 함께 최고급 내구재로서 받아들여지고 있다. 따라서 자동차, 좀 더 정확히 말하면, 승용차에 대한 수요는 그 나라의 경제력이나 개인들의 소득수준과 밀접한 관계를 가지고 있다. 중국의 경우 1인당 GDP가 1,000달러를 넘어서면서 연해지역 도시주민을 중심으로 중국도 '승용차 대중화 시대(Motorization)[9]'에 접어들었다고 볼 수 있다. 또한 2004년 중국 도시가구의 1인당 가처분소득은 9,422위엔으로 2003년 대비 11.2% 늘어났으며, 2005년 1인당 가처분소득은 1만 493위엔(약 1,280달러)에 달해, 사상 처음으로 1만 위엔을 넘어섰다(中國統計摘要 2006, 108).

2004년 상반기까지 인구 1,000명당 승용차 보유량은 5.16대로 파키스탄(8.4대)이나 내몽고(14.9대)보다 적은 것으로 분석되었다(中國汽車報 2004 / 09 / 07). 아울러 2005년 중국 도시 100가구당 내구재 보유량을 살펴보면 승용차 보유량은 3.37대에 불과, 냉장고(90.7대), 에어컨(80.7대) 등 다른 내구재들과 비교할 때 승용차는 아직 대중적인 보급 단계에 들어서지 못한 것으로 나타났다(中國統計年鑑 2006, 353). 그

---

9) 박경서(2003)는 한국, 일본, 미국, 브라질 등 4개국에 대한 실증분석에서 인구 1천 명당 승용차 보급대수가 20대가 되는 시기를 모터라이제이션 진입시점으로 보았음. 또한 중국의 경우 2000년, 인구 1천 명당 승용차 보급대수가 6.7대 수준에서 지역에 따라 2006~2017년 사이에 승용차 보급대수가 20대에 달할 것으로 추정하였음. 1991~2025년 중국의 승용차(자동차)보급량 추정과 전망에 대해서는 본 연구 말미의 <부표 9>를 참조.

만큼 승용차 내수시장의 발전여력이 무궁하다는 의미다. 따라서 향후 중국의 승용차 수요량을 예측하고 자동차 소비시장 발전에 영향을 주는 변수들을 구체적으로 짚어 보는 것은 작게는 고급 내구재시장에 대해, 크게는 중국 전체 내수시장의 발전전망 및 한계에 대해 의미 있는 정보를 제공하여 줄 것이다.

2. 연구 필요성

본 연구의 필요성은 앞서 다음과 같이 다섯 가지로 정리할 수 있다.

첫째, 자동차산업이 중국경제와 한국경제에서 차지하는 비중이 크며, 중국 자동차산업이 발전할수록 정부보다는 시장의 역할이 점점 중요해지고 있다는 점이다. 중국 자동차산업의 생산총액(부품 포함)이 전체 공업생산총액에서 차지하는 비중은 1994년 2.8%에서 2003년 5.9%까지 증가하였다. 또한 자동차산업 부가가치총액이 중국 GDP에서 차지하는 비중도 1994년 1.1%에서 2003년 1.8%까지 늘어났다. 다만 2004~2005년 중국 자동차산업의 공업생산총액이 차지하는 비중은 각각 4.7%, 4.1%로 떨어졌고 GPD 대비 부가가치 비중도 1.6%, 1.2%로 하락했다. 한편 2005년 말까지 중국 자동차산업 종사자는 약 166.9만 명으로 같은 해 중국 전체 임금 근로자[10](1억 850만 명)의 약 1.5%를 차지하였

---

10) 中國統計年鑑 2006(pp.125−131)에 의하면, 2005년 말까지 중국의 정규직 임금근로자(在崗職工人數: number of staff and workers)는 1억 850만 명이었으며, 업종별로는 제조업 종사자가 3,097만 명(28.5%)으로 가장 많았고, 소속 기업(기관)별로는 국유단위가 6,232만 명(57.4%), 도시 집체단위가 769만 명(7.1%), 외자, 사영기업 등 기타 단위가 3,849만 명

으며, 1995년 195.3만 명, 2000년 178.1만 명에 비해 자동차산업 근로
자 숫자는 오히려 줄어들었다. 중국 자동차산업에서도 노동보다는 자본
집약도가 점점 높아지고 있는 것이다. 한국의 경우 자동차산업이 2005
년 제조업 생산총액의 11.5%, 기계산업 생산총액의 34.6%, 제조업 부
가가치총액의 10.2%, 기계산업 부가가치총액의 32%를 차지하였다. 또
한 2005년 자동차산업에 직간접적으로 종사하고 있는 인원은 약 157만
명으로 전체 취업자(1,515만 명)의 10.4%를 점유하여, 한국경제에서 중
추산업으로서의 위상을 확고히 다지고 있다.

2005년 중국 자동차산업의 수출액(167.7억 달러)이 중국 전체 수출
액(7,619.5억 달러)에서 차지하는 비중은 약 2.2% 수준으로 아직도 매
우 낮다.[11] 반면 한국 자동차산업의 2005~2006년 수출액은 각각 293
억 달러, 327억 달러로 전체 수출액에서 차지하는 비중이 10% 수준을
유지하였고(한국자동차공업협회 2007), 매년 반도체산업과 함께 한국의
수출산업 1위 자리를 다투고 있다. 한편 중국의 자동차 내수시장 규모
는 2006년에 일본을 제치고 세계 2위가 되었으며[12] 한국은 2006년 자
동차 생산량(384만 대)에서 프랑스(328만 대)를 제치고 2005년에 이어
5위를 유지하였다. 한국에서 자동차산업은 반도체, 전자, 정보통신산업
과 함께 이미 핵심산업으로서 자리매김하였으나, 중국의 자동차산업은
적어도 질적인 측면에서는 아직 발전 초기단계에 있다고 할 수 있다.
즉, 중국 자동차산업이 다국적기업과의 합자를 통한 양산능력 축적단계

(35.5%)을 차지하였음.

11) 중국 자동차산업의 무역적자는 1992년 1억 2,644만 달러에서 2003년
68억 1,322만 달러로 크게 늘어났음. 다만 2004년에는 수입 168억 6,737
만 달러, 수출 127억 6,635만 달러로 41억 102만 달러의 무역적자를 기록,
2003년보다 적자 폭이 줄어들었음(中國汽車工業年鑑 2005, 263).

12) 한국의 자동차 내수시장 규모는 2006년 120.6만 대로 2005년 117.3만 대
대비 약 2.8% 증가하였으나 증가세가 거의 정체되었고 세계 내수시장 순
위는 2004년과 마찬가지로 13위를 차지하였음.

에서 자주적인 신차개발능력 보유단계로 도약하기 위해서는 정부보다는 기업의 노력과 역할이 더욱 중요한 시점이 된 것이다.

둘째, 세계 어느 나라에서나 자동차산업은 전후방 연관산업에 대한 효과가 가장 큰 산업으로서 중국정부는 자동차산업을 차세대 전략산업으로서 지정하여 매우 중요하게 다루고 있다는 점이다. 자동차산업은 무려 2만 개의 부품을 필요로 하는 종합 기계산업이자 전자, 화학, 철강 등 첨단 복합산업이다. 자동차와 관련된 산업은 완성차 제조과정에서의 기계, 전기, 전자, 철강, 금속, 고무, 석유화학, 섬유산업 등과 완성차 제조 후 판매와 정비, 신용대출과 보험 등 금융 서비스업에 이르기까지 매우 광범위하다. 최근에는 차량용 GPS(Global Positioning System)나 무선 인터넷 등 최첨단 통신산업과 가솔린엔진을 대체하기 위한 연료전지[13]나 수소에너지 개발 등 에너지산업까지도 자동차산업과 깊은 연관을 지니게 되었다.

중국정부는 2004년에 발표한 신정책의 서두에서 자동차산업을 2010년까지 국민경제의 지주산업으로 발전시켜, 전면적 샤오캉(小康)사회 달성에 큰 공헌을 할 수 있도록 하겠다고 밝혔다(中國汽車工業年鑒 2005, 14). 아울러 신정책 제3장(기술정책), 제8~12조에서 중국정부는 향후 자동차산업 발전방향이 에너지절약과 환경보호에 부합할 수 있도록 적극 유도하고, 자동차산업이 신소재 개발 및 전자, 통신산업 등 첨

---

13) 현재 전 세계 친환경 및 에너지절약형 자동차 분야에서 본격적인 양산단계에 접어든 기술은 연료전지(전기)와 가솔린을 함께 사용하는 하이브리드(Hybrid)엔진 기술이며, HEV(Hybrid Electric Vehicle) 양산능력에서 도요타(프리우스), 혼다(인사이트), 닛산(티노) 등 일본기업들이 가장 앞서 나가고 있음. 특히 도요타의 프리우스(1,500cc)는 1997년 세계 최초로 양산을 시작한 하이브리드 승용차로서 연비는 리터당 25~30Km에 달하고 일산화탄소 등 유해물질 배출량은 가솔린엔진의 절반 이하로 줄이는 데 성공하였음. 도요타는 프리우스를 비롯한 하이브리드 승용차를 중국시장에 대중 승용차로서 보급하려는 계획을 추진 중임(마에마 다카노리(저), 박일근(역) 2004, 277~330).

단산업의 발전을 촉진시킬 수 있는 환경을 조성하겠다고 덧붙였다. 중국 자동차산업에서 첨단기술과 신차개발을 위한 중국 자동차기업과 다국적 합자기업들의 전략과 최근 동향을 면밀히 검토할 필요성이 계속 커지고 있는 것이다.

셋째, 중국 자동차산업에 진출한 다국적기업의 경영성과와 전략 변화에 대한 연구는 WTO 가입 이후 법과 제도, 기업관행에 있어서 소위 '국제적 표준(Global Standard)'을 지향하는 중국기업환경의 변화와 긴밀하게 맞물려 있다는 점이다. 사실, 중국이 WTO에 가입하기 전, 중국 내부에서는 WTO 가입으로 인해 자동차산업이 큰 타격을 받을 것이라는 우려의 목소리가 높았다. 각종 보호장벽 제거 및 관세 인하로 인한 수입부품과 수입차의 범람이 중국 자동차산업 기반을 약화시키고 국유 자동차기업들의 생존에 부정적인 영향을 주게 될 것이라는 전망 (Lardy 2000, 106~109, Ma and Wang 2001)이 우세하였던 것이다. 아울러 WTO 가입으로 중국 자동차산업에서만 150~500만 개의 일자리가 사라질 것이라는 각종 예측도 WTO 가입과 자동차산업에 대한 부정적 전망에 힘을 보탰다.

하지만 중국이 WTO에 가입한 지 6년이 지난 지금 중국 자동차산업은 생산량에서 세계 3위의 국가가 되었으며 수입차나 수입부품의 증가가 우려했던 만큼 심각한 충격을 가하지 않은 것으로 나타났다. 오히려 다국적기업의 기술이전 촉진으로 부품산업의 발전속도가 더 빨라졌고 중소형 국유기업과 민영기업 등 非주류 자동차기업을 중심으로 독자모델 개발과 완성차 수출이 촉진되는 등 긍정적인 효과가 더 많았다고 할 수 있다(Gregory W. Noble외 2005, 2). 물론, 중국 자동차산업에는 기업의 영세성, 품질과 기술격차, 저가수출구조 등 아직도 극복해야 할 과제가 많다. 하지만 중국 자동차산업에서 WTO 가입에 대한 깊은 우려감을 상당 부분 덜어낸 것은 높이 평가할 수 있으며, 그런 과정에서 주요 국유기업과 다국적 합자기업들이 중요한 역할을 하였다.

넷째, 최근 중국 자동차기업들의 해외진출(走出去)이 증가하고 있는데, 이들 기업의 해외진출 전략에 대한 연구는 자동차산업뿐만 아니라 철강, 기계, 전자, 석유화학 등 주요 연관산업의 중국기업 국제화 전략(international strategy)에 대해서도 값진 의견들을 제시할 것이라는 점이다. 2002~2005년까지 4년간 중국기업들의 해외직접투자 누계액(금융부문 제외)은 179억 달러에 달했고 연평균 36%씩 증가했다(백권호·서석흥 2006). 투자 분야도 과거 무역이나 운수, 요식업 중심에서 자원 공동탐사, 조립 및 가공공장 설립, 첨단산업, 원천기술 공동연구 등으로 갈수록 그 영역이 확대되고 있다. 또한 투자방식도 보상 및 가공무역 위주 계약에서 전략적 제휴, 인수합병, 주식취득, 해외주식시장 상장 등으로 다양해졌다.

사실 중국 자동차기업들의 해외진출 상황은 대체로 수출단계를 벗어나지 못하고 있으며, 수출도 이제 막 시작한 단계에 있다고 할 수 있다. 완성차의 경우 2005년 수출액이 15.1억 달러로 완성차 수입액(51.6억 달러)의 29.3% 수준에 머물렀다. 2005년 완성차 수출 대수는 16만 4,258대로 중국 전체 자동차 생산량(570.7만 대)의 약 2.9%에 그쳤다(中國汽車工業年鑑 2006, 337). 그러나 중국의 완성차 수출추이를 살펴보면 1992년 6,375대에서 2000년 2.7만 대, 2004년 13.6만 대로 10만 대를 훌쩍 넘어섰으며 2005년에는 16.4만 대에 달했을 만큼, 최근 3~4년 동안 완성차 수출량이 크게 늘어났다. 중국 자동차산업에서 이미 기업 간 치열한 경쟁구도가 형성되었지만, 이와 동시에 중국 자동차기업들은 동남아, 중남미, 아프리카 시장 개척 및 미국, 유럽 등 선진국 시장 진출에도 적극적인 의지를 보이고 있다. 해외시장 진출을 위해 완성차나 부품의 수출뿐만 아니라, 현지기업 인수합병, 위탁생산, 신차 공동개발, 장기 기술계약 등 진출전략도 갈수록 다양해지고 있다.

최근 상하이자동차가 2011년까지 5년 동안 30개의 신차를 독자적으로 개발하여 세계시장 공략에 박차를 가하겠다고 밝힌 것(조선일보 2006 / 04 / 11)은 중국 자동차산업에서 주류 기업들이 본격적으로 해외진출에 나서기 시작한 것으로 풀이할 수 있다.

　마지막으로 중국 자동차산업에서 수요 증가에 관한 연구는 중국 소비시장 발전현황과 앞날을 예측하는 데 유용한 정보를 제공할 것이라는 점이다. 세계 자동차산업에서 중국의 위상이 급상승한 것은 분명히 중국 도시주민들의 소득 증가에 힘입은 바 크다. 현재 중국에서 승용차를 구입할 수 있는 실수요계층은 1인당 가처분소득이 1만 위엔(약 1,250달러) 이상인 도시가구로서 주로 최고소득 및 고소득 계층[14]의 도시가구가 이에 해당된다고 할 수 있다. 이들 계층의 가처분소득은 2001년 각각 1만 5,115위엔, 1만 375위엔에서 2005년 각각 2만 8,773위엔, 1만 7,203위엔으로 증가하였고 최근 3년간 연평균 증가율이 각각 18.6%, 12.9%에 달했다(中國統計年鑑 2006, 351). 이는 같은 기간 동안 도시가구 평균 가처분소득의 연평균 증가율(11%)보다 높은 수준이다. 한편 상위중소득 도시가구의 1인당 가처분소득도 2003년에 1만 위엔을 돌파하여 승용차 구매가능 계층의 저변이 더욱 확대되었다.

　아울러 2003~2005년 중국 GDP 증가율이 10%에 달했고 2006년에는 10.7% 상승하였으며 2007년 상반기에는 GDP 증가율이 11.5%에 달했다(중국국가통계국 2007 / 7 / 19). 하지만 중국의 이러한 고도성장 추세는 소비보다 투자와 수출이 주도하고 있으며 소비가 차지하는 비중은 전반적인 감소세에서 좀처럼 벗어나지 못하고 있다. 2004년 7월, 중국국가통계국은 중국경제가 직면한 중대한 문제점으로서 '소비 부족'

---

14) 최저소득 가구: 소득수준 하위 10% 이하, 저소득 가구: 하위 11~20%, 하위중소득 가구: 하위 21~40%, 중위중소득 가구: 하위 41~60%, 상위중소득 가구: 상위 40~21%, 고소득 가구: 상위 20~11%, 최고소득 가구: 상위 10% 이상(中國統計年鑑 2005, 372).

을 공식적으로 지적하였으며 장기적으로 총지출 GDP 측면[15])에서 최종 소비율이 현재 50%대에서 70~80% 수준으로 올라갈 필요가 있다고 지적한 바 있다. 중국정부가 신정책 제12장(자동차소비), 제61~74조에서 자동차소비 촉진과 소비자권익 보호에 대한 구체적인 조항을 첨가한 것은 자동차 내수판매 증가가 고급 내구재 소비시장의 발전을 촉진하고 장차 소비가 중국경제를 이끌어 가는 데도 큰 공헌을 할 것이라는 판단에서 비롯되었다고 할 수 있다.

---

15) 중국국가통계국은 당해 연도 GDP 산출 시 생산 측면의 통계와 지출 측면의 GDP 통계를 함께 제시하고 있으며, 총지출 측면의 GDP 통계는 최종소비총액, 자본형성총액 및 서비스와 재화의 순 수출액 등 크게 세 가지로 나눌 수 있음(中國統計年鑒 2005, 63). 또한 최종소비총액은 주민소비와 정부소비로 이루어져 있고 자본형성총액은 고정자본형성(투자)총액과 재고증가액으로 구성됨. 한편 中國統計年鑒 2005(pp.51-65)를 살펴보면 생산 GDP 통계와 지출 GDP 통계가 연도와 지역에 따라 다소 차이가 나는데 중국국가통계국은 이에 대해 GDP 산출 시 발생하는 통계상의 오차라고 밝히고 있음(中國統計年鑒 2005, 63).

제2절 연구방법 및 범위

1. 연구방법

본 연구는 기본적으로 문헌연구를 바탕으로 이루어졌다. 이는 본 연구 주제의 성격과 분석대상이 현장조사나 설문조사보다는 신빙성 있는 통계자료 및 각종 문헌의 확보와 가공을 통해 더욱 잘 드러날 것이라고 판단했기 때문이다[16]. 우선, 제2장 중국 자동차산업에 관한 선행연구 검토 및 전략적 제휴와 인수합병에 관한 이론적 고찰은 국내외 논문과 연구보고서, 그리고 국제경영, 경영전략 이론에 관한 국내외 서적을 바탕으로 수행되었다. 제3장 중국 자동차산업과 세계 자동차산업의 발전현황과 특징에 대한 분석도 국내외 연구성과물들과 단행본을 참고하였고 주요 통계수치들은 한국자동차공업협회, 중국자동차공업협회 및 자동차산업에 대한 일본의 민간조사업체인 FOURIN의 자료들을 주로 참고하였다. 또한 중국 자동차산업과 세계 자동차산업의 관계 분석은 주로 중국문헌을 참고하였다. 제4장 중국 자동차산업에 대한 다국적기업의 진출요인과 현황에 대한 기술은 '중국자동차공업연감(中國汽車工業年鑒)' 각 호의 주요 기업집단 및 대외경제무역 부분을 집중적으로

---

16) 본 연구에 착수하기 전과 연구수행 중에 본 연구자는 베이징현대, 톈진이치도요타, 상하이GM 등 3곳의 중국 현지생산시설을 참관하였으며, 홍보(판매) 담당자와 인터뷰 기회를 가졌음. 그러나 현지업체 참관이나 관계자 인터뷰 결과가 본 연구 구상 및 연구진행에는 실질적인 도움을 주지는 못했고, 연구자 신분으로 현지방문을 통해 실질적인 도움이 될 만한 자료를 얻는 것은 사실상 한계가 있었음.

분석하였다. 아울러 각 자동차기업 홈페이지 경영자료와 중국언론 보도
자료를 정리하여 보완한 것도 연구수행에 큰 도움이 되었다.

　아울러 본 연구 제5장 중국 자동차산업에 대한 다국적기업의 진출전
략 변화에 관한 세 가지 분석은 각 기업들이 IR자료로서 발표하는 연
간보고서(Annual Report)와 각종 보도자료 및 홈페이지 기업정보들을
바탕으로 수행되었다. 5장 분석은 세 개로 나누어 진행하였는데 구체적
인 방법 및 분석 툴(tool)에 대해서는 5장 각 절의 분석방법에서 구체
적으로 언급하였다. 한편 문헌연구의 한계를 보강하고 연구 구상을 구
체화하기 위해 연구착수 전과 연구수행 중에 중국 현지 다국적 합자기
업 3곳에 대한 방문조사를 실시하였다. 방문조사의 가장 큰 목적은 관
계자 인터뷰에 있었으며, 인터뷰는 구조화된 설문지 형태가 아닌, 비구
조화된 질의응답 방식으로 실시하였다. 그러나 연구자 신분상의 제약과
기업 내부자료에 대한 접근 제한 등으로, 본 연구의 세 가지 분석을
뒷받침할 만한 구체적인 경영전략이나 내부 지배구조 및 중장기 발전
계획에 대한 자료 획득에는 엄연한 한계가 있었음을 미리 밝혀둔다.

2. 연구범위

　본 연구는 중국 자동차산업에 대한 연구이지만 연구초점은 다국적기업
과 중국 자동차기업의 경영전략 변화에 두었다. 앞서 언급하였듯이 본 연
구에서 중국 자동차기업이란 대형 국유(국영)기업 및 집체기업, 중소형 국
유기업, 민영기업 등 중국 본토기업을 의미한다. 중국 자동차기업과 다국
적기업이 공동출자(보통 50 : 50)하여 설립한 합자기업은 다국적 합자기업

이라고 지칭, 중국 자동차기업과 구분하였다. 사실 다국적 합자기업은 대형 국유기업 산하 합자기업이기 때문에 다국적 합자기업도 중국 자동차기업의 범주에 포함시킬 수도 있지만, 이런 식으로 중국 자동차산업의 기업들을 중국기업과 다국적기업으로 양분하면 용어의 범위가 너무 넓어지고 중첩되어, 논의 전개 및 함의 도출에 어려움을 겪을 가능성이 높다.

한편 중국자동차공업협회에서 매년 발행하는 '中國汽車工業年鑒'은 최종 생산물에 따라 자동차산업에 종사하는 기업들을 완성차(汽車), 차량개조(改裝汽車), 오토바이(摩托車), 차량엔진(發動机), 부품(零部件) 등 크게 다섯 가지 부문으로 분류하여, 각 부문별 통계를 제시하고 있다. 본 연구는 이러한 다섯 개 부문 중에서 완성차를 생산하는 기업을 중심으로 논의를 전개하였지만 각 기업의 경영성과 분석에서는 완성차와 부품 제조 등 다섯 개 부문의 성과를 모두 포함시켰다. 기업별 통계자료에서는 다섯 개 부문의 성과가 따로 제시되지 않기 때문이다.

아울러 본 연구는 국제경영 및 경영전략 측면에서 중국 자동차산업에 대한 다국적기업들의 진출전략 변화를 면밀하게 추적하였다. 다국적기업[17]이란 국경을 넘어 여러 국가에 퍼져 다양한 기업활동을 하고 있으면서도 기업 전체의 목표에 따라 일률적으로 통제, 운영되는 단일기업군이라고 정의할 수 있다(원종근 1995, 9). 일반적으로 경영전략에 관한 연구는 크게 전략내용에 관한 연구(strategy content research)와 전략과정에 관한 연구(strategy process research)로 나눌 수 있다(어윤대·방호열 1995, 26). 전략내용에 관한 연구는 기업이 목표를 달성하

---

17) 다국적기업에 대한 정의는 매우 다양하며 해외자회사의 수, 진출하고 있는 국가의 수, 모기업 주식소유의 국제적 분산 정도, 인적자원의 국적 분포, 해외생산 및 해외매출액 비중 등 여러 가지 기준에 의해서 정의되고 있음. 또한 다국적기업은 구미학자들에 의해 MNC(multinational corporation), MNE (multinational enterprise), TNC(transnational corporation) 등으로 다양하게 불리고 있으며 국제기업(international corporation)의 개념과 혼용되어 사용되고 있음(원종근 1995, 9).

는 데 있어서 특정 상황에서 어떤 종류의 전략이 다른 전략보다 더 나은지에 중점을 둔다. 반면 전략과정에 대한 연구는 기업전략이 수립되고 실행되며 변화되는 과정에 더 큰 관심을 가지며 기업 특유의 의사결정 과정 및 관리, 평가시스템에 대한 미시적 분석에 중점을 둔다.

본 연구는 중국 자동차기업의 전략내용에 대한 분석에 초점을 맞추었다. 한편 경영전략은 기업 경영자가 직면하는 의사결정 수준과 범위에 따라, 전략의 수준(level of strategy)을 나눌 수 있는데, 전략의 수준은 기업전략(corporate strategy), 사업전략(business strategy), 기능별전략(functional strategy) 등 크게 세 가지로 이루어져 있다(조용복·정동섭 2003, 어윤대·방호열 1995, Jay B. Barney 2002). 본 연구에서 경영전략은 기업전략에 중점을 두었으며, 그중에서도 전략적 제휴와 인수합병 전략에 주목하였다. 즉, 본 연구는 지난 20여 년간 다국적기업들이 중국 자동차산업에 진출함에 있어서 어떤 유형의 전략적 제휴를 추진하였으며, 그 동인(動因)은 무엇이었는지 또한 인수합병 전략은 어떻게 나타나고 있는지에 논의의 초점을 맞추었다. 이와 동시에 중국 자동차기업들은 다국적기업들의 진출전략 변화에 어떻게 대응하였는지에 대해서도 논의를 전개하였다.

한편 경영전략에서 전략적 제휴란 경쟁관계에 있는 두 개 이상의 기업들이 연구개발이나 생산, 판매 및 서비스 등 기업활동의 가치사슬에서 잠정적인 협조관계를 구축하는 것을 의미한다. 또한 인수합병[18]이란 새로운 사업에 진출하기 위해 기존 기업을 인수하여 자신의 조직 내로 흡

---

18) 인수합병에서 인수(acquisition)란 인수대상 기업의 경영권을 획득하기 위해 대상 기업의 주식이나 자산을 취득하는 것을 의미함. 또한 합병(merger)이란 서로 독립된 두 개 이상의 기업이 청산절차를 거치지 않고 소멸기업의 권리와 의무가 존속기업에 포괄적으로 이전되어 법률적으로 하나의 새로운 기업이 되는 것을 의미하고, 기업합병(merger)과 신설합병(consolidation) 두 가지로 나눌 수 있음.

수합병하든지 완전히 새로운 기업으로 신설합병하는 것을 의미한다(조영복·정동섭 2003, 204). 본 연구의 목차를 <도 1-1>의 연구진행 구성도에 맞추어 살펴보면, 제1장에서는 연구목적과 필요성에 대해 언급하고 연구방법 및 연구범위를 설정하여, 본 연구의 논제를 제시하였다. 제2장에서는 중국 자동차산업과 다국적기업의 중국진출에 관한 선행연구들을 검토하고 전략적 제휴와 인수합병에 관한 이론적 배경을 정리하였다.

제3장에서는 중국 자동차산업과 세계 자동차산업의 발전현황과 특징을 기술하였고, 외자도입 증가와 다국적 합자기업 역할 확대라는 측면에서 중국 자동차산업과 세계 자동차산업의 관계를 분석하였다. 제2장과 제3장은 본 연구의 논제에 관한 배경연구라고 할 수 있다. 제4장에서는 중국 자동차산업에 대한 다국적기업의 진출요인 및 다국적 합자기업 설립현황과 특징에 대해 기술하였다. 또한 다국적기업 진출전략 변화 추이와 특징에 대해서도 살펴보았다. 제4장은 제5장의 세 가지 분석을 수행하기 위한 연구배경을 제시하는 부분이라고 할 수 있다.

제5장은 중국 자동차산업에 대한 다국적기업 진출전략 변화를 세 가지 측면에서 분석하고 그 함의를 도출하는 부분이다. 제5장 분석은 중국 자동차기업과 다국적기업 간 체결된 전략적 제휴 유형과 성격에 관한 정성적(定性的) 접근과 중국 자동차산업 발전양상에 따른 바람직한 전략선택에 관한 정량적(定量的) 접근 등 두 방향에서 수행되었다. 아울러 자주적인 신차개발과 해외시장 진출이라는 두 가지 변수를 바탕으로 주요 자동차기업의 성과와 특징에 대한 분석을 첨가하였다. 제6장에서는 세 가지 분석결과와 분석방법의 성과와 한계에 대해 기술하였고 이론적 고찰 및 다국적기업의 對중국 진출전략 추이와 분석결과를 종합적으로 평가하였다. 또한 중국 자동차산업 발전과 거시경제 발전전망을 바탕으로 2025년까지 다국적기업의 중국 자동차산업 진출전략 변화 시나리오와 산업구조 개편의 방향을 내다보았으며, 한국 자동차산업

에 대한 시사점에 대해서도 살펴보았다. 제7장에서는 본 연구 결과를 요약하고 결론을 제시하였다. 제6장과 제7장은 본 연구의 분석결과와 분석방법에 대한 종합적인 평가와 전망을 중심으로 본 연구를 마무리하는 부분이다.

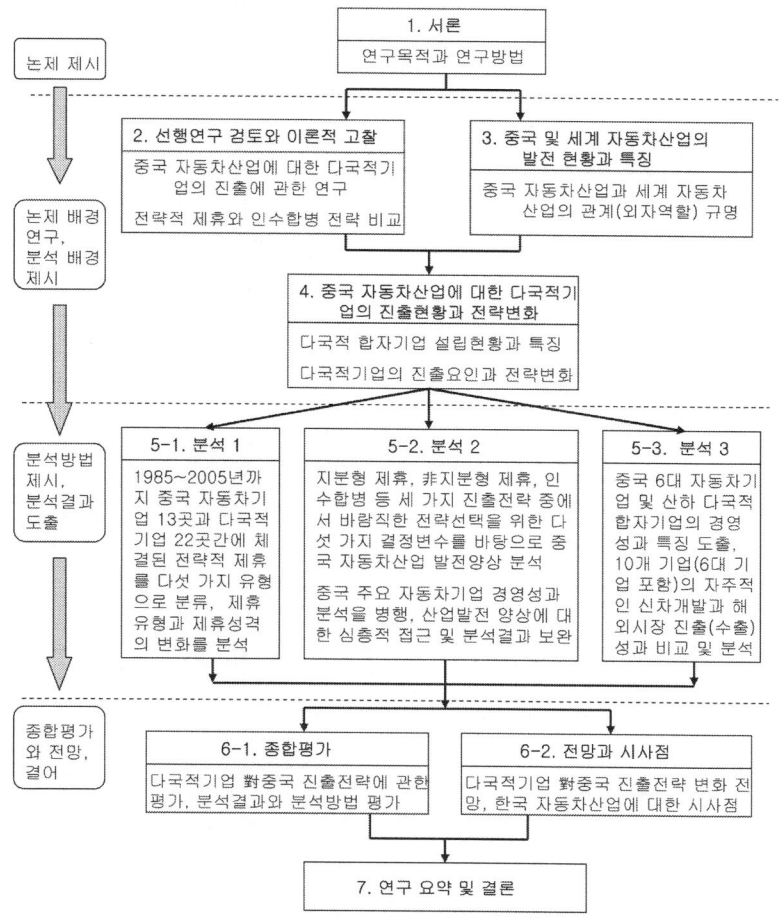

논제 제시

1. 서론
연구목적과 연구방법

논제 배경
연구,
분석 배경
제시

2. 선행연구 검토와 이론적 고찰
중국 자동차산업에 대한 다국적기업의 진출에 관한 연구
전략적 제휴와 인수합병 전략 비교

3. 중국 및 세계 자동차산업의 발전 현황과 특징
중국 자동차산업과 세계 자동차산업의 관계(외자역할) 규명

4. 중국 자동차산업에 대한 다국적기업의 진출현황과 전략변화
다국적 합자기업 설립현황과 특징
다국적기업의 진출요인과 전략변화

분석방법
제시,
분석결과
도출

5-1. 분석 1
1985~2005년까지 중국 자동차기업 13곳과 다국적기업 22곳간에 체결된 전략적 제휴를 다섯 가지 유형으로 분류, 제휴유형과 제휴성격의 변화를 분석

5-2. 분석 2
지분형 제휴, 非지분형 제휴, 인수합병 등 세 가지 진출전략 중에서 바람직한 전략선택을 위한 다섯 가지 결정변수를 바탕으로 중국 자동차산업 발전양상 분석
중국 주요 자동차기업 경영성과 분석을 병행, 산업발전 양상에 대한 심층적 접근 및 분석결과 보완

5-3. 분석 3
중국 6대 자동차기업 및 산하 다국적 합자기업의 경영성과 특징 도출, 10개 기업(6대 기업 포함)의 자주적인 신차개발과 해외시장 진출(수출) 성과 비교 및 분석

종합평가
와 전망,
결어

6-1. 종합평가
다국적기업 對중국 진출전략에 관한 평가, 분석결과와 분석방법 평가

6-2. 전망과 시사점
다국적기업 對중국 진출전략 변화 전망, 한국 자동차산업에 대한 시사점

7. 연구 요약 및 결론

〈도 1-1〉 연구진행 구성도

# 제2장 선행연구 검토 및
전략적 제휴와 인수합병의 이론적 배경

　본 연구 제2장 1절, 선행연구 검토는 중국 자동차산업 발전추세와 산업정책에 관한 연구와 다국적기업의 중국 자동차산업 진출현황과 특징에 관한 연구 등 크게 두 가지로 나누어 정리하였다. 아울러 중국 자동차산업의 전반적인 발전현황에 대한 연구보고서와 단행본들의 주요 내용 및 접근방법에 대해서도 정리하여, 본 연구의 필요성과 의미를 다시 한번 짚어 보았다. 제2장 2절, 이론적 배경에서는 기업전략(Corporate Strategy)의 핵심이라고 할 수 있는 전략적 제휴(Strategic Alliance)와 인수합병(Merger and Acquisition) 전략의 추진배경과 유형 및 장단점에 대해 기술하였다. 또한 전략적 제휴와 인수합병을 지속 가능한 경쟁우위 확보와 해외진출 전략이라는 측면에서 비교, 분석하였으며 전략적 제휴의 대안으로서 인수합병이 지니는 가치와 한계에 대해서도 살펴보았다. 무엇보다도 제2장 이론적 배경은 제5장 분석에서 정성적 접근과 정량적 접근을 위한 이론적 토대를 다지는 데 주안점을 두었다.

제1절 중국 자동차산업에 대한 선행연구 검토

1. 산업발전 추세와 산업정책에 관한 연구

1980년대 중반 이후 중국 자동차산업에 대한 연구에서 가장 많이 다루어진 주제는 산업정책과 정부의 역할, 또는 정부—기업 관계에 대한 것이라고 할 수 있다. 이는 중국 자동차산업 육성계획이 본격적으로 실시된 1980년대 중반까지만 하더라도 중국 자동차산업은 계획경제의 목표에 따라 정부가 할당한 연간 목표량을 생산하는 '지령성 생산 시스템'에 의해 움직였기 때문이다. 또한 그 당시 중국 자동차산업에서 효율적 자원배분이나 기업 이윤 추구보다는 정치적, 군사적 목표 달성이 우선시되었기 때문에 기업보다는 정부의 역할이나 정책이 자동차산업 발전에 더 큰 영향을 주었다. 따라서 중국정부가 시기별로 자동차산업정책을 발표할 때마다 국내외 많은 연구들은 정책 수립 배경과 세부내용 분석 및 함의 도출과 전망에 연구의 초점을 맞추어 왔다. 물론 이러한 연구추세는 비단 중국 자동차산업뿐만 아니라 다른 산업에서도 어렵지 않게 찾아볼 수 있는 현상이다.

중국 자동차산업 발전현황 및 산업정책에 관한 여러 연구들 중에서 몇몇 의미 있는 연구성과물들을 정리해 보면, 하상조(1997)는 1985년 7.5계획 이후 추진된 중국 자동차산업정책들이 중국 자동차산업 발전에 어떠한 역할을 하였는지에 대해 다루었다. 특히 1994년에 제정된 '자동차공업산업정책'(이하, 1994년 산업정책)을 7.5계획, 1987년 '2000년

대를 향한 중국 자동차산업의 발전개요' 및 1991년 8.5계획과 비교하여 1994년 산업정책의 긍정적인 면과 한계를 제시하였다. 하상조(1997)는 1994년 산업정책이 기존의 산업정책에 비해 완성차업체와 부품업체의 집중화, 신규 진출 규제, 승용차 중심의 내수시장 육성 등에서 더욱 구체적이고 진일보한 내용을 포함하였다고 평가하였다. 하지만 1994년 산업정책의 문제점으로서 생산설비를 초과하는 과도한 생산목표 설정, 부품 제조 부문에서 영세구조 탈피의 어려움, 투자재원 조달방안의 부재 등 크게 세 가지를 지적하였고, 이런 이유로 실질적인 정책성과를 기대하기 어려울 것으로 내다보았다.

한편 서석흥(2004)은 1994년 산업정책을 실패로 규정하고 2004년 6월, 자동차산업 발전정책의 수립 배경과 과정 및 세 가지 쟁점사항에 대한 분석을 시도하였다. 서석흥(2004)은 1994년 산업정책의 실패 이유로서 자동차산업의 영세성과 중복투자문제 만연, 자주개발능력 취약, 다국적기업의 시장지배력 강화 등을 들었다. 또한 2004년 신정책 수립 과정에서 대형 국유집단(다국적 합자기업), 다국적기업, 민영 및 국영 중소기업 등 3대 이익집단 간 치열한 이익 추구 경쟁과 갈등, 이해관계의 첨예한 대립은 WTO 가입 이후 독자적인 산업정책의 필요성과 유효성에 대한 회의감을 증폭시켰다고 주장하였다.

서석흥(2004)은 특히 신정책 제정을 위해 2003년에 발표한 의견 수렴용 초안에 포함되었던 규정들이 삭제되거나 애매한 표현으로 바뀐 것과 국무원이 아닌 국무원 산하 부서인 국가발전개혁위원 명의로 신정책이 공표된 점이 신정책의 권위와 실효성을 떨어뜨리는 중대한 이유라고 보았다. 아울러 신정책에서 중국 자동차기업의 자주개발능력 배양에 대한 조항도 수출 촉진이나 독자모델 개발에 관한 구체적인 동기부여가 미흡하고 선언적 수준에서 벗어나지 못하고 있다고 평가하였다. 중국 자동차산업의 영세성과 다국적기업의 시장지배력에 관한 분석에서는 중국 자동차기업들을 대형 국유기업(합자기업), 다국적기업, 非주류 민족기업(민영기업과 중소 국유기업) 등 크게 세 그룹으로 나누고, 신 정책 초안에서의 세 그룹 간 쟁점사항과 최종안 결정에 이르기까지 세 그룹의 행보와 여론의 동향 등을 심층적으로 추적하였다. 서석흥(2004) 은 신정책 최종안이 결국 생산규모와 집중도 제고, 자주개발 촉진 등 을 이유로 대형 국유기업과 다국적기업에 유리하게 결정되었다고 진단 하였다.

사실 1994년 산업정책과 신정책은 1990년대 중반부터 현재까지 중국 자동차산업정책의 큰 축을 형성하였다고 할 수 있다. 중국 자동차산업정 책의 실패 여부와는 별개로 1994년 산업정책에서 강조되었던 대형기업 집단 육성, 신규 진입 제한, 산업구조 조정을 통한 영세성 극복, 다국적 기업의 합자기업 지분 보유율 50% 상한제 등은 신정책에서도 거의 그 대로 유지되었기 때문이다. 한편 중국 자동차산업정책의 세부내용 및 수 립 배경이나 과정보다는 중국 특색의 사회주의 시장경제체제의 입장에 서 자동차산업정책의 함의와 정부의 역할을 다룬 연구들도 적지 않다. 김형국(2002)은 '사회주의 발전국가(socialist development state)[19]'라 는 개념을 통해 계획경제체제에서 태동한 중국 자동차산업정책이 시간 이 지날수록 시장경제 요소를 점점 많이 가미하며 산업발전을 이룩해 가는 과정을 분석하였다.

아울러 중국정부가 자동차산업 발전을 위해 추진한 외자도입, 국유기

---

19) 김형국(2002)은 사회주의 체제가 시장요인을 도입, 시장경제의 특성을 지니게 되는 것을 시장형성(market shaping)으로 지칭하였으며 이를 시장 억제(market repression) 개념과 대비시켰음. 아울러 사회주의가 시장요인 을 도입하여 경제개혁을 달성한 국가를 '사회주의 발전국가(socialist development)'라는 개념으로 설명하였고, 사회주의 발전국가를 국가(정부) 통제가 상대적으로 높은 '사회주의 동원국가(socialist mobilization state)' 와 통제수준이 낮은 '사회주의 민주국가(socialist democratic state)'로 구 분하였음.

업 지배구조 개혁, 시장경쟁을 통한 집중화와 퇴출 등 시장 메커니즘이
장기적으로 공유제와 사회주의 및 공산당 일당독재를 근간으로 하는
중국의 정치체제에 영향을 줄 수 있을지에 대해서도 분석을 시도하였
다. 이를 위해 김형국(2002)은 중국 자동차산업정책의 시기별 특징을
1986년 이후 자동차산업 집중화 정책 시기, 1994년 이후 신산업정책
성장주도기, 1998년 이후부터 WTO 가입까지 크게 세 그룹으로 나누
고 국가관리자로서 중국정부의 정책 자율성 정도를 검토하였다. 김형국
(2002)은 자동차산업과 같은 지주산업에서의 시장경제의 요소를 접목시
킬 수 있는 정책 자율성이 사회주의 체제 전환을 촉발할 수 있는 구조
적 자율성으로까지 확장되지는 않았으며 앞으로도 그럴 가능성이 높지
않다고 주장하였다. 또한 WTO 가입 이후 5~6년 내에 중국이 독자모
델을 생산할 만한 기술력을 갖출 수 있느냐가 세계 자동차산업에서 중
국 자동차산업의 발전방향과 성격을 결정지을 것으로 내다봤다.

　김형국(2002)이 시기별 중국 자동차산업정책에서 시장경제 요소와
정부의 정책 자율성, 그리고 사회체제 전환의 구조적 한계에 대해서 다
루었다면, 김미경(1996)은 자동차산업을 소재로 산업발전 과정의 정부
-기업 관계를 다루었다. 다만 자동차산업 발전 사례를 중국이 아닌 한
국에서 찾았다. 김미경(1996)은 정부의 영향력 정도와 기업의 역량 정
도를 두 축으로 하여, 정부-기업 관계를 정부주도, 정부우위 지배연합,
정부통제하(下)의 경쟁, 기업우위 협상, 자유방임적 경쟁, 기업주도 등
여섯 가지 유형으로 분류하였다. 아울러 한국 자동차산업에서 정부-기
업 관계는 '정부주도'에서 '정부우위의 지배연합' 형태를 거쳐 1980년
대 '기업우위 협상' 및 1990년대 '기업주도' 형태로 발전해 왔다고 진
단하였다. 이러한 정부-기업 관계의 분석 틀을 중국 자동차산업에 적
용한다면 중국도 1980년대 이전까지 정부주도 단계에서 1980년대 중
반 이후 정부우위 지배연합, 1990년대 중반 이후 정부통제하(下)의 경

쟁을 거쳤으며 WTO 가입을 전후하여 점차 기업우위 협상단계로 진화하였다고 할 수 있다[20].

이두환(2002)은 중국정부가 자동차산업에서 관세 인하, 국산화에 대한 규제 완화, 다국적기업의 진입 규제 완화 및 승용차 중심의 산업 집중화 정책을 지속적으로 추진함으로써 결과적으로 산업발전의 주도권이 정부에서 시장으로 넘어가고 있다고 주장하였다. 또한 완성차 제조업체나 부품업체의 영세성 및 국제경쟁력의 취약성 등을 이유로 중국 자동차산업정책이 실패하였고 그만큼 정부보다 시장의 역할이 더욱 중요해졌다고 진단했다. 더 나아가 중국 자동차산업의 WTO 양허기간 동안 시장동력에 의한 자동차산업 구조조정은 더욱 촉진되고 집중화 정책은 중국정부가 의도했던 것과는 다른 방향으로 전개될 것으로 예상했다. 즉, 향후 중국 자동차산업의 구조조정은 중국정부나 상하이자동차, 디이자동차, 둥펑자동차 등 3대 국유기업보다는 다국적기업의 세계화 전략과 발전경로를 따라 진행될 것이라고 내다본 것이다.

한편 이두환(2002)은 산업정책을 동종(同種)산업과 이종(異種)산업을 모두 포괄하는 산업구조정책과 동일 산업 내의 구조를 대상으로 하는 산업조직정책으로 구분하였고 산업조직정책 측면에서 중국 자동차산업정책을 다루었다. 즉, 1984년 이후 10.5계획에 이르기까지 중국 자동차산업정책의 주요 내용과 한계를 분석하기 위해 진입과 퇴출, 제품과 기술 개발, 수입과 국산화 등 세 가지 방면에서 접근하였다. 특히 진입과 퇴출정책에서 외자가 중요한 역할을 담당했으며, 중국의 WTO 가입으로

---

20) 엄밀히 말하면 중국 자동차산업은 1980년대 중반까지도 계획경제에 의한 지령성 생산체제를 유지하였기 때문에 정부주도 단계였다고 평가할 수 있음. 또한 1994년 산업정책이 수립되기 이전까지도 중국 자동차기업 및 다국적 합자기업의 역량이 중국정부의 영향력을 넘어설 만한 수준이 아니었기 때문에 사실상 정부우위 지배연합보다 정부주도적 성격이 더 강했다고 볼 수 있음.

자동차산업에 대한 외자 진입 규제는 앞으로 더욱 완화되어 외자가 중국 자동차산업의 발전경로 형성에 미치는 영향력은 더욱 커질 것으로 전망했다. 또한 중국 자동차산업 발전에서 외자 역할 증대의 불가피성을 주장하면서 외자가 지방정부의 역할 증대와 더불어 중앙정부가 수립한 산업정책의 효력과 권위를 약화시키는 데 크게 일조하였다고 진단했다.

정환우(2004)도 중국 자동차산업 발전에서 지방 분권화와 외자도입으로 중앙정부의 산업정책들이 자동차 생산량의 대폭적인 증가라는 외형적 성장에도 불구하고 목표 달성에는 결국 실패하였다고 규정하였다. 더 나아가 중국의 WTO 가입은 중앙정부의 산업정책 수립 권한의 실질적인 포기라고 판단하였다. 정환우(2004)는 개혁개방정책 이후 지방 분권화와 대외개방으로 중앙정부와 지방정부, 외자가 서로 긴장과 갈등, 협력관계를 형성하면서 자동차산업의 발전방향 및 속도와 성격을 규정하였다고 보았다. 정환우(2004)는 1980년대 중반 상하이폭스바겐 사례를 통해서 중앙정부의 국산화율 제고 의지와 지방정부의 자율권 확대 및 외자유치 노력, 그리고 중앙이나 지방정부의 통제를 최대한 비껴가려는 외자의 움직임 등을 다각도로 살펴보았다.

중국 자동차산업의 발전추세에 관한 거시적인 접근에서 최태호(1998)는 1956년부터 1985년 자동차산업 발전 개혁안이 본격적으로 추진되기 전까지 중국 자동차산업 발전의 시기별 특징과 산업정책의 왜곡현상을 분석하였다. 최태호(1998)는 중국 자동차산업 발전 시기를 1960년까지 대약진운동기, 1961~1965년 산업 기반 붕괴 시기, 1966~1975년 3.5계획과 4.5계획 추진을 통한 회복기, 1976~1978년 마오쩌둥 사후 변혁기, 1979~1985년 개혁개방 추진기 등으로 나누었다. 또한 1978년 개혁개방정책이 추진되기 전까지 중국 자동차산업에서 나타난 왜곡현상의 본질을 완성차 생산규모의 영세성, 생산공장 위치선정의 非경제성, 원자재 및 부품공급 업체의 분산과 협력구조의 취약성, 규모의 非

경제로 인한 고비용, 저효율 생산구조의 만연 등 네 가지 측면에서 파악하였다.

최태호(1998)는 1979년 개혁개방 추진기에 실시한 개혁안을 중국자동차산업공사(CAIC: China Automotive Industry Corporation) 설립을 통한 정부조직 통합과 정책 일관성 확보, 기업 이윤 유보제 및 기업경영 재량권 확대, 외자도입 촉진을 위한 지방으로 권한 이양 등 크게 세 가지 범주로 분류하였다. 하지만 1985년까지 이러한 개혁안의 성과는 그리 만족스럽지 못했다고 평가하였고 그 이후 성과에 대한 전망도 불투명하다고 보았다. 무엇보다도 지역 간 과잉투자로 인해 완성차 제조업체 난립문제가 여전하다는 점과 정부와 국유기업의 의사결정 과정에서 계획경제의 유산이 자동차산업 전체의 효율성을 떨어뜨리는 가장 큰 원인이라고 지적하였다.

그러나 중국 완성차 제조업체의 영세성 문제에 대하여 朱劍明, 孫明興 & 彭代勇(2005)은 과거의 연구들과 조금 다른 주장을 내놓았다. 즉, 중국 완성차 제조업체 대부분이 매우 영세한 것이 사실이지만, WTO 가입 후에도 영세한 자동차기업의 파산이나 인수합병 등 산업구조 조정이 예상보다 훨씬 더딘 것은 중국 자동차산업이 자본집약적이라기보다는 아직도 노동집약적인 성격이 더 강한 산업이기 때문이라는 것이다. 아울러 대형 국유기업과 합자기업을 제외한 중국의 중소 민영(국유)기업들은 연간 5~10만 대 정도의 완성차만 생산하면 비교적 쉽게 손익분기점에 도달할 수 있기 때문에 자동차산업의 적정 생산량이나 규모의 경제에 대한 국제적 기준[21]을 중국에 그대로 적용하는 것은

---

21) 자동차산업의 완성차 부문에서 규모의 경제를 실현할 수 있는 연간 생산량은 30만 대 정도로 알려져 있으나 朱劍明, 孫明興 & 彭代勇(2005)은 중국 자동차산업은 아직 노동집약적이고 시장분할 성격이 강해 중국의 대형 자동차기업(다국적 합자기업 포함)은 연간 생산량 10~20만 대, 중소 자동차기업은 5~10만 대 정도면 대부분 기업 운영이 가능하고 약간의 매출

산업분석에 있어서 오류를 범할 수 있다고 지적하였다. 특히 8억 명 이상이 거주하는 중국 농촌의 자동차 수요는 용도나 품질 및 가격 면에서 다국적 합자기업이나 다국적기업들은 아직 접근하기 어렵고, 중소규모의 중국 자동차기업만의 틈새시장(niche market)이라고 간주하였다. 하지만 도시화의 진전으로 중국 내수시장의 규모가 계속 커지고 다국적기업들의 對중국 투자가 증가할수록 중국 자동차산업에서도 자본집약적 성격이 강한 기업들이 장기적으로 경쟁우위를 확보할 것이라고 내다봤다.

한편 중국 자동차산업의 발전추세에 대한 연구에서 승용차 부문의 부상과 함께 많이 다루어지는 주제가 중국의 승용차 생산량과 수요량 및 승용차 보급률 예측에 관한 계량분석이다. 박경서(2003)는 중국 자동차산업에 대한 많은 연구들이 WTO 가입과 함께 곧 다가올 승용차 대중화 시대, 즉, 모터라이제이션(Motorization)을 전제로 진행되었음에도 불구하고 중국의 모터라이제이션 진입 시기와 시장 여건에 대한 세밀한 분석은 결여되어 있다고 보았다. 또한 중국 자동차시장의 다양성과 지역 간 소득 및 사회 인프라의 불균형 요인들을 종합적으로 고려하지 않아, 특히 수요 측면에서 중국 자동차시장에 대한 전망이 자칫 단순한 낙관주의로 흐르는 것을 경계하였다. 박경서(2003)는 1950~2000년까지 한국, 일본, 미국, 브라질의 자동차 보급률 추이를 바탕으로 인구 1,000명당 자동차 보급률이 20대가 되는 시점을 모터라이제이션 진입시점으로 추정하였다. 아울러 한 국가의 자동차 보급률에 영향을 주는 요인으로서 소득수준과 소득분포, 자동차 가격과 유지비, 교통시설과 제도 등 크게 세 가지를 꼽았다.

박경서(2003)는 이들 세 가지 결정요인들과 1980년대 중반 한국 및 1950~1960년대 브라질의 모터라이제이션 진입시점의 시장환경을 비교,

___

이익도 기대할 수 있다고 주장하였음.

분석하여 중국의 GDP 증가율이 2010년까지 7% 수준을 유지한다면 중국 인구 1,000명당 자동차 보급률은 2000년 6.7대에서 2006~2008년 사이에 20대 수준에 근접할 것으로 예상하였다. 그러나 중국이 지역 간 소득 불균형 등 정치적, 사회적 불안정으로 경제 연착륙에 실패한다면 브라질의 경우와 같이 2017~2020년에 가서야 모터라이제이션에 진입할 것이라는 가능성도 배제하지 않았다. 한편 중국의 경우 지역별 편차가 커서 베이징, 상하이, 톈진은 이미 모터라이제이션에 진입하였고 2005년을 전후하여 광둥성, 저장성, 장쑤성, 랴오닝성 등 동부 연해지역 대부분이 모터라이제이션에 진입할 것으로 분석하였다. 하지만 중서부 내륙지역은 소득 및 사회 인프라의 부족으로 예상보다 훨씬 늦어질 것으로 진단하였고, 결국 소득 증가와 함께 지역 간 소득 불균형 완화 및 도로, 에너지 등 사회 인프라 확충 여부가 중국 전체 모터라이제이션 진입시점 추정에 큰 영향을 미친다고 지적했다.

2. 다국적기업 진출과정과 특징에 관한 연구

1980년대 다국적기업의 중국 자동차산업 진출에 대한 연구에서 매우 의미 있는 성과를 거둔 연구자로서 Eric Harwit(1995)을 거론하지 않을 수 없다. Harwit(1995)은 1985년 7.5계획에서 중국정부가 본격적으로 승용차 부문을 자동차산업 발전의 핵심으로 인식하고, 적극적으로 추진한 다국적 합작기업 설립과정 및 성과를 중점적으로 다루었다. Harwit(1995)은 베이징지프(베이징자동차와 AMC[22]), 상하이폭스바겐, 광조우푸조, 판다

---

22) AMC(American Motors Corporation)는 미국 자동차산업의 선구자적 기업

자동차 등 네 개 합자기업 사례를 통해 중국 자동차산업의 발전양상을 산
업정책으로 대변되는 국내적 요인과 다국적기업으로 대변되는 해외요인이
라는 중층구조 속에서 파악하였다. 아울러 중국정부가 자동차산업 육성을
위해 추진한 경제개혁과 지방 분권화(decentralization)가 다국적기업에 대
한 중앙정부의 정책적 영향력과 통제력 약화를 초래하였다고 보았다.
1980년대 중국 중앙정부 관료들은 이러한 통제력 상실에 대한 우려 때문
에 시간이 지날수록 다국적기업을 자국 자동차산업 발전을 위한 파트너라
기보다는 자국 자동차산업을 장악하려는 경쟁자로 보는 성향이 점점 강해
졌으며, 심지어 지방정부나 지방국유기업들과도 정보나 자원을 공유하기
를 꺼렸다고 주장하였다. Mike W. Peng(2000)은 Harwit(1995)의 중국
자동차산업 합작기업 사례를 바탕으로 중앙정부의 통제력 상실 문제를 전
환기 경제(transition economy)에서 발생한 '주인-대리인 문제(Principal
-Agent Problem)[23]' 관점에서 접근하였다.

Peng(2000)은 1980년대 중국을 경제성장을 이룩하려는 하나의 '거대
한 조직(super organization)'으로 간주한 Collins(1988)와 '하나의 기업
(China, Inc.)'으로 여긴 Macleod(1988)의 연구를 응용하여 중국 중앙
정부를 거대한 조직을 이끌어 가는 최고 의사결정자(Principal)로 보았
다[24]. 또한 각 지방정부와 국유기업들을 중앙정부, 즉 주인(상부구조)이

인 내시 자동차(1916년 설립)와 허드슨 자동차(1909년 설립)의 후신(後身)
으로서 1970년에 지프를 인수하였으며 1978년에는 르노와 북미지역 유통
및 판매제휴를 맺었음. 1983년에 베이징자동차와 합작기업을 설립, 중국에
진출하였으나 경영 악화로 1987년에 크라이슬러(현 다임러 크라이슬러)에
인수되었음.
23) 주인-대리인 문제는 그냥 대리인 문제(Agency problem)라고도 하며,
일반적으로 기업지배구조와 관련하여 전문경영인이 오너(기업 소유자) 또는
주주의 이해관계에 반하여 자신의 이익이나 개인적인 목표를 추구하는 현
상을 지칭함.
24) 이러한 관점은 1980년대 중반까지도 중국이 계획경제체제에 있었기 때문에
중앙정부(공산당)의 계획과 의사결정이 중국 각 지방과 대부분의 산업을 통

수립한 목표와 계획을 실천하는 대리인(하부구조)으로 간주하였으나 대리인들이 자신의 이해관계를 우선시하며 주인의 계획과 통제권으로부터 점차 멀어지면서 대리인 문제가 발생하였다고 진단하였다. Peng(2000)은 다국적기업들이 중국에 진출하면서 외국인직접투자(FDI)에 대한 중앙정부의 통제노력은 각 지방정부의 입장과 역할에 따라 서로 다른 결과를 낳았다고 주장하였다. 즉, 중국 자동차산업에서 베이징지프, 상하이폭스바겐 및 광조우푸조는 모두 1980년대 중반부터 중국 현지에서 승용차를 생산하기 시작하였으나, 결과적으로 지방정부(상하이)가 중앙정부와 다국적기업 사이에서 뛰어난 대리인 역할을 수행하였던 상하이폭스바겐의 경영성과가 가장 뛰어났다고 분석[25]하였다.

이 밖에도 張娟(2005)은 중국 자동차산업에 진출한 다국적기업들의 기술이전 추세를 제품의 수명주기에 따른 기술과 시장의 특성 측면에서 다루었다. 張娟(2005)은 자동차산업에서 독자모델 개발능력을 신속하게 축적하기 위한 중국정부의 끊임없는 노력에도 불구하고 다국적 합자기업 설립을 통한 기술이전은 그리 만족할 만한 성과를 거두지 못했다고 판단했다. 아울러 기술이전의 성과가 미흡한 이유로서 중국 자동차산업 기반과 중국 측 합자 파트너의 역량이 이미 표준화된 기술만을 소화할

제하였다는 현실인식에 기인한 것임. Auster & Silver(1979)는 'state−as−a firm' 이론에서 계획경제체제에서 국가(state)가 사회 전체의 소비재와 생산재, 공공재 생산량을 결정하고 이를 배분하는 의사결정권을 갖는 것은 기업(firm) 내 생산과 판매 및 성과 배분에 대한 의사결정 구조와 흡사한 메커니즘이라고 주장하였음.

25) 베이징지프, 상하이폭스바겐, 광조우푸조에 대한 사례연구에서 Peng(2000)은 중앙정부와 다국적기업이 중국 자동차산업 발전에 대해 서로 다른 생각과 목표를 가지고 있었기 때문에 합자기업 설립초기부터 갈등관계가 형성되었다고 보았음. 또한 합자기업 경영에 대한 베이징, 상하이, 광조우 등 지방정부의 생각도 중앙정부 및 다국적기업과 사뭇 달랐으며, 특히 중앙정부와 다국적기업 간 문제 발생 시, 지방정부의 입장이나 문제 해결 의지 및 중재방법은 다국적 합작기업의 경영성과와 제휴관계 지속 여부에 큰 영향을 주었다고 분석하였음.

수준에 머물렀기 때문이라는 점을 지적했다. 물론 다국적기업들이 전략적 의도를 가지고 기술이전을 지연시켰다는 점도 언급하였으나 연구의 초점은 중국 자동차산업 기반과 자체 기술수준 및 시장특성에 따른 기술이전 분석에 두었다. 張娟(2005)은 중국 자동차산업에서 다국적기업의 기술이전 추세가 1980년대 제품 성숙기(decline)나 쇠퇴기(maturity)의 범용기술로부터 1990년대 제품 도약기(growth)의 응용기술, 2000년대 제품 도입기(introduction)의 첨단기술 순으로 진화해 왔다고 보았다. 따라서 1990년대 후반부터 폭스바겐, GM 등 다국적기업들이 중국에 R&D 센터를 본격적으로 설립하기 시작한 것은 중국 자동차산업의 발전단계와 첨단기술 도입의지, 자주적인 신차개발능력 향상 등을 고려할 때 매우 자연스럽고 긍정적인 현상으로 평가하였다.

개혁개방정책 이후 중국 자동차산업에서 다국적기업의 기술이전에 대한 연구에서 Wei Zhang & Robert Taylor(2001)는 다국적기업의 직접투자(FDI)가 산업정책보다도 중국 자동차산업의 발전에 가장 큰 기여를 하였다고 평가하였다. 하지만 Zhang & Taylor(2001)는 중국정부의 자동차산업정책을 실패로 규정하지는 않았다. 특히 중국 자동차산업에서 기술이전 과정을 중국정부(host government)와 현지기업(indigenous firm)이 합자기업(joint venture) 및 다국적기업 지사와 본사로부터 기술과 지식, 경영 노하우 등을 전수받는 학습구조의 확대과정으로 파악[26]하였다.

아울러 1978년 개혁개방정책이 실시되기 이전까지를 '폐쇄된 학습 시기(closed learning period)'로, 1979년부터 WTO 가입 전까지를 '개방된 학습 시기(opening learning period)'로 나누었다. Zhang &

---

26) Zhang & Taylor(2001)는 다국적기업(MNE)의 중국 자동차기업에 대한 기술이전은 시간이 지날수록 일방통행이 아닌, 쌍방통행으로 진행되었다고 진단하였고 산업정책보다 시장경쟁 요소의 도입이 기술이전을 더욱 촉진시켰다고 평가하였음. 또한 산업정책을 수립하고 추진하는 정부부처의 분산 및 담당부서의 잦은 변경도 정책에 대한 신뢰감을 떨어뜨렸다고 주장하였음.

Taylor (2001)는 디이자동차(FAW: First Automobile Works)의 사례를 가지고 폐쇄된 학습 시기와 개방된 학습 시기의 기술이전 성과 및 산업정책 효과를 비교, 분석[27]하였다. 또한 WTO 가입 이후 중국 자동차산업의 구조조정 및 기술혁신에서 다국적기업의 역할은 더욱 커질 것이며, 따라서 중국 자동차산업정책의 기조가 세계 자동차산업의 규범과 환경 변화에 더욱 빨리 부응하게 되고 공급자보다는 수요자 위주의 정책으로 전환하는 속도도 더 빨라질 것으로 내다봤다.

Zheng Zhao, Jaideep Anand & Will Mitchell(2005)은 중국 3대 자동차기업과 다국적 합자기업 및 합자 파트너인 다국적기업에 관한 사례연구를 통해 신흥 경제권(emerging economies)의 산업발전 과정에서 발생하는 기술이전을 사업 네트워크(business network)와 지식흐름의 관점(knowledge-based view)에서 분석하였다. 즉, 중국 자동차산업에서 사업 네트워크를 다국적기업으로 대변되는 '원천(源泉) 네트워크(source network)'와 중국기업집단(국유기업)으로 대변되는 '수용자 네트워크(recipient network)'로 나누고 두 그룹 사이에 합자기업(joint venture)이 위치하여 '지식이전(knowledge transfer)'과 '지식확산(knowledge diffusion)'을 촉진시켰다고 보았다.

Zhao, Anand & Mitchell(2005)은 중국 자동차산업에서 지식이전이란 원천 네트워크 내에서 발생한 현상으로, 지식확산은 수용자 네트워크 내에서 나타난 현상으로 규정하고 다국적기업의 입장에서 합자기업

---

27) 디이자동차에 대한 사례연구에서 Zhang & Taylor(2001)는 중앙정부의 자동차산업정책이 각 기업수준에서 효력을 발휘하기에는 현실적으로 어려운 점이 많았다고 보았고 시장경쟁의 심화와 중앙정부의 정책 추진력 부족을 가장 큰 원인으로 지적하였음. 이 밖에도 선언적 수준의 문구가 현실에 적용되기에는 표현이 너무 포괄적이거나 애매모호했다는 점, 중앙정부의 일방적인 산업통합 정책에 대한 지방정부의 반발, 계획경제 시절부터 활동한 정부관료들의 엘리트 의식과 산업정책의 효력에 대한 근거 없는 자신감 등도 정책 실현을 어렵게 만든 요인으로 언급하였음.

으로의 지식흐름은 자발적이고 바람직한 결과이지만 합자기업에서 수용자 네트워크로의 지식흐름은 대체로 非자발적이고 바라지 않는 결과라고 간주하였다. 아울러 중국 자동차산업에서 시장경제의 영역이 점점 커지고 발전속도가 계속 빨라지면서 네트워크 간 지식흐름을 인위적으로 막을 수 있는 방법은 거의 없어진 반면, 네트워크 내부에서 지식흐름을 방해하는 요인은 여전히 유효하며 수용자 네트워크에서 원천 네트워크로의 지식흐름도 나타나고 있다고 지적하였다. Zhao, Anand & Mitchell(2005)은 다국적기업과 합자기업 간, 또는 합자기업과 중국기업집단 간 지식이전과 지식확산의 성과는 새로운 지식을 흡수하고 효과적으로 학습, 전파할 수 있는 인사관리 시스템 및 조직역량에 큰 영향을 받게 되는데, 시간이 지날수록 중국 자동차산업의 기업집단 간 이러한 학습능력의 차이가 경영성과의 차이가 되는 징후가 나타났다고 진단하였다.

한편 최근 중국 자동차산업에서 다국적기업의 진출과 내수시장의 확대로 인한 자동차산업구조 변화를 다룬 연구들이 많이 나오고 있는데, Zhao Min(2005)은 Porter(1980)의 다섯 가지 경쟁요인 분석(five competitive forces analysis)에 의한 산업구조 분석모델을 가지고 중국 자동차산업의 거시적 환경과 미시적 환경을 분석하였다. Zhao Min(2005)은 WTO 가입 이후 2~3년 동안 중국 자동차산업에서 폭스바겐, PSA 등 유럽 다국적기업의 부진과 GM, 도요타, 혼다, 현대 등 미국과 아시아 다국적기업들의 약진이 비교적 뚜렷하게 나타나고 있다고 지적하였다. 또한 중국정부가 자동차 수출을 조건으로 다국적기업들에 대한 합자기업의 지분소유 50% 상한 규제를 풀면서 다국적기업의 완성차 제조기지로서 중국의 역할이 더욱 커질 것으로 예상하였다. 김주영(2004)은 중국의 승용차 내수규모가 급증하고 다국적기업의 진출이 더욱 활발해짐에 따라 향후 중국 3대 자동차기업과 다국적기업을 중심으로 인수합병이 거세게 일어날 것으로 내다보았다.

　김주영(2004)은 디이자동차, 상하이자동차, 둥펑자동차 등 3대 기업집단이 WTO 가입을 전후하여 M&A를 적극 추진하여 이들 3대 기업의 승용차 생산비중이 M&A 전 31.7%에서 M&A 이후 51.6%로 늘어났다고 분석하였다. 특히 디이자동차는 폭스바겐, 상하이자동차는 GM, 둥펑자동차는 PSA가 각각 중국기업집단의 배후에서 M&A 전략 촉진 및 방향 설정에 큰 기여를 하였다고 파악하였다. 또한 앞으로 중국 자동차산업에서 M&A 바람을 일으킬 기업으로서 3대 기업집단 외에 포드 및 스즈키와 제휴관계를 맺고 있는 창안(長安)자동차를 꼽았으며 광조우자동차와 베이징자동차도 각각 혼다와 현대를 등에 업고 M&A 시장의 주역이 될 것으로 전망했다. 더 나아가 김주영(2004)은 앞으로 중국 자동차산업에서 M&A 주도권 경쟁양상은 대형기업집단 간 경쟁에서 다국적기업 간, 또는 대형기업집단과 다국적기업 간 경쟁으로 다변화될 것이며 M&A 주도권 경쟁의 핵심은 급부상하는 승용차 부문을 선점하는 것이라고 보았다. 특히 다국적기업 간 경쟁은 당분간 폭스바겐과 GM이 양강구도를 유지하는 가운데 일본 및 한국기업들의 도전이 점점 거세어질 것으로 내다봤다.

　또한 중국 자동차산업에 대한 다국적기업의 진출 확대와 그 영향에 관한 연구들 중에서 빼놓을 수 없는 주제가 WTO 가입과 관련된 것들이다. Eric Harwit(2001)은 중국의 WTO 가입이 자동차산업에 미치게 될 영향을 부정적인 영향, 긍정적인 영향 및 현상 유지 등 세 가지로 나누고 각각의 효과와 결과를 다국적기업과 다국적 합자기업 및 중국 중앙정부와 지방정부의 입장에서 다루었다. 우선 WTO 가입의 부정적인 영향으로서 관세 인하[28]로 인해 다임러 크라이슬러, 포드, 닛산, 도

---

28) WTO 가입 양허안에 따라 중국정부는 수입 완성차에 대한 평균 관세를 2002년 50.7%에서 2003년 43%, 2004년 37.6%, 2005년 30%, 2006년 7월 25%까지 낮추었음.

요타, 현대 등 아직 중국 현지생산체제가 미약한 다국적기업들이 현지
투자보다는 對중국 자동차 수출에 더욱 관심을 가질 수 있다는 점을
꼽았다. 즉, 이미 해외에서 검증된 품질에 가격 경쟁력마저 갖춘 수입
차들이 중국 내수시장에 범람하게 되면, 결국 규모의 경제에 접근하지
못한 중국기업들은 시장에서 퇴출되고 이는 도시근로자 실업문제를 더
욱 악화시킬 것이라는 전망이다.

그러나 Harwit(2001)은 관세 인하에 따른 수입차의 증가는 중국정부
가 지난 20여 년 동안 지속적으로 추진하였지만 별 효과를 보지 못했
던 자동차기업의 통합과 대형화를 촉진시킬 수 있다는 점에서 WTO
가입을 긍정적으로 평가하였다. 또한 폭스바겐, GM처럼 중국에 '풀 라
인업' 생산체제를 갖춘 다국적기업들은 WTO 가입 이후에도 수입보다
는 중국 현지 합자기업의 생산량을 더욱 늘릴 가능성이 높기 때문에
수입차 증가로 인한 충격이 그리 크지 않을 수 있다고 보았다. 게다가
중국 자동차기업들도 전략적 제휴에서 벗어나 인수합병을 통한 덩치
치우기와 내부역량 강화에 적극 나서고 '내수시장 사수'라는 수세적인
입장에서 탈피하여 '해외시장 진출'이라는 좀 더 공격적인 생존전략 추
진에 중점을 둘 것으로 예상하였다.

한편 Harwit(2001)은 WTO 가입이 중국 자동차산업에 미치는 영향
이 예상보다 작을 것이라고 판단하는 근거로서 중국정부의 비관세장벽
을 통한 수입 억제 및 지방정부의 보호주의적 성향을 지적하였다. 특히
자동차 유통과 판매에서 막강한 영향력을 행사할 수 있는 지방정부의
보호주의적 태도는 WTO 가입 이후에도 크게 달라지지 않을 것으로
내다보았다. 지방정부 및 지역주민들은 그동안 애지중지 키워 온 권역
내 자동차기업이 WTO 가입으로 다국적기업이나 다른 지방의 자동차
기업에 팔려 가는 현상에 대해 정서적으로 반감을 가질 것이라는 논리
였다. Harwit(2001)은 아직 중국의 WTO 가입이 확정되지 않은 현 상

황에서, WTO 가입 이후 중국 자동차산업의 세 가지 시나리오 중, 어
떤 것이 가능성이 높은지에 대해서는 대답하기 어렵다는 입장을 취했
다. 즉, WTO 가입은 중국 자동차산업 발전에 있어서 커다란 기회이자
위기라는 다소 평이한 결론을 내렸다. 다만 중국정부 내부에서는 긍정
적인 효과와 현상 유지에 대한 기대감이 부정적인 효과에 대한 전망보
다 더 우세한 상황이라고 덧붙였다.

　WTO 가입 이후 중국 자동차산업에 대한 연구들 중에서 Gregory
W. Noble, John Ravenhill, & Richard F. Doner(2005)는 WTO 가입
으로 중국 자동차산업이 수입차의 범람이나 탈(脫)중국화 및 다국적기
업의 단순 제조기지로 전락할 것이라는 당초 회의적인 시각과는 달리,
WTO 가입은 내수시장의 발전과 수출 촉진 및 중국 자동차기업 경쟁
력 제고 등 긍정적인 효과를 더 많이 유발하였다고 평가하였다. 물론
WTO 가입 이후에도 중국 자동차산업의 고질적인 문제인 기업규모의
영세성 및 난립 현상이 해결된 것은 아니라고 보았다. 하지만 WTO
가입은 중국 자동차산업을 국제적인 무역규범과 사업관행에 적극 노출
시켰으며, 이를 통해 중국 자동차기업들은 세계무대에서 경쟁하기 위한
매우 유익한 훈련기회를 갖게 되었다고 진단하였다.

　더 나아가 Noble, Ravenhill & Doner(2005)는 WTO 가입은 중국
의 자동차산업 기반을 파괴하지 않았고, WTO 가입 양허기간 동안 중
국정부의 산업정책 수립과정은 더욱 투명해지고 예측 가능해졌으며, 정
책내용은 비록 다국적기업들의 요구수준에는 못 미쳤지만 그래도 과거
보다는 훨씬 친(親)시장적으로 변했다는 점을 지적하였다. 또한 다국적
기업들이 중국의 WTO 가입을 계기로 자동차산업의 핵심기술에 관한
지적재산권(intellectual property right) 보호조치를 더욱 강화하려고 노
력하였으나 중국정부와 기업들은 내수시장 발전 잠재력 및 '제휴관계를
위한 투자(transaction specific investment)[29]' 종결 위험에 다국적기업

보다 덜 노출되는 점을 십분 활용하여 다국적기업들의 지적재산권 강화조치를 고묘하게 피해 갔다고 진단하였다. 오히려 다국적기업들의 지적재산권 강화조치는 중국기업들로 하여금 자주적인 R&D 능력의 중요성을 분명하게 깨닫게 하는 계기로 작용, 다국적 합자기업에 대한 경영권 강화 및 해외 자동차기업에 대한 M&A를 통한 핵심기술 획득에 더욱 공격적으로 나서게 만들었다고 분석하였다. 결국 WTO 가입 이후 3~4년 동안 중국 자동차산업에 대한 당초의 우려감은 상당 부분 불식된 반면, 자동차산업이 양적으로나 질적으로 발전할 수 있는 기반은 더욱 튼실해졌다는 것이다.

3. 전반적인 현황에 관한 연구

앞서 본 연구를 위한 선행연구 검토는 중국 자동차산업 발전추세와 산업정책(정부−기업 관계)에 관한 연구와 중국 자동차산업에 대한 다국적기업의 진출에 관한 연구 등 크게 두 가지 범주로 나누어 진행하였다. 이제 중국 자동차산업 전반적인 현황에 관한 연구들 중에서 몇 가지를 더 살펴보고 선행연구 검토를 마무리하고자 한다. 중국 자동차산업 전반적인 현황에 관한 연구들은 대부분 단행본으로 발표되었고, 연구성과물 발표시점의 자동차산업정책을 중심으로 중국 자동차산업의

---

29) '제휴관계를 위한 투자(transaction specific investment)'란 제휴 일방이 상대방보다 제휴체결 및 제휴관계 유지를 위해 더 많은 투자를 해야 하는 상황을 말하며, 이 경우 많은 투자를 한 쪽은 향후 제휴관계 종결 위험이나 의도적인 계약파기 위협에 더 많이 노출될 가능성이 높음(Barney 2002, 383).

발전역사와 현황 및 산업정책 내용분석에 초점을 맞추었다는 점이 특징이다. 신태용(1987)은 1956년 중국 자동차산업 태동기부터 1985년까지 자동차산업의 발전과정 및 발전여건 변화를 바탕으로 7.5계획(1986~1990년)기간 및 2000년까지 중국 자동차산업의 양적, 질적 발전을 전망하였다. 특히 발전여건 변화에서 화물운송 및 여객수송업 등 물류 부문의 발전을 중시하여 부진한 도로건설, 낮은 도로 포장률, 운수 및 교통관리의 중복성과 운영체제의 비효율성 등을 자동차산업 발전의 심각한 장애요인으로 지목하였다.

신태용(1987)은 1985년까지 중국 자동차산업 근대화를 위한 외자도입은 대부분 중앙정부가 주도하였으나 시간이 지날수록 지방정부의 역할이 점점 커진 것으로 파악하였다. 즉, 중국 지방정부는 외자도입에 있어서 CKD 생산부터 시작하여 점차 부품 국산화율을 높이는 방향으로 접근하였으나 중앙정부는 외자도입 처음부터 자국산업과 현지기업에 대한 보호주의적 성향을 노골적으로 드러내며 부품 국산화 촉진 및 완성차와 부품 수입 규정을 까다롭게 적용, 외자에 대한 지방정부와의 인식격차가 갈수록 커졌다고 보았다. 외자도입에 대한 중앙과 지방정부의 갈등양상은 앞서 검토하였듯이 Harwit(1995)이나 Peng(2000)의 연구성과물에서도 중요한 테마로 다루어졌다.

임기택(2003)은 중국 자동차산업의 발전현황에 대한 분석을 WTO 가입 이후까지 확대하였고 특히 산업정책보다 중국기업들의 성장과정 및 다국적기업들의 중국진출 과정에 더욱 많은 지면을 할애하였다. 또한 연구성과물 발표시점상 10.5계획 및 2001~2003년을 기준으로 중국 자동차산업 발전현황과 정부정책, 시장상황을 다루었고 수요 측면에서 WTO 가입 이후 승용차 부문의 부상과 소비촉진정책 분석에 중점을 두었다. 임기택(2003)은 상하이자동차, 디이자동차 등 대형 국유기업들과 도요타, GM, 폭스바겐 등 다국적기업들 간의 합자기업 설립[30], 자본제휴관계에 대한 구체적인 자료를 확보하여 다국적기업들의 자동차산업 진출 사례를 매우 밀도 있게 다루었다. 더 나아가 그동안 완성차 부문에 초점을 맞추어 왔던 중국 자동차산업에 대한 연구를 부품산업에까지 확장시켰다. 이로써 완성차 부문의 국산화율 제고라는 측면에서 포괄적으로만 다루어졌던 부품산업을 개별 부품기업의 활동과 부품산업 육성정책까지 좀 더 세밀하게 살펴볼 수 있는 기회를 제공하였다.

한편 이문형(2000)은 중국 자동차시장의 변화를 승용차 부문의 부상이라는 관점에서 파악하였다. 또한 자동차산업을 크게 완성차산업과 부품산업으로 나누고 완성차산업을 승용차와 상용차로 구분하여, 기존의 연구가 대부분 승용차와 상용차를 한꺼번에 다루고 있어 중국 자동차산업의 변화 실상을 제대로 분석하는 데 한계를 드러냈다고 진단하였다. 아울러 1990년대에 들어 중국의 민간 부문이 승용차를 중심으로 자동차소비의 주축으로 부상하게 되면서 계획경제 시기에 중요하게 다루어졌던 상용차 부문을 제외한 승용차 부문에 대한 집중적인 연구가 더욱 절실해졌다고 주장하였다.

이문형(2000)은 승용차 제조 부문이 중국 자동차산업의 핵심으로 떠오르는 과정을 수요와 공급, 정부정책 등 세 가지 방면에서 다루었다. 특히 산업정책에서 중국정부는 1990년대 후반부터 WTO 가입에 대비하여 승용차 부문을 중심으로 부품 국산화율 규제 강화, CKD 및 SKD 형식의 완성차 수입 제한, 독자모델 개발을 위한 R&D 투자유인정책을 적극적으

---

30) 임기택(2003)은 다른 연구자들과는 달리, 현업 종사자라는 이점(利點)을 충분히 활용하여 다국적기업의 중국진출현황과 전략, 중국 자동차시장에 관한 자료의 접근성 측면에서 다른 연구자들이 갖지 못한 연구수행 우위요인을 가졌다고 판단됨. 이를 바탕으로 중국 대형 국유기업의 발전 사례로서 상하이자동차, 디이자동차, 톈진자동차 3곳을 들었고, 다국적기업의 자본제휴 사례로서 도요타, 혼다, 닛산, 폭스바겐, PSA, BMW, GM, 포드, 다임러크라이슬러, 현대(기아), 대우 등 모두 11개 업체의 중국진출 사례를 매우 구체적으로 다루었음.

로 추진하였다고 기술하였다. 아울러 중국 승용차 부문은 WTO 가입 이후 관세 인하와 가격 하락, 소득 증가, 소비자권익 보호정책 등으로 상용차나 부품에 비해 더욱 빠르게 성장할 것으로 내다보았고 2010년경에 연해지역 대도시는 본격적인 자가용시대(Motorization)에 돌입할 것으로 전망하였다. 따라서 중국 자동차산업에 대한 연구가 한중 양국 자동차산업의 '윈-윈(Win-Win)구조' 형성을 위한 의미 있는 결론을 도출하기 위해서는 승용차 부문에 대한 주제로 연구범위를 좁혀야 한다고 논조를 일관되게 유지하였다.

이항구·조철·이영주·김경유·배승영(2004)은 중국 자동차산업의 발전전략에 대한 연구에서 연구범위를 굳이 승용차 부문으로 한정하지는 않았다. 다만 다국적기업들의 중국진출현황 분석에서 부품업체보다는 완성차업체, 상용차보다는 승용차 부문에 초점을 맞추었다. 하지만 이항구 외(2004) 공동 연구자들이 중국 자동차산업 발전전략에서 강조하고 싶었던 점은 중국 자동차산업의 급속한 발전으로 인한 한중 양국 간 자동차산업 경합구조 형성 및 향후 전개양상에 대한 전망이라고 할 수 있다.

아울러 자동차산업이 한중 양국 경제에서 차지하는 비중이 커짐에 따라, 앞으로 양국이 자동차산업에서 건전한 경쟁관계를 유지하면서도 양국 모두에게 도움이 되는 교역과 투자 형태를 지속적으로 탐색하고 개발할 필요가 있다는 것이다. 즉, 중국이 장기적으로 세계 자동차시장에서 강력한 경쟁자로 부상할 것이라는 가정을 전제로 한국정부와 한국기업들이 완성차 및 부품산업에서 어떤 대응전략을 추진해야 하는지에 대한 제언을 담은 것이다. 하지만 제시된 대응전략이 대체로 중국 현지화를 통한 비용 절감과 제품 차별화 등 '본원적 사업전략(generic business strategy)'의 강조에 머물고 있고, 기업수준의 전략에서도 기술제휴, 상호협력관계 강화 및 중국 자동차기업과 중장기 신뢰관계 구축 정도로 마무리한 것은 제언 및 결론 부문의 아쉬운 점이라고 하겠다.

한편 賈可(2005)는 다국적기업 및 중국 자동차기업 19곳을 '뜨는 별'과 '지는 별', '도전자', '혁신자' 등 7개 그룹으로 나눈 뒤 각 그룹별 특징과 기업 내부 움직임을 섬세하게 기술하였다. 賈可(2005)은 폭스바겐과 다임러크라이슬러를 '지는 별'로 분류하였고 GM과 혼다를 '뜨는 별'로 도요타와 현대를 거침없는 '도전자'로 기술하였다. 賈可(2005)는 오랫동안 현장을 직접 다녔던 경험을 바탕으로 다국적기업과 중국 자동차기업의 의사결정 과정과 기업문화, 최고경영자의 철학 및 시장상황의 변화 등을 연역적인 방식으로 섬세하게 기술하였다. 물론 이러한 접근방식이 학술적인 측면에서 어떠한 가치를 지녔는지에 대해서는 논란의 여지가 있을 수 있다. 하지만 시장변화와 기업내부 움직임에 대한 미시적 접근과 추론은 충분히 참고할 만한 가치가 있으며 특히 다국적기업에 대한 기술은 다른 연구성과물에서는 좀처럼 찾아보기 힘든 자료라고 평가할 수 있다.

중국의 WTO 가입을 계기로 중국 자동차산업 연구에서 개별 기업의 중국진출현황 및 경영전략에 대한 연구가 더욱 탄력을 받게 되었는데 이는 시기적으로 중국 자동차산업의 규모가 커지고 정부보다는 시장동력이 산업발전을 촉진하게 되면서 어느 정도 예견되었던 결과라고 할 수 있다. 또한 다국적 합자기업의 중장기 발전전략이 합자 파트너인 다국적기업의 세계화 전략에 신속하게 통합되기 시작하면서, 중국정부나 대형 국유기업이 다국적 합자기업의 지분을 50% 이상 보유하고 있는 상황에서도 다국적 합자기업에 대한 실질적인 경영권을 여전히 확보하지 못하고 있는 점도 눈여겨봐야 할 대목이다. 하지만 다국적 합자기업을 중심으로 다국적기업의 중국사업이 계속 확대된 점은 결과적으로 중국 자동차산업 발전에 있어서 긍정적인 효과를 발휘하였다고 평가할 수 있다. 아울러 중국정부가 수립한 산업정책의 목표가 제대로 달성되었는지, 아닌지는 중국 자동차산업 발전을 실질적으로 이끌어 가는 시장동력, 즉, 기업과 일반 소비자 입장에서 더 이상 중요한 이슈가 아니라는 점도 분명히 짚고 넘어갈 필요가 있다.

지금까지 선행연구 검토에서 살펴보았듯이 1990년대 후반까지만 하더라도 중국 자동차산업에 대한 연구들은 발전현황이나 성장역사, 또는 산업정책의 세부내용 분석에 초점을 맞추어 왔다. 또한 중국 자동차산업은 개혁개방정책 이후 중앙정부와 지방정부 및 국유기업 간 갈등과 협력구조의 변화가 가장 확연하게 드러난 부문으로 인식되었고, 외자도입과 시장경제의 발전 및 중국 특색의 사회주의 체제로의 전환에 대한 연결고리를 형성할 수 있는 연구 소재로서 많이 다루어졌다. 또한 중국 자동차산업에 대한 다국적기업 진출현황과 특징에 관한 연구들은 다국적기업에서 중국 자동차기업으로의 지식이전과 학습구조에 대한 분석 및 지방정부와 다국적기업 간 관계가 각 기업의 경영성과에 미친 영향 등을 중점적으로 다루었다. 특히 중국이 WTO 가입한 뒤에는 중국정부나 산업정책보다 다국적기업과 중국 자동차기업의 경영전략 변화를 중심으로 자동차산업구조 변화를 분석하는 연구가 늘어났다.

이에 본 연구는 전략적 제휴와 인수합병을 중심으로 다국적기업의 對중국 진출전략 변화를 다룸으로써 크게 네 가지 측면에서 적지 않은 기여를 할 것이다. 첫째, 논의의 초점을 산업보다는 기업에 맞추었다는 점이다. 앞서 선행연구 검토에서 알 수 있듯이, 과거 대부분의 연구가 중국정부와 산업정책, 또는 자동차산업 전체현황 분석을 중심으로 수행되었다는 점을 고려하면 기업전략 분석에 중심을 둔 본 연구는 기존 연구들과 충분한 차별성을 지닌다고 할 수 있다. 본 연구는 對중국 진출전략 변화를 도모하는 주체가 다국적기업이고, 이에 대한 구체적인 대응도 결국 중국기업을 통해 나온다는 점을 적극 고려하였다. 물론, 중국 자동차기업 거의 대부분이 국유기업이기 때문에 기업경영에 있어서 중국 중앙정부와 지방정부의 영향력을 무시할 수는 없다. 다만 중국 자동차산업이 발전할수록, 시장규모가 커질수록 정부보다는 시장의 역할이 더욱 중요해진다는 점을 상기할 필요가 있다.

둘째, 중국 자동차기업과 산하 다국적 합자기업의 관계를 경영성과 분석결과를 바탕으로 매우 구체적으로 다루었다는 점이다. 특히 기존 연구들이 자동차 생산량과 판매량 및 매출규모 등을 가지고 각 기업의 위상과 시장지배력을 파악하였던 반면, 본 연구는 자산이익률(ROA), 투자수익률(ROI), 매출액 대비 이윤율, 종업원 1인당 매출액 및 이윤액 등 다양한 경영성과 지표들을 추적하여 성과 분석의 신뢰도를 높였다. 특히 중국 6대 자동차기업과 산하 다국적 합자기업의 경영성과를 다각도로 비교함으로써 대형 국유기업과 다국적기업의 관계를 심층적으로 파악하였고 유의미한 시사점을 도출하는 데도 성과를 거두었다.

셋째, 중국 자동차산업의 당면과제인 자주적인 신차개발과 해외진출 성과가 다국적기업 및 중국기업 전략 변화에 미치는 영향을 분석함으로써 중국 자동차산업 발전의 구조적 문제와 한계를 생동감 있게 다루었다. 특히 치루이자동차, 지리자동차 등 非주류 자동차기업의 부상이 결과적으로 대형 국유기업의 독자모델 개발과 해외진출을 독려하는 촉매제 역할을 하고 있는 점은 향후 다국적 합자기업 및 중국 자동차기업의 전략 변화와 관련하여 눈여겨봐야 할 대목이다. 넷째, 다국적 합자기업의 지분제휴 현황과 출자관계를 세밀하게 추적하고 검증하여, 합자관계의 특징을 도출한 점도 기존 연구들과 대비하여 본 연구의 가치를 높였다고 하겠다.

제2절 전략적 제휴와 인수합병의 이론적 배경

　본 연구의 이론적 배경이 되는 전략적 제휴와 인수합병에 관한 이론 고찰을 시작하기 전에, 우선 경영전략의 구조에 대해 살펴볼 필요가 있다. 경영전략은 기업조직 내에서 의사결정 수준과 범위에 따라 크게 기업전략(corporate strategy), 사업전략(business strategy), 기능별 전략 (functional strategy) 등 크게 세 가지로 나눌 수 있다. <도 2-1>에서 기업전략은 이사회나 최고경영자 수준에서 의사결정이 이루어지며 각 사업부와, 기능별 조직에서 올라온 제안들을 종합적으로 검토하고 전사적인 차원에서 기업이 나아가야 할 방향을 제시한다. 사업전략은 각 사업부 내에서 각 사업이 경쟁우위를 바탕으로 높은 성과를 올릴 수 있게 하는 구체적인 방법을 수립하는 것이다. 기능별 전략은 각 사업을 효과적으로 추진하기 위한 연구개발, 생산, 재무, 마케팅, 서비스 등 일

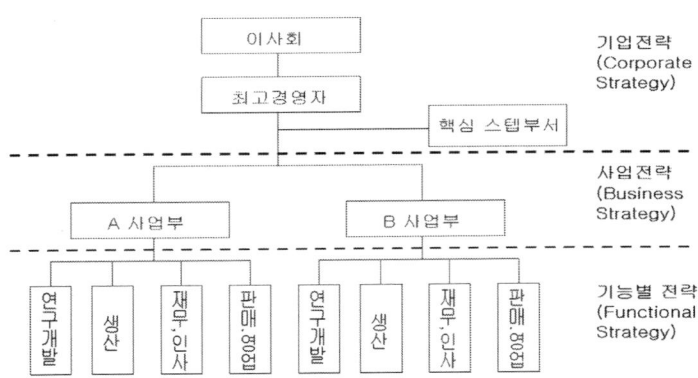

출처: 장세진. 2005. 『글로벌시대의 경영전략』, 제4판, p.20.

〈도 2-1〉의사결정 수준과 범위에 따른 경영전략의 분류

련의 기업활동을 기능별로 나누고 각각의 기능에서 세부적인 업무수행
방식을 정하는 것이다.

그런데 기능별 전략은 일반적으로 경영전략 분야에서 다루지 않고
각 기능별 분과학문에서 다루고 있다. 따라서 경영전략의 연구범위는
기업전략과 사업전략에 국한되며, 이러한 이분법적 분류는 기본적으로
기업이 최소한 두 가지 이상의 사업에 관여하고 있음을 가정하고 있다.
만약 특정 기업의 사업이 다각화되어 있지 않고 단일사업에만 종사한
다면 기업전략과 사업전략이 동일할 것이기 때문이다. 아울러 기업전략
은 사업의 시작과 확장, 퇴출과 같은 전사적 차원의 의사결정에 초점을
맞추고 있기 때문에 전략적 제휴, 사업 다각화, 인수합병 및 해외진출
과 같은 주제가 주요 연구대상이다(<도 2-2>).

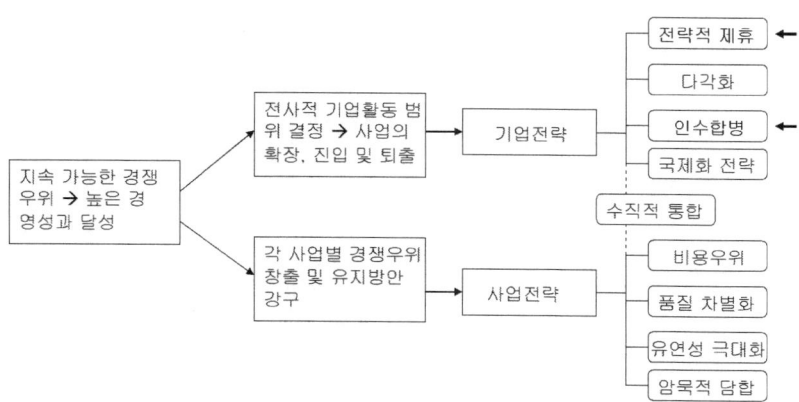

출처: Jay B. Barney. 2002. Gaining and Sustaining Competitive Advangage, p.5.
장세진. 2005. 『글로벌시대의 경영전략』, 제4판, p.21을 바탕으로 재구성

〈도 2-2〉 기업전략과 사업전략의 비교

반면 사업전략은 각 사업이 각 시장에서 경쟁우위를 창출하고 유지하는 방법을 중점적으로 다루며 비용우위(cost leadership), 제품 차별화(product differentiation), 유연성(flexibility) 극대화 및 암묵적 담합(tacit collision) 등이 주요 연구주제이다. 한편 수직적 통합(vertical integration)은 사업 다각화[31]와 함께 기업 간 의사결정 구조의 통합이나 서열화라는 측면에서 기업전략으로 간주하는 경우가 많다. 하지만 기업활동의 가치사슬에서 각 가치 창출 활동의 통합, 즉 사업부 활동의 통합이라는 측면에서 볼 때, 수직적 통합이 사업전략의 일환으로서 다루어질 여지도 충분하다고 하겠다. 이제 기업전략 중에서 가장 대표적인 전략인 전략적 제휴와 인수합병에 대해 좀 더 구체적으로 살펴보기로 한다.

1. 전략적 제휴(Strategic Alliance)

1) 전략적 제휴의 정의와 유형

전략적 제휴란 경쟁관계에 있는 두 개 이상의 기업들이 연구개발이나 생산, 판매 및 서비스 등 기업활동의 가치사슬에서 잠정적인 협조관계를 구축하는 것을 의미한다. 전략적 제휴를 통해 각 기업은 상호 이

---

31) 기업전략에서 기업 간 수직적 통합 여부는 전략적 제휴와 사업 다각화를 구분하는 중요한 기준임. 수직적 통합을 우선시하는 사업 다각화 방법으로는 인수합병과 사내창업(internal start-up), 단독투자 등 크게 세 가지로 분류할 수 있음.

익을 위하여 다양한 내부자원을 공유, 교환, 통합하게 되며, 이 과정에
서 제휴 당사자들 사이에 수평적 통합이나 수직적 통합효과가 나타나
게 된다(장세진 2005, 499~500). 전략적 제휴는 지분제휴(equity
alliance), 非지분제휴(non-equity alliance) 및 합작기업(joint venture)
설립 등 크게 세 가지로 나눌 수 있다(Barney 2002, 369~370).

<도 2-3>에서 기업 간 상호 지분투자가 없는 非지분제휴는 전
략적 제휴의 세 가지 유형 중에서 가장 느슨한 협력 형태로서 주로 해
당 기업들 간의 계약에 의존하여 맺어진 관계이다. 제휴 파트너에게 특
허기술 사용권 부여, 파트너들 간의 생산설비, 유통망 및 판매망 공
유를 위한 계약 등이 이에 해당된다. 이 밖에도 공동마케팅, 시장
및 소비자정보의 공유, 연구개발 컨소시엄 구성 및 기술 표준화를 위
한 계약 등도 非지분전략적 제휴의 중요한 목적이라고 할 수 있다.

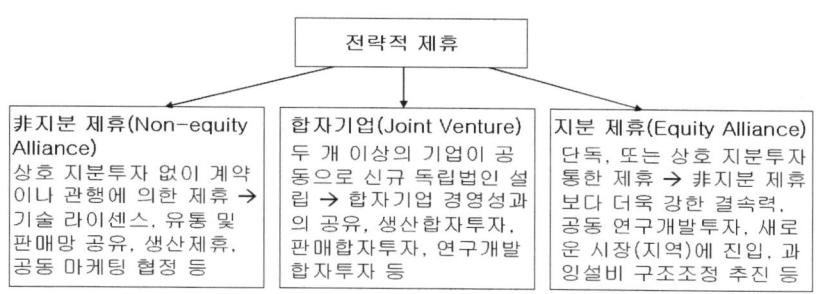

출처: Jay B. Barney. 2002. *Gaining and Sustaining Competitive Advantage*. 2nd edition,
Prentice Hall, New Jersey, p.370.

〈도 2-3〉 전략적 제휴의 세 가지 유형

지분투자를 통한 전략적 제휴는 제휴 당사자 일방, 또는 쌍방(또는
그 이상)이 파트너의 지분을 인수하는 형식의 제휴이다. 지분투자형 전
략적 제휴는 정보통신이나 자동차산업[32]의 다국적기업들 간에 많이 발

생하고 있으며 제휴목적이나 제휴성격상 非지분투자형 전략적 제휴보다 좀 더 강한 결속력을 필요로 하는 경우에 발생한다. 여기서 제휴파트너 간 결속력이란 제휴로 인한 이익과 손실에 대한 공유 의지의 정도를 의미한다. 또한 지분투자형 전략적 제휴는 자본투자를 바탕으로 묶인 제휴관계이기 때문에 非지분형 제휴보다 제휴 당사자들이 상호 '윈-윈(win-win)관계' 형성을 위해 주인의식을 가지고 좀 더 적극적으로 나설 가능성이 많다고 볼 수 있다.

합자기업 설립을 통한 전략적 제휴는 두 개 또는 그 이상의 기업들이 일정한 자본을 투자하여 독립법인을 설립하는 제휴로서, 지분투자형 제휴의 독특한 방식이라고 할 수 있다. 합자기업 설립은 특정 기능이나 특정 업무에 대한 협력보다는 기업활동의 가치사슬상 여러 분야에서 전반적인 협력관계를 구축할 필요가 있을 때 많이 발생한다. 합자기업에 대한 파트너 간 지분소유는 50 : 50으로 결정되는 경우가 많지만, 51 : 49와 같이 한쪽 파트너가 다른 쪽보다 더 많은 지분을 소유한 경우[33]도 적지 않다(장세진 2005). 물론 어느 경우든 장단점을 지니고 있어, 합자기업 지배구조에 있어서 어떤 형태가 가장 바람직한지는 단정 짓기 어렵다. 산업구조나 제휴목적, 제휴 쌍방의 역량에 따라 얼마든지 달라질 수 있기 때문이다. 또한 합작기업 설립을 통한 제휴관계는

---

32) 2005년 2월까지, GM은 후지중공업(Subaru) 전체 지분의 20%를 소유하고 있으며, 포드는 마즈다 전제 지분의 33.4%, 다임러크라이슬러는 미츠비시 지분의 24.7%를 소유하는 등 주요 다국적 자동차기업들 사이의 지분투자를 통한 공동연구개발, 공동생산 및 기술제휴 건수가 점점 증가하는 추세임.

33) 중국 자동차산업에서 중국 측 파트너(국유기업 포함)와 다국적기업이 설립한 합자기업들 중에서 상하이GM, 상하이폭스바겐, 베이징벤츠-다임러크라이슬러, 둥펑혼다, 광조우도요타 등은 중국 측과 외자의 출자 비율이 50 : 50이고 창안스즈키와 광조우이스즈 등은 51 : 49인데, 중국 자동차산업에서 다국적 합자기업의 출자비율은 50 : 50 경우가 가장 많음. 자세한 내용은 제4장 1절, <도 4-1> 참조

자본과 기술을 별로 없으나 시장규모나 발전 잠재력이 큰 국가의 현지 (local)기업과 이러한 지역에 진출하고자 하는 다국적기업 간에 발생하는 경우가 많았다(Michael A. Hitt 외 1999). 하지만 최근에는 선진국이나 성숙기에 접어든 산업에서도 새로운 사업기회 발굴이나 투자 리스크 공유 및 과잉경쟁 지양 등을 목적으로 합작기업이 설립되는 경우가 점차 늘어나고 있다.

2) 전략적 제휴의 목적

전략적 제휴는 각 파트너가 제휴관계를 통해서 기존의 자산가치나 내부역량을 제휴 이전보다 더 끌어올릴 수 있다는 판단이 설 때 발생하게 된다. 즉, 전략적 제휴를 통해 각 파트너가 모두 '범위의 경제(economy of scope)[34]' 효과를 기대할 수 있을 때 제휴가 성사되며, 기업 A와 기업 B의 전략적 제휴에서 범위의 경제는 다음과 같은 조건식으로 나타낼 수 있다.

$$NPV(A+B)>NPV(A)+NPV(B)$$

상기 조건식에서 'NPV(A+B)'는 기업 A와 B의 자산을 결합한 것의 현재가치(net present value)이며 NPV(A)와 NPV(B)는 결합 전 기업 A와 기업 B, 각각의 현재가치를 의미한다(Barney 2002, 371). 전략적 제휴를 추진하는 목적은 범위의 경제 추구, 상호 학습효과 증진,

---

34) '범위의 경제(economy of scope)'란 두 개(또는 그 이상)의 기업들이 각각의 사업, 또는 가치사슬상 기업활동들을 결합(공유)함으로써 결합 이전보다 각각의 기업들에 더 많은 가치를 가져다주는 것을 의미하며 흔히 '시너지(synergy)'라고 부르기도 함.

투자위험의 분산, 신시장이나 새로운 산업에 대한 진입비용 절감, 기존 산업에서의 철수비용 절감, 불확실성 관리 등 크게 여섯 가지로 요약할 수 있다. 무엇보다도 전략적 제휴를 통해 각 파트너들은 범위의 경제효과 극대화에 적극 나서게 된다. 특히 제조업에서 생산설비 공유를 통해 적정 생산량을 유지하는 것이나 제조능력 우위의 기업과 유통망 우위의 기업이 제휴관계를 맺음으로써 비용을 줄여 나가는 것이 범위의 경제 추구의 대표적인 사례라고 할 수 있다.

둘째, 경쟁기업과의 제휴를 통한 학습효과(learning effect)의 증진이다. 기술혁신 속도가 빠른 첨단산업이나 지역 간 시장분할이 비교적 명확한 경우, 벤처기업과 대형기업 또는 각 지역에서 우세한 시장지배력을 행사하고 있는 기업들 간에는 제휴관계를 통해 서로의 내부역량을 학습하고 이를 자신의 역량으로 축적할 수 있는 기회를 얻게 된다. 다만 학습효과가 제휴 당사자 중에서 어느 일방에게만 집중될 경우(learning asymmetry), 협력관계가 쉽게 깨질 가능성이 높다(Barney 2002, 372). 또한 파트너의 우월한 내부역량을 가능하면 빨리 습득하려는 노력은 자칫 과도한 학습경쟁(learning race)으로 변질되어, 협력적인 제휴관계 형성에 큰 어려움이 따를 수 있다.

셋째, 투자위험의 분산이다. 어느 기업이든 자신만의 역량으로 세계 모든 지역, 주요 산업에서 다른 기업들보다 경쟁우위를 갖기는 어렵다. 특히 석유화학, 자동차, 에너지 등 거대 장치산업이나 반도체, 정보통신, 신소재, 제약 등 첨단산업의 경우 설비투자 및 연구개발 비용이 만만치 않기 때문에 독자적으로 내부역량을 강화하고 경쟁력을 키워 가기가 매우 어렵다. 결국 전략적 제휴를 통하여 각 파트너들은 투자비용 분담 및 투자위험을 분산시킬 수 있고 공동투자가 성공을 거둘 경우, 제휴 성과물을 바탕으로 업계 표준화를 선도하는 유리한 입장에 설 수 있게 된다.

이는 전략적 제휴의 넷째 목적인 신시장 개척 및 새로운 산업에 대한 진입비용 절감에도 큰 효력을 발휘한다. 특히 해외 현지사정에 밝지 못한 기업들이 해외시장 진출을 도모할 때에는 현지시장상황에 밝은 적절한 현지 파트너의 선정 및 안정적인 제휴관계 유지 여부가 성공의 관건이 되는 경우가 많다. 해외시장 진출 초기에 법과 제도 및 사회관행, 문화의 차이 등 실제로 겪어 보기 전까지는 잘 드러나지 않는 진입장벽을 효과적으로 넘어서기 위해서는 현지 파트너의 역량과 협력이 매우 중요하기 때문이다. 이는 새로운 산업에 진출할 경우에도 마찬가지이다. 새로운 산업의 특성이나 주요 성공요인(key success factor)들은 공간적으로 신시장 개척 때와 비슷한 진입장벽을 조성하기 때문이다.

다섯째, 기존 산업에서 철수비용을 줄이기 위해 전략적 제휴를 활용하기도 한다. 즉, 기존 산업에서 철수하고자 하는 기업과 이러한 산업에 새롭게 진출, 또는 사업을 확장하려는 기업이 일정 기간 동안 전략적 제휴를 맺음으로써, 철수를 원하는 기업의 가치에 대한 '정보 불균형(information asymmetry)'을 상당 부분 해소할 수 있게 되는 것이다. 일반적으로 기업자산은 크게 '유형자산(tangible asset)'과 '무형자산(intangible asset)'으로 나눌 수 있는데 철수를 원하는 기업은 이들 자산가치를 가능하면 높게 평가하려는 속성을 가지고 있고, 인수합병을 추진하려는 기업은 피인수기업의 자산가치를 최대한 낮추려고 노력하기 마련이다. 결국 '시장에서 단타거래(market spot deal)'를 통한 자산매입이나 매각보다는 전략적 제휴 형태의 완충 기간, 또는 자산평가 기간을 거침으로써 제휴 쌍방이 자산가치에 대한 정보 불균형의 간극을 좁힐 수 있는 기회를 얻게 되는 것이다.

마지막으로 불확실성(uncertainty)[35]의 관리이다. 전략적 제휴를 통해

---

35) 경영전략에서 위험(risk)이란 향후 산업의 발전전망이나 기업의 미래가치를 예상할 수 없지만 다양한 가능성에 대한 각각의 확률분포를 예측할

서 제휴 쌍방은 전략적 유연성(strategic flexibility)을 더욱 높일 수 있게 된다. 전략적 유연성이란 불확실한 경영환경이나 치열한 경쟁구도 속에서 특정 기업이 적은 비용으로 신속하게 전략을 변경할 수 있는 능력을 의미한다(Barney 2002, 309). 반드시 그런 것은 아니지만, 대체로 예상치 못한 경영환경 변화에 적은 비용으로 신속하게 대처할 수 있는 유연성이 높은 전략이 그러하지 못한 전략보다 더욱 큰 가치를 지니고 있다고 볼 수 있다. 특히 불확실성이나 투자위험이 큰 산업이나 예상치 못한 경영환경 변수가 많을수록 전략적 유연성은 더욱 중요한 의미를 갖는다. 정보통신, 항공우주, 바이오, 신소재 등 초기 설비투자나 연구개발투자 비용이 막대하고 상업적인 성공 여부가 불투명한 첨단산업에서 합작기업 설립이나 R&D 컨소시엄 구성 등 전략적 제휴가 점점 증가하고 있는 것도 이러한 맥락에서 분석할 수 있다.

하지만 전략적 제휴는 경쟁기업들 간 잠정적인 협조체제를 맺는 것이며, 궁극적인 목적은 제휴 쌍방의 경쟁력 강화에 있다. 다시 말해, 전략적 제휴란 기본적으로 단기간 내에 자신의 부족한 역량을 최대한 보완하여 중장기적으로 제휴 상대방을 포함한 다른 경쟁자들과의 경쟁에서 우위를 점하겠다는 의도를 내포한 기업전략인 것이다. 따라서 전략적 제휴관계가 길어진다는 것이 항상 좋은 것은 결코 아니며, 제휴관계의 장기화는 제휴 당사자들이 전략적 제휴를 통해 얻고자 하는 목표가 뚜렷하지 않거나 정책규제 등으로 아직 그 목표를 달성하지 못했다는 뜻으로 풀이할 수 있다. 물론, 제휴 초창기의 목표를 달성한 뒤에 또 다른 목표를 위해 제휴관계를 지속할 수는 있다. 하지만 제휴를 통한 초기 목표 달성이 새로운 목표 달성을 보장해 주는 것은 아니며, 독자적인 사업수행이나 인수합병 및 다른 경쟁자와 제휴 등 다른 대안

수 있는 것을 말하며, 불확실성(uncertainty)이란 미래가치뿐만 아니라 각각의 확률분포도 예측할 수 없는 경우를 의미함(Barney 2002, 310).

들도 조직의 역동성과 변화를 촉진하기 위해 적극적으로 고려할 필요가 있다고 하겠다.

3) 산업구조에 따른 제휴성격의 변화

본원적인 산업구조(generic industry structure)에 따라 전략적 제휴의 성격은 균형적 제휴(symmetric alliance), 불균형적 제휴(asymmetric alliance), 혼합형 제휴(mixed alliance) 등 크게 세 가지로 나눌 수 있다(Barney 2002, 379~380). 우선 균형적 제휴란 제휴를 통해 제휴 당사자 모두가 비슷한 수준의 혜택을 기대할 수 있는 경우를 말한다. 주로 성숙기에 접어든 산업에서 주요 경쟁자들이 비슷한 기술력으로 비슷한 제품이나 서비스를 공급하는 경우에 많이 발생하며 다양한 전략집단(strategic group)[36)]에 의해 시장이 분화되어 있는 산업(fragmented industries)에서도 자주 발생한다. 또한 규모의 경제 측면에서 산업 표준화나 시장지배력 강화가 매우 중요한 네트워크형 산업 및 과잉경쟁을 피하기 위한 암묵적 담합(tacit collusion)[37)]이 필요한 산업에서도

---

36) 전략집단(strategic group)이란 특정 산업에서 제품이나 서비스의 특성 및 사업전략이 유사한 기업들은 하나의 집단으로 묶은 것임. 특정 전략집단은 다른 전략집단과 구별되는 사업전략이나 특성을 갖게 되는데 이를 분리기제(isolating mechanism)라고 부르며, 이러한 분리기제는 산업 간 진입장벽(entry barrier)처럼 전략집단 간 이동장벽(mobility barrier)을 형성하게 됨(조영복·정동섭 2003, 151~154).

37) 사업부 수준의 경영전략에서 원가 절감이나 품질 차별화 등이 경쟁적 전략(competitive strategy)인 반면 전략적 제휴나 암묵적 담합은 협조적 전략(cooperative strategy)이라고 할 수 있음. 전략적 제휴의 세 가지 유형이 모두 명시적으로 드러나는 협조적 전략이라면 암묵적 담합은 말 그대로 비공개적으로 은밀히 추진되는 협조적 전략이라고 할 수 있음. 암묵적 담합은 참여 기업들 간 교감이나 관행에 기인한 고차원적인 전략이라고 볼 수 있으나 미국을 비롯한 선진국 정부는 기업 간 암묵적 담합이

균형적 제휴가 발생한다.

　불균형적 제휴는 제휴 상대방을 통해서가 아니면 내부역량 강화나 신사업 진출에 필요한 요소들을 획득하고 학습하기가 곤란한 경우에 발생한다. 신사업에 진출하려는 기업은 이미 그 사업에서 기업활동을 전개하고 있는 기업에 비해 정보나 기술 획득에 있어 불리한 위치에 있을 수밖에 없다. 불균형적 제휴는 해외에서 새로운 시장을 개척할 때에도 자주 나타난다. 따라서 제휴관계에서 상대적으로 열위에 있는 기업들은 제휴관계를 유지하기 위해 제휴 상대방이 배우고 싶고, 얻고 싶어 하는 자신만의 무엇을 상대방보다 더욱 적극적으로 개발하고 발전시켜 나갈 필요가 있다. 1980년대 중반부터 본격적으로 시작된 중국 자동차기업과 다국적기업 간 합작기업 설립 붐은 다국적기업이 완성차 생산기술과 정보, 자본력에서 중국 자동차기업을 압도하면서 맺어진 불균형적 제휴라고 할 수 있다. 다만 중국기업들은 중국정부의 자동차산업 보호정책하에서 토지와 노동력 확보 및 현지관행 인지도 측면에서 제한된 우위를 가졌다고 평가할 수 있다.

　한편 혼합형 제휴는 균형적 제휴와 불균형적 제휴가 동시에 나타나는 경우로서, 불확실성이 많은 산업에서 주로 나타난다. 첨단산업의 연구개발 컨소시엄 구성이나 자원 탐사와 개발 등에서 혼합형 제휴가 많이 나타나고 있지만 다른 산업에서도 얼마든지 발생할 수 있다. 이는 제휴 상대방의 내부역량이나 자산이 제휴관계 속에서 어느 정도의 가치를 갖는지에 대해 제휴를 맺기 전까지는 제대로 파악하기가 어렵기 때문이다. 또한 제휴관계를 통해서만 가치를 획득할 수 있는 투자(transaction specific investment)[38]가 제휴 일방에 의해서 이루어졌다면 혼합형 제

　　공정한 시장경쟁을 지양하고 소비자들에게 피해를 줄 수 있다는 이유로 강력히 규제하고 있음.

38) Barney는 전략적 제휴에서 제휴 일방이 상대방을 속일 수 있는 방법으로서 역선택(adverse selection), 도덕적 해이(moral hazard), 바가지 씌우기

휴가 불균형적 제휴로 전환될 가능성이 높고, 제휴 쌍방에 의한 투자라
면 혼합형 투자가 균형적 제휴로 바뀔 가능성이 높다고 하겠다.

2. 인수합병(Merger and Acquisition)

1) 인수합병의 정의와 목적

인수합병이란 새로운 사업에 진출하기 위해 기존 기업을 인수하여
자신의 조직 내로 흡수합병하든지 완전히 새로운 기업으로 신설합병하
는 것을 의미한다(조영복·정동섭 2003, 204). 인수합병은 다각화 전략
(diversification strategy)[39]을 추진하는 기업들이 가장 많이 사용하는
기업전략이다. 인수합병의 가장 큰 목적은 수직적 통합(vertical inte-
gration)이나 수평적 통합(horizontal integration)을 통한 범위의 경제와

(holdup) 등 세 가지를 제시하였음. 역선택이란 기업 간 정보보유의 비대칭
성으로 인해 상대적으로 많은 정보를 가지고 있는 제휴 일방이 제휴 추진
당시에 자신의 역량이나 기술을 제대로 드러내지 않아, 결과적으로 상대방
이 자신에게 불리한 선택을 하게 하는 경우임. 도덕적 해이란 제휴 일방이
제휴를 통해 투입하기로 약속했던 역량을 제대로 투입하지 않는 것을 의미
함. 바가지 씌우기란 전략적 제휴를 추진하기 위해 제휴 일방이 상대방보다
더 많은 투자를 해야 할 경우, '제휴관계를 위한 투자(transaction specific
investment)'의 속성상 향후 제휴관계 종결 위험이나 의도적인 계약파기 위
협에 더 많이 노출될 수 있다는 것임(Barney 2002, 381~384).
39) 다각화란 특정 기업이 그 기업의 지배구조 내에서 다양한 사업(서로
다른 사업을 전개하는 개별 기업들에 대한 최종적인 경영권을 하나의 본
사가 갖는 구조)을 전개하는 것을 의미함. 다각화는 제한적인(limited) 다
각화, 관련 사업(related) 다각화, 비관련 사업(unrelated) 다각화 등 크게
세 가지로 나눌 수 있음.

규모의 경제를 실현하는 데 있다. 제조업체가 부품업체를 인수하는 후방 통합(backward integration)이나 유통업체를 인수하는 전방 통합(forward integration)은 모두 기업의 가치사슬에서 범위의 경제를 달성하기 위한 수직적 통합 형태의 인수합병이라고 할 수 있다.

또한 동일 산업에서 또는 동일 산업의 전략집단 내에서 경쟁기업 간 수평적 통합은 시장지배력 확대를 발판으로 규모의 경제효과를 높이려는 인수합병이다. 하지만 수평적 통합 형태의 인수합병은 소수의 기업에 시장지배력을 집중시켜 공정한 시장경쟁이 제한되고 소비자권익이 침해될 가능성이 높다는 이유로 인해 미국, 일본을 비롯한 대부분의 선진국들은 이를 법적으로 규제하고 있다. 인수합병의 또 다른 목적은 새로운 시장에 신속하게 진입하는 것이다. 정보통신, 컴퓨터, 온라인 게임 등과 같이 기술혁신의 속도가 빠르고 유행의 변화에 민감한 산업에서 전략적 제휴나 시장거래를 통한 역량 확보 노력은 단기간 내에 성과를 기대하기 어려운 경우가 많다. 각 생산요소 간 연결고리를 파악하고 최적 조합을 달성하는 데 적지 않은 시간이 소요되기 때문이다. 인수합병은 피인수기업의 자원과 역량의 내부화로 인한 변화관리(change management) 비용이 크지 않다면 신시장 진입의 관건이 되는 요인들을 가장 신속하게 확보할 수 있는 방법이라고 하겠다. 이 밖에도 해외시장 진출과 인수기업의 구조조정을 촉진하기 위해서도 인수합병 전략이 적절히 활용될 수 있다.

〈표 2-1〉 인수합병의 목적

(1) 생산 및 유통비용의 절약(To reduce production or distribution costs)
a. 규모의 경제
b. 수직적 통합
c. 조직관리 및 생산기술의 효율성 추구
d. 인수기업 경영진의 경영능력, 경험 및 경험의지의 적극적 활용
e. 인수합병을 통한 조직 내재적인 대리인 비용의 감소

(2) 재무적인 동기(Financial motivations)
a. 절세방법의 다양화 추구
b. 파산비용 절감 및 회피
c. 재무적인 지렛대 효과 활용기회 획득
d. 세무상의 이점 극대화

(3) 시장지배력 확대(To gain market power in product markets)

(4) 합병대상 기업의 비효율성 제거(To eliminate inefficient target management)

출처: Jay B. Barney. 2002. *Gaining and Sustaining Competitive Advantage*. 2nd edition, Prentice Hall, New Jersey, p.487.

한편 1980년대에 들어 미국에서 독과점에 대한 규제가 완화되자 석유화학, 철강 등 거대 장치산업과 금융산업을 중심으로 인수합병이 활발히 일어났다. 이러한 시대적 조류에 부응하여 Jensen과 Ruback은 기업들이 인수합병에 나서는 목적을 생산 및 유통비용의 절약, 재무적 동기, 시장지배력 확대, 합병대상 기업의 비효율성 제거 등 크게 네 가지로 나누었다(<표 2-1>). 또한 Lubakin(1983)은 관련 사업 간에 발생하는 인수합병의 전략적 이유를 경영지식이나 노하우 습득 등 기술적 요인(technical economies), 시장지배력 확대와 자금 동원력 등 재무적 요인(pecuniary economies), 사업구성 다양화(business portfolio)를 통해 기존사업과 신사업의 내재적 위험을 줄이기 위한 다각화 요인(diversification economies) 등 세 가지 요인으로 나누어 제시하였다(Barney 2002, 486~487).

2) 인수합병과 지속 가능한 경쟁우위

인수합병이 지속 가능한 경쟁우위를 창출하기 위해서는 인수기업과 피인수기업 간 통합이 통합 이전보다 더 높은 가치를 만들어야 하며 (valuable), 다른 경쟁기업들이 쉽게 모방할 수 없어야 하고(costly to imitate), 인수합병 전략이 희소성을 지녀야(rare) 한다. 아울러 인수합병 이후 조직변화를 관리하고 자원배치와 조합을 최적화할 수 있는 조직역량(organizational capability)을 가지고 있어야 한다. 즉, 기업자원과 내부역량 분석에 활용했던 VIRO 분석 틀을 인수합병의 지속 가능한 경쟁우위 가능성을 판단하는 데에도 사용할 수 있다. 또한 VIRO 분석은 전략적 제휴의 지속 가능한 경쟁우위 분석에도 활용할 수 있다.

특히 인수합병을 추진하는 조직역량과 관련하여 인수기업과 합병대상 기업 간 문화적 차이가 두 기업 간 실질적인 통합을 매우 어렵게 만드는 경우가 많다. 따라서 인수기업은 인수합병 과정에서 추가로 발생할 가능성이 높은 갈등 및 변화관리 비용을 적극적으로 찾아내고 합병기업에 대한 가치평가에 이를 충분히 반영할 필요가 있다. 아울러 인수합병 전이나 당시에는 전혀 예상하지 못했던 새로운 가치 창출 기회가 통합 후에도 나타날 수 있기 때문에 인수기업은 이러한 기회를 언제든지 활용할 수 있는 유연한 조직구조를 갖추어야 한다.

인수합병 기업의 경영성과에 대한 실증분석에서 Porter(1987)는 1980년대 미국에서 일어난 인수합병의 70% 가량은 실패하였고 이들 기업 대부분이 5년 이내에 피인수기업의 재매각에 나섰다고 주장했다. 또한 Singh과 Montgomery(1987)는 관련 사업의 인수합병 성과는 인수합병 이전과 비슷하거나 다소 높았으나 비관련 사업의 인수합병은 인수합병 이전보다 기업가치가 더 떨어진 경우가 더 많았다고 주장하였다. 1990년대에 이루어진 실증분석 결과들도 非관련 사업의 다각화를 위해 추진된 인수합병의 성과에 대해 대체로 부정적인 입장이다(Barney 2002, 486). 그러나 2000년대에 들어서도 인수합병은 여전히 인기 있는 기업 전략이며 WTO 출범 이후 세계 각국의 자본시장 개방이 가속화되면서 인수합병은 첨단산업을 비롯한 거의 모든 산업에서 기업 구조조정과 내부역량 강화를 위한 중요한 전략으로 적극 활용되고 있다. 자동차산업에서도 기업 간 인수합병이 매우 활발하게 일어났는데, 본 연구 제3장 2절에서도 언급하겠지만 세계 자동차산업은 완성차 제조업체를 중심으로 지속 가능한 경쟁우위를 확보하기 위해 기업 간 합종연횡의 바람이 가장 거세게 몰아치고 있는 산업이라고 하겠다.

3. 전략적 제휴와 인수합병의 비교

1) 전략적 제휴의 대안으로서 인수합병

전략적 제휴의 대안으로서 내부적인 자체개발(internal development)과 인수합병(mergers and acquisitions), 크게 두 가지를 들 수 있다. 내부적인 자체개발이란 사내에서 신사업 추진이나 해외시장 개척을 위한 TFT(Task Force Team)을 구성, 단독투자 형태로 사업의 다각화를 도모하는 것이다. 다만 전략적 제휴의 대안으로서 내부적인 자체개발이 성공을 거두기 위해서는 특정 역량이나 자원을 확보하기 위한 자체개발 비용이나 시장을 통한 조달비용이 제휴추진 비용보다 높지 않아야 한다. 아울러 조직 내부에서 TFT가 구성되어 일을 추진할 때 부서 간 갈등이나 견제를 최소화시킬 수 있는 '협업능력(cooperative capability)'이 경험을 통하여 충분히 갖추어져야 한다.

사실 전략적 제휴의 가장 큰 목적은 제휴를 통한 '범위의 경제' 구현에 있기 때문에 내부적인 자체개발이 과연 얼마나 제휴 파트너의 역량을 갈음할 수 있을지에 대해서는 의문의 여지가 많다. 내부 자산을 활용한 신규 역량 축적 노력은 대체로 '경로 의존적(path dependent)' 성격을 지니고 있고 불확실성이 높으며 시장에서의 단타거래를 통한 역량 보완작업에도 적지 않은 기회비용이 들기 때문이다(Barney 2002, 387). 특히 대량생산, 대량판매 방식의 제조업체들은 전략적 제휴를 통해 경쟁업체의 유통망을 활용할 수 있는 기회를 얻는 것이 독자적으로 신규 유통망을 구축하는 것보다 비용이나 리스크 관리 면에서 훨씬 유리하다고 할 수 있다. 그러나 조직 내에 협업능력이 충분히 형성되어 있고 조직문화가 전통적으로 수직적 의사결정 구조를 더 선호해 왔다면 내부적인 자체개발이 전략적 제휴를 대체할 가능성은 얼마든지 있다. 기술이나 경영 노하우 등 핵심역량의 외부유출 방지 및 의사결정의 신속성 면에서는 내부적인 자체개발이 전략적 제휴보다 더 낫기 때문이다.

전략적 제휴의 또 다른 대안인 인수합병은 제휴를 통해 얻고자 하는 상대방의 역량이나 주요 자산을 수직적 또는 수평적으로 통합하여 조직 내부로 완전히 흡수하는 것이다. 앞서 지적하였듯이 인수합병의 전제조건은 인수기업이 피인수기업의 자산이나 역량을 피인수기업이나 다른 경쟁기업들보다 높게 평가해야만 거래가 이루어진다는 점이다. 또한 제휴관계를 통한 협력보다도 쌍방 모두가 서로의 역량을 더욱 필요로 하는 경우에도 인수합병이 발생할 수 있다.[40] 그러나 전략적 제휴의 대안으로서 인수합병 전략은 다음 세 가지 면에서 그리 바람직하지 않

---

40) 장세진(2005)은 제휴관계를 맺는 두 기업이 전략적 제휴에 몰입(commitment)하는 정도가 점점 강해지면 인수합병을 통해 두 기업이 하나의 기업으로 새롭게 탄생한다는 의미에서 인수합병을 전략적 제휴의 특수한 형태로 간주하였음. 하지만 이를 적대적 인수합병의 경우에까지 적용하기에는 어렵다고 할 수 있음.

은 전략이 될 수 있다(Barney 2002, 388~389).

첫째, 인수합병에 대한 정책 규제이다. 대부분의 선진국들은 인수합병을 통해 특정 기업의 시장지배력이 지나치게 커지는 것을 상당히 경계하고 있다. 인수합병을 통해 독과점 구조가 형성되면 결국 공정한 경쟁이 제약을 받게 된다는 점을 우려하기 때문이다. 따라서 인수합병을 추진하는 기업들은 독과점에 대한 각종 규제에 철저히 대비할 필요가 있으며 이는 인수합병 추진 비용의 증가로 이어질 가능성이 높다.

둘째, 인수합병은 불확실한 경영환경에서 기업의 전략적 유연성을 제약할 가능성이 높다. 인수합병을 통한 수직적, 수평적 통합은 조직구조 재편성과 같은 경영 효율성 제고 노력이 뒤따르지 않는 한, 통합 이전보다 더욱 비대해진 몸짓 때문에 의사결정 속도가 느려지고 움직임이 둔화될 가능성이 높다. 특히 피인수기업의 부채나 사회적 부담 및 인적자원 승계를 위한 비용은 인수합병을 통한 범위의 경제효과를 상당 부분 상쇄시킬 수 있다. 인수기업의 입장에서는 피인수기업 내부의 '원하지 않는 짐(unwanted organizational baggage)'은 제외하고 인수합병을 추진하려고 하지만, 인수합병 당시에 이러한 짐을 다소 줄일 수는 있어도 완전히 털어버리는 것은 사실상 불가능하다.

셋째, 피인수기업의 자산이 독립적인 경영이 가능할 때에 그 가치가 더욱 커지는 경우이다. 특히 사람이나 운영 노하우, 브랜드와 같은 무형자산이 피인수기업의 핵심역량인 경우에 더욱 그러하다. 참신한 아이디어와 창의력, 팀 단위의 협업능력(cooperative capability)이 중요한 성공요인인 광고나 디자인, 온라인 게임 업체 등은 사업 다각화 차원에서 추진되는 인수합병의 대상이 될 경우, 인적자원의 동요나 이탈이 가시화되고 이는 인수합병 이후에 예전과 같은 성과를 기대하기 어렵게 만드는 요인이 될 수 있다.

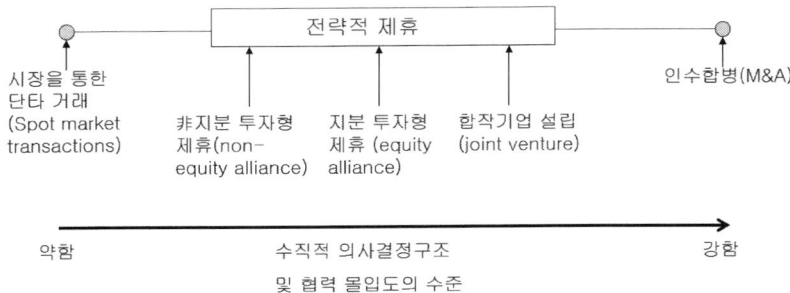

〈도 2-4〉 수직적 의사결정 수준에 따른 전략적 제휴와 인수합병의 비교

  이렇듯 인수합병이 전략적 제휴의 대안으로서 바람직하지 않을 수
있는 요인들은 분명히 존재한다. 하지만 그러한 요인들이 전략적 제휴
가 인수합병보다 항상 더 나은 경영성과를 보장한다는 의미는 결코 아
니다. 오히려 다양한 사업을 전개하면서 기업 차원의 리스크를 관리하
거나 신속한 구조조정을 촉진하기 위해서는 인수합병이 전략적 제휴보
다 더욱 효과적일 수 있다. 결국 기업이 전략적 제휴를 추진함에 있어
서 가장 중요한 것은 제휴 여부와 대상자 선택에 대한 결정이라기보다
는 전략적 제휴와 그 대안들 중에서 굳이 전략적 제휴를 선택해야 하
는 뚜렷한 이유 제시와 제휴목표 수립, 제휴관계 관리 및 제휴관계 종
결 등 제휴의 전(全) 과정에서 어떤 유형의 제휴가 가장 효과적인지에
대한 고민과 결단이라고 하겠다. <도 2-4>는 전략적 제휴와 그 대안
들, 즉 시장을 통한 단타거래와 인수합병을 수직적 의사결정 구조 및
상호협력의 몰입(commitment) 정도를 기준으로 도식화하여 비교한 것
이다. <도 2-4>에서 합자기업 설립은 지분형 제휴나 非지분형 제휴보
다 의사결정 구조의 수직적 통합이라는 측면에서 협력 몰입도가 높지
만 인수합병보다는 그 정도가 낮다고 할 수 있다.

2) 해외시장 진출전략으로서 전략적 제휴와 인수합병

일반적으로 기업들은 수출입 단계를 지나 본격적인 해외시장 진출을 추진하면서 전략적 제휴와 인수합병을 적극적으로 고려하기 시작한다. <도 2-5>는 기업들의 일반적인 해외시장 진출(국제화 전략 추진) 방법을 파트너에 대한 통제의 필요성 정도, 또는 목표 해외시장에 대한 몰입도(commitment level)에 따라 분류한 것이다. <도 2-5>에서 다국적기업들의 해외시장 진출 방법은 직간접 수출, 非지분형 전략적 제휴(각종 계약), 지분형 전략적 제휴와 단독투자(인수합병) 등 크게 세 가지 형태로 나눌 수 있다. 해외진출 초기에 기업들은 투자금액이나 리스크가 상대적으로 적은 직간접적 수출을 선호하지만 해외시장 진출에 대한 경험이 점차 많아지고 해외시장에서 범위의 경제(Economy of Scope)를 실현할 수 있는 가능성이 커짐에 따라 기술 라이센싱, 공동판매, 공동생산 계약 등 파트너와의 명시적 계약이나 암묵적 동의(tacit agreement)에 바탕을 둔 중장기적인 非지분형 제휴와 협력을 추진한다. 그리고 이러한 非지분형 제휴관계가 누적되면 상호 지분투자나 합자기업 설립 등 지분형 제휴를 추진하게 된다. 그다음 단계로서 기업들이 해외 현지기업이나 합자기업에 대한 인수합병, 또는 단독투자에 의한 독자법인 설립 등을 추진하는 것이 해외진출(국제화) 전략의 일반적인 발전패턴이라고 할 수 있다.

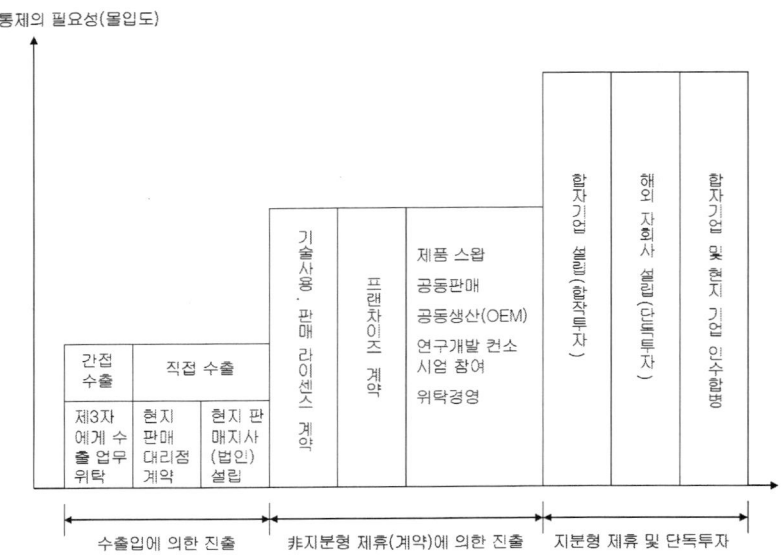

통제의 필요성(몰입도)

| 간접 수출 | 직접 수출 | | 기술사용 · 판매 라이센스 계약 | 프랜차이즈 계약 | 제품 스왑 공동판매 공동생산(OEM) 연구개발 컨소시엄 참여 위탁경영 | 합자기업 설립(합작투자) | 해외 자회사 설립(단독투자) | 합자기업 및 현지 기업 인수합병 |

제3자에게 수출 업무 위탁 / 현지 판매 대리점 계약 / 현지 판매지사(법인) 설립

수출입에 의한 진출 ── 非지분형 제휴(계약)에 의한 진출 ── 지분형 제휴 및 단독투자

출처: 장세진. 2005.『글로벌경쟁시대의 경영전략』, p.465를 바탕으로 재구성.

〈도 2-5〉 기업의 해외시장 진출(국제화 전략 추진) 방법 분류

또한 다국적기업의 국제화 전략을 지배구조(Governance structure)에 따라 분류해 보면 <표 2-2>와 같이 정리할 수 있다. <표 2-2>에서 간접수출과 직접수출은 시장의 지배를 받는 단타거래(spot market transactions)적인 국제화 전략이며, 각종 라이센싱과 합자기업 설립을 포함한 모든 유형의 전략적 제휴는 시장지배와 기업 내부화(수직적 통합)의 중간자적 성격을 띠는 국제화 전략이라고 할 수 있다. 그리고 인수합병이나 단독투자에 의한 독자법인 설립은 전략적 제휴의 대안으로서 해외 파트너에 대한 수직적 지배구조 확립을 위한 해외진출 전략이다. 한편 Dyer, Kale & Singh(2004)는 전략적 제휴와 인수합병의 두 가지 경영전략에 주목하여 해외시장 및 내수시장에서 기업들이 언제, 어떠한 상황에서 어떤 전략을 선택하는 것이 바람직한지에 대해 분석

하였다. 즉, 각 기업이 추구하고자 하는 범위의 경제[41] 및 경영자원의
성격(synergies and resources) 그리고 시장요소(market factors) 등 3
대 변수를 바탕으로 전략적 제휴와 인수합병 전략 중 바람직한 전략선
택을 위한 판단기준을 제시한 것이다.

〈표 2-2〉 지배구조에 따른 기업의 해외진출(국제화) 전략 분류

시장에 의한 지배 (Market Goverance)	시장 중간자적 지배구조 (Intermediate Market Governance)	수직적(내부화) 지배구조 (Hiearchical Governance)
간접수출 및 직접수출 (Exporting)	라이센싱(Licensing) 非지분형 제휴(Non-equity alliance) 지분형 제휴(Equity alliance) 합자기업 설립(Joint Venture)	합병(Mergers) 인수(Acquisitions) 독자법인 설립(Wholly owned subsidiaries)

출처: Barney. 2002. *Gaining and Sustaining Competitive Advantage*, p.541.

Dyer, Kale & Singh(2004)는 범위의 경제와 경영자원의 성격에 대해
서는 범위의 경제효과의 유형(types of synergies), 경영자원의 속성
(nature of resources), 경영자원 과잉의 정도(extent of redundant reso-
urces) 등 세 가지로 나누었고 시장요소는 시장 불확실성의 수준(degree
of market uncertainty)과 시장경쟁의 수준(level of competition)으로 분
류, 모두 다섯 가지 결정변수를 도출하였다. 본 연구 제5장 2절, 중국 자
동차산업 발전양상에 따른 전략 변화 분석은 전략적 제휴와 인수합병 전
략의 선택에 관해 Dyer, Kale & Singh(2004)가 제시한 다섯 가지 결정
변수를 바탕으로 이루어졌다. 아울러 Dyer, Kale & Singh(2004)가 제시
한 다섯 가지 결정변수에 대해서는 제5장 2절 분석방법에서 좀 더 자세
히 살펴보기로 한다.

---

41) Dyer, Kale & Singh(2004)는 범위의 경제(economy of scope)라는 용어
대신, 시너지(synergy)라는 용어를 사용하였으나 앞서 지적하였듯이 시너지
와 범위의 경제는 같은 뜻을 지닌 용어임.

제3장 중국 자동차산업과
세계 자동차산업의 발전현황과 특징

　제3장 1절에서는 중국 자동차산업의 발전현황을 자동차 생산 추이와
승용차 부문을 중심으로 살펴보고, 중국 자동차산업의 특징과 구조적 한
계에 대해서 정리하였다. 중국 자동차산업의 특징은 수요계층 확대, 공
급과잉 우려 고조, 산업정책의 기조 변화와 유효성 문제, 제약요인의 대
두, 시장동력의 강화와 정부 역할의 변화 등 다섯 가지 측면에서 다루었
다. 아울러 2절에서는 세계 자동차산업의 발전현황과 특징에 대해서 살
펴보았다. 연도별, 지역별 세계 자동차 생산량, 국가별 자동차 내수시장
규모, 주요 기업의 자동차 생산량 및 국가별 자동차 수출량과 보유량에
대해서 기술하였고, 이를 바탕으로 주요 특징을 도출하였다. 3절에서는
세계 자동차산업과 중국 자동차산업과의 관계를 조명하기 위해, 중국 자
동차산업에서 외자증가와 다국적기업의 역할 확대를 집중적으로 다루었
다. 아울러 외자증가와 다국적 합자기업의 역할 확대로 인한 중국 자동
차산업구조의 변화에 대해서 포터(Porter, 1980)의 다섯 가지 경쟁요인
(Five Forces Model) 분석 툴(tool)을 가지고 접근하였다.

제1절 중국 자동차산업 발전현황과 특징

1. 중국 자동차산업 발전현황

2006년 중국의 자동차 생산량과 판매량은 각각 728만 대, 722만 대로 사상 처음으로 700만 대를 돌파하였다. 이는 2005년 중국의 자동차 생산량과 판매량 대비 각각 27.5%, 25.3% 증가한 것이다. 중국의 자동차 생산량은 1992년에 100만 대를 넘어섰으며 2000년에 200만 대, 2002년에는 300만 대를 돌파하였고 2002년부터 2004년까지 매년 약 100만 대씩 생산량이 증가하였다. 한편 2005년 중국의 자동차 생산량과 판매량은 각각 571만 대, 576만 대로 600만 대를 돌파할 것이라는 당초 예상에는 못 미친 것으로 나타났다. 그러나 중국은 2005년에 독일을 제치고 미국, 일본에 이어 세계 3대 자동차 생산대국이 되었고 2006년에는 일본을 제치고 세계 2위의 내수시장으로 부상하였다.

더 나아가 완성차 제조와 부품 제조 및 차량개조 등을 포함한 자동차산업이 중국경제에서 차지하는 비중도 1990년 이후 15년 동안 계속 커지고 있는 추세다. 중국 자동차산업의 부가가치총액이 GDP에서 차지하는 비중은 1991년 0.77%에서 1993년 1.16%까지 계속 증가하다가 1994년 1.10%에서 1997년 0.8%까지 떨어졌다. 하지만 1997년을 기점으로 다시 2003년 1.83%까지 계속 상승하였고 2004년과 2005년에는 각각 1.6%, 1.2%를 기록하며 다시 하락했다(中國汽車工業年鑒 2006, 502). 자동차산업 생산총액이 중국 공업생산총액에서 차지하는 비중도 1991년 2.5%에서 1998년 4.1%, 2003년에는 5.9%까지 상승했다(<도 3-1>). 다만 2004년과 2005년에는 자동차산업 생산총액의 비중이 각각 4.7%, 4.1%로 하락했다. 이는 최근 2~3년간 자동차산업 생산총액의 증가속도가 중국 공업생산총액 증가속도보다 상대적으로 느렸다는 것을 의미한다. 무엇보다도 공급과잉으로 인한 업체 간 가격 인하 경쟁이 업계 전체 부가가치총액과 공업생산총액의 상대적 부진에 가장 큰 영향을 주었다고 볼 수 있다.

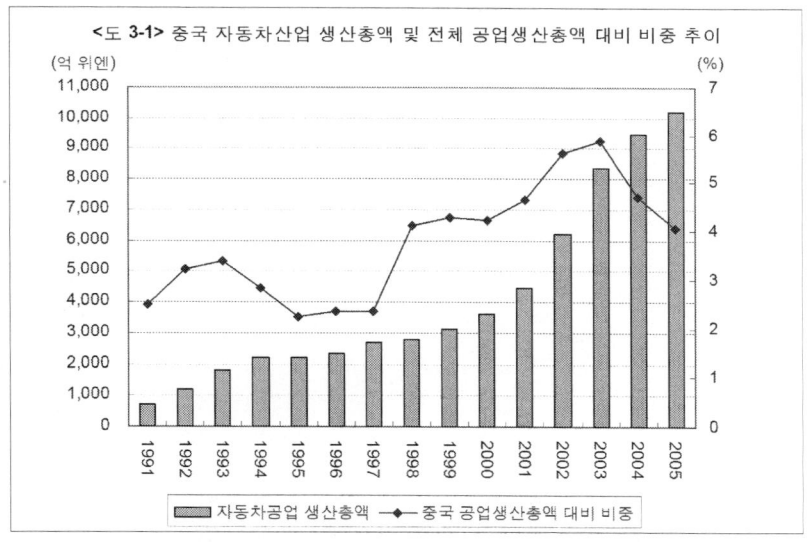

<도 3-1> 중국 자동차산업 생산총액 및 전체 공업생산총액 대비 비중 추이

출처: 中國汽車工業年鑒 2006, p.499.

하지만 이러한 증가속도의 상대적인 둔화가 중국 자동차산업의 장기적인 발전전망을 어둡게 하지는 못한다. 2004~2005년 자동차산업 생산총액은 전년 대비 각각 13.2%, 8% 증가하였고 부가가치총액도 미약하나마 증가세를 계속 유지하였기 때문이다. 다만 중국 자동차산업의 양적 성장이 질적 성장으로 전환되기까지는 앞으로 적지 않은 시간이 소요될 것이라는 추론은 가능할 것이다. 한편 중국에서 자동차산업 발전을 논함에 있어서 소득 증가에 따른 승용차 부문의 부상은 반드시 짚고 넘어가야 할 부분이다. 1980년대 중국 자동차 생산 연평균 증가율은 10.1%였으나 승용차 생산 연평균 증가율은 18.2%에 달했고(이문형 2000, 44), 중국 자동차산업에서 승용차 부문의 강세현상은 1990년대에 들어서 더욱 두드러졌다. 1991~1999년까지 승용차 생산 연평균 증가율은 27.5%에 달한 반면, 자동차 생산 연평균 증가율은 12.6%로 승용차 부문의 절반 수준에 머물렀다.

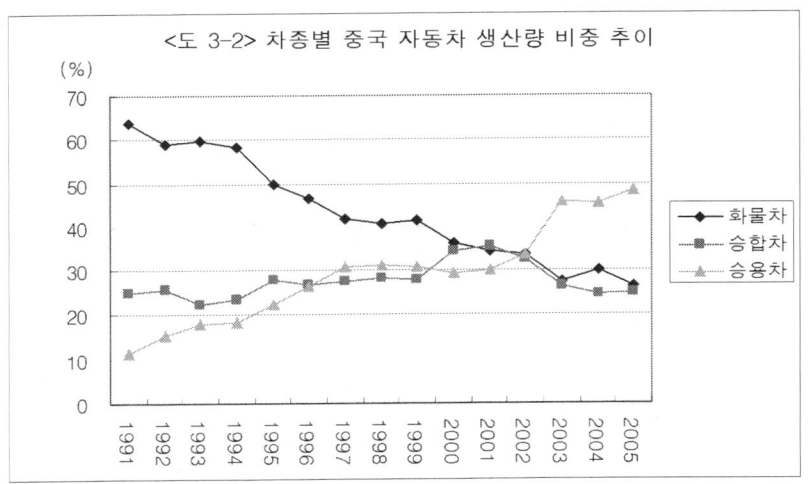

<도 3-2> 차종별 중국 자동차 생산량 비중 추이

출처: 中國汽車工業年鑒 2006, p.504.
　　　단, 〈도 3-2〉에서 승용차(轎車)는 SUV, MPV를 제외한 세단형 승용차만을 의미함.

2000년대에 들어서 승용차 생산량 증가추세는 더욱 강화되고 있다. 완성차를 크게 화물차, 승합차(버스), 승용차 등 크게 세 가지로 나눌 때, 1991년까지만 하더라도 중국의 화물차, 승합차, 승용차(세단형)의 생산비중은 64 : 25 : 11로 화물차 부문이 압도적으로 높았다. 그러나

1995년 화물차의 생산비중은 50% 밑으로 떨어졌고 그 이후 지속적으로 하락하였다(<도 3-2>). 반면 승용차 생산비중은 1995년에 20%를 넘어섰고 1997년에 30%를 초과하였으며 2005년에는 50%에 달할 정도로 급성장하였다. 한편 승합차(SUV, MPV 포함)의 비중은 2001년에 36% 수준에 달하였으나 전반적으로는 1991년 이후 25~28% 수준에서 답보상태를 나타냈다.

현재 중국정부는 독자적인 신차개발능력의 구비를 자동차산업 육성 정책의 최대 목표로 삼고 있으며(中國工業發展報告 2004, 230~234, 夏金彪 2005), 신정책 제7장에서도 중국기업들의 자주적인 신차개발능력 제고를 적극 지원할 것임을 거듭 밝히고 있다. 아울러 중국 도시주민 소득 증가에 따른 승용차 수요층의 저변 확대와 완성차업체 간 각종 제휴와 협력이 대부분 승용차 부문에서 일어나고 있다는 점을 고려할 때, 향후 승용차 부문이 중국 자동차산업 발전에 핵심적인 역할을 하게 될 것으로 예상된다. 중국에서 1990년대 중반 이후 나타난 승용차 수요 증가에 대해서는 후술하는 중국 자동차산업의 특징과 한계에서 좀 더 자세히 다루기로 한다.

한편 승용차 부문이 부상함에 따라 대형 국유기업 및 다국적 합자기업의 시장지배력이 계속 커지고 있다. 중대형 화물차의 경우에도 2004년 상위 10대 기업은 전체 생산량의 99%, 상위 3대 기업은 77%를 차지하였다(朱劍明·孫明興·彭代勇 2005). 2005년 말까지 중국의 완성차 제조업체(117개)의 70%인 82개 업체가 연간 생산량 1만 대 미만의 영세한 규모에 머물러 있었다.[42]

---

42) 중국 완성차 제조업체 대부분이 매우 영세한 것이 사실이지만, 중국이 WTO에 가입한 후에도 영세한 자동차기업의 파산이나 인수합병 등 산업구조 조정이 예상보다 훨씬 더딘 것은 중국 자동차산업이 자본집약적이라기보다는 아직도 노동집약적인 성격이 더 강하기 때문이라는 주장이 중국 내부에서 제기되고 있음. 즉, 중국 자동차기업들은 연간 5~10

〈표 3-1〉 중국 승용차 생산량 상위 10대 기업 추이 (만 대, %)

구분	2005년			2004년			2003년		
	기업	생산량	비중	기업	생산량	비중	기업	생산량	비중
1위	상하이GM	33.2	10.6	상하이폭스바겐	34.8	13.8	상하이폭스바겐	40.5	17.9
2위	이치폭스바겐	24.6	7.9	이치폭스바겐	28.7	11.4	이치폭스바겐	30.2	13.3
3위	상하이폭스바겐	23.5	7.5	상하이GM	25.2	10.0	상하이GM	20.7	9.1
4위	광조우혼다	23.2	7.4	광조우혼다	20.2	8.0	텐진이치샤리	11.7	5.2
5위	베이징현대	23.1	7.4	베이징현대	15.0	6.0	광조우혼다	11.7	5.2
소계1 (1~5위)		127.6	40.9	소계1		123.9	49.3	소계1		114.8	50.7
6위	텐진이치샤리	19.3	6.2	텐진이치샤리	13.1	5.2	선롱(神龍汽車)	10.5	4.6
7위	치루이	18.6	6.0	창안스즈끼	10.7	4.3	창안스즈끼	10.2	4.5
8위	둥펑닛산	16.5	5.3	지리(吉利汽車)	9.8	3.9	치루이	10.1	4.5
9위	지리(吉利汽車)	14.8	4.7	선롱(神龍汽車)	8.8	3.5	지리(吉利汽車)	8.1	3.6
10위	선롱(神龍汽車)	14.2	4.6	텐진이치도요타	8.3	3.3	펑선(風神汽車)	6.6	2.9
소계2 (1~10위)		211.0	67.7	소계2		174.6	69.5	소계2		160.3	70.8
중국 전체	311.8			중국 전체	251.3			중국 전체	226.3		

출처: 中國汽車工業年鑑 2006, pp.541-544, 中國汽車工業年鑑 2005, pp.516-518 및 中國汽車工業年鑑 2004, pp.441-443을 바탕으로 재구성(단, 승용차 생산량은 세단형 및 SUV, MPV 포함, CUV는 제외).

반면 상하이자동차, 디이자동차, 둥펑자동차 등 3대 자동차기업은 2005년 중국 전체 자동차 생산량 및 판매량의 약 46%를 차지하였다 (<표 5-28>). 중국정부가 생산의 집중화와 대형화 정책을 계속 추진 하였지만 그 성과가 아직 제대로 나타나지 않고 있다는 얘기다. 또한 <표 3-1>에서 2003~2005년 중국의 승용차 생산량 상위 5대 기업이 차지하는 비중은 각각 50.7%, 49.3%, 40.9%로 3년 연속 하락했고 상 위 10대 기업의 비중도 70.8%, 69.5%, 67.7%로 계속 떨어졌다. 이는 중국에서 승용차 모델의 다양화 및 생산기업의 저변 확대로 기업 간

___
만 대의 완성차를 생산하면 비교적 쉽게 손익분기점에 도달할 수 있기 때문에, 국제적으로 규모의 경제를 달성할 수 있는 적정 생산량(연간 30만 대)을 중국에 그대로 적용하는 것은 무리라는 주장임(張娟 2005, 朱劍明 · 孫明興 · 彭代勇 2005).

경쟁이 더욱 치열해졌다는 뜻으로 풀이할 수 있다. 그런데 승용차 생산 상위 10대 기업 중에서 치루이자동차와 지리자동차, 톈진이치샤리(도요타, 다이하츠와 기술제휴관계)를 제외한 나머지 기업들은 모두 다국적 합자기업이며, 갈수록 다국적 합자기업의 시장점유율은 점점 커지고 있다. 중국정부는 신정책에서 2010년까지 자동차기업 간 인수합병을 계속 추진하여, 4~5개 중국 자동차기업이 세계 500대 기업에 진입할 수 있도록 적극 지원하겠다고 밝혔다.

하지만 승용차 부문을 중심으로 시장지배력이 계속 커지고 있는 다국적 합자기업들이 향후 중국정부의 산업구조 조정계획이나 중국 자동차기업 육성정책에 얼마나 호응할지에 대해서는 의문의 여지가 많다. 다국적 합자기업들이 자신들의 막강한 시장지배력을 바탕으로 모(母)기업인 대형 국유기업을 조정하고 중국정부를 압박하는 사례가 점점 많아질 가능성이 높기 때문이다. 한편 중국 연해도시를 중심으로 승용차 대중화(Motorization) 시대가 도래하고 일반인들이 승용차의 주요 구매계층이 되면서 중국 자동차산업에서 국가주도형 산업발전 모델은 점차 시장주도형 발전모델로 바뀌고 있다. 이와 동시에 고유가 시대의 에너지 안보와 도시화 및 환경보호가 점차 중요한 이슈가 되어감에 따라 이들 변수들이 중국 자동차산업에 미치는 영향력도 갈수록 커지고 있다.

2. 중국 자동차산업 특징과 한계

1) 중국 자동차산업 특징

(1) 자동차 수요계층의 저변 확대와 구매력 증가

중국 자동차산업의 중요한 특징의 하나로 소득 증가로 인한 자동차 수요계층의 저변 확대를 꼽을 수 있다. 자동차 수요계층의 저변 확대는 결국 승용차 수요 증가를 의미하며, 승용차 수요 증가는 무엇보다도 공무용 수요의 감소와 민간 수요의 증가에서 비롯되었다고 할 수 있다. 1995년 중국 승용차의 용도별 수요비중을 살펴보면 공무용 승용차의 비중이 64%로 택시, 운수업 등 영업용(21%)이나 가정용(15%) 비중보다 훨씬 높았다. 하지만 1998년에는 공무용 비중은 49%로 하락한 반면 가정용 승용차의 비중은 27%로 상승하였다(이문형 2000, 60). 공무용 승용차에 대한 수요가 감소한 가장 큰 이유는 국유기업과 집체기업의 감소 및 다국적기업과 민영기업의 급성장으로 인해 중국경제에서 공공부문이 차지하는 비중이 계속 축소되고 있기 때문이다.

한편 민간 보유 자동차 총량에서 민영기업이나 민간단체 등 법인에 등록된 차량을 제외한 개인 보유 자동차의 비중은 1995년 24%, 1998년 32%, 2000년 39%, 2004년 55%로 계속 증가하였으며(中國統計年鑑 2005, 567), 2005년에도 58.6%에 달해[43] 개인이 보유한 자동차가

---

43) 2005년 말까지 민간이 보유한 차량은 총 3,159.7만 대이며 그중 개인 보유량은 1,851.9만 대로 2004년 대비 각각 17.3%, 25% 증가하여 개인 보유 차량 증가율이 민간 보유 차량 증가율보다 더 빠른 것으로 나타났음 (中國統計摘要 2006, 152).

전체 민간 보유량의 절반을 넘어섰다. 또한 2004년 현재 중국에서 민간이 보유한 승용차는 총 920만 대였는데 그중 개인 보유 승용차는 약 600만 대로 민간 보유 승용차의 65%를 초과하였고, 2006년에 개인이 보유한 승용차는 1,149만 대로 2005년 대비 약 33.5% 증가한 것으로 나타났다(니케이비즈니스 2007 / 3 / 6). 향후 소득수준이 계속 향상됨에 따라, 공무용 승용차 수요 감소와 가정용 승용차 수요 증가 현상은 점점 뚜렷해지고 민간 보유량에서 개인 보유 승용차 비중도 계속 증가할 것으로 예상된다.

〈표 3 – 2〉 소득수준별 중국 도시 100가구당
승용차 및 주요 내구재 보유량(2005년)

(대, 위엔)

소득수준	최저소득	저소득	하위중	중위중	상위중	고소득	최고소득	평균
승용차	0.29	0.64	0.91	1.73	3.26	5.57	16.20	3.37
세탁기	81.7	89.0	93.4	96.9	99.5	101.5	103.8	95.5
냉장고	65.3	80.0	87.8	94.1	97.4	99.8	104.1	90.7
컬러TV	107.3	118.1	123.9	133.7	142.5	152.6	172.3	134.8
PC	7.3	15.9	27.6	41.3	54.2	64.2	85.1	41.5
에어컨	18.9	35.2	54.0	76.8	96.4	126.6	178.7	80.7
전화기(유선)	81.2	88.0	91.4	94.9	98.5	100.9	105.1	94.4
휴대폰	61.3	94.5	119.0	143.7	159.5	174.1	199.8	137.0
1인당 가처분소득	3,135	4,885	6,711	9,190	12,603	17,203	28,773	10,493
1인당 소비지출	3,111	4,295	5,574	7,308	9,411	12,103	19,154	7,943

출처: 中國統計年鑑 2006, pp.350 – 356을 바탕으로 재구성.

아울러 가정용 승용차 수요계층의 지속적인 확대도 승용차 수요 증가를 촉진시키고 있다. 중국의 1인당 GDP가 1,000달러를 넘어서면서 연해지역 도시주민을 중심으로 중국도 '승용차 대중화 시대(Motorization)' 초기단계에 들어섰다. 2005년 중국 도시가구 1인당 가처분 소득은 1만 493위엔(약 1,380달러)으로 사상 처음 1만 위엔을 돌파했고 2004년에 이어 2005년에도 전년 대비 증가율이 10%를 넘어섰고, 1995년(4,283위엔)보다는 2.5배가량 증가했다. 그러나 중국 농촌의 경우 주민 소득수준이나 인프라 구축 면에서 승용차 대중화 시대를 이끌 만한 내수시장이 되기에는 아직도 갈 길이 멀다고 할 수 있다. 결국 중국의 승용차 내수시장이란 도시지역 주민들과 기업들을 지칭하는 것인데 도시주민들 사이에서도 소득그룹별 승용차 보유량은 큰 차이를 보이고 있다.

<표 3-2>에서 2005년 현재 소득수준별[44] 도시주민 승용차 보유량을 살펴보면 상위 10% 이상인 최고소득층 100가구당 승용차 보유량은 16.2대로 평균소득 가구의 승용차 보유량(3.37대)보다 4.8배가량 많았으며 차상위 계층인 고소득 가구의 보유량(5.57대)보다도 약 2.9배 많았다. PC와 에어컨을 제외한 주요 내구재의 경우, 도시 평균 소득계층의 100가구당 보유량이 모두 90대를 넘어선 것에 비하면, 승용차 보유량은 아직 다른 내구재와 비교할 만한 수준이 아니라는 것을 알 수 있다. 그만큼 승용차에 대한 잠재수요가 무궁하다는 뜻이다. 또한 승용차에 대한 실질적인 구매력을 갖춘 1인당 가처분소득 1만 위엔 이상 최고소득, 고소득 및 상위중 계층 도시가구의 가처분소득은 2001년 각각 1만 5,115위엔, 1만 375위엔, 8,164위엔에서 2005년 각각 2만 8,773위엔, 1만 7,203위엔, 1만 2,603위엔으로 증가, 최근 5년간 연평균 증가율이 각각 17.5%, 13.5%, 11.5%에 달했다. 이는 같은 기간 동안 중국 도시가구 평균 가처분소득의 연평균 증가율(11.2%)보다 높은 수준이다. 한편 2005년 중위중소득 계층의 1인당 가처분소득도 1만 위엔에 근접, 승용차 구매가능 계층의 저변이 더욱 확대되었다.

---

44) 최저소득 가구: 소득수준 하위 10% 이하, 저소득 가구: 하위 11~20%, 하위중소득 가구: 하위 21~40%, 중위중소득 가구: 하위 41~60%, 상위중소득 가구: 상위 40~21%, 고소득 가구: 상위 20~11%, 최고소득 가구: 상위 10% 이상(中國統計年鑑 2006, 384).

〈표 3-3〉 중국의 승용차 평균 판매가격 추이(위엔, %)

연 도	2000	2001	2002	2003	연평균인하율
판매가격	17만 8,354	15만 7,896	15만 5,249	14만 4,820	7.1

출처: 산업연구원. 『중국 자동차산업의 발전전략과 우리의 대응방안』, p.37.

승용차 구매환경이 소비자들에게 갈수록 우호적으로 변하고 있다는 점도 향후 승용차 수요 증가에 좋은 영향을 줄 것으로 보인다. 1990년 대 중반 이후 중국 자동차시장이 승용차를 중심으로 생산자시장에서 소비자시장으로 변환되면서 자동차산업에서 완성차 공급자에 대한 수요 자들의 협상력은 점점 커지고 있다. 중국은 이미 세계 3대 자동차 생산대국의 하나로 부상하였으며[45] 2007년 자동차 생산량은 900만 대, 2008년 1,000만 대에 달하고 양산능력의 확대로 자동차 판가하락 현상 은 상시적으로 발생할 것으로 예상된다. 이는 중국 자동차산업에서 공급이 수요보다 증가속도보다 더 빠르다는 것을 의미한다. <표 3-3>에 서와 같이 2003년 중국의 승용차 평균 판매가격은 2001년 가격 대비 약 18.8% 하락하였고 2001~2003년까지 매년 평균 약 7.1%씩 떨어진 것으로 나타났다. 반면, 같은 기간 동안 중국 도시가구 1인당 가처분소 득의 연평균 증가율은 10.4%에 달했다(中國統計年鑑 2004, 357). 승용차 판가하락 압력과 함께 중국의 WTO 가입으로 인한 수입차 관세 율 인하 및 비관세장벽의 점진적인 철폐도 소비자 선택 폭의 확대라는 측면에서 소비자들의 협상력 강화에 큰 기여를 하고 있다고 하겠다.

---

45) 연간 자동차 생산량에 있어서 2006년에 중국은 독일을 앞섰으며 2010년, 늦어도 2013년까지 일본과 미국을 제치고 세계 1위의 국가가 될 것으로 예상됨(니케이비즈니스 2006 / 5 / 12).

(2) 과잉투자와 공급과잉에 대한 우려 고조

　다국적기업들이 중국 현지생산설비 확대에 공격적으로 나서면서 자동차 공급과잉에 대한 우려가 점차 커지고 있다. 2006년 초에 중국 국무원은 자동차산업의 과잉생산 문제를 공식적으로 지적하고, 2007년부터 과잉생산 능력의 위기가 가시적으로 나타날 것으로 전망하였다. 2005년 기준으로 이미 실행단계에 있거나 2008년 말까지 계획된 설비투자가 모두 실현될 경우, 중국의 승용차 생산능력은 2005~2010년까지 연평균 12.6%씩 증가할 것으로 예상된다(김준규 2005). 또한 2005년 11월에 중국 국가발전개혁위원회는 중국의 자동차 생산능력이 2005년 1,000만 대 수준에서 2010년 2,000만 대로 증가할 것이나 내수규모는 2005년 550만 대 수준에서 2010년 900~1,000만 대로 증가, 2006~2010년까지 자동차산업의 과잉생산설비 문제가 더욱 심각해질 것으로 예상했다. 실제로 2005년 중국의 자동차 생산능력은 1,000만 대를 초과, 실제 생산량과 판매량의 약 1.8배에 달했으며, 이에 따라 설비 가동률은 2004년 61%에서 2005년 53%로 약 8% 포인트 떨어졌다[46].

　다국적기업들의 對중국 설비투자의 대부분은 다국적 합자기업을 통하여 이루어지고 있다. 다국적기업들은 중장기적으로 중국을 완성차와 부품 제조기지로 육성하려는 계획을 추진하고 있다.[47] 아울러 다국적기업들은 승용차 생산설비 확충에 적극 나설 계획이기 때문에 2010년까지 중국 내 승용차 수요가 연평균 25~30%씩 늘어나지 않으면, 내수만으로는 과잉생산능력 문제를 해결하지 못할 것으로 전망된다. 결국 초과 공급량을 소진하기 위해서는 중국 밖에서 새로운 시장을 찾아야 되

---

46) 2001~2005년의 중국 자동차산업의 생산능력과 실제 생산량 및 판매량에 대한 자세한 내용은 제5장 2절, <표 5-20>을 참조.
47) 다국적기업의 중국 현지생산능력 확충계획과 다국적 합자기업 육성전략에 대한 자세한 내용은 제5장 1절, <표 5-11>을 참조.

는데, 이는 다국적기업의 중국전략과 글로벌 계획이 서로 밀접하게 연결되어 있다는 의미로 풀이할 수 있다.

그런데 향후 자동차 생산량 추정에서 다국적 합자기업들의 설비투자가 실제로 이루어지는 시점과 생산라인에서 완성차가 처음으로 생산되는 시점(시험생산 시점) 및 본격적인 양산시점 간에는 각각 2~3년, 6개월~1년 정도의 시차가 존재한다는 사실에 유의할 필요가 있다. 즉, 다국적 합자기업들은 신규 공장의 본격적인 양산시점을 의도적으로 늦추거나 앞당길 수 있기 때문에, 각 기업의 중장기 투자계획만을 가지고 미래 생산능력 추정할 경우 각 시점 간 시차로 인해 연간 생산능력을 과대평가할 가능성이 높다는 얘기이다. 한편 중국정부는 중국기업 독자모델이든지, 다국적 합자기업 모델이든지 현지생산 완성차와 부품의 수출 촉진에 적극적으로 나서고 있어, 자동차 공급과잉에 대한 우려가 중국 자동차산업의 실질적인 위협요인이 될 것인지는 좀 더 지켜볼 필요가 있다고 하겠다.

(3) 자동차산업정책 기조의 변화와 유효성 문제 대두

중국 자동차산업은 1953년에 소련의 자동차공장을 모델로 지린(吉林)성 창춘(長春)에 '디이자동차(第一汽車)'를 설립하면서 시작되었다. 그 후 중국 자동차산업은 1978~1993년까지 다국적기업 진출, 합자기업 설립 및 중소 국유기업과 민영기업의 신규 진입 등 경쟁난립 시기를 거쳤다(<표 3-4>). 중국 자동차산업이 본격적인 성장 기반을 다진 시기는 1980년대 중반 미국 AMC, 폭스바겐, 푸조 등 다국적기업들이 중국 자동차기업들과 공동으로 합자기업을 설립하면서부터였다. 이들 합자기업들이 승용차를 중심으로 완성차 양산능력 제고 및 현지 부품업체 육성에 나서면서, 중국 자동차산업의 기반이 제대로 갖추어지기 시작한 것이다.

또한 1994년에 '자동차공업산업정책'이 발표된 이후 2000년대 초반

까지 중국정부는 국유기업 간 제휴와 인수합병을 촉진시켜, 자동차산업
의 집중화와 자동차기업의 대형화를 도모하였으나 이러한 구조조정 노
력은 아직까지 가시적인 성과를 거두지 못하고 있다. 사실 중국에서 자
동차산업정책의 중심이 화물차에서 승용차로 이동한 시기는 1990년대
초반부터였고 중국에서 승용차 판매에 대한 정부의 공식통계가 시작된
것도 1994년부터였다(이문형 2000, 51). 1980년대 말까지도 중국에서
자동차는 일반 소비재보다는 생산재적인 성격이 강한 물건으로 취급되
었으며 승용차에 대한 수요도 정부와 국유기업 등 공무용 수요가 영업
용이나 가정용 수요보다 훨씬 많았다.

〈표 3-4〉 각 시기별 중국 자동차산업 발전 양상 및 특징

구분	신생기	기반 조성기	기반 확대기	전면 발전기	개방 확대기
	1949~1957	1958~1977	1978~1986	1987~1993	1994~현재
산업 특징	중국 자동차 산업의 초창기	제품별 분업체제 및 다면적인 분업구조 구축	다국적기업 진출 본격화 및 자동차산업 현대화의 발전방향 구상	승용차의 국산화 정책 추진 및 승용차를 자동차산업의 중심으로 육성	승용차에 대한 민간 수요의 증가 및 자동차산업 수출입 증가
자동차 산업 주요 연혁	1953년 지린성 창춘에 소련의 자동차공장을 모델로 '第一汽車'설립	*1958년 一汽중국 최초의 국산승용차 '紅族'생산 *1972년 지력 갱생 전략에 따른 1성1공장 체제 구축	*1984년 'VW'의 합자회사인 '상해 VW' 설립 *1986년 '2000년자동차공업 계획' 발표	*1989년 승용차 부문 '3大3小' 프로젝트 실시 *1992년 자동차 생산량 100만 대 돌파	*1994년 '자동차공업산업정책' 발표 *2002년 WTO 가입 및 승용차 100만 대, 자동차 300만 대 돌파
생산 규모	1957년 자동차:8천 대 승용자:0대 완성차업체:1개 부품업체:97개	1977년 자동차:10만 대 승용차:2천 대 완성차업체:54개 부품업체:1,900개	1985년 자동차:44만 대 승용차:5천 대 완성차업체:114개 부품업체:2,429개	1993년 자동차:130만 대 승용차:23만 대 완성차업체:124개 부품업체:1,711개	2005년 자동차:571만 대 승용차:277만 대 완성차업체:117개 부품업체:1,849개

·출처: 산업연구원. 『중국 자동차산업의 발전전략과 우리의 대응방안』, p.4.
임기택. 『중국 자동차산업의 현황과 미래』, pp.52-53.
中國汽車工業年鑒 2006, pp.495-504를 바탕으로 재구성.

아울러 중국 자동차산업은 계획경제의 목표에 따라 정부가 할당한
연간 목표량을 생산하는 '지령성 생산48) 시스템'에 의해 움직였고, 효

율적 자원배분이나 기업 이윤 추구보다는 정치적, 군사적 목적이 우선
되었다(하상조 1997). 하지만 1986년 7.5계획에서 자동차산업은 국가적
인 '지주(支柱)산업'으로 지정되었고 1994년 '자동차공업산업정책'에서
중국정부는 승용차 부문 집중 육성을 주요 목표로 삼았다. 이에 따라
승용차 생산과 판매, 구입에 대한 규제가 삭제되거나 대폭 축소되었고
민간 부문의 승용차 수요 증가세가 공공부문을 압도하기 시작했다.

〈표 3-5〉 중국 자동차산업정책에서 완성차 부문 정책의 주요 내용

구 분	완성차업체 육성 관련 주요 정책
7차 5개년 계획(1985)	제1회 자동차산업 계획회의(1984)에서 '聯合, 高水準, 大量生産, 專業化'의 자동차산업 육성을 위한 기본 방침 제시 및 1986년 자동차산업을 支柱産業으로 지정
자동차공업 2000년 발전계획 개요(1987)	승용차 부문 강화를 위한 3大3小(2微)업체 집중 육성, 부품업체의 小巨人化(집중화)정책 추진, 다국적기업과 합자회사 설립을 통한 자본, 기술도입 적극 장려
8차 5개년 계획(1991)	소수 대기업 집단 육성, 생산의 집중화, 독자개발능력 확보, 전문인력 육성 및 생산효율 향상 등 '5項 重點任務' 추진 및 1995년 생산목표 90만 대(1992년 달성)
자동차공업산업정책 (1994)	2000년까지 300만 대 생산체제 확보, 승용차 생산비중 50% 이상 유지 및 2010년까지 '强强聯合'의 구조조정을 추진하여 국제경쟁력을 갖춘 3~4개의 대기업 육성
9차 5개년 계획(1996)	엔진, 트랜스미션 등 핵심부품과 신모델을 독자적으로 개발할 수 있는 13개 자동차그룹을 세계적 수준의 2~3개 대기업과 6~7개 중견기업으로 선별 육성
10차 5개년 계획(2001)	인수합병을 통해서 대형기업 2~3개를 세계적 기업으로 육성하고 이들 기업이 중국 내수시장의 70%가량을 점유토록 함
자동차산업 발전정책(2004)	4~5개 기업을 중심으로 구조조정을 추진, 2~3개 기업을 세계 500대 기업에 진입시키고, 시장점유율 15% 수준을 독자발전계획 허용 및 구조조정 기준으로 함

출처: 산업연구원. 『중국 자동차산업의 발전전략과 우리의 대응방안』, pp.10-21.
하상조. "중국 자동차산업의 발전과 산업정책 평가", pp.485-495.
中國汽車工業年鑒 2005, pp.7-16를 바탕으로 재구성.

---

48) 1982년과 1983년까지도 중국의 연간 자동차 생산량에서 지령계획성
    생산량이 차지하는 비중은 각각 92%, 80%에 달했으나 1984년 58%,
    1985년 39%로, 1985년 이후에 그 비중이 급격히 하락했음.

<표 3-5>에서 1985년 7.5계획 수립 때부터 2004년 신정책 수립까지 20여 년간 중국 자동차산업정책의 완성차 부문 관련 정책에서 일관되게 강조하고 있는 내용은 산업 집중화와 기업 대형화를 통한 규모의 경제 실현, 신규 진입 요건 강화, 다국적 합자기업에 대한 외자의 지분 비중 제한 및 승용차 부문 위주의 산업발전 도모 등으로 요약할 수 있다. 특히 1994년 '자동차공업산업정책' 이후 2004년 신정책에 이르기까지 중국정부는 3~5개의 대형기업집단을 중심으로 자동차산업구조를 재편하고 이들 대형기업을 세계적인 자동차기업으로 육성하겠다는 의지를 꾸준히 밝혀 왔다. 하지만 아직까지 중국 자동차산업에서 '분산, 난립 및 저품질(散, 亂, 差)' 현상 및 중복, 과잉투자 문제는 별로 나아진 점이 없으며(서석홍 2004), 향후 5~10년 내에 다국적기업과 대등하게 견줄 만한 중국 자동차기업의 등장도 기대하기 어려운 실정이다. 과거 중국의 자동차산업정책들이 대부분 실패하였다는 평가를 받는 이유가 바로 여기에 있다.

중국정부의 자동차산업정책 유효성에 대한 회의감이 점점 커지는 것도 같은 맥락에서 다룰 수 있다. 더 나아가 자동차산업정책 수립에 있어서 대형 국유기업이나 산하 다국적 합자기업들의 입장표명이나 의견 제시가 실질적인 영향력으로 작용하는 점[49]도 산업정책의 권위와 공정성을 떨어뜨리고 있다. 물론 연간 자동차 생산량과 내수판매량 증가는 중국 자동차산업이 단기간 내에 크게 발전한 것처럼 보이게 하는 측면이 있고, 총량적인 성장도 산업발전 과정에서 매우 중요한 의미를 갖는

---

49) 서석홍(2004)은 2004년 신정책 제정과정에서 가장 쟁점이 되었던 두 가지 이슈, 자동차기업 육성정책의 중심을 어디에 둘 것인가와 진입장벽을 어떻게 조정할 것인가에 대한 논쟁이 결국 대형 국유기업과 다국적 합자기업의 대형화와 집중화 및 진입장벽 강화로 종결되었다고 보았음. 이를 근거로 정책 제정과정에서 대형 국유기업과 다국적 합자기업의 주장이 상당 부분 받아들여졌다고 주장하였음.

다고 할 수 있다.

<table>
<tr>
<td colspan="4" align="center">〈표 3−6〉 중국 자동차산업정책에서 외자도입 및
수출입 관련 정책기조의 변화</td>
</tr>
<tr>
<td>구 분</td>
<td>WTO 가입 전
(1980~2001년)</td>
<td>WTO 가입 후 과도기
(2002~2006년)</td>
<td>WTO 가입과도기 이후
(2007년 이후)</td>
</tr>
<tr>
<td>완성차 부문에
대한 외자도입
정책</td>
<td>중앙정부가 다국적기업
의 중국 측 파트너, 완성
차 종류, 생산량, 가격 등
을 직접 통제, 특히 외자지
분 50% 미만으로 제한</td>
<td>* 다국적기업에 대한
　중국정부의 각종 규제
　정책 완화
* 사업승인, M&A 등 지방정
　부의 권한 강화
* 외자 지분 50%미만 규
　정 유지</td>
<td>* 신규 진입 조건 강화
* 전략적 제휴, M&A 등
　산업구조 조정에 대한
　규제 철폐 및 촉진정책
　실시</td>
</tr>
<tr>
<td>부품산업에 대한
외자도입 정책</td>
<td>중복투자 방지를 위해 22
개 주요 부품당 한 곳씩의
다국적기업 진출 허용</td>
<td>* 22개 주요 항목에 대한 다
　국적기업 진입장벽 완화
* 엔진 등 핵심부품에 대
　한 외자 단독투자 허용</td>
<td>* 완전개방에 따른 다국적
　기업의 시장지배력 강화,
　중국부품업체 거대화</td>
</tr>
<tr>
<td>완성차 및 부품
수입 관련 정책</td>
<td>* 높은 관세 부과
* 수입허가제, 수입쿼터제
　등 다양한 비관세 장벽을
　통한 강력한 수입 제한
　정책 실시</td>
<td>* 관세율 단계적 인하(2006
　년 완성차 25%, 부품은
　평균 10%)
* 수입허가제 철폐 및 수입
　쿼터제의 점진적 확대(사
　실상 전면 폐지)</td>
<td>* 관세를 제외한 비관세장
　벽의 전면 폐지
* 시장개방 효과 증대
* 고급차 수입 증가</td>
</tr>
</table>

출처: 산업연구원. 『중국 자동차산업의 발전전략과 우리의 대응방안』, p.10.
　　　中國汽車工業年鑒 2005, pp.7−16을 바탕으로 재구성.

　　한편 중국정부는 WTO 가입 이후 2006년 과도기 동안 자동차 수입
관세율 인하, 수입쿼터제 확대 및 합자기업을 통한 다국적기업 투자규
제를 지속적으로 완화하였으며 2007년 이후에는 시장개방 범위와 경쟁
의 영역을 더욱 넓혀 나갈 것으로 예상된다(<표 3−6>). WTO 가입을
계기로 중국 자동차산업 발전에 있어서 시장동력이 정부 역할보다 더
중요해지고 있고, 앞으로 기업 간 인수합병이나 전략적 제휴 및 퇴출도
정부보다는 시장경쟁을 통해서 일어날 가능성이 높다. 그만큼 정부 역
할이나 정책수요 영역은 과거보다 많이 축소될 것이며, 중국정부가 자

동차산업 구조조정을 촉진하기 위해 인위적으로 사용할 수 있는 수단
도 상당히 제한될 것으로 보인다. 이는 3~5개의 세계적인 대기업 육성
정책도 '앞으로 달성되었으면 좋겠다'는 정도의 정책적 지향점 내지는
선언에 그칠 가능성이 높음을 의미한다.

(4) 중국 자동차산업발전 제약요인의 대두

양적 성장과는 별도로 중국 자동차업계의 영업이익은 하락세를 면치
못하고 있다. 2005년 중국 자동차업계의 총 매출액은 2004년 대비
10.7% 늘어났으나 이는 2004년 증가율(12.2%)보다 낮은 것이고 2003
년 증가율보다는 26% 포인트 가량 떨어진 것이다. 또한 2005년 완성
차 제조업계의 (세전)영업이익은 581억 위엔으로 2004년 영업이익보다
127억 위엔 가량 줄어들었다[50]. 이는 철강, 비철금속, 에너지 등 자동
차 생산을 위한 원자재 가격은 상승한 반면, 자동차 판가하락에 대한
압력은 계속 커지고 때문이다. 따라서 중국 자동차산업이 앞으로도 지
속적이고 안정적인 발전기조를 유지하기 위해서는 에너지나 원자재 등
자동차 유지비용과 생산원가에 큰 영향을 끼치는 변수들, 좀 더 구체적
으로 말하자면, 자동차산업 발전을 제약할 수 있는 요인들을 좀 더 세
심하게 다루지 않으면 안 되는 시기가 도래한 것이다.

중국 자동차산업발전을 제약할 수 있는 요인은 직접적 요인과 간접
적 요인, 크게 두 가지로 나눌 수 있다. 직접적 요인은 완성차 및 부품

---

50) 한편 中國汽車工業年鑑 2006(p.533)에서 2003년과 2004년 완성차 업계
의 이윤총액은 각각 700.2억 위엔, 708.4억 위엔으로 中國工業發展報告
2005와는 다소 차이를 보이고 있음. 한편 2005년 중국 완성차 부문 이
윤총액은 전년 대비 18% 감소하여, 2002년(42.6%), 2003년(44.4%),
2004년 증가율(1.2%)에 비해 크게 하락하였고 1998년 이후 6년 만에 마
이너스 증가율을 기록하였음.

생산과 관련이 있는 전력, 원자재 공급 등이며 간접적 요인은 자동차
운행 및 유지보수와 관련이 있는 에너지 및 환경과 관련된 제약요인이
다. 2000년대에 들어, 중국 자동차업계가 본격적인 양산체제에 접어든
이후에는 직접적 제약요인보다 간접적 제약요인이 더욱 중요한 이슈로
부각되고 있다. 간접적 제약요인 중에서도 원유소비 증가가 최대 화두
로 떠올랐다. 중국은 이미 미국, 일본과 함께 세계 3대 자동차 생산국
이자 3대 에너지 소비국이 되었다. 특히 원유소비의 경우, 2003년 중
국은 소비량과 수입량에서 일본을 제치고 미국에 이어 세계 2위 국가
가 되었다.

〈표 3-7〉 중국 전체 원유소비량에서 도로교통
소비가 차지하는 비중 추이 (%)

연 도	1985	1990	1995	1999	2000	2004
도로교통 소비비중	12.8	14.7	17.8	23.7	25	30

출처: 中國工業發展報告 2005, p.299(단, 2004년 비중은 추정치임).

국제에너지기구(IEA)는 2003~2005년까지 중국의 원유수요 증가분은
세계 원유수요 증가분의 1/3가량을 차지했다고 밝혔다. 이처럼 중국의
원유소비량이 증가하고 있는 가장 큰 이유는 교통, 운수, 통신업을 중
심으로 3차 산업의 원유수요가 급증하고 있기 때문이다. <표 3-7>에
서 도로교통이 중국 전체 원유소비량에서 차지하는 비중 추이를 살펴
보더라도 중국에서 자동차 보급률의 증가가 원유소비 증가세를 이끌고
있는 주된 요인임을 알 수 있다. 결국 자동차 생산량 및 보급률의 증
가는 중국 자동차산업 발전이라는 측면에서 매우 긍정적이지만 에너지
안보라는 측면에서는 중국정부가 어떤 형식으로든 개입하지 않으면 안
되는 국가적 이슈가 된 것이다.
　중국에서 자동차 보급률의 증가는 에너지 안보와 함께 대기오염 등

환경문제를 수면위로 부상시켰다. 특히 가정용 승용차가 빠르게 보급되고 있는 중국의 주요 도시들은 자동차 배기가스에 의한 대기오염 및 교통난, 주차난 등으로 주거환경이 갈수록 악화되고 있다. 이러한 상황은 중국에서 도시화가 당분간 계속 진행될 것이라는 예상[51)]과 맞물려 도시환경보호 및 도시주민 삶의 질 향상이라는 부담스런 과제를 중국정부에게 안겨 주었다. 자동차 배기가스가 주요 도시의 일산화탄소(CO)와 질소산화물(NOx) 총량에서 차지하는 비중을 살펴보면, 일산화탄소의 경우 자동차 배기가스가 대부분의 주요 도시에서 70% 이상을 차지하고 있고 질소산화물은 자동차 배기가스가 40~50%가량을 차지하고 있다.

　중국국가환경보호총국은 1998년에 가솔린엔진 차량이 내뿜는 일산화탄소와 질소산화물은 각각 1,500만 톤, 120만 톤 수준이었지만 자동차 배기가스에 대한 적절한 규제가 취해지지 않는다면 2010년경에는 일산화탄소와 질소산화물의 배출량이 각각 6,000만 톤, 600만 톤으로 급증, 주요 도시의 대기오염이 주민들의 건강을 심각하게 위협할 것으로 내다보았다(中國工業發展報告 2005, 300). 최근 중국정부 산하 연구기관인 자동차기술연구센터가 하이브리드 엔진 및 저공해 자동차를 개발하기 위해 2003년에 도요타[52)]와 공동연구를 추진하기로 한 것이나(김

---

51) 1990년 중국의 도시 농촌 간 인구비율은 26 : 74였으나 1995년 29 : 71, 2000년 36 : 64, 2005년 43 : 57로 도시인구가 꾸준히 증가하였고 2015년 경에는 도시 농촌 간 인구비중이 역전될 가능성이 높음(최병헌 2005a).
52) 현재 전 세계 친환경 및 에너지절약형 자동차 분야에서 본격적인 양산 단계에 접어든 기술은 하이브리드(Hybrid)엔진 기술이며, 이 분야에서는 도요타(프리우스), 혼다(인사이트), 닛산(티노) 등 일본기업들이 가장 앞서 나가고 있음. 특히 도요타의 프리우스(1,500cc)는 1997년 세계 최초로 양산을 시작한 하이브리드 승용차로서 연비는 리터당 25~30Km에 달하고 일산화탄소 등 유해물질 배출량은 가솔린엔진의 절반 이하로 줄이는 데 성공하였음. 도요타는 현재 프리우스를 비롯한 하이브리드 승용차를 중국시장에서 에너지절약형 대중 승용차로 보급하려는 계획을 지속적으로 추진하고 있음(마에마 다카노리(저), 박일근(역), 277~330).

현진 2003), 이치(一汽) 등 주요 기업과 대학연구소가 연료전지나 하이브리드 엔진 상용화에 공동으로 대처하려는 움직임 등은 에너지절약형, 친환경 자동차의 개발이 이미 중국 자동차업계에서도 현안과제가 되었음을 방증하는 것이다. 아울러 경차나 소형차 등 에너지절약형 자동차의 소비촉진과 배기가스를 규제하기 위한 세법개정 및 법규강화를 요구하는 주장(王衛東 2005, 王夢奎 외 2005, 中國工業發展報告 2005)들도 향후 중국 자동차산업의 발전에 있어서 정부의 직간접적인 시장개입을 주문하는 논거가 되고 있다.

아울러 자동차산업의 직접적 제약요인인 각종 원자재의 공급 부족 및 가격 인상도 향후 중국 자동차산업발전에 적지 않은 영향을 줄 것으로 전망된다. 자동차 생산에서 가장 중요한 원자재라고 할 수 있는 철강의 경우, 2000년 기준 중국은 완성차 1대당 72~88% 가량의 원자재가 철강이지만 유럽은 완성차 1대당 철강의 비중이 50% 내외였다. 그만큼 중국이 완성차 생산에 있어서 상대적으로 철강소비가 많다는 의미다. 또한 자동차용 고급강판들을 생산하기 위해서는 양질의 철광석을 수입해야 하는데, 그 수입량이 점차 늘어나고 있는 점도 중국 자동차업계가 안고 있는 고민거리다. 이 밖에도 알루미늄, 동, 마그네슘 등 비철 유색금속들은 자동차 경량화 추세에 부응하여 중국 자동차산업에서도 그 사용량이 계속 늘어나고 있는 것도 자동차산업 발전의 직접적 제약요인이 되고 있다.

(5) 시장동력 강화와 정부 역할의 변화

앞서 살펴보았듯이, 수요 측면에서 가정용 승용차 수요 증가 및 공공부문 수요의 위축, 실질적인 구매력을 지닌 소비계층의 확대는 중국 자동차산업에서 시장의 힘을 증대시키는 데 결정적인 역할을 하고 있다. 아울러 시장의 또 다른 축인 공급 측면에서도 상위 10대 기업의 시장지배력이 여전히 막강하며, 주요 국유기업들은 산하 다국적 합자기업의 생산력 향상을 기반으로 중국 자동차산업의 발전방향을 독자적으로 제시할 만큼, 정보력이나 자원동원 및 조합능력에서 이미 중국정부를 압도하고 있다. 아울러 신용대출, 소비자권익 강화 등 자동차소비 환경이 갈수록 수요자의 편익을 증진시키는 쪽으로 전환(Zhao Min 2005, 김주영 2004b)되고 있는 점과 WTO 가입 이후 중국 자동차산업이 다국적기업의 세계화 전략에 신속하게 편입되고 있다는 점(張娟 2005, 史自力 2005, 서석흥 2004)도 앞으로 중국 자동차산업에서 시장동력이 더욱 커질 것이라는 전망에 힘을 실어 준다.

그러나 중국 자동차산업에서 시장동력이 점점 커진다는 것이 반드시 정부 역할의 축소나 정책의 실패를 의미하는 것은 아니다. 정부 역할이나 산업정책이 과거와는 다른 성격을 띠고 전개될 가능성이 높기 때문이다. 특히 과거 양적 성장에 초점을 맞추었던 산업정책 목표가 양적 성장과 질적 성장을 모두 중요하게 고려하기 시작하면서 자동차산업에 대한 정부개입 양상도 과거와는 사뭇 다른 모습을 보이고 있다. 즉, 중국의 에너지수요 급증과 고유가 및 환경오염으로 인한 손실이 지속 가능한 경제성장 추세를 심각하게 저해할 수도 있다는 위기의식의 확산과 패러다임 전환(Paradigm Shift)에 대한 논의[53]는 과거엔 거의 다루어지지 않았던 문제였다.

아울러 과거 자동차산업에 대한 중국정부의 역할도 산업조직정책보다는 산업구조정책[54] 수립에 초점을 맞추었다고 볼 수 있다(이두환 2005).

---

53) 중국사회과학원 공업경제연구소가 매년 발행하는 '中國工業發展報告'의 2005년 주제가 '자원과 환경제약하의 중국공업발전'이었음. 중국사회과학원이 중국정부의 씽크탱크(Think Tank)임을 감안할 때, 이는 향후 중국정부의 공업발전정책이 점차 자원절약과 환경보호를 중시하는 방향으로 전환될 것임을 시사한다고 볼 수 있음. 한편 2004년 공업발전보고의 주제는 '중국 공업기술혁신'이었음.

54) 중국 자동차산업에서 산업구조정책은 산업 내 정책, 즉 자동차기업들의 진입, 경쟁, 퇴출정책을 주로 다루며 산업조직정책은 전후방 연관산

자동차산업은 국가적 차원에서 중점적으로 육성할 가치가 있는 산업이었
고 문제는 누가, 어떻게 육성하느냐에 달려 있었기 때문이었다. 하지만
중국의 원유수입 급증에 따른 에너지 안보가 국가적인 과제로 부상하고
자동차 수요 증가가 석유 소비와 환경오염의 주요 원인의 하나가 되면서
중국정부는 자동차산업을 산업 내부 구조에 대한 관점으로부터 다른 산
업들과의 관계를 고려한, 전체 산업조직의 관점에서 면밀히 들여다보아야
할 상황을 맞이하게 되었다. WTO 가입 이전까지도 중국정부는 자국의
자동차산업이 하루 속히 국제경쟁력을 갖출 수 있도록 부품 국산화율 제
고, 독자모델 개발 및 집중화, 대형화를 선도하는 만형 역할을 자처하였
다고 볼 수 있다.

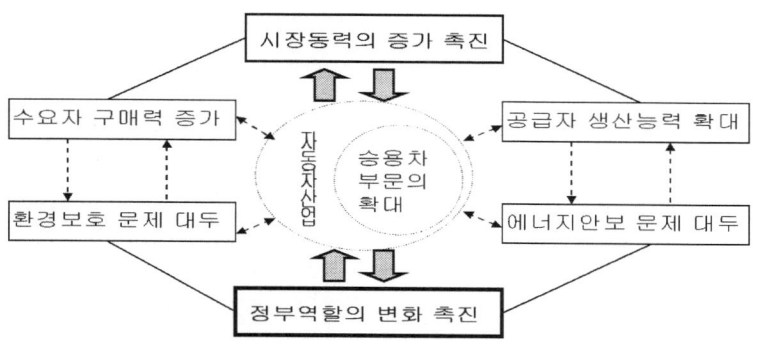

〈도 3-3〉 중국 자동차산업 발전과 시장동력 증가 및 정부 역할 변화

그러나 이젠 중국정부가 과거에 수행했던 역할은 거의 대부분 중국
자동차기업과 다국적기업에 넘어갔으며 에너지 소비 증가와 원자재 부
족, 대기환경 악화 등 새로운 변수가 자동차산업에 대한 정부개입의 배
경으로 부상하였다. 물론 이러한 산업환경의 변화가 신정책을 비롯한
_____

업들과의 관계성을 고려, 산업 간 자원배분 조정 및 최적 산업구조를 달
성하는 데 목적이 있음(이두환 2002, 186~187).

각종 산업정책의 효력을 무의미하게 만드는 것은 아니다. 다만, 현재 중국정부는 전체 산업조직과 지속 가능한 경제성장 기반을 고려하여 에너지 절감형, 친환경 자동차의 생산과 소비촉진을 위해 뭔가를 해야만 하는 입장에 놓여 있다고 볼 수 있다. 하지만 중국정부의 노력과는 별개로 대형 국유기업이나 중소 국유기업 및 민영기업 모두 아직은 다국적기업의 도움 없이 독자적으로 에너지 절감형, 친환경 자동차를 개발하고 상용화할 수 있는 능력을 갖추지 못하고 있다(王衛東 2005). 이는 1980~1990년대 가솔린엔진 차량을 개발하고 양산할 때와 마찬가지로 중국기업과 다국적기업 간 기술과 정보의 비대칭(information asymmetry) 현상 때문에 중국 자동차산업에서 다국적기업의 영향력이 앞으로도 좀처럼 줄어들지 않을 것임을 예고하고 있다. <도 3-3>은 중국 자동차산업 발전에 있어서, 승용차 부문의 부상과 시장동력의 증가, 정부 역할 변화의 역학관계를 잘 보여주고 있다.

2) 중국 자동차산업의 구조적 한계

앞서 중국 자동차산업 특징은 수요 측면, 공급 측면, 산업정책, 외부 환경 및 정부 역할 등 크게 다섯 가지 분야로 나누어 정리하였다. 각 분야별 특징을 구체적으로 살펴보면 첫째, 자동차 수요계층의 저변 확대와 구매력 증가, 둘째, 과잉투자와 공급과잉에 대한 우려 고조, 셋째, 자동차산업정책 기조의 변화와 유효성 문제 대두, 넷째, 자동차산업 발전 제약요인의 대두, 다섯째, 시장동력 강화와 정부 역할의 변화 등이다. 현재 중국 자동차산업 발전 상황에서 각 특징의 구조적 한계[55] 및

---

55) 여기서 '구조적 한계'란 사회주의 시장경제를 표방하면서 경제성장에 나서고 있는 중국 특유의 내재적 모순에서 비롯된 것으로서 자동차산업 발전에 있

그 결과는 <표 3-8>과 같이 요약할 수 있다.

우선, 중국에서 자동차 수요계층의 저변이 확대되고 있기는 하지만 구조적으로 도시 농촌 간, 지역 간 소득격차가 갈수록 커지고 있어 유효수요 창출속도가 경제성장 속도를 따라가지 못할 가능성이 높다. 앞서 중국 자동차산업 특징에서 언급하였듯이 도시주민 간 소득의 양극화 현상이 고착화되고 있는 점도 자동차 수요 기반 확대에 결코 긍정적인 요인이라고 할 수 없다. 도시주민 간 빈익빈 부익부 현상 때문에 실질적인 구매력을 지닌 계층의 등장과 확산이 점점 늦어질 것이기 때문이다.

둘째, 중국 자동차기업과 다국적기업의 과잉투자 문제는 아직까지 실질적인 위협으로 가시화되지는 않았지만, 공급과잉에 대한 우려감을 해소시킬 만한 정부정책은 매우 제한적인 상황이다. 무엇보다도 다국적기업들의 직접투자를 통제하기 어렵고 자동차산업을 지주산업으로서 계속 육성하겠다는 중국정부의 입장도 과잉투자에 대한 문제의식과 투자규제 실천의지 간의 간극을 좁히지 못하는 요인으로 작용하고 있다. 아울러 생산설비투자 확대가 승용차 부문을 중심으로, 중국 자동차기업보다는 다국적 합자기업 주도로 진행되고 있어, 시간이 지날수록 중국 자동차산업에 대한 다국적기업의 영향력은 더욱 확대될 것으로 예상된다.

어서 시장동력 발현의 한계라고도 할 수 있음. 즉, 수요와 공급, 정부와 시장, 중국기업과 다국적기업, 중앙과 지방 간 균형과 조정보다는 갈등과 충돌이라는 측면을 더욱 부각시킨 용어임.

〈표 3-8〉 중국 자동차산업 특징과 구조적 한계

구 분	특 징	구조적 한계	결 과
1. 수 요	자동차 수요계층의 저변 확대와 구매력 증가	도농간, 지역 간 소득격차 심화	유효수요 창출속도 저하
2. 공 급	과잉투자와 공급과잉에 대한 우려 고조	정부통제력 약화, 지주산업으로서 자동차산업 육성정책 지속	다국적기업 영향력 확대
3. 산업정책	자동차산업정책 기조의 변화와 유효성 문제 대두	영세기업에 대한지방보호주의, 대형 국유기업 육성위주의 정책적 편향성	한계기업 생존 지속, 산업구조조정 지연, 기존 기업 영향력 유지
4. 외부환경	자동차산업 발전 제약요인의 대두	연관산업 공업생산 증가추세 유지, 산업구조 고도화, 고용창출 효과	원유 및 원자재 수입 증가, 환경오염 지속
5. 정부 역할	시장동력 강화와 정부 역할의 변화	자동차산업 국유기업 개혁 및 지배구조 개선 문제에 봉착	정부 역할의 표류, 시장에 의한 개혁 촉진, 국유기업 경쟁력 저하

셋째, 1980년대에 들어 중국 자동차산업정책의 기조는 상용차와 공공부문 위주에서 승용차와 민간 부문 중심으로 전환되었고, 중국정부는 외자유치에 본격적으로 나서기 시작했다. 또한 1985년 7.5계획부터 2004년 신정책까지 20여 년간 중국정부는 산업 집중화와 기업 대형화를 통한 규모의 경제 실현, 신규 진입 요건 강화, 다국적 합자기업에 대한 외자의 지분비중 제한 및 승용차 부문 육성정책을 지속적으로 견지해 왔다. 하지만 영세기업에 대한 지방정부의 보호주의적 성향과 시장통합을 저해하는 지역 간 각종 장벽들은 자동차산업 구조조정과 대형기업 육성에 큰 걸림돌로 작용하였다. 또한 기존 대형 국유 자동차기업 중심의 시장통합과 구조조정정책도 결과적으로 후발 국유기업이나 민간기업에 대한 차별 및 정책의 공정성과 자율적인 시장경쟁 원칙의 훼손이라는 문제를 초래하게 되었다.

넷째, 급속한 공업화와 도시화는 중국 자동차산업 발전에 필요조건이었지만, 그로 인한 주거환경 악화와 대기오염 및 원유, 원자재 소비량 급증 등은 자동차산업 발전을 제약하는 외부환경 요인이 될 조짐이 나타나고 있다. 이에 중국정부는 친환경, 에너지절감형 자동차 개발과 배기가스 규제 강화에 적극 나서겠다고 밝혔으나, 이러한 정책적 의지가 얼마나 성과를 거둘지는 의문이다. 당분간 고도 경제성장 추세를 계속 유지해야 하고 거시경제와 공업생산에서 자동차산업의 파급효과가 매우 크기 때문이다. 따라서 중국정부가 직접 나서서 자동차 생산을 규제하기는 매우 어려운 상황이다. 아울러 기계, 전자, 통신, 신소재 등 각종 첨단산업이 융합된 자동차산업을 중심으로 산업구조 고도화 추진 및 관련 산업의 고용 유지와 신규 고용 창출 효과도, 제약요인들이 자동차산업 성장 기반에 커다란 타격을 가하지는 못할 것이라는 예측에 힘을 실어 준다.

마지막으로 중국 자동차산업 발전과정에서 정부 역할이 계속 축소되고 환경보호와 에너지 안보문제가 정부 역할의 변화를 촉진하고 있지만, 이러한 현상이 중국 자동차산업의 완전개방과 전면적인 시장화로 이어질 것이라고 기대하기는 어렵다. '중국 특색의 사회주의' 또는 '사회주의 시장경제체제'가 현재 중국에서 정치보다는 경제, 국가(정부)보다는 시장, 분배보다는 성장, 공평성보다는 효율성을 강조하고 있지만, 중국 공산당과 정부가 사회주의 국가의 근간을 뒤흔드는 개혁이나 개방을 추진하지는 않을 것이기 때문이다. 예나 지금이나 중화인민공화국은 어디까지나 공산당 일당독재와 공유제를 기반으로 설립된 사회주의 국가라는 점을 상기할 필요가 있다. 이는 결국 자동차산업에서 대형 국유기업 개혁이나 지배구조 개선이 분명한 한계점에 봉착할 것임을 의미한다. 또한 이러한 구조적 한계는 향후 중국정부가 국유기업 경쟁력 강화와 영세기업 퇴출 및 새로운 정부 역할을 모색하는 작업이 결코 쉽지 않을 것임을 암시하고 있다.

제2절 세계 자동차산업 발전현황과 특징

1. 세계 자동차산업 발전현황

1) 지역별 세계 자동차 생산량 추이

전세계 자동차 연간 생산량은 1970년 2,940만 대에서 1980년 3,851 만 대, 1990년 4,835만 대, 2005년 6,720만 대에 달해, 지난 35년 동안 두 배 이상 늘어났다[56](<부표 1>). 차종별[57] 생산비중에서 승용차의 생산비중은 1970년 76.5% 1980년 74.2%, 1990년 74.7%, 2000년 70.2% 등 70~75% 수준에서 약보합세를 보인 반면, 상용차의 비중은 1980년 25.8%에서 2005년 29.7%까지 상승, 조금씩 늘어나는 추세를 유지했다. 이는 전 세계 자동차 수요자의 구매패턴이 지속적으로 고급 세단 승용차에서 벗어나 SUV 및 승용차와 미니 밴 등의 기능을 결합한 CUV (Crossover Utility Vehicle) 등으로 변화하였기 때문인 것으로 분석된다. 한편 지역별로는 북미와 유럽의 자동차 생산량이 전 세계 생산량에서 차지하는 비중은 1975년 각각 31.4%, 40.8%에서 2005년 24.3%, 30.4%

---

56) 지역별 자동차 생산량 통계에서는 수출입 과정에서 국가별로 부품조립생산 차량(KD)이 중복 계산되어, 세계 총 생산량과 지역별 자동차 생산량의 합계결과가 서로 다를 수 있음. 한편 1975~2005년 지역별, 차종별 생산량 추이는 본 연구 말미에 첨부된 <부표 1>을 참조.

57) 일반적으로 자동차산업 통계에서 승용차란 순수한 세단(sedan)을 가리키며, 상용차란 SUV, MPV, 픽업트럭, 승합차, 버스 등을 의미함(농업용, 군사용 등 특수목적 차량 제외). 한편 중국자동차공업연감 2006, p.503 및 pp.541 -544에서는 SUV와 MPV, CUV를 승용차 생산량에 포함시켰음.

로 감소한 반면, 아시아·태평양지역의 생산비중은 1975년 23.2%에서 2005년 37.4%로 15%가량 상승했다. 지난 30여 년간 아태지역의 자동차 생산량 증가속도가 북미와 유럽보다 더 빨랐다는 의미이다.

각 시기별 자동차 생산량의 연평균 증가율을 살펴보면 제1차 오일쇼크 (Oil Shock)의 여파로 인한 1970년대 중반과 제2차 오일쇼크로 인한 1980년대 초반을 제외하고 전 세계 자동차 생산량의 연평균 증가율은 대체로 상승세를 나타냈다. 특히 1996~2000년과 2001~2005년 연평균 증가율은 각각 3.4%, 4.2%를 기록, 최근 10년 동안 세계 자동차 생산량은 다른 시기보다 상대적으로 높은 증가세를 유지하였다. 그러나 이는 중국, 인도 등 신흥시장의 부상, 자동차 생산과 판매의 범세계화 및 더욱 광범위하고 치열해진 업체 간 경쟁의 산물이라고 볼 수 있으며 공급과잉으로 인한 세계 자동차업계의 구조조정을 가속화시키는 계기로 작용하였다.

2) 세계 주요국 자동차 생산 및 내수판매 현황

2005년에 세계에서 가장 많은 자동차를 생산한 국가는 미국으로 연간 생산량이 1,195만 대에 달했다. 일본, 독일, 중국이 각각 1,080만 대, 576만 대, 571만 대로 그 뒤를 이었고 한국은 370만 대로 프랑스를 제치고 세계 5위를 차지했다. 특히 미국과 일본은 2002년 이후 매년 연간 자동차 생산량이 1천만 대를 초과, 강력한 양강체제를 구축하였다. 중국은 2005년 571만 대에서 2006년 728만 대로 독일을 크게 제치고 세계 3위의 자동차 생산국가가 되었다.[58] <표 3-9>에서 세계 10대 자동차 생산국의 세계 자동차 생산 점유율은 최근 4년간 76~78% 수준으로 보

---

58) 2006년에는 일본이 1,148만 대의 자동차를 생산하여 미국(1,126만 대)을 제치고 1위를 차지하였고, 한국은 384만 대로 2005년에 이어 2년 연속 5위를 차지하였음.

합세를 유지하였으나, 미국의 점유율은 2002년 20.6%에서 2005년 18%
로 떨어졌다. 반면 중국과 브라질은 같은 기간 동안 점유율이 각각
5.4%, 3.0%에서 8.6%, 3.7%로 상승했다. 최근 4년간 연평균 증가율에
도 미국, 스페인, 영국은 마이너스 증가율을 나타냈으나 중국, 브라질,
한국은 연평균 증가율이 각각 15.9%, 10.8%, 5.5%에 달했다.

〈표 3 - 9〉 세계 10대 자동차 생산국의 자동차 생산량 추이(만 대, %)

구분	2005년		2004년		2003년		2002년		CAGR
	생산량	비중	생산량	비중	생산량	비중	생산량	비중	('02~ '05년)
미국	1,194.7	18.0	1,196.0	18.2	1,208.7	19.7	1,228.0	20.6	−0.90
일본	1,080.0	16.3	1,051.2	16.0	1,028.6	16.7	1,025.7	17.2	1.72
독일	575.7	8.7	557.0	8.5	550.6	9.0	546.9	9.2	1.71
중국	570.8	8.6	507.1	7.7	444.4	7.2	325.1	5.4	15.85
한국	369.9	5.6	346.9	5.3	317.8	5.2	314.8	5.3	5.47
프랑스	354.9	5.4	366.6	5.6	324.8	5.3	337.6	5.7	1.66
스페인	275.3	4.2	301.1	4.6	303.0	4.9	285.5	4.8	−1.19
캐나다	268.8	4.1	271.1	4.1	255.3	4.2	263.3	4.4	0.68
브라질	244.8	3.7	221.1	3.4	182.8	3.0	179.3	3.0	10.82
영국	180.2	2.7	185.6	2.8	184.6	3.0	182.1	3.1	−0.35
소계	5,115.1	77.1	5,003.7	76.2	4,800.6	78.2	4,688.3	78.6	2.92
전세계	6,630.7		6,564.0		6,141.3		5,966.6		3.54

출처: 한국자동차공업협회, Fourin 자동차통계백서 자료 종합.

2005년 세계 주요 국가의 자동차 내수판매 현황을 살펴보면 미국이
1,744만 대로 세계 자동차 판매량의 26.5%를 차지하였다(<표 3 -10>).
그 뒤를 이어 일본, 중국, 독일이 세계 자동차 판매량에서 각각 8.9%,
8.7%, 5.5%를 차지하였다[59]. 한국의 자동차 내수판매량은 2002년 세계

59) 2006년 자동차 내수판매량에서는 미국이 1,749만 대(24.8%)로 여전히 1위
자리를 지켰고, 중국이 722만 대(10.5%)로 일본(8.4%)을 제치고 2위로 올
라섰음. 한편 2006년에 러시아(3.0%)와 브라질(2.8%)이 10위권에 진입하

10위(2.8%)에서 2005년 13위(1.7%)로 떨어졌다. 또한 미국과 일본의 내수판매량 비중도 같은 기간 동안 각각 30.0%, 10.1%에서 26.5%, 8.9%로 하락했다. 반면 중국과 인도는 자동차 내수판매량 점유율이 각각 5.7%, 1.5%에서 8.7%, 2.1%로 상승하였으며, 최근 4년간 연평균 증가율도 각각 20.8%, 16.1%에 달해, 신흥 자동차시장으로서 급부상하였다. 한편 세계 상위 15개 국가의 자동차 내수판매량 비중은 2002년 84.2%에서 2005년 79%로 하락, 이들 국가를 제외하고 동남아시아, 중동, 중남미 국가들이 자동차산업의 새로운 시장으로서 계속 부상하고 있음을 추론할 수 있다.

〈표 3-10〉 자동차 내수판매량 상위 15개국 내수판매량 추이(만 대, %)

구분	2005년		2004년		2003년		2002년		CAGR ('02~ '05년)
	판매량	비중	판매량	비중	판매량	비중	판매량	비중	
미국	1,744.4	26.5	1,729.9	27.7	1,696.7	28.9	1,713.9	30.0	0.58
일본	585.2	8.9	585.3	9.4	582.8	9.9	579.2	10.1	0.34
중국	575.8	8.7	507.1	8.1	439.2	7.5	324.8	5.7	20.79
독일	363.6	5.5	355.0	5.7	350.2	6.0	352.3	6.2	1.04
영국	282.6	4.3	295.7	4.7	294.3	5.0	288.6	5.0	-0.69
프랑스	259.8	3.9	247.4	4.0	244.1	4.2	260.6	4.6	-1.10
이태리	250.6	3.8	252.7	4.0	249.2	4.2	262.4	4.6	-1.50
스페인	199.4	3.0	189.1	3.0	171.7	2.9	163.7	2.9	6.72
캐나다	163.0	2.5	153.1	2.5	162.5	2.8	173.2	3.0	-1.98
브라질	162.7	2.5	151.7	2.4	135.7	2.3	136.3	2.4	6.02
러시아	154.2	2.3	160.8	2.6	142.0	2.4	129.8	2.3	5.85
인도	138.0	2.1	134.4	2.2	107.7	1.8	87.8	1.5	16.09
멕시코	116.3	1.8	109.0	1.7	99.9	1.7	100.4	1.8	4.97
한국	114.5	1.7	109.4	1.8	131.8	2.2	162.2	2.8	-10.86
호주	97.2	1.5	95.5	1.5	91.0	1.6	82.4	1.4	5.60
소계	5,207.3	79.0	5,076.1	81.2	4,898.8	83.5	4,817.6	84.2	
전세계	6,591.9		6,248.0		5,864.5		5,721.5		4.78

출처: 한국자동차공업협회, 세계자동차공업협회(OICA), Automotive news 종합.

였고 한국은 121만 대(1.8%)로 2004년부터 3년 연속 13위를 차지하였음.

3) 세계 주요 기업 자동차 생산 현황

현재 세계 최대 자동차기업인 GM의 2005년 자동차 생산량은 834만 대로 세계 자동차 생산량(6,720만 대)의 12.4%를 차지하였다.[60] 도요타와 포드가 각각 734만 대(10.9%), 637만 대(9.4%)로 그 뒤를 이었다. 하지만 승용차 생산량에서는 도요타가 2003년부터 3년 연속 GM과 포드를 제치고 세계 1위에 올랐으며 폭스바겐의 승용차 생산량도 GM과 거의 비슷했다. 소위 'Big 3'라고 불리는 GM, 포드, 다임러크라이슬러[61]는 승용차보다는 SUV, 미니 밴, 픽업트럭 등 상용차에서 강세를 보였다(<표 3 -11>). 최근 세계 자동차 생산과 판매실적에서 'Big 3'의 부진과 일본, 한국 등 아시아 기업의 약진이 갈수록 뚜렷하게 나타나고 있다.

<표 3-11>에서 GM과 포드, 다임러크라이슬러의 자동차 생산량이 세계 자동차 생산량에서 차지하는 비중은 2004년 각각 13.8%, 10.6%, 6.9%에서 2005년 12.4%, 9.5%, 6.7%로 하락한 반면, 도요타, 혼다, 현대는 같은 기간 동안 각각 10.1%, 4.5%, 2.9%에서 10.9%, 5.0%, 3.7%로 상승했다. 한편 BMW를 제외한 유럽기업들의 자동차 생산비중도 같은 기간 동안 줄어든 것으로 나타났다. 2005년 주요 자동차기업의 자동차 생산량에서 해외생산비중을 살펴보면 포드와 GM이 70%를 초과하였고 폭스바겐(VW)이 60%를 상회하였으며 혼다와 닛산, 르노가 50%를 넘어섰다(<도 3-4>).

---

60) 2006년 자동차 판매실적에서는 도요타(881만 대)가 GM(868만 대)을 제치고 세계 1위로 올라섰음.

61) 크라이슬러는 1998년에 다임러벤츠에 의해 인수합병된 이후 경영성과가 예상보다 부진하였으나, 최근 생산량이나 매출액보다는 수익성을 더 중시하는 전략을 추진, 의도적으로 매출액과 양산능력을 중시하는 'Big 3' 이미지에서 벗어나려고 노력하고 있음. 2005년 자동차 생산량에서 다임러크라이슬러는 이미 도요타, 폭스바겐에 이어 5위로 떨어졌음.

〈표 3-11〉세계 주요 기업 자동차 생산량 및 비중 현황(만 대, %)

구 분	2005년					2004년				
	승용차	비중	상용차	비중	전체비중	승용차	비중	상용차	비중	전체비중
GM	481.9	10.20	352.2	17.67	12.41	482.0	11.43	334.7	17.40	13.81
Ford	348.6	7.37	288.5	14.47	9.48	345.6	8.19	312.7	16.25	10.55
Toyota	574.4	12.15	159.3	7.99	10.92	554.7	13.15	119.3	6.20	10.07
Volkswagen	509.4	10.78	24.6	1.23	7.95	479.3	11.36	21.7	1.13	8.42
D-Chrysler	187.8	3.97	261.5	13.12	6.68	183.8	4.36	255.2	13.26	6.94
Nissan	254.3	5.38	104.3	5.23	5.34	227.5	5.39	89.9	4.67	4.78
Honda	273.8	5.79	60.4	3.03	4.97	264.9	6.28	49.1	2.55	4.49
PSA Peug-Citro	236.6	5.00	52.3	2.62	4.29	248.7	5.90	52.2	2.71	4.83
Renault	217.6	4.60	36.5	1.83	3.78	215.1	5.10	36.9	1.92	3.82
Hyundai	220.5	4.66	26.5	1.33	3.68	198.7	4.71	27.5	1.43	2.91
Suzuki	186.9	3.95	33.2	1.67	3.28	152.7	3.62	20.5	1.07	2.69
Mitsubishi	77.5	1.64	42.3	2.12	1.78	77.2	1.83	52.6	2.73	2.45
BMW	122.0	2.58	10.5	0.53	1.97	114.5	2.71	10.9	0.57	1.81
Kia	116.2	2.46	10.9	0.55	1.89	98.9	2.34	12.4	0.64	1.47
Mazda	88.5	1.87	18.7	0.94	1.60	85.0	2.02	19.5	1.01	1.63
GM Deawoo	113.0	2.39	2.2	0.11	1.71	86.4	2.05	2.8	0.15	0.92
소계	4,008.7	84.81	1,483.9	74.43	81.73	3,815.0	90.45	1,417.9	73.70	81.60
전세계	4,726.8		1,993.6			4,218.0		1,924.0		

출처: 한국자동차공업협회, 세계자동차공업협회(OICA) 자료 종합.

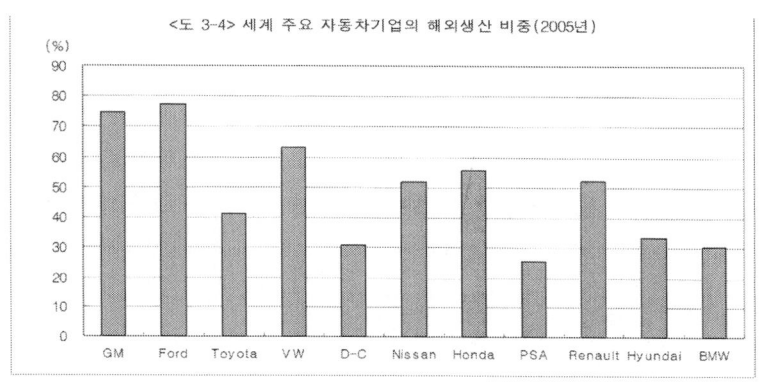

<도 3-4> 세계 주요 자동차기업의 해외생산 비중(2005년)

출처: 한국자동차공업협회, 세계자동차공업협회(OICA) 자료 종합.

또한 도요타의 해외생산비중은 41%로 혼다, 닛산보다 훨씬 낮았고 다임러크라이슬러, 현대, BMW는 30% 수준에 머물렀다. 다만 현대의 해외생산비중은 2003년 7.9%에서 2005년 33.4%로 급상승했고 포드, GM, 르노의 해외생산비중도 2005년에 크게 늘어났다.[62] 세계 주요 자동차기업들의 해외생산비중은 중국, 인도, 브라질 등 신흥시장에서 현지생산체제가 더욱 강화되면서 계속 증가하는 추세이다.

4) 세계 주요국 자동차 수출량 및 보유량

2005년에 일본, 프랑스, 독일은 전 세계 자동차 수출량의 47.1%를 차지하였으며, 이들 3국의 비중은 2004년과 비슷한 수준을 유지하며 강력한 3강 체제를 형성하였다(<부표 4>). 특히 세계 최대 자동차 수출국인 일본은 2005년에 505만 대를 수출하여 한국(258만 대)보다 두 배가량 많았으며, 세계 최대 자동차 생산국인 미국(206만 대)을 완전히 압도하였다. 또한 한국의 자동차 수출량이 전세계에서 차지하는 비중은 2003년 6.4%에서 2005년 9.1%로 최근 3년간 빠르게 증가하였다. 하지만 자동차 생산량과 내수판매량에서 세계 4대 국가의 하나로 부상한 중국은 아직 자동차 수출량 상위 15개 국가 리스트에는 이름을 올리지 못했다.

국가별 자동차 보유량에서는 2005년 미국이 2억 3,770만 대로 가장 많았고 일본과 독일이 각각 7,568만 대, 4,922만 대로 그 뒤를 이었다(<부표 5>). 전 세계 자동차 보유량은 1975년 3억 2,790만 대에서 1990년 5억 8,298만 대, 2005년 8억 6,184만 대로 증가하였으며, 그중에서

---

62) <부표 3>에서 2003년 주요 자동차기업의 해외생산비중을 살펴보면 포드가 51.9%, 닛산 48.6%, 혼다 57.5%, 르노 43.6%, 현대가 7.9%였음. 아울러 2004~2005년 세계 주요 자동차기업의 해외생산과 국내생산에 관한 구체적인 자료는 <부표 2>를 참조

미국의 보유량이 차지하는 비중은 1975년 40.5%, 1990년 32.4%, 2005년 27.6%로 계속 줄어들었다. 반면 일본과 독일의 자동차 보유량이 차지하는 비중은 1975~2005년까지 각각 9%, 6% 수준에서 보합세를 유지하였다. 승용차 대중화(Motorization)의 척도가 되는 인구 1천 명당 승용차 보유량에서는 2005년에 뉴질랜드가 663대로 가장 많았고 이태리, 캐나다, 독일, 영국, 호주가 500대를 넘었다(<부표 6>). 미국과 일본, 프랑스는 각각 446대, 446대, 498대였으며 한국은 일본의 절반 수준인 230대였다. 또한 아시아 최대 자동차시장으로 급부상하고 있는 중국과 인도의 인구 1천 명당 승용차 보유량은 각각 16.2대, 6.9대에 불과, 향후 무궁한 발전 잠재력을 드러냈다.

2. 세계 자동차산업 특징

세계 자동차산업의 특징은 크게 공급과잉과 신차개발비용 증가 및 양산비용 절감 노력으로 요약할 수 있다. 아울러 공급과잉 문제 해결과 비용 절감을 위한 기업 간 전략적 제휴와 인수합병의 증가도 중요한 특징의 하나로 꼽을 수 있다.

1) 공급과잉

앞서 <표 3-9>의 세계 자동차 생산량과 <표 3-10>의 세계 자동차 내수판매 현황을 비교해 보면, 2002~2005년까지 매년 전세계에서 팔리지 않은 완성차는 각각 245만 대, 277만 대, 316만 대, 39만 대였다. 2005년 완성차 재고가 줄어든 것은 GM과 포드의 공장폐쇄 등 생산설비 축소 조치[63]의 효과가 서서히 나타나기 시작한 것이라고 볼 수 있다. 하지만 미국, 일본, 유럽 등 주요 자동차기업들이 해외 현지생산비중을 경쟁적으로 늘리면서 중국, 브라질, 인도 등 신흥 자동차시장에서의 공급과잉 징후는 점점 뚜렷해지고 있으며 세계적인 공급과잉 압력은 좀처럼 줄어들지 않고 있다. 사실 세계 자동차 생산설비가 모두 가동된다고 가정하면, 1990년대 후반부터 2005년까지 전 세계 공급과잉은 적어도 매년 약 2,000만 대로 추산된다(탁승문 2001, 조대우 외 1999, 유진수 1999).

자동차 공급과잉 문제와 관련하여 최근 북미시장의 변화와 중국 생산설비의 확장추세를 짚고 넘어갈 필요가 있다. 우선 연간 내수시장 규모가 약 2,000만 대에 달하는 북미시장에서 'Big 3'은 2004년 북미지역 전체 소형차(중대형 트럭, 버스 제외) 생산량(1,576만 대)의 69.9%인 1,101만 대를 생산, 2003년보다 점유율이 2.3% 포인트가량 떨어졌으며, 2005년 상반기에는 점유율이 66.7%까지 하락하였다. 아울러 'Big 3'은 강력한 구조조정을 통해, 2010년 북미지역 자동차 생산량을 2002년 대비 150~200만 대 가량 삭감할 계획이다. 반면 일본기업들은 북미지역에서의 자동차 생산량을 2004년 430만 대 수준에서 2010년 560~600만 대까지 확충할 계획이며, 유럽 및 한국기업들도 2004년 63만 대에서 2010년 140만 대까지 늘릴 예정이다(한국자동차공업협회 2006). 북미지

---

63) 현재 강력한 구조조정을 추진하고 있는 GM은 2008년까지 종업원 2만 5천 명을 줄이고, 2005년까지 북미지역 4개 공장을 폐쇄하여 기존 생산능력을 연간 100만 대가량 축소하는 계획을 추진하고 있음. 또한 포드도 2005년까지 북미지역 종업원 약 4천 명을 해고하고 2개 공장을 폐쇄하여 연간 생산능력을 약 90만 대까지 줄이는 구조조정 계획을 추진하였음. 하지만 아직까지 GM이나 포드 모두 구조조정이 가시적인 성과를 거두고 있다고 판단하기는 어려운 상황임.

역에서 'Big 3'의 생산량 축소를 일본기업을 필두로 외국기업들이 신속히 대체하고 있는 것이다.

중국의 경우, 2006년 3월 최고 행정기구인 국무원이 공식적으로 자동차산업의 과잉생산능력 문제를 지적할 만큼 공급과잉에 대한 우려가 점점 커지고 있다. 2003~2005년 중국 자동차 생산설비의 평균 가동률은 각각 64.8%, 61.0%, 53.1%로 계속 떨어졌다(<표 5-20>). 특히 승용차(세단형) 생산설비의 평균 가동률은 같은 기간 동안 55.2%, 47.7%, 40.1%로 하락, 50% 밑으로 떨어진 것으로 추정된다. 중국 자동차업계의 승용차 생산설비 확장추세는 2005년을 정점으로 점차 둔화되고 있지만, 2005~2010년까지 중국 자동차기업과 일본 및 한국기업을 중심으로 승용차 생산능력은 연평균 12.6%씩 증가, 2010년경에는 중국의 승용차 생산능력이 1,200~1,300만 대에 달할 것으로 예상된다 (<도 5-10>). 2005년 중국의 승용차(세단형) 내수판매량 약 278만 대를 기준으로 2010년까지 내수판매량이 연평균 35%씩 늘어나야만 공급과잉 문제를 해소할 수 있다는 얘기이다. 하지만 중국인들의 소득 증가 속도 및 환경보호나 에너지 안보 등 제약요인을 고려할 때, 중국의 자동차 수요가 생산설비 확장속도와 비슷하게 증가할 것으로 예측하기는 매우 어렵다. 결국 중국 자동차업계는 해외시장 진출에서 공급과잉 문제의 해결책을 찾아야 하는데, 이 과정에서 세계 자동차산업의 공급과잉 문제는 한층 심화될 것으로 전망된다.

2) 신차개발비용 증가 및 생산비용 절감 노력

1990년대에 들어서면서 세계 자동차산업은 공급과잉 문제와 더불어 비용 절감이라는 커다란 과제를 맞이하게 되었다. 자동차 수요자들의 소득과 의식수준이 높아지면서 환경, 안전, 에너지 및 자원 재활용 등에 대한 요구수준이 갈수록 높아지고 있기 때문이다. 미국, 일본, 서유럽 등 자동차 선진국뿐만 아니라 중국, 인도, 중남미 등 자동차산업 발전의 초창기에 있는 국가들도 자동차산업이 유발하는 문제에 대해 큰 관심을 가지고 대응책 마련에 고심하고 있다. 아울러 소비자의 기호가 다양해지면서 신차의 수명주기가 갈수록 짧아지고 있으며, 디자인이나 승차감 및 내구성에 대한 소비자의 기대수준은 과거보다 훨씬 높아졌다. 반면 국경을 초월하여 일어나고 있는 치열한 판촉경쟁은 자동차기업들에 상당한 재무적 압박을 가하고 있다. 이러한 경영환경에서 살아남기 위한 세계 자동차기업들의 노력은 크게 세 가지로 요약할 수 있다.

첫째, 신차개발 리드타임(Lead time)의 단축이다. 신차개발 리드타임이란 신차의 디자인을 확정하고 본격적인 양산단계에 들어갈 때까지 걸리는 시간으로, 리드타임이 길어질수록 비용은 증가한다. 신차 특유의 콘셉트(concept)와 디자인을 구현하기 위한 내부 메커니즘 설계와 대량생산을 위한 공정기술을 안정화하는 데 적지 않은 시간과 비용이 소요되기 때문이다. 1980년대만 하더라도 신차개발 리드타임은 평균 8~10년에 달했으며 1990년대 중반까지도 약 36~48개월이 소요되었다. 하지만 1990년대 후반 이후, 'Big 3'과 도요타 등 일본의 주요 기업들은 신차개발 리드타임을 30개월 이하로 줄였다(마에마 다카노리 2002). 신차개발 초기단계에서부터 부품업체들을 참여시켜 부품업체들이 주요 부품의 설계 및 개발, 모듈화[64]를 동시에 진행할 수 있게 함으로써 양산까

---

64) 자동차산업에서 모듈화(Modulization)란 양산을 위한 조립공정에서 각각의 부품을 직접 차체에 조립하기보다 기능상 관련 엔지니어링을 요구하는 부품들을 하나로 묶어 미리 조립하고, 이를 엔진모듈, 브레이크 모듈, 운전석 모듈의 형태로 조립공정에 곧바로 투입하는 것을 말함. 최근 델파이(Delphi) 등 세계적인 부품회사들은 대부분 모듈화된 부품을 완성차업체에 공급하고 있고 독자적인 부품개발 및 모듈설계 능력을 바탕으로 신차개발 초기단계에서부터 적극적으로 동참하는 경우가

지 걸리는 시간과 비용을 획기적으로 줄인 것이다.

둘째, 생산 플랫폼의 통합이다. 자동차산업에서 플랫폼이란 생산라인에서 엔진, 트랜스미션 등을 부착하는 골격, 즉 차대를 말한다. 대부분 자동차기업들은 양산단계에서 서로 다른 차종의 플랫폼을 공유함으로써 생산비용을 크게 줄일 수 있었다. 플랫폼의 공유가 자동차 조립에 필요한 수많은 부품과 전자시스템의 표준화 및 공통화를 촉진하기 때문이다. GM은 새턴과 랜싱의 플랫폼을 통합시켰고 도요타는 산하기업인 히노와 다이하츠에서 중복되는 플랫폼을 통합시키는 작업을 추진하고 있다. 이 밖에도 닛산, 포드, 폭스바겐 등 주요 자동차기업들의 플랫폼 공유 노력과 통합화 추세는 부품 공동조달, 공동생산 등 전략적 제휴와 인수합병을 가속화시키고 있다(유진수 1999).

셋째, 부품조달과 완성차 제조의 세계화 및 부품업체의 위상 강화이다. 자동차 부품의 모듈화와 플랫폼 통합은 자연스럽게 부품조달 체제의 세계화(global sourcing)와 완성차 제조의 현지화(localization)를 촉진시키고 있다. 특히 신차개발 리드타임 단축을 위해 부품업체가 해야 할 일이 과거보다 많아지면서 완성차업체의 경쟁력에 있어서 부품업체의 역할이 예전보다 훨씬 중요해졌다. 미국의 델파이(Delphi)와 비스티온(Visteon), 일본의 덴소(Denso), 독일의 보쉬(Bosch) 등은 자국의 완성차업체를 주요 고객으로 삼아, 이미 세계적인 부품공급 네트워크를 갖추었으며 중소 부품업체에 대한 수직적 통합(vertical integration)을 적극 추진, 생산규모 확대와 과점화를 촉진하였다. 더 나아가 세계시장을 겨냥한 전략차 개발의 경우, 완성차업체는 신차 콘셉트 창조와 디자인 개발 및 마케팅을 맡고 차량 내부설계와 부품개발, 성능 테스트 및 양산은 부품업체가 담당하는 방식의 분업구조가 멀지 않아 등장할 것으로 예상된다(미에마 다카노리 2002). 자동차산업에서 세계적인 부품

많아지고 있음.

업체는 이제 더 이상 완성차업체의 조연자가 아닌, 공동 주연자 또는 동등한 지위의 협력 파트너로서 자리매김하고 있는 것이다.

3) 전략적 제휴와 인수합병의 증가

세계 자동차업계의 공급과잉 문제 해결과 원가 절감을 위해 각 기업들은 상시적인 경영혁신과 생산효율성 제고에 공격적으로 나서고 있으며 외부적으로는 협력 파트너 모색과 협력방법 마련에 고심하고 있다. 즉, 주요 자동차기업들은 외부경영환경의 변화에 적응하고 살아남기 위해 내부역량 강화와 기업 간 합종연횡 움직임을 항상 예의주시하고 있는 것이다. 세계 자동차업계의 짝짓기 바람은 대부분 전략적 제휴와 인수합병을 통해 나타나고 있다. 전략적 제휴는 크게 지분투자(equity alliance), 비(非)지분투자(non-equity alliance) 및 합자기업(Joint venture) 설립 등 크게 세 가지 나눌 수 있는데(Barney 2002, 369~370), 오늘날 자동차산업에서 전략적 제휴는 광범위하고 일상적인 현상으로서 그 사례를 일일이 열거하기 어려울 정도로 많다.65) 제휴의 유형도 생산제휴, 기술제휴, 공동구매와 판매, 공동 연구개발 등으로 갈수록 다양해지고 있다. 또한 1980년대에 주로 자본협력에 치중되었던 전략적 제휴가 1990년대에 들어서는 자본협력, 기술협력, 생산협력 등 세 가지 유형이 각각 30%씩 고르게 나타나고 있다(조대우·송우용 1999). <표 3-12>는 전략적 제휴를 제외하고 1980년대 후반 이후 주요 자동차기업 간 인수합병 사례들을 정리한 것이다.

---

65) 사실 중국 자동차산업 발전의 역사는 대형 국유기업과 다국적기업 간 전략적 제휴, 좀 더 정확히 말하면 합작기업 설립과 이들 기업의 흥망성쇠 역사라고 할 수 있음. 현재 중국 자동차산업에서 상하이폭스바겐, 이치폭스바겐, 상하이GM, 톈진이치도요타 등 다국적 합자기업들의 실질적인 영향력이 점점 커지고 있음.

〈표 3-12〉 세계 주요 자동차기업 간 인수합병 사례

―1989년: GM, SAAB 인수(50% 지분 확보)
―1990년: 폭스바겐, 스코다 인수(70% 지분 확보)
―1994년: BMW, 로버 인수(100% 지분 확보)
―1996년: 포드, 마즈다 인수(33.4% 지분 확보)
―1998년: 다임러벤츠, 크라이슬러 흡수 합병, 폭스바겐, 롤스로이스 인수
―1999년: 르노, 닛산 인수(지분 36.8% 확보)
―2004년: 상하이자동차, 쌍용자동차 인수

출처: Automotive News, 한국자동차공업협회, Fourin 자료 종합.

세계 자동차업계의 인수합병 사례에서 폭스바겐의 롤스로이스 인수는 대중차가 우위에 있는 기업이 고급차 부문을 강화하기 위한 것이며, 반대로 다임러벤츠의 크라이슬러의 합병은 고급차의 대명사로 불리는 기업이 RV와 대중차가 강한 기업을 인수하여 '풀 라인업(full line-up) 체제'를 구축하기 위한 전략으로 볼 수 있다. 또한 다임러벤츠의 크라이슬러 인수는 북미시장에서의 판매망을 확보하여 '범위의 경제(economy of scope)'를 실현하려는 의도를 내포하고 있다. 르노의 닛산에 대한 경영권 확보도 아시아시장에서 르노의 판매역량 강화와 생산체제 구축을 신속하게 달성하기 위한 시도라고 볼 수 있다. 한편 세계 자동차산업에서 인수합병의 성격도 비(非)자발적 구조조정을 통한 피인수기업이나 브랜드의 완전한 소멸을 의미한다기보다는 각 기업이 부족한 내부역량을 서로 보완하려는 '윈-윈(win-win)전략' 추구형으로 바뀌고 있다. 특히 최근 발생한 자동차업계의 인수합병은 인수기업의 경영권 독점이나 수직적인 의사결정체제 구축보다는 전략적 제휴처럼, 유연하고 수평적인 분업구조 구축 및 인수기업과 피인수기업 쌍방의 경쟁력 강화, 또는 생존전략 모색과정이라고 할 수 있다.

제3절 중국 자동차산업과 세계 자동차산업의 관계

제3장 1절과 2절에서는 중국 자동차산업과 세계 자동차산업의 발전 현황 및 특징에 대해서 살펴보았다. 중국 자동차산업이 양적으로, 질적 으로 성장하면서 세계 자동차산업의 가치사슬에 편입되는 속도가 점차 빨라지고 있다. 이에 3절에서는 중국 자동차산업과 세계 자동차산업의 관계를 중국에서 외자도입 증가와 다국적 합자기업 역할 확대라는 측 면에서 다루어 보았다. 아울러 외자도입 증가와 다국적 합자기업 역할 확대가 중국의 자동차산업구조 변화에 어떤 영향을 주었는지에 대해서 도 분석하였다.

1. 중국 자동차산업에서 외자증가와 합자기업 역할 확대

중국의 자동차 생산량은 1992년에 100만 대를 넘어섰으며 2000년 200만 대, 2002년 300만 대, 2004년과 2006년에는 각각 500만 대와 700만 대를 돌파하였다. 중국은 2005년 전 세계 자동차 생산량 (6,630.7만 대)의 8.6%를 차지, 미국(18%), 일본(16.3%), 독일(8.7%) 에 이어 4위를 차지하였다(<표 3-9>). 하지만 2006년에 중국(10.5%) 은 독일(8.4%)을 제치고 자동차 생산량 순위에서 3위로 올라섰고, 자 동차 내수판매량에서 세계시장의 10.5%를 점유, 일본(8.4%)을 제치고

2위로 부상했다. 아울러 중국자동차공업협회는 중국이 자동차 생산량에서 2015년경에 일본을 제치고 세계 2위, 2020년경에는 미국을 제치고 세계 최대의 자동차 생산국가가 될 것으로 전망하였고 내수시장 규모에서도 중국이 미국을 앞설 것으로 내다보았다. 중국이 전 세계 자동차 생산과 판매에서 차지하는 비중이 갈수록 커진다는 것은 비중의 증가 속도만큼 중국 자동차산업이 세계 자동차산업에 신속하게 편입되고 있음을 의미한다.

즉, 세계 자동차산업에서 공급과잉과 신차개발비용의 증가는 전 세계 다국적기업들로 하여금 생존을 위한 치열한 경쟁과 상호협력이라는 두 가지 과제를 동시에 요구하고 있으며 중국 자동차산업도 이러한 환경 변화로부터 점차 큰 영향을 받고 있다. 중국정부가 자동차산업정책을 수립하거나 중국 자동차기업들이 경영전략을 수립하는 과정에서 세계 자동차산업을 움직이는 다양한 변수들을 좀 더 적극적으로 고려하지 않으면, 산업정책이나 경영전략의 실효성이 크게 위축될 가능성이 높아진 것이다. 아울러 연구개발과 부품조달, 제조 및 판매에 이르기까지 기업활동의 가치사슬(Value Chain)에서 자동차산업이 갈수록 범세계적 산업(global industry)이 되어 가고 있어, 중국에 진출한 다국적기업들은 중국에서의 기업전략을 중국시장뿐만 아니라 세계시장의 관점에서 수립하지 않으면 안 되게 되었다. 즉, 다국적기업들이 글로벌 전략을 수립하고 추진함에 있어 중국 변수는 과거보다 더욱 커졌으며 중국을 제외하고 세계 자동차산업을 논의한다는 것은 더 이상 생각하기 어렵게 되었다. 결국 중국 자동차산업이 성장하고 내수시장 규모가 커질수록 중국 자동차산업에서 외자증가와 다국적기업 역할 확대는 지속될 것이며, 이에 따라 중국 자동차산업이 다국적기업과 세계 자동차산업의 가치사슬 속에 편입되는 속도도 더욱 빨라질 것으로 예상된다.

1) 중국 자동차산업에서 외자도입의 증가

중국 자동차산업을 세계 자동차산업체제 속에 신속하게 편입시키고 있는 요인으로서 중국 자동차산업에서 외자도입의 증가를 뽑을 수 있다. <표 3-13>에서 중국 자동차산업의 연간 투자총액(실제 투자액 기준)은 1992년 102.8억 위엔에서 2005년 734.2억 위엔으로 증가하였고 연평균 증가율이 16.3%에 달했다. 그리고 중국 자동차산업에서 외자도입(홍콩 및 대만기업 포함)에 의한 투자금액은 1992년 14.8억 위엔에서 2005년 113.2억 위엔으로 증가하였고 연평균 증가율은 약 17%로 자동차산업 투자총액의 연평균 증가율보다 약간 높았다. 자동차산업 투자총액에서 외자가 차지하는 비중은 1992년 14.4%에서 1995년까지 34%까지 증가하였지만 그 이후에는 상승세나 하락세의 양상이 뚜렷하게 나타나지 않았고 2001~2005년까지는 12~17% 수준에서 보합세를 유지하였다.

다만 2000년 이후 자동차산업 투자총액에서 외자의 비중은 같은 기간 동안 중국 고정자산 투자총액에서 외자가 차지하는 비중, 4.5~5% 수준보다 세 배가량 높은 것이다. 중국 자동차산업에 대한 외국인 투자가 다른 분야보다 상대적으로 더욱 활발하게 일어나고 있다는 뜻으로 풀이할 수 있다. 또한 <표 3-13>의 중국 고정자산 투자총액에서 자동차산업 투자총액이 차지하는 비중은 1992년 1.3%, 2000년 0.5%, 2005년 0.8%를 기록한 반면, 외자도입을 통한 고정자산 투자에서 자동차산업이 차지하는 비중은 1992년 3.2%, 2000년 2.1%, 2005년 2.8%를 기록하여 최근 10여 년간 중국 자동차산업이 다른 분야보다 상대적으로 많은 외자를 끌어들인 것으로 나타났다.

〈표 3-13〉 중국 자동차산업 투자총액과 외자도입액 및
비중 추이 (억 위엔, %)

구분	중국 자동차산업 투자			중국 고정자산 투자			고정자산 투자에서 자동차산업의 비중	
	투자총액	외자도입	비중	투자총액	외자도입	비중	투자총액 대비	외자도입 대비
1992	102.8	14.8	14.4	8,080.1	468.7	5.8	1.3	3.2
1993	164.3	39.5	24.1	13,072.3	954.3	7.3	1.3	4.1
1994	198.8	47.2	23.7	17,042.1	1,769.0	10.4	1.2	2.7
1995	231.3	78.6	34.0	20,019.3	2,295.9	11.5	1.2	3.4
1996	194.9	35.7	18.3	22,913.5	2,746.6	12.0	0.9	1.3
1997	204.0	59.6	29.2	24,941.1	2,683.9	10.8	0.8	2.2
1998	196.1	49.8	25.4	28,406.2	2,617.0	9.2	0.7	1.9
1999	194.0	50.8	26.2	28,854.7	2,006.8	6.7	0.6	2.5
2000	178.7	36.4	20.3	32,917.7	1,696.3	5.2	0.5	2.1
2001	194.3	26.0	13.4	37,213.5	1,730.7	4.7	0.5	1.5
2002	283.2	35.6	12.6	43,499.9	2,085.0	4.8	0.7	1.7
2003	498.6	60.2	12.1	55,566.6	2,599.4	4.7	0.9	2.3
2004	641.3	113.2	17.6	70,477.4	3,285.7	4.7	0.9	3.4
2005	734.2	113.2	15.4	88,773.6	3,978.8	4.5	0.8	2.8

출처: 中國統計年鑒 2006, 中國統計年鑒 2005, 中國汽車工業年鑒 2005, 각 호
中國行業發展報告 汽車制造業 2004, pp.135-137 및
中國汽車工業年鑒 2006, pp.521-522를 바탕으로 재구성.

〈표 3-14〉 중국 자동차산업의 외자기업
(합자, 합작, 단독투자 포함) 비중 추이

(억 위엔, %)

구분	기업 수(개)			매출총액			이윤총액(세후)		
	전체	외자	비중	전체	외자	비중	전체	외자	비중
1994	2,442	134	5.5	1,853.5	385.0	20.8	97.1	39.2	40.4
1998	2,426	254	10.5	5,742.5	707.5	25.8	57.9	36.5	63.0
1999	2,362	269	11.4	3,114.7	941.2	30.2	106.5	77.8	73.1
2003	2,443	425	17.4	8,144.1	2,439.7	30.0	556.8	337.8	60.7
2004	2,536	442	17.4	9,134.3	2,613.6	28.6	575.5	296.9	51.6
2005	2,637	566	21.5	10,108.4	3,957.7	39.2	430.4	280.0	65.1

출처: 中國汽車工業年鑒 1995, 1999, 2000, 2004, 2005 & 2006(pp.476-478)을 바탕으로
재구성.

한편 중국 자동차산업에 종사하는 전체 기업 수(완성차, 차량개조,
부품, 오토바이, 엔진제조 포함)에서 외자기업(홍콩, 대만기업 및 합자,
합작, 단독투자 포함)이 차지하는 비중은 1994년 5.5%에서 1999년
11.4%, 2005년 21.5%로 지속적인 증가세를 보였다(<표 3-14>). 자
동차산업 매출총액에서 외자기업이 차지하는 비중도 1994년 20.8%에
서 1999년 30.2%, 2005년 39.2%로 전반적인 상승세를 유지하였다.
다만 세후(稅後) 이윤총액에서 외자기업이 차지하는 비중은 1994년
40.4%에서 1999년 73.1%까지 상승하였으나, 이후 상승과 하락을 반복
하면서 2005년 65.1%에 달했다. 2005년 현재 외자기업이 중국 자동차
산업에 종사하는 기업의 21.5%, 매출총액의 39.2%를 차지하였다는 점
을 고려하면 외자기업의 이윤총액 비중(65.1%)은 상대적으로 매우 높
은 수치라고 할 수 있다. 그만큼 중국 자동차산업에서 외자기업들이 중
국 내자(內資)기업(국유, 집체, 사영기업 포함)에 비해 매우 실속 있는
장사를 하였다는 얘기다.

또한 중국 자동차산업의 완성차 제조 부문에 종사하는 외자기업 수는
2005년 말까지 모두 30개로 2003년 이후 변함이 없었고, 1998년에 비
해 10개가 늘어난 것으로 나타났다(<표 3-15>). 반면 완성차 제조업에
종사하는 중국 내자기업 수는 1998년 115개에서 2005년 117개로 2개
늘어나는 데 그쳤다. 완성차 부문 매출총액에서 외자기업이 차지하는 비
중은 1998년 30.8%에서 2004년 29.5%로 보합세를 유지하였다가 2005
년에 40%로 상승하였다. 아울러 세후 이윤총액에서 외자기업이 차지하
는 비중도 1998년 89.1%에서 2003년 61.4%, 2004년 51.6%로 계속
하락하였으나, 2005년에는 75.3%로 상승했다. 결국 2005년 완성차 제
조 부문에서 외자기업의 숫자는 전체 기업의 25.6%에 불과하였지만, 외
자기업들은 이윤총액의 3/4 이상을 점유할 만큼 매우 뛰어난 성과를
거두었던 것이다.

〈표 3 - 15〉 중국 완성차 제조 부문 외자기업(합자, 합작, 단독) 비중 추이

(억 위엔, %)

구분	기업 수(개)			매출총액			이윤총액(세후)		
	전체	외자	비중	전체	외자	비중	전체	외자	비중
1994	122	n.a	n.a	1,007.0	n.a	n.a	53.4	n.a	n.a
1998	115	20	17.4	1,443.9	445.1	30.8	26.7	23.8	89.1
1999	118	24	20.3	1,660.8	616.2	37.1	65.0	53.4	82.2
2003	115	30	26.1	5,141.6	1,573.0	30.6	370.6	227.7	61.4
2004	117	30	25.6	5,490.5	1,619.2	29.5	385.0	198.6	51.6
2005	117	30	25.6	5,582.9	2,233.1	40.0	204.8	154.2	75.3

출처: 中國汽車工業年鑑 1995, 1999, 2000, 2004, 2005 & 2006(pp.484 - 485)을 바탕으로 재구성.

사실, 중국 자동차산업 및 완성차 부문의 경영성과에서 외자기업이 차지하는 비중이 앞으로 어떻게 변화할지 섣불리 예측하기는 어렵다. 2001~2004년까지 외자기업 비중의 하락세는 중국 자동차산업 전체 이윤총액의 증가세 둔화와 관련이 많았기 때문이다. 또한 다국적기업들이 對중국 투자를 공격적으로 늘리고 있어 향후 10~20년 동안 투자성과가 어떻게 나타날지는 좀 더 지켜볼 필요가 있다. 다만 현재까지 중국 자동차산업에 진출한 외자기업의 숫자나 매출총액 비중에 비해 외자기업 이윤총액의 비중이 여전히 높다는 점은 외자기업들이 여전히 자본력과 기술력을 바탕으로 중국 자동차산업의 발전 및 구조 변화를 선도하는 위치에 있다는 것을 의미한다. 더 나아가 중국 자동차산업에서 외자도입 증가 및 외자기업이 선도하는 중국 자동차산업구조 변화는 중국 자동차산업의 글로벌 체제 편입을 더욱 가속화시킬 것으로 예상된다.

2) 중국 자동차산업에서 다국적 합자기업 역할 확대

이제 중국 자동차산업의 외자기업 중에서 가장 대표적인 유형[66]인 국유기업과 다국적기업 간 합자기업의 역할에 대해 좀 더 자세히 살펴보기로 한다. 우선, 다국적기업 입장에서 중국 국유기업과의 합자기업 설립관계가 2~3곳에 집중되어 있다는 점 외에도 다국적 합자기업 대부분이 중국 국유기업집단 내에서 승용차 생산의 상당 부분을 감당하고 있다는 점도 다국적 합자기업의 중요한 특징으로 지적할 수 있다. 디이자동차와 다국적기업 간 합자기업인 이치폭스바겐, 톈진이치도요타, 이치마즈다, 이치화리 등은 2005년 총 46.2만 대의 자동차를 생산, 디이자동차 전체 자동차 생산량(98.3만 대)의 약 47%를 차지하였다(<표 3-16>). 하지만 이들 다국적 합자기업은 디이자동차 승용차 생산량의 60.2%를 감당하였다. 또한 상하이폭스바겐, 상하이GM 등 다국적 합자기업들은 2005년 상하이자동차 전체 자동차 생산량의 98.8%, 승용차 생산량의 전부를 감당하였다.

---

66) <표 3-14>에서 2005년 말까지 중국 자동차산업에서 외자기업은 모두 566개였는데, 그중 중외(中外)합자 형태의 기업이 395개로 약 70%를 차지하였음. 외자 단독투자 형태의 기업이 154개로 27.2%를 차지하였고 주식제유한공사가 10개, 합작(合作)기업은 7개로 극히 소수였음. 다만 2004년에 비해 중외 합자기업의 비중은 9% 포인트 줄어든 반면, 외자 독자기업의 비중은 10% 포인트 증가하였음. 한편 완성차 제조 부문의 경우 30개 외자기업은 모두 합자기업이었음(中國汽車工業年鑑 2006, 478).

〈표 3−16〉 2005년 6대 국유기업 및 다국적 합자기업의
자동차, 승용차 생산(대,%)

구 분	자동차	비중	승용차	비중	승용차 생산비중
디이자동차	983,662		761,599		77.4
다국적 합자기업 소계	462,138	47.0	458,781	60.2	99.3
상하이자동차	911,748		863,899		94.8
다국적 합자기업 소계	901,176	98.8	862,769	99.9	95.7
둥펑자동차	734,716		478,932		65.2
다국적 합자기업 소계	554,437	75.5	477,191	99.6	86.1
창안자동차	621,531		168,242		27.1
다국적 합자기업 소계	153,349	24.7	153,349	91.1	100
베이징자동차	585,683		270,372		46.2
다국적 합자기업 소계	257,181	43.9	257,181	95.1	100
광조우자동차	237,773		231,550		97.4
다국적 합자기업 소계	231,706	97.4	231,550	100	99.9
중국 전체	5,707,688		3,930,718		68.9
6대 기업 산하 다국적 합자기업 소계	2,559,987	44.9	2,440,821	62.1	95.3

출처: 中國汽車工業年鑑 2006, pp.112−142, p.506, pp.541−544를 바탕으로 재구성. 단,
승용차 생산량은 세단형 차량, SUV, MPV, CUV 모두 포함.

사실, 2005년 중국 6대 국유기업의 승용차 생산에서 디이자동차를
제외한 나머지 국유기업들의 승용차 생산은 다국적 합자기업들이 거의
대부분을 맡았다. 중국 자동차산업에서 승용차 생산량은 2002년에 100
만 대를 넘어서면서 화물차와 승합차의 생산비중을 앞서기 시작했는
데[67] 다국적 합자기업들은 승용차 부문의 도약을 이끈 주역이었던 것

---

67) 본 연구 제3장 1절, <도 3−2>에서 알 수 있듯이 중국 자동차산업에서 승
용차 생산비중은 2002년 33.6%, 2003년 45.9%, 2005년 48.5%로 증가세
를 유지하였으나, 2003~2005년까지 화물차와 승합차의 생산비중은 30%
밑으로 떨어졌음.

이다. 또 다른 각도에서 살펴보면 6대 국유기업 중에서 승용차 생산비중이 높지 않은 기업집단의 경우, 기업집단 전체 자동차 생산량에서 다국적 합자기업이 차지하는 비중이 상대적으로 낮음을 알 수 있다.

〈표 3-17〉 2004년 6대 국유기업 및 다국적 합자기업의
자동차, 승용차 생산(대, %)

구 분	자동차	비중	승용차	비중	승용차 생산비중
디이자동차	993,554		627,179		63.1
다국적 합자기업 소계	445,218	44.8	444,963	70.9	99.9
상하이자동차	847,526		610,641		72.0
다국적 합자기업 소계	839,480	99.1	610,641	100	72.7
둥펑자동차	530,061		227,396		42.9
다국적 합자기업 소계	554,437	68.0	227,396	100	63.1
창안자동차	582,367		157,337		27.0
다국적 합자기업 소계	157,337	27.0	157,337	100	100
베이징자동차	538,699		183,922		34.1
다국적 합자기업 소계	183,922	34.1	183,922	100	100
광조우자동차	209,720		202,312		96.5
다국적 합자기업 소계	202,564	96.6	231,550	100	99.9
중국 전체	5,070,452		3,930,718		62.1
6대 기업 산하 다국적 합자기업 소계	2,188,775	43.2	1,826,571	58.0	83.5

출처: 中國汽車工業年鑒 2005, pp.50-81, p.480, pp.516-518을 바탕으로 재구성. 단, 승용차 생산량은 세단형 차량, SUV, MPV, CUV 모두 포함.

2005년 둥펑자동차, 창안자동차, 베이징자동차의 승용차 생산비중은 각각 65.2%, 27.1%, 46.2%였으며(<표 3-16>), 각 기업집단의 자동차 생산에서 다국적 합자기업이 차지하는 비중은 각각 75.5%, 24.7%, 43.9%로 나타났다. 전통적으로 둥펑자동차는 중형(重型)화물트럭 생산량이 많

았던 기업이며, 베이징자동차는 경형(輕型)화물트럭 부문이 강했던 기업68)이었다. 또한 중국병기장비집단(中國兵器裝備集團公司)의 산하기업인 창안자동차69)는 길이 3.5미터 미만의 미형(微型)버스(9인승 이상 승합차; 2005년부터 CUV로 분류) 생산에 특화된 기업이라고 할 수 있다.

반면 상하이자동차와 광조우자동차의 승용차 생산비중은 각각 94.8%, 97.4%였고 자동차 생산에서 다국적 합자기업들의 비중은 각각 98.8%, 97.4%에 달했다. 즉, 상하이자동차와 광조우자동차의 경우 승용차 생산을 위해 다국적기업과 공동으로 설립한 합자기업이 기업집단 전체의 핵심 성장동력이라는 얘기이다. 한편 디이자동차는 2005년에 승용차의 생산비중이 77.4%였으나 합자기업이 자동차 생산에서 차지하는 비중은 47%에 불과, 상대적으로 낮았다. 이는 톈진이치샤리, 이치승용차(一車轎車股份有限公司) 등 다국적기업과 지분제휴관계가 없는 산하 기업들이 적지 않은 자동차를 생산하고 있기 때문이다. 그러나 톈진이치샤리와 이치승용차는 다이하츠, 도요타 및 마즈다와 기술협력 등 非지분형 제휴를 바탕으로 승용차를 생산하고 있다.

한편 6대 국유기업 자동차 생산량 총합에서 다국적 합자기업들이 차

---

68) 중국자동차공업협회 자동차 분류표에 의하면 중형(重型)화물트럭은 최대 적재용량이 14톤을 넘는 트럭이며 6~14톤은 중형(中型)트럭, 1.8~6톤은 경형(輕型)트럭으로 분류하고 있음. 2005년 둥펑자동차의 화물트럭 생산량은 9.6만 대였으며 그중 중형(重型)트럭과 경형트럭 생산량은 각각 2만 대, 5만 대였음. 또한 2005년 베이징자동차의 화물트럭 생산량은 30만 대로 베이징자동차 전체 생산량의 51.3%를 점유하였고, 그중 경형(輕型)트럭 생산량은 28.1만 대로 승용차보다 1만 대가량 많았음.

69) 중국병기장비그룹(中國兵器裝備集團公司) 산하기업 중에서 자동차산업에 종사하는 기업은 완성차 제조업체인 창안자동차와 오토바이 제조업체인 쟈링공업공사(嘉陵工業集團公司) 두 곳임. 창안자동차가 중국병기장비집단(中國兵器裝備集團公司)의 주력기업으로서 기업집단 전체 공업생산총액 및 부가가치총액의 55~60%가량을 감당하고 있음. 2005년 창안자동차의 세단형 승용차 생산량은 15.3만 대였고, 특히 CUV(Crossover Utility Vehicle) 생산량은 27.9만 대로 6대 국유기업 중 가장 많았음.

지하는 비중은 2004년 43.2%에서 2005년 44.9%로 늘어났고, 다국적 합자기업들의 승용차 생산비중도 58%에서 62.1%로 증가하였다. <표 3 -16>과 <표 3-17>을 비교해 보면 창안자동차 산하 다국적 합자기업들을 제외한 다른 다국적 합자기업들의 2005년 자동차 생산비중은 2004년 대비 크게 상승하였거나 비슷했다. 특히 둥펑자동차와 베이징자동차는 각각 둥펑닛산(東風汽車有限公司)과 베이징현대의 승용차 생산량 급증으로 합자기업 자동차 생산비중이 각각 7.5%, 9.8% 포인트 상승하였고 광조우자동차와 디이자동차도 합자기업의 생산비중이 약간 상승했다.

  이와 같이 중국 자동차산업 발전에 있어서 외자기업의 대표적 유형인 다국적 합자기업들의 역할은 계속 확대되어 왔으며, 특히 자동차산업의 중심으로 부상하고 있는 승용차 부문에서 다국적 합자기업의 역할은 각 국유기업의 명운을 좌우할 만큼 절대적으로 커졌다. 앞서 중국 자동차산업 특징으로서 시장동력의 증가를 지적하였는데, 시장동력 증가의 공급 측면에서 다국적 합자기업 역할 확대는 중국 자동차산업과 세계 자동차산업을 연결하는 고리가 더욱 견고해짐을 의미한다. 아울러 GM이 중국을 아시아의 완성차 생산기지로 삼겠다는 전략이나 폭스바겐과 혼다가 중국을 동남아 수출거점으로 적극 육성하겠다고 밝힌 것[70]은 중국 자동차산업과 세계 자동차산업의 연결고리가 한층 더 강화되는 계기가 될 것으로 보인다. 중국정부의 의지나 중국 자동차기업 능력만으로 자동차산업의 발전방향을 설정하고 발전계획을 추진하기가 갈수록 어려워지고 있는 것이다.

---

70) 이 밖에도 도요타는 2010년까지 중국에서 100만 대 판매를 목표로 하고 있으며 닛산은 2007년까지 62만 대, 현대-기아자동차는 2010년까지 100만 대 규모의 중국 현지생산체제를 구축할 계획임. 다국적기업들의 對중국 투자계획에 대한 자세한 내용은 본 연구 제4장 1절, 합자기업 설립현황 및 제5장 1절, <표 5-11>을 참조

2. 합자기업 역할 확대와
중국 자동차산업구조의 변화

이제 중국 자동차산업에서 외자도입 증가와 다국적 합자기업 역할 확대가 자동차산업구조에 어떠한 영향을 주었는지 분석해 본다. 특히 2001년 중국의 WTO 가입을 계기로 중국 자동차산업의 관세 및 비관세 장벽은 더욱 낮아졌고 다국적기업의 투자 증가도 한층 탄력을 받게 되었다. 우선 산업구조 분석을 위한 이론적 배경을 살펴본 뒤, 이를 바탕으로 중국 자동차산업구조의 변화를 다루어 본다.

1) 중국 자동차산업구조 분석을 위한 이론적 배경

중국 자동차기업의 경영전략을 연구하기 위해서는 경영전략 수립의 첫 단계로서 자동차기업의 외부환경에 대한 분석이 선행되어야 한다. 기업의 외부환경은 크게 거시적 환경과 미시적 환경으로 나눌 수 있는데, 거시적 환경은 사회적 환경이라고도 하며 미시적 환경은 과업환경이라고 부르기도 한다(조영복·정동섭 2003, 84). 거시적 환경은 대체로 기업활동에 중장기적으로 영향을 미치고, 미시적 환경은 대개 직접적인 영향을 미친다고 할 수 있다. 또한 거시적 환경은 국내외 경제, 정치, 사회, 문화적 환경으로 나누어지며, 미시적 환경은 경쟁기업, 수요자, 공급자, 정부 등으로 구성되어 있는데 경영전략에서 기업의 외부환경 분석은 미시적 환경에 대한 분석에 중점을 두는 경우가 많다.

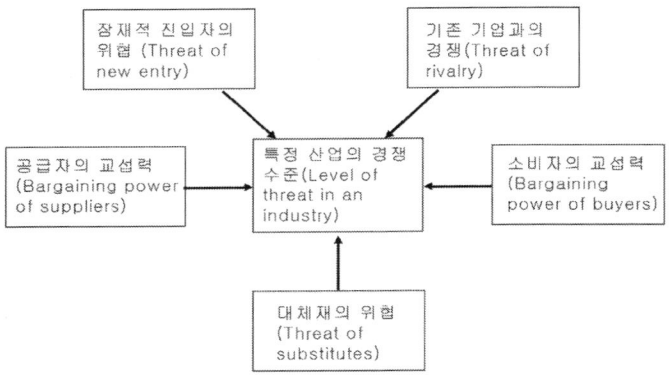

출처: Porter, M. E. 1980. *Competitive Strategy*. New York.

〈도 3-5〉 포터(Porter)의 산업구조 분석모형:
다섯 가지 경쟁요인 분석모델

한편 산업이란 '용도나 기능 및 외관상 서로 유사한 제품을 생산하거나 용역을 공급하는 기업들의 집합체'로서 이윤이 발생하고 이를 차지하고자 기업 간 경쟁이 일어나는 기본 영역이라고 정의할 수 있다. 특정 기업의 입장에서 산업구조(industry structure)란 독점과 과점, 완전경쟁과 같은 외부환경으로서 기업의 성과에 큰 영향을 끼치게 된다. 또한 신규 진입자의 입장에서 산업구조는 새로운 사업의 성공 가능성과 산업의 매력도(attractiveness)를 측정하는 데에도 중요한 잣대가 된다(Barney 2002, 75).

산업구조 분석은 기업 외부환경의 거시적 환경과 미시적 환경을 모두 고려하지만, 경제학의 산업조직론[71]에 이론적 바탕을 두고 있기 때문에

---

71) 전통적으로 산업조직에 대한 분석은 산업조직론의 SCP(Structure-Conduct-Performance), 즉 '산업구조-기업행동-기업성과' 모델에서 기업이 이미 주어진 산업구조 내에서 성과를 극대화하기 위한 최적의 행동을 추구한다는 가정에서 수행되었음. 하지만 경영전략에서는 기업의 자발적인 행동으로 주어진 산업구조를 바꿀 수 있다는 CSP(Conduct-Structure-

기본적으로 경쟁기업의 숫자와 경쟁 수준에 더 큰 비중을 두고 있다. 따라서 산업구조 분석은 미시적 환경 분석, 다시 말해서, 수요자 및 공급자와의 관계, 기존 기업들과의 경쟁관계 및 잠재적 경쟁자들에 대한 동태적 역학관계(dynamic driving forces)를 분석하는 것이라고 할 수 있다(장세진 2002, 조영복·정동섭 2003). 경영전략의 시각에서 산업구조 분석의 틀을 만드는 데 결정적인 공헌을 한 사람이 마이클 포터 (Michael Porter)이다. 포터는 1980년에 발표한 *Competitive Strategy*라는 저서에서 산업구조 분석을 위한 다섯 가지 경쟁요인 분석(Five competitive forces analysis)모델을 제시하였다(<도 3-5>).

포터는 <도 3-5>에서와 같이 잠재적 진입자의 위협, 공급자의 교섭력, 대체재의 위협, 소비자의 교섭력, 기존 기업들과 경쟁상황 등 다섯 가지 요인을 가지고 특정 산업의 경쟁수준을 분석하였다. 이러한 접근방식은 산업 전체 수익률에 대한 분석과 예측에 용이하며 특정 기업의 강점과 약점을 다각적으로 분석하는 데 있어서도 매우 효과적으로 활용될 수 있다. 다만 포터의 산업구조 분석모형은 일종의 정태적 분석틀로서 기술혁신이나 소비자 기호 변화가 빠르게 발생하는 산업에서는 각 요소 간 역학관계의 변화를 제대로 반영하지 못한다는 한계를 지니고 있다고 하겠다(장세진 1996, 102~103).

2) 중국 자동차산업구조 변화 분석

포터(Porter)의 다섯 가지 경쟁요인 분석모델을 가지고 현재 중국 자동차산업의 산업구조를 분석해 보면 <도 3-6>과 같은 결과를 얻을 수 있다. <도 3-6>에서 다섯 가지 경쟁요인을 하나씩 살펴보면, 우선

Performance) 접근방법을 취하고 있음.

중국 완성차 제조업체 입장에서 잠재적 진입자의 위협은 강한 측면과 그렇지 않은 측면이 동시에 나타나고 있다. 중국정부는 2004년 6월에 발표한 '자동차산업 발전정책'에서 완성차 제조업 신규 진출 시 최소 투자금액을 20억 위엔(그중 자기 자본 8억 위엔 이상)으로 정하고 R&D 관련 최소 투자금액도 5억 위엔 이상으로 규정함으로써 신규 진입을 사실상 금지하였다고 볼 수 있다. 하지만 GM, 폭스바겐, 도요타, 혼다, 현대 등 다국적기업들은 현지생산설비 확충, 신차 공동개발, 공동구매 및 유통채널 공유 등 다양한 방법으로 對중국 사업을 강화하고 있다. 아울러 가전 및 전자, 식음료 산업에서 두각을 나타냈던 중국기업들이 사업 다각화의 일환72)으로 자동차산업 진출을 적극 추진하는 것도 잠재적 진입자의 위협을 증가시키는 요인이라고 하겠다.

둘째, 기존 완성 기업들과의 경쟁으로부터 오는 위협은 갈수록 심각해지고 있다. 2005년 말까지 중국에는 총 117개의 완성차 제조업체가 27개의 성(省)과 시(市)에 난립해 있으며, 이 숫자는 1990년대 중반부터 본격적으로 추진된 자동차산업 구조조정 정책73)에도 불구하고 거의 줄어들지 않았다. 2005년 기준, 117개 완성차업체 중에서 연간 완성차 생산량이 1만 대 미만인 기업은 82개(70%)였고 10만 대 이상인 기업은 13곳으로 대부분의 기업들이 영세성(散, 亂, 小, 弱的現象)을 면치

---

72) 중국 최대 주류제조업체인 우량예는 2005년 자동차 주형 제조업에 진출하였고, 담배 제조로 유명한 홍타산은 2003년에 이미 디이(第一)자동차와 합작으로 승용차를 시범적으로 생산하였으며 에어컨 제조업체인 메이디(美的)와 휴대폰 단말기 제조업체인 보다오(波導) 등도 지분투자, 합자기업 건설 및 인수합병 등 여러 방법으로 자동차산업 진출을 암암리에 모색하고 있음.

73) 중국정부는 1994년 '자동차공업산업정책'과 9.5계획, 10.5계획에서 '3大3 小3微' 등과 같은 자동차산업의 집중화, 대형화 정책기조를 꾸준히 유지하였으나 아직까지 가시적인 성과를 거두지 못하고 있음. 그러나 이를 근거로 중국정부의 자동차산업정책이 실패하였다고 단정 짓기는 어려운 측면이 있음. 무엇보다도 연간 자동차 생산량에서 중국 자동차업계가 정부의 목표치를 초과 달성하였기 때문임.

못하고 있었다. 이는 영세한 기업들도 기업활동을 유지할 수 있을 정도
로 중국 자동차시장이 분화되어 있으며, 대형 국유기업들이 지역적 특
색과 장벽을 뛰어넘을 만한 전국적인 시장지배력을 아직 발휘하지 못
하고 있다는 뜻으로 풀이할 수 있다. 다만 2005년 중국의 연간 자동차
생산량에서 상위 10개 기업의 시장점유율은 약 84%로 2004년과 비슷
한 수준을 유지하였고, 상위 10개 기업의 승용차 생산 점유율은 91.5%
로 2004년보다 약간 올랐다. 최근 들어 상위 15위권 이내 기업들의 구
성과 순위도 계속 바뀌고 있다. 특히 최근 2~3년 동안 승용차 부문에
서 폭스바겐의 시장점유율 하락 및 GM, 혼다, 현대의 시장점유율 상
승, 그리고 치루이(Chery, 奇瑞)자동차와 지리(Geely, 吉利)자동차의
약진이 비교적 뚜렷하게 나타나고 있다(<표 3-1>).74)

특히 다국적기업과 합자기업 설립관계를 맺지 않고 독자모델을 개발
하여 시장 공략에 적극 나서고 있는 치루이와 지리자동차의 부상은 중
국 자동차산업의 발전에서 큰 의미를 갖는다. 치루이와 지리는 독자모
델에 대한 지속적인 품질 향상과 가격 경쟁력을 무기로 중국 내수시장
뿐만 아니라, 해외시장 진출에도 공격적으로 나서고 있기 때문이다
(Gregory W. Noble 외 2005). 치루이자동차는 2006년에 러시아에 진
출하여 현지 합자생산을 시작하였고, 2006년 전체 판매량(30.5만 대)의
약 16.4%인 5만 대를 수출하며 중국산 독자모델 자동차의 해외시장
진출을 선도하고 있다.

---

74) 2005년 중국의 승용차 생산 10대 기업에서 이치폭스바겐(2위)과 상하이폭
스바겐(3위)의 점유율은 각각 24.6%, 23.5%로 2004년 대비 각각 4.1% 포
인트, 11.3% 포인트 하락하였음. 반면 2005년 상하이GM(1위), 광조우혼
다(4위), 베이징현대(5위)의 점유율은 2004년 대비 각각 8% 포인트, 3%
포인트, 8.1% 포인트씩 상승하였음. 자세한 내용은 <표 3-1> 참조.

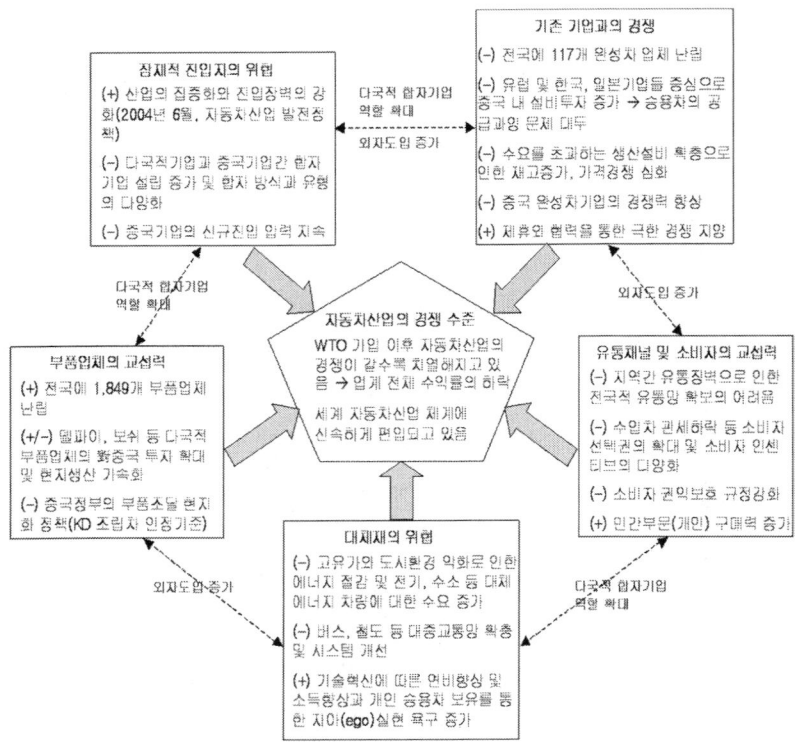

주: 중국 완성차(가솔린엔진 차량)기업 입장에서 분석한 것이며 (+)는 완성차 제조기업
에 유리한 환경을 의미, (-)는 불리한 환경을 의미함. 완성차와 부품업체 숫자는
2005년 기준.

〈도 3-6〉 포터의 다섯 가지 경쟁요인에 의한
중국 자동차산업구조 분석결과

결국 대형 국유기업과 다국적기업 및 중소형 국유기업과 민영기업
간 경쟁의 장(場)이 중국 내수시장에서 점차 해외시장으로 확산되고 있
으며, 기업 간 전략적 제휴나 상호협력의 이면에서 발생하고 있는 생존
경쟁 양상은 갈수록 치열해지고 있다. 아울러 중국 자동차산업에서 실
질적인 경쟁은 상위 10여 개 기업을 중심으로 이루어지고 있으며, 앞

으로 이들 기업 간 시장경쟁 결과를 바탕으로 산업구조 재편이 진행될
가능성이 높다. 향후 산업구조 재편을 촉진하는 가장 큰 요인으로서 중
국 자동차산업의 과잉투자 및 공급과잉 문제의 대두를 꼽을 수 있다.
2004년 중국 자동차기업들의 완성차 생산능력은 연간 700만 대 이상
이며 그중 승용차 생산능력은 470만 대를 웃도는 것으로 파악되었다
(朱劍明 외 2005). 또한 2005년 중국의 자동차 생산능력은 1,000만
대를 초과, 실제 생산량(574만 대)과 판매량(578만 대)의 거의 두 배에
달했으며, 이에 따라 설비 가동률은 2004년 61%에서 2005년 53.1%
로 약 8% 포인트 하락한 것으로 추정된다(<표 5-20>).

셋째, 중국 완성차 제조업체의 입장에서 부품업체의 교섭력은 중립적
이거나 다소 위협적이라고 평가할 수 있다. 우선 중국 내에는 2005년
말까지 총 1,849개의 부품업체(오토바이 부품업체 포함)가 난립해 있으
며 이들 기업의 60~70%는 상하이, 톈진, 후베이성, 저장성, 허베이성
등 다섯 곳의 완성차 생산시설 주변에 집중적으로 분포하고 있다(Zhao
Min 2005, 103). 하지만 이들 업체 대부분은 아직 생산규모가 작고 전
후방 통합이나 수평적 연대를 형성할 만한 조직력을 갖추지 못하고 있
기 때문에 완성차 제조기업을 상대로 협상력을 발휘하기는 어려운 실정
이다. 또한 자동차의 주요 원자재인 철강조달은 중국 내 철강생산의 공
급과잉[75]으로 당분간 위협요인이 될 가능성이 낮은 것으로 평가된다.

반면 델파이, 보쉬, 덴소 등 세계적인 부품업체들은 다국적기업들의
對중국 투자 확대에 부응하여 對중국 투자 규모를 계속 증가[76]시키고

---

75) 2006년 중국 내 철강수요는 약 4억 300만 톤, 공급은 4억 3,400만 톤으로
   2005년에 이어 2006년에도 공급과잉 문제가 해결되지 않을 것으로 보임.
   따라서 철강재 가격의 하락세 지속 및 수익성 악화로 인해 한계기업들에
   대한 퇴출압력이 더욱 커질 것으로 예상됨.
76) 세계 최대 자동차 부품업체인 델파이는 2003년에 중국에서 6억 5,000
   만 달러의 부품을 생산하여 20%를 수출하는 등 중국을 아시아지역의 부품
   생산기지로 적극 육성하고 있음. 보쉬도 현지생산체제를 강화하여 중국 내

있다. 이는 부품의 표준화와 모듈화, 플랫폼 통합화, 글로벌 소싱 (Global sourcing) 체제 구축을 통한 현지생산, 최적조달 등과 맞물려 다국적 부품업체의 협상력을 키워 주고 있다. 아울러 중국정부가 자국 부품산업의 발전과 현지화를 도모하기 위해, 2005년 4월에 KD 형식의 현지조립 차량에 대해 완성차 수입에 준하는 관세를 부과[77]하기로 결정한 것도 완성차업체엔 결코 호의적인 환경 변화라고 할 수 없다. 다국적 합자기업들은 아직도 엔진, 트랜스미션 등 핵심부품과 주요 소재들을 수입으로 조달하고 있기 때문이다. 다만 협력관계에 있는 다국적 부품업체의 중국 현지화 전략을 적극 지원하고 분업체제를 더욱 공고히 하여 환경 변화나 공급자로부터 오는 위협요인을 줄여 나갈 여지는 충분히 있다고 하겠다.

넷째, 대체재의 위협은 아직까지 가시적으로 나타나고 있지는 않지만 향후 실질적인 위협이 될 만한 잠재요인은 많다고 볼 수 있다. 최근 중국에서 자동차 운행의 증가로 인한 석유 소비 증가와 대기환경 악화로 가솔린엔진 차량 급증에 대한 우려감은 점점 깊어지고 있다. 국제적으로 고유가 현상이 반복되고 환경보호에 대한 관심이 높아지면서 자동차산업의 신차개발 패턴도 강력한 파워와 크고 넓은 공간을 선호하는 것으로부터 에너지 절감형, 친환경적인 것을 선호하는 쪽으로 점차 바뀌고 있다. 2003년 9월에 도요타가 환경경영을 표방하며 전기와 가솔린을 동시에 사용하는 하이브리드(Hybrid) 자동차, 신형 프리우스(Prius)를 출시하였고 혼다도 이에 질세라, 인사이트(Insight)와 기존의

수판매를 2005년 15.6억 달러에서 2012년 60억 달러까지 늘릴 계획임. 이밖에도 덴소, 지멘스, 현대 모비스 등도 독자적으로 중국 현지생산체제 구축과 확대에 적극 나서고 있음.

77) WTO 가입을 계기로 중국정부는 2006년 7월까지 완성차의 관세율은 최저 25%까지, 부품 관세율은 평균적으로 10%로 낮추었음. 그러나 완성차 성격을 가진 KD형 조립부품에 대해서는 최고 30%에 달하는 높은 관세를 부과하고 있음.

시빅(Civic)과 어코드(Accord)의 하이브리드 모델을 출시[78]하였다. 중국정부와 중국기업들도 자동차업계의 새로운 패러다임에 신속히 적응하기 위해 재빠르게 움직이고 있다. 과거처럼 가솔린엔진을 장착한 자동차의 양산능력만으로는 결코 일류기업으로 성장하지 못할 뿐만 아니라 세계시장에서 살아남기도 어렵다는 위기의식을 갖기 시작한 것이다.

이에 중국정부는 2004년 6월에 발표한 신정책 제3장 8~11조에서 중국 자동차기업들의 자주적인 신차개발능력 배양을 강조하면서 에너지절약형, 친환경적인 대체에너지 자동차 개발 촉진과 보급에도 적극 나설 것임을 밝혔다. 그러나 정작 중요한 문제는 중국 자동차기업들은 아직 대체에너지 차량은 고사하고 가솔린엔진 차량에서도 다국적기업에 맞설 만한 독자적인 기술력을 갖추지 못했다는 점이다. 한편, 현시점에서 앞으로 친환경, 고연비의 소형차가 중국이나 세계 자동차산업의 주류가 될 것이라는 주장에도 선뜻 동의하기 어렵다. 이미 세계에는 8억 대 이상의 가솔린엔진 차량이 운행되고 있다는 점도 그렇지만 디자인과 전통, 브랜드 및 엔진 성능 등으로 묘사되는 특정 자동차의 콘셉트(concept)는 단지 가격이 비싸다는 것 외에도 다른 어떤 재화보다 소비자의 개성과 자아(Ego)를 가장 효과적으로 나타내며, 이러한 특징은 쉽사리 바뀌지 않을 것이기 때문이다. 따라서 중국인들의 소득수준 향상은 대중교통 이용 및 에너지 절감형, 대체에너지 차량 보급의 필요성에도 불구하고 당분간 가솔린엔진 차량에 대한 구매 증가로 이어질 것으로 예상된다.

마지막으로 완성차 제조업체에 대한 소비자의 협상력은 갈수록 커지

---

78) 도요타는 미국시장에서의 성공을 발판으로 프리우스를 중국 내 친환경, 에너지 절감형 대중차로서 보급하려는 계획을 적극 추진하고 있고, GM도 산하의 스즈끼와 후지중공업에서 개발한 하이브리드 SUV를 상하이GM을 통해 중국에 출시하려는 계획을 추진 중임(Zhao Min 2005, 104, 김현진 2003, 13~14).

고 있다. 중국 내 과잉생산설비는 고질적인 판가하락 압력으로서 작용하고 있으며 수입차에 대한 관세율 인하조치도 소비자의 선택 폭을 더욱 넓히고 있다. 인터넷의 발달로 소비자들이 자동차 시세와 성능 및 구매 후 평가에 관한 정보를 과거보다 많이 훨씬 빠르게 접할 수 있다는 점도 소비자들의 협상력을 강화시키는 요인이다. 아울러 지역 간 직간접적 유통장벽 및 물류인프라 부족 때문에 완성차 제조업체들이 전국적인 유통망을 구축하는 데 적지 않은 비용을 부담해야 하는 점도 비우호적인 환경요인이다. 다만 중국정부가 신정책 제12장 61~74조에서 자동차소비 촉진을 위한 신용대출 장려 및 리콜제 실시, 판매점 관리 강화 등 소비자권익을 강화하기 위한 조항을 추가적으로 명시한 것은 중국 자동차산업 발전에 매우 유익한 환경을 조성할 것으로 전망된다. 물론 도시 거주자의 구매력이 커지고 민영기업이 성장하면서 민간영역을 중심으로 자동차 실수요자층이 계속 두터워지고 있는 점도 중국 완성차업체에게 우호적인 환경이라고 하겠다.

요약하자면 중국 자동차산업에서 외자도입의 증가와 다국적 합자기업 역할의 확대는 중국 자동차산업구조 변화를 촉진하고 있으며, 산업구조 변화는 결국 치열한 경쟁구도 형성으로 나타나고 있다. 특히 중국 자동차산업의 완성차 부문에 대한 신규 진입을 고려하는 기업들뿐만 아니라 기존 기업의 입장에서도 중국 자동차산업의 사업환경은 비우호적인 요인이 우호적인 요인보다 더 강한 것으로 나타났다. 무엇보다도 중국 국유기업과 다국적 합자기업들의 공격적인 설비투자와 신규 모델 도입주기가 갈수록 짧아지면서 기존 기업 간 가격 경쟁이 갈수록 심화되고 업계 전체의 수익률이 하락하고 있는 점은 과거에 비해 중국 자동차산업구조가 덜 매력적이게 된 가장 큰 요인이라고 할 수 있다.

또한 중국 자동차산업구조의 변화는 치열한 경쟁구도의 형성구도뿐만 아니라, 기업들로 하여금 제휴와 새로운 협력방안 모색에 좀 더 적극적으로 나서게 만들고 있다. 이는 중국정부가 완성차 제조 부문에서 다국적기업의 단독투자를 금지하고 중국기업에 대한 지분투자나 공동출자를 통한 합자기업 설립을 유도하고 있기 때문이기도 하지만, 중국 자동차산업에서 제휴와 협력을 통한 내부역량 강화와 범위의 경제 구현이 중장기적인 성장발판을 만드는 데 매우 중요한 이슈가 되었기 때문이기도 하다. 특히 세계 자동차산업에서 공급과잉과 신차개발비용의 증가는 전 세계 다국적기업들로 하여금 생존을 위한 치열한 경쟁과 상호 협력이라는 두 가지 과제를 동시에 요구하고 있으며 중국 자동차산업도 이러한 환경 변화에 점차 큰 영향을 받고 있다. 더 나아가 연구개발과 부품조달, 제조 및 판매에 이르기까지 기업활동의 가치사슬에서 자동차산업은 이미 범세계적 산업(global industry)이 되었기 때문에, 중국에 진출한 다국적기업들은 중국에서의 기업전략을 중국시장뿐만 아니라 세계시장의 관점에서 수립하지 않으면 안 되게 되었다.

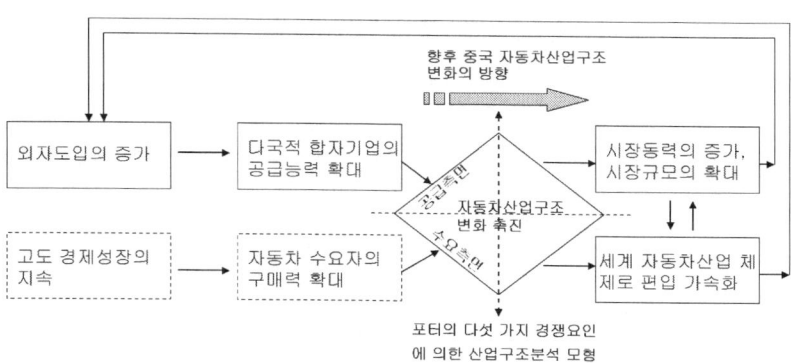

〈도 3-7〉 외자와 합자기업 역할 확대에 따른
중국 자동차산업구조 변화 전망

즉, 다국적기업들이 글로벌 전략을 수립하고 추진함에 있어 중국 변수는 과거보다 더욱 커졌으며 중국을 제외하고 세계 자동차산업을 논의한다는 것은 더 이상 생각하기 어렵게 되었다. 따라서 중국 자동차산업에서 외자도입 증가와 다국적 합자기업 역할 확대는 자동차산업이 범세계적 산업이 되었다는 점과 중국 자동차산업이 세계 자동차산업의 가치사슬에 빠르게 편입되고 있음을 방증하는 것이라고 할 수 있다. 그런데 다른 각도에서 생각하면, 중국 자동차산업에서 승용차 부문을 중심으로 외자가 지속적으로 유입되면서 다국적 합자기업들의 자동차 생산량이 계속 증가하였고, 이는 결국 중국 국유기업과 중국정부에 대한 다국적기업의 협상력 강화 및 세계 자동차산업으로의 편입을 촉진시켰다고 볼 수 있다.

중국 자동차산업이 세계 자동차산업에 편입됨으로써 외자유입이 증가하고 합자기업 역할이 확대된 것이 아니라, 외자증가와 다국적 합자기업의 역할 확대가 중국 자동차산업을 세계체제로 편입시키는 촉매제가 되었던 것이다. 그런데 적어도 1990년대 중반까지는 외자증가가 선행 요인이었다고 할 수 있으나, 그 이후에는 두 가지 현상이 서로 동시에 발생하며 선순환 구조를 형성하였다고 볼 수 있다. 하지만 더욱 중요한 것은 외자증가와 중국 자동차산업의 세계체제 편입의 선후관계를 밝히는 것이 아니라, 두 가지 현상을 연결하는 고리를 파악하고, 그 연결고리를 바탕으로 향후 중국 자동차산업구조의 변화양상을 짚어 보는 것이다. 중국 자동차산업에서 외자증가로 인한 다국적 합자기업 역할 확대는 시장동력의 증가로 나타나고 있으며, 시장동력의 증가는 시장규모 확대와 함께 중국 자동차산업의 세계체제 편입을 촉진하는 연결고리로서 작용하고 있다고 하겠다. <도 3-7>은 각 요인 간 상호관계와 선순환 구조를 도식화한 것이다. 앞으로도 중국 자동차산업에서 외자도입 증가와 다국적 합자기업 역할 확대는 계속 진행될 것이며, 이에 따라 중국 자동차산업구조 변화의 큰 줄기도 시장동력의 강화 및 세계 자동차산업체제로의 편입으로 나아갈 것으로 전망된다.

　본 연구 제4장 1절에서는 중국 자동차산업에 대한 다국적기업의 진출 유형 중에서 가장 대표적인 유형인 합자기업(Joint Venture) 설립현황과 특징에 대해서 정리하였다. 중국 자동차기업 중에서 디이자동차, 상하이자동차 등 9개 대형 국유기업과 다국적기업 간 합자기업을 중심으로 기술하였다. 2절에서는 중국 자동차산업에 대한 다국적기업의 진출요인과 중국정부 및 중국 자동차기업의 외자유치 요인에 대해서 살펴보았다. 3절에서는 중국 자동차산업에 대한 다국적기업의 진출전략 변화 추이와 특징을 정리하였고, 이를 기업의 일반적인 국제화 과정 및 해외진출 전략에 관한 이론과 비교하였다. 특히 4장 3절은 제5장의 세 가지 분석을 위한 도입 부분에 해당된다고 볼 수 있다.

제1절 중국 자동차기업과 다국적기업 간 합자기업 설립현황과 특징

1. 합자기업 설립관계와 출자현황

중국 자동차기업(거의 대부분 국유기업)과 다국적기업 간 합자기업 설립현황은 2004년과 2005년 자동차 생산대수와 판매대수를 기준으로 디이자동차그룹(第一汽車集團公司), 상하이자동차그룹(上海汽車工業集團總公司), 둥펑자동차그룹(東風汽車公司), 창안자동차그룹(長安汽車集團有限責任公司), 베이징자동차그룹(北京汽車工業控股有限責任公司), 광조우자동차그룹(广州汽車工業集團有限公司) 등 6개 대형기업집단을 중심으로 살펴본다. 아울러 이들 6대 기업집단 외에 난징자동차(南京汽車集團有限公司), 화천진베이자동차(沈陽華晨金杯汽車有限公司), 쟝링자동차(江鈴汽車股份有限公司) 등 세 개 기업집단의 합자기업 설립현황은 함께 묶어 정리하였다.

1) 디이자동차그룹(第一汽车集团公司: First Automotive Work Group Corporation)

디이자동차그룹(이하 디이자동차)은 2005년 말까지 그룹 산하에 총 27개의 자회사(wholly owned subsidiaries)를 거느리고 있으며 합자기업을 포함, 20개 기업에 자본출자 방식[79]으로 간접적인 경영권(partially owned subsidiaries)을 확보하고 있다. 2005년 2월 현재 디이자동차와 다국적기업 간 합자기업 설립은 폭스바겐, 도요타, 마즈다 등 크게 세 가지 축으로 나누어 살펴볼 수 있다(<도 4-2>). 우선 디이자동차와 폭스바겐그룹이 1991년에 각각 합자기업 설립자본의 60%, 40%를 투자하여 이치폭스바겐(一汽-大衆汽車有限公司: FAW-VW Automobile Co., Ltd)을 세웠다. 폭스바겐그룹의 지분투자는 폭스바겐 본사가 30% (폭스바겐 차이나 10% 포함), Audi[80]가 10%를 담당하였다. 이치폭스바겐 설립 초기, 총 투자자금은 111억 위엔, 등록자본금은 37억 위엔이었으나 2003년 7월, 제2생산공장 설립[81]에 나서면서 총 투자금액은 234억 위엔, 등록자본금은 78억 위엔으로 증가하였다. 이치폭스바겐의 제1공장과 제2공장의 연간 생산능력은 완성차 66만 대, 엔진 36만 개, 변속기 18만 개에 달하고 제타(Jetta), 보라(Bora), 골프(Golf), Audi A4 등이 주력 승용차 모델이다.

톈진이치도요타[82](天津一汽丰田汽車有限公司: Tianjin FAW Toyota Motor Co., Ltd)는 2003년 9월에 디이자동차와 도요타가 각각 50%씩 자본을 투자하여 설립된 합자기업이다. 톈진이치도요타는 제1공장과 제

---

79) 본 연구 제2장 2절 전략적 제휴에 관한 이론 고찰에서 살펴보았듯이, 기업 간 자본출자는 전략적 제휴의 세 가지 유형 중에서 기업 간 지분제휴 (equity alliance)에 해당됨. 또한 지분제휴가 신규 독립법인 설립 형태로 발전한 것이 합자기업(joint venture) 제휴임.

80) 폭스바겐그룹은 1969년에 Audi를 인수하였으며 2005년 2월 현재 Audi의 지분을 99.1%를 보유하고 있음. 이치폭스바겐은 1991년에 설립되었으나 Audi가 지분참여를 한 것은 1995년이었으며 본격적인 중국 현지생산은 1996년부터 시작되었음.

81) 이치폭스바겐 제2공장은 2004년 12월에 완공되었으며 연간 완성차 생산능력은 약 33만 대임.

82) 톈진이치도요타의 전신은 2000년 6월에 설립된 톈진도요타(天津丰田汽車有限公司)였으나 2002년 8월에 디이자동차와 도요타가 승용차 부문에서 전면적인 협력 및 합자관계를 추진하면서 사명(社名)이 변경되었음.

2공장으로 나누어지며 제1공장은 총 투자금액이 2억 1,760만 위엔이고 연간 완성차 생산량은 5만 대로 제2공장(총 투자금액 22억 위엔, 연간 완성차 생산량 15만 대)에 비해 규모가 훨씬 작다. 각 공장의 주력 승용차 모델은 제1공장이 코롤라(Corolla), 제2공장이 크라운(Crown)과 마크-X(Mark-X)이다. 또한 도요타가 51.2%의 지분을 보유하고 있는 다이하츠와 디이자동차가 각각 25%, 75%를 투자한 이치화리(一汽華利)는 총 투자자금이 9,650만 위엔이며 연간 완성차 생산량은 1만 대 가량으로 SUV인 테리오스(Terios)가 주력 생산모델이다. 다이하츠로부터 기술을 공급받아 샤리(夏利)와 비지(Vizi), 베라(Vela) 등 중소형 승용차를 생산하고 있는 톈진이치샤리(天津一汽夏利)도 2002년 6월에 디이자동차가 톈진샤리의 지분 51%를 인수하면서 디이자동차 산하로 편입되었다. 톈진이치샤리의 연간 생산규모는 완성차 15만 대, 엔진 20만 개, 변속기 18만 개에 이른다.

이 밖에도 장춘이치도요타는 디이자동차와 도요타가 각각 50%의 지분을 보유하고 있으며 크라운과 마크-X의 엔진생산 전용공장으로, 총 투자금액 12억 위엔, 연간 엔진생산량은 13만 개에 달하며 2004년 12월에 생산을 시작하였다. 또한 디이자동차가 80%의 지분을 보유한 청두이치(成都一汽)와 도요타가 각각 50%를 투자하여 설립한 쓰촨(이치)도요타는 총 투자금액 4,820만 위엔, 연간 완성차 생산량 5,000대 가량의 소규모로 SUV인 프라도(Prado)가 주력 생산모델이다. 2003년 11월에 디이자동차와 도요타가 각각 51%, 49%를 투자하여 설립한 이치도요타판매유한공사는 판매전문 합자기업으로서 베이징에 위치하고 있으며 총 투자금액은 3억 1,000만 위엔, 계약기간은 30년이다.

한편 디이자동차 합자기업 설립의 또 다른 축인 마즈다는 전체 지분의 33.4%를 포드가 소유하고 있으며, 1992년에 마즈다가 합자기업으로 설립한 하이난(海南)마즈다(2005년 3월, 이치마즈다로 사명 변경)가

1998년 1월에 디이자동차 산하에 편입됨으로써 양 기업 간 공식적인 합자관계가 시작되었다. 이치승용차(一汽轎車)[83]가 이치마즈다 전체 지분의 70%를 보유하고 있으며 디이자동차가 5%, 마즈다가 25%를 보유하고 있고 연간 완성차 생산량은 약 2만 대이다. 아울러 2002년 마즈다와 디이자동차 간 전면적인 협력 및 합자관계 구축으로 2003년 부터 마즈다의 최신 승용차 모델인 M6을 생산하기 시작하였다.

2) 상하이자동차그룹(上海汽车工业集团总公司: Shanghai Automotive Industry Corporation Group)

상하이자동차그룹(이하 상하이자동차)은 중국정부가 국유기업 개혁 및 공유제를 유지하기 위해 주식제도 도입을 적극 추진함에 따라, 조직 개편과 구조조정을 단행하여 2004년 11월에 상하이자동차주식회사(上海汽車集團股份有限公司: SAIC Motor Co., Ltd)로 다시 태어났다. 상하이자동차는 2005년 2월 현재 완성차, 부품, 오토바이 생산 및 판매, 무역, 연구개발에 이르기까지 총 57개 자회사, 합자기업 및 자본제휴기업을 거느리고 있다. 상하이자동차는 중국 자동차기업 중에서 사상 처음으로 2004년 7월에 포춘(Fortune)지가 선정한 세계 500대 기업에 진입, 461위를 차지하였다. 상하이자동차와 다국적기업 간 합자기업 설립은 폭스바겐과 GM 등 두 축을 중심으로 진행되었다.

우선 상하이자동차와 폭스바겐은 각각 전체 지분의 25%, 50%를 출자하여 1985년 3월에 상하이폭스바겐(上海大衆汽車有限公司: Shanghai

---

83) 디이자동차는 이치승용차(一汽轎車) 전체 지분의 64%를 보유하고 있기 때문에 사실상 디이자동차는 하이난마즈다 전체 지분의 75%를 가지고 있다고 할 수 있음.

VW Automotive Co., Ltd)[84]을 설립하였다. 설립 당시 합자기업 계약기간은 25년이었으나 양사는 2002년 4월, 계약기간을 2030년까지 연장하였다. 또한 1985년부터 2004년 5월까지 양사는 모두 여섯 차례의 증자(增資)를 실시, 상하이폭스바겐의 등록자본금은 설립 당시 1.6억 위엔에서 78억 위엔으로 늘어났다. 상하이폭스바겐은 3개의 승용차 공장과 2개의 엔진공장에서 연간 45만 대의 완성차와 45만 개의 엔진을 생산할 수 있는 중국 최대의 자동차 생산설비를 가지고 있다. 주력 차종은 파사트(PASSAT), 파사트3000, 산타나(SANTANA), 폴로(POLO), 골(GOL) 등 다섯 가지 승용차 모델이며 2004년부터 SUV인 투어란(TOURAN)을 생산라인에 추가하였다. 상하이폭스바겐은 2004년에 34.8만 대의 승용차를 생산, 시장점유율 13.8%로 1위를 차지하였다[85].

한편 상하이자동차와 GM은 1997년 6월에 각각 50%씩 출자하여 상하이GM을 설립하였다. 상하이자동차는 자주적인 신차개발을 촉진하기 위해[86] 상하이폭스바겐과는 별도로 GM과 새로운 협력 및 합자관계를

---

84) 상하이폭스바겐 설립에 관한 협상은 1978년에 시작되어 1984년 10월에 완료되었으며 1985년 9월에 산타나(Sanata) 모델의 생산이 개시되었고 중국상하이투자신탁과 중국자동차공업공사가 각각 15%, 10%를 출자하였음. 본 연구 제2장 1절 선행연구 검토에서 살펴보았듯이, Harwit(1995)과 Peng(2000)은 상하이폭스바겐을, 비슷한 시기에 설립되었던 베이징지프나 광조우푸조보다 경영성과와 부품 국산화율 및 합자기업 계약의 지속성 면에서 성공적인 사례로 평가하였음.

85) 2003년 상하이폭스바겐의 승용차 생산량은 40.5만 대, 시장점유율은 17.9%였기 때문에 2004년 실적은 2003년보다 부진한 것임. 2005년 승용차 생산량에서는 상하이GM과 이치폭스바겐이 각각 33.2만 대, 24.6만 대로 1~2위를 차지했고 상하이폭스바겐(23.5만 대)은 3위로 떨어졌음(<표 3 -1>).

86) 상하이폭스바겐의 경우 전체 지분의 50%를 보유한(상하이자동차 25%) 폭스바겐이 신차도입이나 개발에 관한 실권을 가지고 있었기 때문에, 폭스바겐의 사전동의나 지원 없이 상하이폭스바겐이 신차개발에 나서는 것은 사실상 불가능했음. 따라서 GM과의 합자기업 설립은 상하이자동차가 자주적인 신차개발능력 및 R&D기능 강화에 역점을 두고 추

맺은 것이다. 상하이GM의 제1생산공장이라고 할 수 있는 진챠오(金橋)
생산기지는 1999년 4월부터 양산을 시작하였고 연간 생산규모는 완성차
15만 대, 엔진 20만 개, 변속기 10만 개에 이른다. 2002년까지 주력 모
델은 뷰익(BUICK)계열의 중고급 승용차와 다목적 승합차(MPV)인 뷰
익 GL8, 소형차 사일(SAIL) 등이었으며, 2003년부터는 BUICK 계열의
승용차를 리갈(REGAL) 계열로 대체하기 시작하였다. 상하이GM[87]은
생산설비 확대를 위해 2002년 상하이자동차, GM 본사와 공동으로 총
23억 4,500만 위엔을 출자하여 엔타이차체유한공사(烟台車身有限公
司)를 인수한 뒤, 2003년에 상하이GM둥웨(上海通用東岳汽車有限公
司)로 사명을 변경하였다.

상하이GM둥웨는 상하이GM의 제2생산기지이며 출자비율은 상하이
GM, 상하이자동차, GM본사가 각각 50 : 25 : 25이다. 상하이GM둥웨
의 연간 생산규모는 완성차 10만 대, 엔진 37.5만 개에 달하고 주력
생산모델은 사일(SAIL)이다. 또한 상하이GM의 제3생산기지인 상하이
GM베이성(上海通用北盛汽車)은 랴오닝성 선양(沈陽)에 위치하고 있
으며 상하이GM 50%, 상하이자동차 25%, GM차이나(通用汽車中國
公司) 10%, GM차이나투자공사(通用汽車中國投資有限公司)가 15%
를 출자, 2004년 8월에 설립되었다. 상하이GM베이성의 원래 사명(社
名)은 진베이GM이었으나, 상하이GM과 상하이자동차가 화천진베이자
동차의 지분을 인수하면서 진베이GM은 상하이GM 산하 제3의 생산기
지로 편입되었고 사명도 상하이GM(선양)베이성으로 바뀌었다. 상하이

진한 것이라고 할 수 있음.
87) 2004년 발표한 신정책 제48조에서 중국정부는 다국적기업의 합자기업 지
분비중 50% 이내 규정과 합자기업 설립 2개 이내 제한 규정을 그대로 유
지하였음. 하지만 산업구조 조정을 촉진하기 위해 중국정부는 상하이GM과
같이 다국적기업(GM)이 중국 측 파트너(상하이자동차)와 공동으로 중국 내
자동차기업을 인수합병하는 것은 다국적기업의 합자기업 설립 2개 이내 제
한 규정의 예외로 인정하였음.

GM베이싱의 연간 완성차 생산량은 5만 대이고 주력 생산모델은 뷰익 GL8이다.

　아울러 상하이자동차와 GM, 류조우우링자동차(柳州五菱汽車有限責任公司)는 각각 51%, 34%, 15%씩 출자하여 2002년 11월에 상하이GM우링(上海通用五菱汽車股份有限公司)을 설립하였다. 상하이GM우링의 연간 완성차 생산규모는 30만 대이며 승합차 우링쯔꽝(五灵之光)과 GM대우의 마티즈 디자인과 제작기술을 도입한 스파크(SPARK)가 주력 모델이다. 이 밖에도 상하이자동차는 2000년에 치루이자동차(奇瑞汽車有限公司)[88]의 지분 21%를 흡수하여 자본제휴관계를 맺었으며 1999년에 장쑤이정자동차(江蘇儀征汽車)의 지분 67%를 인수하여 상하이이정(上汽議征)[89]으로 사명을 변경하였다. 또한 상하이자동차는 GM이 전체 지분의 44.6%를 보유한 GM대우에 10.6%를 출자하였다. 상하이자동차는 2004년 3월에 GM, 상하이GM과 함께 각각 25%, 25%, 50%씩 출자하여 산둥대우엔진공사(山東大宇汽車發動机有限公司)[90]를 공동으로 인수하였으며 2004년 10월에는 쌍용자동차

---

88) 치루이자동차(奇瑞汽車有限公司)는 1997년에 안휘성 소재 5개 투자공사가 공동으로 설립한 국유주식제기업으로 2003년 현재 연간 생산규모는 완성차 30만 대, 엔진 40만 개이며 주력 모델은 동방쯔즈(東方之子), 펑윈(風云), 루이후(瑞虎), 치윈(旗云), QQ 등 다섯 종류임. 특히 경승용차 QQ는 GM대우의 마티즈 디자인 무단도용 혐의로 2003년 GM대우로부터 소송을 당하였으나 결국 도용혐의가 없는 것으로 판결이 났음. 한편 치루이자동차는 2004년 9월에 상하이자동차와의 자본제휴관계를 종결하였으며, 이에 따라 사명도 상하이그룹치루이자동차(上汽集團奇瑞汽車)에서 치루이자동차로 바뀌었음.
89) 장쑤이정자동차(江蘇儀征汽車)는 버스(중대형 승합차)전문 제조업체였으며 상하이자동차는 독자모델 개발 및 양산체제를 구축하기 위해 2001년 상하이이정(上汽議征)의 지분을 99%까지 매입하였음.
90) 산둥대우엔진공사는 원래 1996년 대우자동차와 디이자동차가 합자로 설립, 2000년부터 연간 15만 개의 엔진을 생산하였음. 그러나 대우자동차의 부도로 공장운영이 어려움에 빠지자 2002년에 산둥성 정부가 직접 나서서 산둥대우부품공사 등 관련 공장의 자산구조 개혁을 추진하였고 디이자

인수계약을 체결한 뒤, 2005년 1월에 쌍용자동차 전체 지분의 48.9%를 단독으로 인수[91])하여 독자모델 개발 및 제조기반을 더욱 강화하였다.

3) 둥펑자동차(东风汽车公司: Dongfeng Motor Corporation)

둥펑자동차는 조직상 둥펑자동차 본부와 둥펑자동차그룹주식회사(東風汽車集團股份有限公司)로 나누어지며 둥펑자동차그룹주식회사 산하에는 자회사와 합자 및 출자기업을 포함, 총 38개의 기업들이 포진해 있다. 둥펑자동차의 합자기업 설립은 르노-닛산, 혼다, PSA 등 크게 세 개 축을 중심으로 전개되었고 여기에 장쑤웨다그룹(江蘇悅達集團)[92])과 기아자동차가 가세한 형국이다. 둥펑자동차와 르노-닛산은 2003년 6월에 각각 50%씩 출자하여 둥펑자동차유한공사(東風汽車有限公司)를 설립하였다. 둥펑자동차유한공사의 등록자본금 167억 위엔은 2004년 말까지 진행된 관련 산업 합자기업 중에서 가장 큰 금액이다. 둥펑자동차와 닛산이 2002년 9월에 '전면적인 합작 파트너 관계 수립에 관한 협정서'에 서명함에 따라 둥펑자동차유한공사는 설립초기

동차가 보유하였던 지분 50%를 인수(대우자동차 50%)하여 위탁경영을 실시하였음.

91) 상하이자동차는 2005년 1월에 쌍용자동차를 인수한 뒤, 2006년 6월까지 모두 11번 쌍용자동차의 주식을 매입하여 쌍용자동차 지분 보유율을 50.91%까지 끌어올렸음.

92) 장쑤웨다그룹은 1976년에 설립된 대기업집단으로 총자산 125억 위엔, 전국 520개 중점 국유기업 중의 하나임. 국내외 30여 개 자회사와 출자기업을 거느리고 있으며 주요 사업은 자동차, 농기계, 제약, 여성의류, 방직 등임.

부터 승용차와 상용차, 부품 등 다섯 개 사업부에서 全모델을 생산할 수 있는 시스템(full line-up system)을 갖추었다. 2003년 현재 연간 완성차 생산규모는 30만 대 수준인데, 둥평자동차유한공사는 2007년까지 생산규모를 62만 대(승용차 30만 대, 상용차 32만 대)까지 확장할 계획이다. 승용차 부문의 주력 모델은 티다(TIIDA), 써니(SUNNY), 테나(TENNA), 블루버드(BLUEBIRD) 등이다.

아울러 닛산이 25%의 지분을 보유한 대만의 위룽자동차(裕隆汽車)[93]는 둥평자동차와 각각 40%, 60%씩 출자하여 2000년 4월에 펑션자동차(風神汽車有限公司)[94]를 설립하였다. 펑션자동차는 광둥성 션쩐(深圳)에 위치하고 있으며 연간 완성차 생산능력은 6만 대이고 주력 생산모델은 블루버드와 펑션(風神)7200 시리즈 승용차이다. 한편 둥평자동차와 혼다는 각각 50%씩 출자하여 2003년 7월에 둥평혼다(東風本田汽車有限公司)[95]를 설립하였다. 둥평혼다의 연간 생산능력은 완성차 3만 대, 엔진 7만 개이며 2007년까지 완성차 생산능력을 12만 대까지 확대할 계획이다. 주요 생산모델을 씨빅(CVIC)과 CR-V로 특

---

93) 위룽자동차(裕隆汽車)는 1953년에 대만에서 설립되었으나 자동차를 본격적으로 생산하기 시작한 것은 1957년에 닛산과 체결한 기술교류 제휴관계를 바탕으로 1960년에 위룽자동차제조공사(裕隆汽車製造有限公司)를 설립하면서부터임. 2003년 5월에 위룽자동차제조공사와 위룽닛산자동차주식회사(裕隆日産汽車股份有限公司)를 분리, 독립경영체제를 갖추었음. 위룽자동차의 연간 생산규모는 완성차 12만 대 수준이며, 양안 간 경제교류가 증가함에 따라 닛산과 함께 중국 현지생산에 적극 나서고 있음. 2000년 11월에 르노와 판매제휴계약을 체결하였음.

94) 설립초기, 펑션자동차는 위룽자동차와 둥평자동차 및 광조우징안자동차(廣州京安云豹汽車有限公司) 등 삼자가 출자한 합자기업이었음. 하지만 둥평자동차가 광조우징안자동차의 지분 매입을 추진하였고, 그 이후 펑션자동차는 둥평자동차의 자회사로 간주되고 있음.

95) 완성차 부문 합자기업 설립 이전에 둥평자동차와 혼다는 1998년 7월에 각각 50%씩 출자하여 둥평혼다엔진공사(東風本田發動机有限公司)와 1995년 11월에 둥평혼다자동차부품공사(東風本田汽車零部件有限公司)를 설립하였음.

화시켜, 광둥성 지역 혼다의 또 다른 합자기업인 광조우혼다(广州本田汽車有限公司)의 생산모델들과 중복을 피하였다.

둥펑자동차는 프랑스의 PSA와 각각 27%, 31%씩 투자하여 1992년 5월에 선룽자동차(神龍汽車: Dongfeng Peugeot Citroen Automobile Co,. Ltd)를 설립하였다. 선룽자동차의 총 투자금액은 126.8억 위엔이며 연간 생산규모는 완성차 30만 대, 엔진 40만 개에 달한다. PSA는 2002년부터 둥펑자동차와 전면적인 협력 및 합자관계를 강력하게 추진하고 있으며, 둥펑자동차와 공동으로 증자 및 은행보유 주식 매집을 통해 점진적으로 선룽자동차의 지분을 50%까지 늘릴 계획이다. 선룽자동차의 주력 모델은 푸조307, 푸캉(富康), 피카소(Picasso), 씨트로엥(Citroen) 등이다. 한편 기아자동차, 둥펑자동차, 장쑤웨다그룹(江蘇悅達集團)은 각각 50%, 25%, 25%씩 출자하여 2002년 3월에 둥펑웨다기아자동차(東風悅達起亞汽車有限公司)[96]를 설립하였다. 둥펑웨다기아의 연간 완성차 생산능력은 13만 대이고 2010년 완공을 목표로 연산 40만 대 규모의 제2공장 건립에 착수하였으며, 주요 생산모델은 프라이드(PRIDE), 첸리마(千里馬), 세라토(CERATO) 등이다.

<도 4-1>은 2005년 2월 현재 디이자동차, 상하이자동차, 둥펑자동차 등 중국 3대 자동차기업을 포함한 주요 자동차기업들과 다국적기업 간 설립한 합자기업의 지분관계를 도식화한 것이다. 주요 참고자료는 中國汽車工業年鑑 2004, 2005, 2006 각 호, 각 자동차기업 홈페이지, 중국자동차공업협회(CAAM), 한국자동차공업협회(KAMA), 임기택(2003)의『중국 자동차산업의 현황과 미래』, pp.172-219 등이며, 중국

---

96) 원래 기아자동차는 웨다그룹과 50 : 50으로 웨다기아자동차유한공사를 설립하고 1999년부터 연간 5만 대 규모의 완성차 공장을 가동하였으나, 자동차산업 구조조정에 나선 중국정부로부터 신규 승용차 생산 권한을 획득하기가 어려워지자 2001년부터 둥펑자동차를 합자기업 파트너로 전격 끌어들였음.

언론과 외신 보도자료 등을 종합하여 작성하였다.

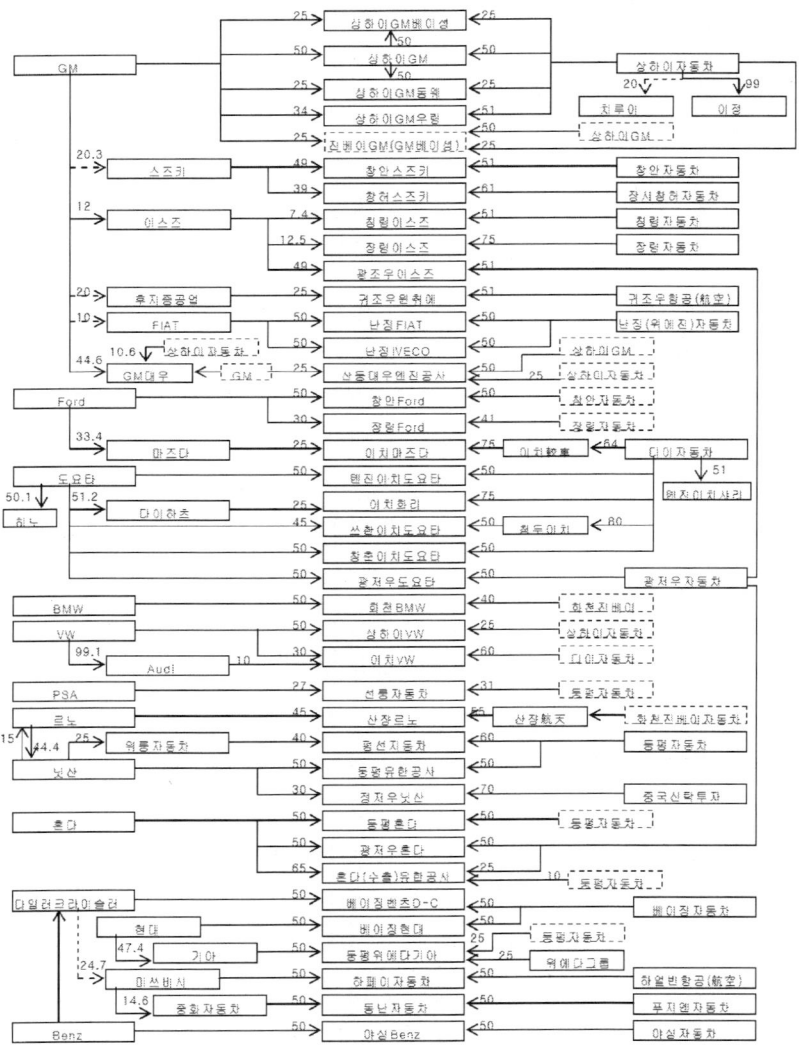

〈도 4-1〉 중국 자동차산업의 다국적 합자기업
지분제휴 현황(2005년 2월 기준)(%)

4) 광조우자동차그룹(广州汽车工业集团有限公司: Guangzhou Automobile Industry Group Co., Ltd)

광조우자동차그룹[97](이하 광조우자동차)은 2000년 6월에 광둥성과 광조우시 정부가 설립한 대형 국유기업집단으로 2005년 중국 500대 기업 중에서 51위를 차지하였다. 광조우자동차는 2005년 말까지 110여 개의 자회사와 합자기업 및 출자기업을 거느리고 있으며 10여 개 다국 적기업과 38개 합자기업을 설립하였다. 완성차 부문에서 광조우자동차 의 합자기업 설립 축은 혼다, 도요타, 이스즈 등 크게 세 개이다(<도 4 -2>). 광조우자동차와 혼다는 1985년에 설립된 광조우푸조에서 PSA 그룹의 지분(22%) 철수가 이루어진 뒤 1998년 7월에 50：50으로 광 조우혼다(广州本田汽車有限公司)를 설립하였다. 광조우혼다의 합자계 약기간은 30년이며, 2004년 현재 연간 생산규모는 완성차 24만 대이고 2006년 말 준공을 목표로 광조우에 연간 12만 대 규모의 제2공장 건 설을 추진하였다. 광조우혼다의 주력 생산모델은 어코드(Accord), 피트 (Fit), 오딧세이(Odyssey) 등이다.

아울러 광조우자동차와 도요타는 2004년 9월에 50：50으로 광조우도 요타(广州丰田汽車有限公司: Guangzhou Toyota Motor Co., Ltd)를 세웠다. 합자기업 등록자본금은 13억 위엔이고 총 투자자금은 38.2억 위엔, 계약기간은 30년이다. 광조우도요타의 연간 완성차 생산량은 10만

---

97) 광조우자동차는 중국정부의 국유기업 소유구조 개혁을 위한 주식제도 도입 노력에 따라, 2005년 6월에 광조우자동차 본사를 비롯하여 완샹그룹 (万向集團), 중국기계장비그룹(中國机械裝備集團), 광조우강철그룹(广州 鋼鐵集團), 광조우창룽주점공사(广州市長隆酒店有限公司) 등 5개 기업 이 출자하여 광조우자동차그룹주식회사(广州汽車集團股份有限公司)를 새 롭게 설립하였음. 광조우자동차그룹주식회사의 최대 주주는 91.93%의 지분 을 보유한 광조우자동차이며, 사실상 모(母)기업으로서 산하기업에 대해 과 거 광조우자동차가 수행하였던 역할을 대신하고 있음.

대이며 주요 생산모델은 캠리(CAMRY)로 디이자동차의 합자기업들 간 생산모델 중복을 피했다. 더 나아가 광조우자동차와 도요타는 2004년 2월, 각각 30%, 51%씩 출자(도요타중국투자공사가 19% 출자)하여, 광조우도요타엔진유한공사(广汽丰田發動机有限公司: Guangzhou Toyota Engine Co., Ltd)를 설립하였다. 광조우도요타엔진유한공사의 등록자본금은 11억 위엔, 총 투자금액은 22억 위엔이며 계약기간은 30년, 연간 엔진 생산량은 30만 개이다.

광조우자동차와 이스즈는 2000년 3월, 각각 51%, 49%씩 출자하여 버스전문 제조기업인 광조우이스즈버스공사(广州五十鈴客車有限公司)를 설립하였다. 광조우이스즈버스공사는 등록 자본금 3.8억 위엔, 연간 생산능력은 대형버스 800대, 대형버스 샷시 400대 규모이다. 한편 광조우자동차는 혼다, 둥펑자동차와 공동으로 2003년 9월, 각각 25%, 65%[98], 10%씩 출자하여 혼다자동차중국유한공사(本田汽車中國有限公司)를 세웠다. 혼다자동차중국유한공사는 중국에서 생산되는 완성차를 전량 수출하는 조건으로 대주주인 혼다가 직접 경영하고 있고, 등록자본금은 6.7억 위엔, 총 투자금액은 10억 위엔이며 연간 완성차 생산능력은 5만 대이다. 주변에 위치한 광조우혼다 및 둥펑혼다로부터 부품 조달, 제조기술 공유 등 긴밀한 협조체제를 유지하고 있다.

5) 창안자동차그룹(长安汽车集团有限责任公司:
ChangAn Auto Co., Ltd)

창안자동차그룹(이하 창안자동차)의 본사는 서부 내륙의 직할시인 충

---

98) 혼다자동차중국유한공사의 전체 지분 중에서 혼다 측의 지분 65%는 혼다자동차와 혼다중국투자공사가 각각 55%, 10%씩 보유하고 있음.

칭(重慶)에 위치하고 있으며, 국유 대기업집단인 중국병기장비그룹(中
國兵器裝備集團公司)[99]에 소속되어 1957년부터 완성차를 생산하기
시작하였다. 창안자동차는 충칭과 장쑤성, 허베이성 등 세 지역에 자회
사 또는 합자(출자) 방식으로 11개의 완성차 공장과 1개의 엔진 공장
을 운영하고 있다. 창안자동차와 합자기업을 설립한 다국적기업은 스즈
끼와 마즈다, 포드 등 세 곳이며 이 중에서 포드가 33.4%의 지분을
보유한 마즈다와 기술 및 부품 관련 제휴관계를 맺고 있어, 창안자동차
의 합자기업 라인은 결국 스즈끼와 포드, 두 곳으로 압축된다.

　창안자동차와 스즈끼는 1993년 5월, 각각 51%, 49%씩 출자하여 창안
스즈끼(長安鈴木汽車有限公司: ChangAn Suzuki Automobile Corp.)
를 설립하였다. 합자기업 계약기간은 30년이며, 설립 당시 등록 자본금은
4.9억 위엔, 총 투자금액은 13.9억 위엔이었으나 1998년 10월, 양사는
생산설비투자를 확대하기 위해 등록 자본금을 5.8억 위엔으로 총 투자금
액을 15.7억 위엔으로 늘렸다. 이에 따라 완성차 5만 대 수준이었던 연간
생산능력은 10만 대 수준으로 늘어났다. 창안스즈끼는 주로 배기량 1.3
리터 이하의 경제형 소형차 생산에 주력해 왔으며 주요 모델은 스위프티
(SWIFT), 링양(羚羊), 알토(Alto) 등이다.

　또한 창안자동차와 포드는 2001년 4월, 각각 50%씩 출자하여 창안
포드(長安福特汽車有限公司: ChangAn Ford Automobile Corp.)를
설립하였다. 중국정부가 서부대개발 프로젝트를 적극 추진하기 시작하

---

99) 중국병기장비그룹(中國兵器裝備集團公司)은 1862년에 군수물자, 군수장
　　비제조 전문 국유기업으로 설립되었고 중국 국가자산관리위원회 소유의
　　대기업집단이며 산하에 완성차 제조업체인 창안자동차, 오토바이 제조업
　　체인 쟈링공업공사(嘉陵工業集團公司), 부동산 개발 및 토목공사업체인
　　건설공업공사(建設工業有限公司) 등 29개의 자회사 및 출자기업을 거느
　　리고 있음. 2004년 기준 총자산은 788억 위엔, 종업원 18만 명, 매출액
　　645억 위엔으로 충칭 및 서부내륙 지역 최대의 국유기업이라고 할 수
　　있음.

자 포드가 서부 내륙지역에 생산 및 판매거점을 마련하기 위해 창안자
동차와 손을 잡은 것이다. 서부대개발 사업을 중요한 국책사업으로 추
진하고 있는 중국지도부는 다른 합자기업들보다 창안포드의 움직임과
경영성과에 대해서 상대적으로 높은 관심을 보이고 있다. 연간 5만 대
의 생산설비를 갖춘 창안포드는 2003년 3월, 경제형 전략차종인 피에
스타(Fiesta)의 생산을 시작하였으며 2004년 2월부터 중형 세단인 몬데
오(Mondeo)를 생산라인에 추가시켰다.

6) 베이징자동차공업주식회사(北京汽车工业控股有限责任公司: Beijing Automobile Industry Co., Ltd)

베이징자동차공업주식회사(이하 베이징자동차)는 산하에 완성차 제조,
부품 제조, 판매 및 무역 등 32개 자회사와 출자기업을 거느리고 있는
국유 대기업집단이다. 베이징자동차는 2004년 말까지 다국적기업과 모
두 8개의 합자기업을 설립하였으며 완성차 제조에서 일반 승용차 부문
은 현대와, 고급 승용차 및 SUV는 다임러크라이슬러와 합자관계를 맺
었다. 또한 상용차(중대형 트럭) 제조기업으로 베이징푸티엔(北汽福田
汽車股份有限公司: Beijing Foton Automobile Co., Ltd)[100]을 자회
사로 거느리고 있다. 우선 베이징자동차와 다임러크라이슬러는 2005년

---

100) 베이징푸티엔(北汽福田汽車股份有限公司)은 1996년 8월에 설립된 국
   유주식제기업임. 창업과 함께 상장되었으며 2002년 말까지 북경 등 7
   개 생산공장의 연간 생산량은 10만 대 수준임. 2004년 현재 버스 및
   중대형트럭 모델용 Foton 브랜드 가치는 106억 위엔을 초과, 베이징푸티
   엔은 중국 상용차 제조 부문에서 최고 수준의 기업이자 전국 520개 중점
   기업의 하나로 인정받고 있음. 2003년 9월에 베이징자동차와 다임러크
   라이슬러가 합자기업 설립에 합의한 이후 상용차 부문에서 벤츠와 기술
   제휴 및 판매망 공유 등 제휴관계를 확대하고 있음.

8월, 각각 50%씩 출자하여, 베이징벤츠-다임러크라이슬러(北京奔馳-戴姆勒-克萊斯勒汽車有限公司)를 설립하였다.

하지만 베이징자동차와 크라이슬러의 합자관계는 1983년 3월, 베이징자동차가 AMC(America Motors Corporation)와 공동으로 베이징 Jeep[101]를 설립하면서 시작되었다고 할 수 있다. AMC가 북미시장에서의 경영악화로 1987년에 크라이슬러에 매각되면서 베이징Jeep의 다국적기업 파트너가 크라이슬러로 바뀌게 된 것이다. 베이징벤츠-다임러크라이슬러의 계약기간은 2032년까지이며 2005년 말까지 연간 생산능력은 완성차 10만 대 수준이지만 양사는 향후 30만 대까지 생산능력을 확충할 계획이다. 주력 모델은 벤츠 E-class, Jeep 시리즈, 체로키(Cherokee), 다임러크라이슬러 산하 미쓰비시의 소형 SUV인 파제로(Pajero) 등이다.

아울러 베이징자동차와 현대자동차[102]는 2002년 10월, 각각 50%씩

---

101) 베이징벤츠-다임러크라이슬러(北京奔馳-戴姆勒-克萊斯勒汽車有限公司)의 전신인 베이징지프(北京吉普)는 1983년 5월에 AMC와 베이징자동차가 각각 31%, 69%씩 출자하여 설립한 합자기업임. 합자기업 계약기간은 20년이었으며 연간 생산규모는 5만 대 수준, 지프 체로키(Jeep Cherokee)가 주력 생산모델이었음. Peng(2000)은 1990년대 후반까지도 상하이폭스바겐에 비해 베이징지프가 실패한 합자기업 사례로 평가되는 이유로서 베이징시 정부의 불투명한 행정체제와 관료주의로 인한 문제 해결 능력 미비, 부품 국산화 및 수입부품(CKD)의 대금지불방식에 대한 중앙정부와의 이견, AMC(크라이슬러)의 서구식 경영방식 고수 및 독단적인 문제 해결 추구(서방 언론에 불만 표출) 등을 지적하였음.
102) 2006년 3월 현재 현대자동차(현대캐피탈 지분 포함)는 기아자동차 전체 지분의 42.6%를 보유하고 있음. 한편 기아자동차는 둥펑자동차, 장쑤웨다그룹(江蘇悅達集團)과 함께 각각 50%, 25%, 25%씩 출자하여 2002년 3월에 둥펑웨다기아자동차(東風悅達起亞汽車有限公司)를 설립하였음. 따라서 현대자동차는 둥펑자동차와 간접적인 합자관계를 구축하고 있다고 볼 수 있으며, 둥펑웨다기아는 2010년까지 연산 40만 대 규모의 제2공장 설립을 추진하고 있음. 결국 현대자동차의 중국 현지생산규모는 베이징현대(60만 대 규모)를 포함, 2010년까지 100만 대로 확대될 것으로 예상됨.

투자하여 베이징현대(北京現代汽車有限公司)를 설립하였다. 등록자본
금은 27.1억 위엔이며 2005년 말까지 연간 생산규모는 30만 대 수준,
주요 생산모델은 EF 소나타, NF 소나타, 엘란트라(아반테 XD), 베르
나, 투싼 등이다. 베이징현대는 2006년 4월에 베이징시 쑨이(順義)구
제1공장 주변에 2008년 4월 양산을 목표로 연간 30만 대 규모의 제2
공장 설립에 착수, 2008년까지 연간 총 60만 대 규모로 생산능력을 확
대할 계획이다. 한편 베이징현대의 쏘나타와 엘란트라는 2008년 베이
징 올림픽 개최를 앞두고 베이징시가 추진하는 6만 7,000대 규모의 베
이징시 택시 교체사업의 표준모델로 채택되었다. 베이징현대는 2006년
3월 말까지 2만 4,400여 대의 택시를 베이징시에 공급하여, 베이징시
택시 신차등록대수의 72%를 점유하였다.

7) 난징자동차(南京汽車集団有限公司),
화천진베이자동차(沈阳华晨金杯汽车有限公司),
쟝링자동차(江鈴汽车股份有限公司)

난징자동차(南京汽車集團有限公司: Nanjing Automobile Group
Co.)는 1947년에 설립된 국유기업집단으로 1958년 3월에 '위에진(躍
進)'이라는 소형 화물트럭을 생산함으로써 완성차 제조업을 시작하였다.
2005년 말까지 산하에 25개의 자회사(지배주주 기업 포함)와 7개의 출
자회사를 거느리고 있으며, 그중 다국적기업과 완성차 제조기업 두 개,
부품업체 10개 등 총 12개의 합자기업을 설립하였다. 난징위에진(南汽
躍進), 난징Fiat(南京菲亞特), 난징Iveco(南京依維柯) 등 3대 생산기
지[103]의 연간 생산능력은 완성차 18만 대에 달하며 승용차부터 경트럭,

---

103) 난징자동차는 2004년 5월 스페인 자동차 모델인 소얏(Soyat)의 산하

버스 및 특수목적 차량에 이르기까지 총 400여 종의 모델을 생산하고 있다. 난징자동차는 난징위에진을 중심으로 승용차 부문은 Fiat[104]), 상용차 부문은 Iveco와 합자관계를 맺고 있다. 난징Fiat는 1999년, 난징 Iveco는 1995년에 설립되었고 난징자동차와 다국적기업이 각각 50%씩 출자하였다. 주요 생산모델은 난징Iveco의 경트럭 시리즈와 미니버스, 난징Fiat의 씨에나(SIENA), 팔리오(Palio), 엔코(Encore) 등이다.

화천진베이자동차(沈陽華晨金杯汽車有限公司: Brilliance JINBEI Automotive Co., Ltd.)의 완성차 제조 사업부는 진베이자동차(金杯汽車)와 중화자동차(中華汽車) 및 화천BMW(骅陳宝馬) 등 크게 세 곳으로 나눌 수 있다. 랴오닝성 선양에 위치한 진베이자동차는 미니버스 (8~18인승 승합차) 전문기업으로 1990년대 중반에 도요타로부터 기술을 도입하여 생산하기 시작한 진베이 하세(JinBei Haise) 시리즈는 2004년까지 최근 6년 동안 승합차 부문 중국 내수시장의 60%를 점유, 1위를 차지하였다. 중화자동차는 승용차 전문기업으로 기술제휴만으로 자체 개발한 신모델 중화(ZhongHua)를 2000년부터 선양에서 연간 5만 대씩 생산하고 있다.

또한 화천BMW는 아우디(AUDI)가 디이자동차와 합자로 중국 현지 생산을 시작하면서 중국 고급차 시장을 잠식하자, 위기감을 느낀 BMW가 중국 현지생산체제를 갖추기 위해서 설립한 합자기업이라고 할 수 있다. 2003년에 BMW, 화천진베이자동차, 선양시가 각각 50%, 40%,

---

브랜드인 이비자(IBIZA)의 디자인과 차체기술을 도입(단, 합자기업 관계는 아님), 개발한 '新雅途'를 출시하였음. 이로써 난징자동차의 완성차 생산모델은 躍進、依維柯(Iveco)、菲亞特(Fiat)、新雅途(Soyat) 등 네 개로 늘어났음.

104) Fiat의 공식 명칭은 Fiat Auto S.p.A이며, Fiat는 세계적인 명차인 알파로메오(Alfa Romeo) 및 랜시아(Lancia)의 지분 100%를 보유하고 있으며 페라리(Ferrari)의 지분도 56% 가지고 있음. GM이 Fiat의 지분을 10% 매입, 양사 간에는 자본제휴관계가 성립되었음.

10%씩 출자하여 설립하였으며 2004년 기준 연간 생산능력은 1만 대 수준이며 2010년까지 5만 대 수준으로 생산규모를 확장할 계획이다. 한편 진베이GM(金杯通用汽車有限公司)은 1992년에 GM과 화천진베이자동차가 각각 50% 출자하여 설립하였으며 주력 모델로서 시보레(Chevrolet) 계열의 SUV 블레이져(BLAZER)를 연간 3만 대씩 생산할 수 있는 설비를 갖추었다. 하지만 2004년 3월, 진베이GM에서 화천진베이자동차의 지분은 상하이자동차와 상하이GM으로 이전되어 GM, 상하이자동차, 상하이GM이 진베이GM의 지분을 각각 25%, 25%, 50%씩 보유하게 되었고 진베이GM의 이름도 상하이GM베이성으로 변경, 상하이GM 산하 제3의 생산공장으로 편입되었다.

장링자동차(江鈴汽車股份有限公司: Jiangling Motors Co., Ltd)는 1968년에 설립되었으며 장시(江西)성에 있는 기업으로는 처음으로 1993년 션쩐주식시장에 상장되었다. 완성차 부문에서 다국적기업과 장링자동차의 합자기업 설립은 포드와 이스즈, 두 축을 중심으로 전개되었다. 장링자동차와 포드는 1997년에 각각 30%, 41%씩 출자하여 장링포드(江鈴福特汽車有限公司)를 세웠다. 장링포드의 연간 완성차 생산규모는 3만 대이며 주력 생산모델은 9인승 이하 소형 승합차인 트랜짓(Transit)이다. 장링포드 설립으로 장링자동차는 포드의 SUV와 트럭 사업부의 디자인, 공정기술 및 품질관리에 관한 선진 노하우를 짧은 시간 동안에 받아들일 수 있었고 이를 완성차 제조에 적극 활용하였다.

또한 장링자동차는 이스즈와 1980년대 중반부터 기술제휴관계를 지속적으로 유지하였으며 1992년에 각각 75%, 12.5%를 출자하여 장링이스즈를 설립하였다. 장링이스즈는 상용차 전문 제조기업으로 1993년부터 소형트럭 모델인 N형 시리즈를 생산하기 시작하였으며 연간 생산규모는 완성차 5만 대, 디젤엔진 6만 대이다. 사실 장링자동차가 중국 자동차산업에서 SUV, 다목적차량(MPV), 중소형 트럭 생산 전문기업으로서 자신을 특화시키고 견인, 냉동컨테이너 등 특수목적 차량 등 틈새시장 공략에도 성공을 거둘 수 있었던 원인은 이스즈 및 포드와의 합자기업 설립 및 지분제휴관계의 효과적인 활용에서 찾을 수 있다. 장링자동차의 다목적차량(MPV) 宝典(Baodian), 소형 트럭 凱運(Kaiyun), SUV 宝威(Baowei), 승합차 運霸(Yunba) 등은 그러한 합자관계의 성과물들이다.

2. 합자기업 설립관계 특징

중국 자동차산업에서 국유기업과 다국적기업 간 합자기업 설립관계의 가장 큰 특징은 시간이 지날수록 이들 합자관계가 선택과 집중의 양상을 띤다는 점이다. 즉, 중국 국유기업과 다국적기업 간 합자기업 설립 및 지분제휴관계는 얼핏 보기엔 매우 복잡한 것 같지만, 완성차 생산을 중심으로 주의 깊게 살펴보면 결국 다국적기업 2~3곳과 합자관계가 집중되어 있음을 알 수 있다. 특히 2000년을 전후하여 양자 간 합자기업 설립계약 연장 및 전면적 합자관계 수립 등 기존 제휴관계의 지속과 강화로 합자관계의 집중현상은 더욱 뚜렷해졌다. 디이자동차의 합자기업 설립라인은 폭스바겐과 도요타로 압축할 수 있고 상하이자동차는 폭스바겐과 GM 등 두 곳, 둥펑자동차는 닛산(르노), PSA, 혼다 등 세 곳을 중심으로 합자기업 설립과 역할 확대에 나서고 있다(<도 4-2>). 즉, 중국 자동차기업들은 다국적기업과 합자기업 설립관계를 2~3곳에 집중하면서 이들 기업 간 직간접적인 경쟁구도를 형성하여 독자모델 개발을 위한 기술이전에 더욱 유리한 제휴구조를 형성하기 위해 노력하고 있는 것이다(임기택 2003, 김주영 2004, 산업연구원 2004).

디이자동차의 경우 1991년 폭스바겐과 공동으로 이치폭스바겐을 설립하고 자회사인 아우디로부터 승용차 양산 및 독자모델 개발을 위한 기술습득에 전력을 기울여 왔다.105) 그러나 디이자동차는 폭스바겐 이외에도 1980년대 중반부터 도요다 계열사인 히노 및 다이하츠와 엔진과 변속기 관련 기술제휴관계를 유지해 왔다. 또한 2002년 톈진샤리와 톈진화리의 지분을 인수한 뒤, 2003년 톈진이치도요타를 설립하면서 도요타와 전면적인 합작관계를 형성하였다. 특히 도요타와 협력관계는 디이자동차가 소형 승용차 부문을 강화하기 위해 톈진자동차 산하기업들의 지분을 주도적으로 인수하면서 시작되었다. 디이자동차는 도요타와 폭스바겐과의 합자관계를 바탕으로 full line-up 체제 구축, 생산능력 확충 및 최신기술 습득에 유리한 구조를 만들고 있다.

상하이자동차의 합자기업 설립 역사는 폭스바겐과 GM, 두 곳과의 관계로 간단히 요약할 수 있다. 폭스바겐과는 1985년에 CKD형 부품 수입을 통한 양산 목적의 합자기업을 설립한 뒤, 2002년에 계약기간을 2030년까지 연장하면서 전면적 합자기업 관계로 전환하였다고 볼 수 있다. GM과는 1997년에 CKD형 완성차 공장 성격의 합자기업인 상하이GM을 설립한 뒤, 2000년대에 들어 상하이GM이 주축이 되어 엔타이차체유한공사(상하이GM 둥웨), 상하이GM 베이셩(진베이GM), 상하이GM우링, 산둥대우엔진공사에 대한 출자와 M&A를 추진하였다. 앞서 언급하였듯이 상하이자동차는 1985년에 설립된 상하이폭스바겐의 합자계약 조건하에서는 독자모델 개발과 수출 등 해외시장 진출에 있어서 제약이 많았기 때문에 GM과의 협력을 통해 제2의 길을 모색한 것이다. 상하이시 정부도 상하이자동차의 새로운 합자 파트너 물색에 직간

105) 중국 자동차산업에서 최초의 독자모델 승용차인 샤오훙치(小紅旗)는 디이자동차가 창춘자동차연구소에서 아우디(AUDI)의 승용차를 분해하여 부품과 동력전달구조 등에 관한 노하우를 습득하고, 이를 자체적인 설계도면에 반영하고 표준화하여 개발한 승용차라고 할 수 있음.

접적으로 관여하며 GM의 중국 자동차산업 진출 허가에 대한 대가로
총 16억 달러 규모의 R&D 센터 및 기술이전 교육기관 설립, 최신 공
장설립 등의 약속을 받아냈다. 이는 자연스럽게 폭스바겐의 위기감으로
작용하였고 폭스바겐은 2002년 상하이폭스바겐의 계약 연장을 계기로
생산설비 확대와 핵심부품의 현지생산공장 신설 등 총 64억 유로에 달
하는 투자계획으로서 대응방법을 구체화하였다.

한편 둥펑자동차의 합자기업 설립은 닛산(르노)과 혼다 두 곳으로 중
심으로 형성되어 있다. 닛산(르노)과는 2003년 6월에 전면적 합작관계
수립을 바탕으로 둥펑자동차유한공사를 설립하였고 혼다와는 1994년과
1999년에 각각 부품, 엔진공장을 합자로 설립한 뒤 2003년 전면적 합
자관계로 발전하였다. 더 나아가 둥펑자동차는 PSA와 2002년 포괄적
인 협력 및 합자관계 수립을 추진하였고, 현대-기아와는 장쑤성에 둥
펑웨다기아를 설립, 공식적인 합자관계를 맺었다. 2000년대에 들어 둥
펑자동차가 합자관계의 다변화에 더욱 적극적으로 나서고 있는 이유는
디이자동차와 상하이자동차가 폭스바겐과 도요타, GM과 전면적인 합
자관계를 토대로 full line-up 체제 구축, 생산능력 확대 및 독자모델
개발경쟁에서 한 걸음 앞서가면서 양강구도가 더욱 강화되고 고착화되
는 현상을 방지하기 위함이다.

이 밖에도 창안자동차는 스즈끼와 포드, 광조우자동차는 혼다와 도요
다, 베이징자동차는 다임러크라이슬러와 현대 등과 합자기업 설립을 통
한 전략적 제휴관계를 형성하고 있다. 창안자동차는 1993년에 스즈끼와
체결한 완성차 조립형 합자관계를 1998년에 더욱 강화시켰고 포드와는
2001년에 완성차 조립형 합자기업을 설립한 뒤, 최근 전면적 협력관계
로 발전을 꾀하고 있다. 광조우자동차는 혼다와 1998년에 양산형 합자
기업을 설립한 뒤, 2000년대에 들어 제2공장 건설을 건설하면서 합자기
업의 역할을 더욱 확대하였다. 또한 2004년에 광조우도요타 및 광조우

도요타엔진유한공사를 동시에 설립하면서 도요타와 사실상 전면적 합자관계를 구축하였다. 베이징자동차는 2000년대에 들어서 다임러크라이슬러, 현대자동차와 공식적인 합자기업 설립관계를 맺었고 합자기업의 생산량이 증가하면서 기업집단 내에서 합자기업의 역할이 점점 커지고 있다. <도 4-2>는 <도 4-1>을 바탕으로 주요 국유기업과 다국적기업 간 합자기업 설립 및 출자관계를 도식화한 것이다. <도 4-2>에서 마름모는 중국 자동차기업을 나타낸 것이고 타원은 다국적기업을, 네모는 다국적 합자기업을 나타낸 것이다.

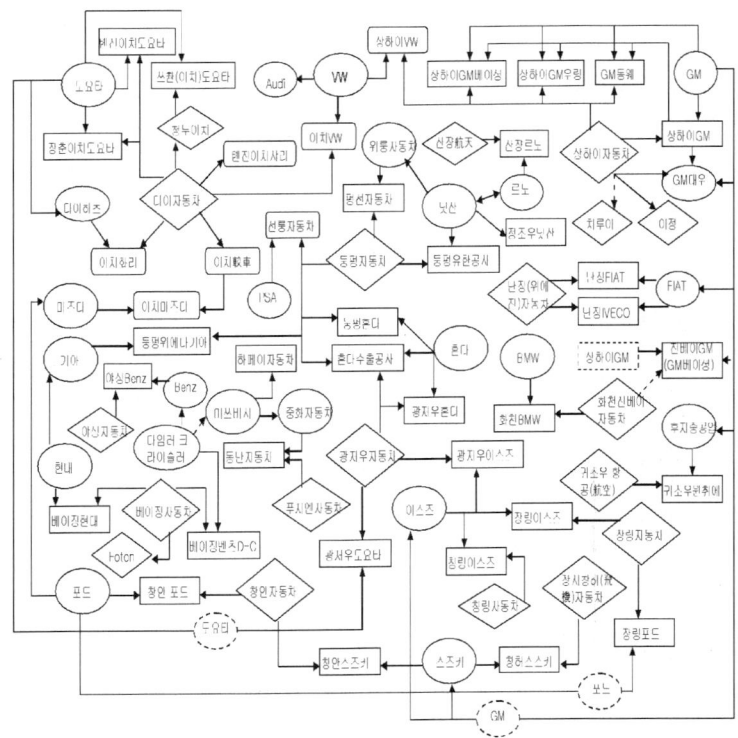

〈도 4-2〉 중국 자동차산업의 다국적 합자기업
출자관계 현황(2005년 2월 기준)

그러나 중국 자동차산업에서 국유기업 합자관계의 이중구조(Dual Network)가[106] 국유기업에 대한 기술이전이나 독자모델 개발을 과연 촉진시켰는지, 또한 그렇다면 얼마나 촉진시켰는지에 대해서 구체적으로 검증된 바가 거의 없다. 다만 미국, 유럽, 일본의 對중국 기술이전 모델이나 진출방식에 대한 연구결과[107]가 최근 들어 조금씩 나오고 있는 실정이다. 앞으로 포괄적인 협력을 목적으로 하는 다국적 합자기업의 증가 및 중국 자동차기업 합자관계의 선택과 집중현상이 더욱 심화됨에 따라 이러한 이중구조의 성격과 기술이전 효과에 대한 검증 요구는 점차 커질 것으로 예상된다.

한편 중국 자동차기업들이 다국적기업 파트너 2~3곳을 선택하여 다국적 합자기업의 역할을 집중적으로 확대해 나가고 있듯이, 다국적기업들도 합자관계 형성에 있어서 그와 비슷한 양상을 보이고 있다. 하지만 중국기업들과 달리, 다국적기업의 합자 파트너 선택과 집중현상은 합자기업 설립에 관한 정책규제에 큰 영향을 받았다고 할 수 있다. 중국정부가 1994년 '자동차공업산업정책' 제29조[108]와 2004년 신정책 제48

---

106) 제2장 1절 선행연구 검토에서, Zheng Zhao, Jaideep Anand & Will Mitchell(2005)은 중국 자동차산업에서 지식(기술)과 R&D는 크게 두 방향으로 이동(이중구조 관점: dual network perspective)한다고 분석하였음. 즉, '원천(源泉) 네트워크(source network)'인 다국적기업과 '수용자 네트워크(recipient network)'인 국유기업 사이에 합자기업이 위치하여 '지식이전(knowledge transfer)'과 '지식확산(knowledge diffusion)'을 촉진시켰다는 것임. 하지만 본 연구에서 이중구조라는 용어는 국유기업과 다국적기업 간 합자관계가 크게 두 갈래로 나누어진다는 점에 초점을 맞추어 쓰였음.

107) 제2장 1절 선행연구 검토에서, 張娟(2005)은 중국 자동차산업에 진출한 다국적기업 기술이전의 성격을 제품의 수명주기에 따른 기술과 시장의 특성 측면에서 다루었음. 또한 Wei Zhang & Robert Taylor(2001)는 다국적기업의 직접투자(FDI)가 중국 자동차산업의 발전에 가장 큰 기여를 하였다고 평가하였고 중국 자동차산업에서 기술이전 과정을 중국정부(host government)와 현지기업(indigenous firm)이 합자기업 및 다국적기업 본사로부터 기술과 지식, 경영 노하우 등을 전수받는 학습구조의 확대과정으로 파악하였음.

조에서 동일 다국적기업에 대한 합자기업 설립을 사실상 두 곳까지만 허용하는 정책을 계속 유지하고 있기 때문이다. 결국 중국 자동차산업에서 중국기업의 합자기업 설립에 관한 선택과 집중은 자발적이고 의도적인 측면이 강했던 반면, 다국적기업의 선택과 집중은 非자발적이고 강제적인 정책의 산물이라고 할 수 있다.

<도 4-2>에서 각 기업별 제휴 현황을 살펴보면, 포드는 창안자동차 및 쟝링자동차와 합자기업 설립관계를 맺고 있으며, 혼다는 둥펑자동차, 광조우자동차 두 곳과 지분제휴를 추진하였다. 도요타는 디이자동차와 광조우자동차 두 곳과, 다임러크라이슬러는 베이징자동차 및 하페이자동차(哈飛汽車股份有限公司) 두 곳과의 합자관계에 집중하고 있다. 이 밖에도 현대-기아는 베이징자동차 및 둥펑자동차 두 곳과, 스즈끼는 창안자동차와 장시창허자동차(江西昌河汽車股份有限公司)와 합자기업을 설립하였다.

그런데 중국 자동차산업에서 다국적 합자기업 설립의 1세대라고 할 수 있는 폭스바겐과 후발 주자로서 빠르게 성장하고 있는 GM의 합자기업 현황은 좀 더 구체적으로 살펴볼 필요가 있다. 우선 GM은 상하이자동차와 상하이GM을 설립한 뒤, 이를 바탕으로 상하이GM베이성, 상하이GM동웨, 산둥대우엔진공사를 인수하였다. 또한 GM은 피아트, 이스즈, 후지중공업, 스즈끼 등 출자관계[109]에 있는 산하기업들을 통해

108) 자동차공업산업정책 제6장 29조는 외자기업이 동일 모델의 완성차를 생산하려는 목적으로 중국에서 두 개 이상의 합자나 합작기업을 설립할 수 없다고 규정하였음. 이는 동일 모델이 아닌 경우 두 개까지는 합자기업을 설립할 수 있다는 의미로 해석되었고 폭스바겐은 상하이자동차 및 디이자동차와 합자기업을 설립하면서 두 곳의 주력 생산모델을 완전히 분리하여, 제29조 규제를 피해 갔다고 할 수 있음.

109) GM은 피아트(10%), 후지중공업(20%), 스즈끼(20.3%), 이스즈(12%), GM대우(44.6%)에 출자하여 산하기업을 통해 다각적인 對중국 진출전략을 추진하였음. 하지만 2006년 7월 현재 GM은 심각한 재정난으로 피아트, 후지중공업, 스즈끼의 지분을 모두 처분, 이스즈와 GM대우를

서 對중국 진출전략을 적극적으로 추진해 왔다(<도 4-1>). 폭스바겐은 상하이자동차와 함께 상하이폭스바겐을 설립한 뒤, 디이자동차와 공동출자하여 이치폭스바겐을 세웠다. GM과 달리 폭스바겐 그룹은 중국최대 자동차기업 두 곳과 동시에 합자기업 관계를 맺고 있기 때문에 모델별 생산기지의 전문화와 규모의 경제 실현, 공동 부품조달을 통한 비용 절감 등에서 다른 다국적기업들보다 유리한 입장에 있다고 볼 수 있다.

그러나 이러한 합자관계는 對중국 전략 추진의 제약조건이 되기도 한다. 즉, 폭스바겐은 중국에서 상하이자동차 및 디이자동차와 합자기업 설립관계를 맺고 있기 때문에 제휴 파트너로서 상하이자동차만을 상대하는 GM보다 고려해야 할 요소가 더욱 많고 복잡하다고 할 수 있다. 특히 디이자동차와 상하이자동차는 중국에서 강력한 양강체제를 구축하고 있기 때문에, 두 기업의 이해관계가 첨예하게 대립할 가능성이 높은 인수합병이나 지분출자 등은 폭스바겐 내부에서 신속한 의사결정이나 주도적인 행동 자체가 매우 어려워질 수밖에 없다. 이러한 제약은 GM이 상하이GM을 중심으로 중국 현지기업들에 대해 매우 공격적인 출자 및 인수합병을 추진하였던 것과 대조적으로, 이치폭스바겐은 디이자동차의 톈진샤리, 톈진화리 인수과정에 거의 관여하지 않았던 점(김주영 2004)에서도 잘 나타났다고 하겠다. 합자기업 관계의 이중구조가 중국기업보다는 다국적기업의 활동에 중대한 제약요인이 될 수 있음을 잘 보여주는 사례인 것이다.

시장점유율 면에서 폭스바겐 그룹은 디이자동차와 상하이자동차 등 양대 국유기업과의 합자관계를 더욱 강화하면서 다국적기업들 중에서 중

___

제외한 지분제휴관계는 모두 종결되었음. 한편 2006년 7월에 르노-닛산이 GM의 지분(20%)을 인수하는 거대 기업 간 지분제휴 협상이 은밀히 추진되었으나, 지분제휴 예상효과와 그에 따른 혜택 분배에 대한 양측 간 의견차이를 좁히지 못해 2006년 10월에 협상이 결렬되었음.

국 현지 자동차 생산량이 가장 많은 기업으로 자리 잡았다. 2005년에 이 치폭스바겐과 상하이폭스바겐의 승용차 생산량은 각각 24.6만 대, 23.5만 대로 양사 합계는 48.1만 대에 달했고 중국 전체 승용차 생산량(311.8만 대)의 15.4%를 점유하였다. 하지만 이는 2004년 폭스바겐 그룹의 승용차 생산 점유율(25.2%)보다 무려 9.8% 포인트 하락한 것이다(<표 3-1>). 오랫동안 지속되어 온 폭스바겐의 중국 내 위상이 흔들리는 징후가 나타나고 있다는 풀이가 가능한 상황이다. 반면 상하이GM(상하이GM베이징, 상하이GM둥웨 포함)의 2005년 승용차 생산량은 33.2만 대에 달했다. GM은 중국에서 상하이자동차 한 곳과의 합자기업 설립 관계를 바탕으로 승용차 생산 점유율을 2003년 9.1%, 2004년 10%, 2005년 10.6%로 계속 끌어올렸고, 폭스바겐을 추격하는 양상을 보였다.

요약하자면 중국정부는 자동차산업에서 합자기업에 대한 다국적기업의 지분비율을 50% 이하로 제한하는 것과 다국적기업이 완성차(승용차 및 상용차, 오토바이 포함) 부문에서 설립할 수 있는 합자기업 수를 두 개 이내로 제한하는 규정을 지속적으로 유지해 왔다. 이는 결과적으로 다국적기업으로 하여금 합자기업 설립관계를 중국 현지기업 1~2곳에 집중하도록 강제한 것과 다름없는 것이다. 이처럼 중국정부가 자동차산업에서 다국적기업 진출 규제정책을 유지하는 가장 큰 목적은 중국 현지기업의 독자모델 개발능력 및 양산능력을 향상시키는 데 있었다. 즉, 중국정부는 다국적 합자기업이든, 국유기업이든, 민영기업이든 중국기업이 자주적으로 배타적인 지적재산권을 행사할 수 있는 신차의 개발과 양산 그리고 수출을 중국 자동차산업의 궁극적인 발전방향으로 인식하고 있는 것이다(中國工業發展報告 2004, 230~232). 그러나 현시점에서 자주적인 신차개발을 위한 중국정부의 이러한 정책이 가시적인 성과를 거두었다고 보기는 어렵다. 이에 대해서는 본 연구 제5장 3절에서 좀 더 자세히 다루기로 한다.

제2절 다국적기업의 진출 요인과
중국정부의 외자유치 요인

1. 다국적기업의 중국 자동차산업 진출 요인

앞서 살펴보았듯이, 다국적기업의 중국 자동차산업 진출은 1980년대 중반부터 승용차 부문에서 직접투자[110]를 단행하면서 본격적으로 시작되었다고 할 수 있다. 또한 다국적기업 직접투자의 대표적인 유형은 중국기업과 함께 합자기업(Joint Venture)을 설립하는 것이었다. 따라서 중국 자동차산업에 대한 다국적기업의 진출요인을 다루는 데 있어서, 논의의 초점은 다국적 합자기업 설립에 놓여져야 한다. 이에 제4장 2절에서는 먼저 기업의 일반적인 해외진출 동기와 직접투자의 요인에 대해서 살펴본 뒤, 이를 바탕으로 다국적기업의 중국 자동차산업 진출 요인을 분석하도록 한다.

---

110) 본 연구 제2장 2절 <도 2-5>에서 기업의 해외진출 방법은 크게 수출입, 非지분형 제휴(계약), 지분형 제휴(단독투자) 등 크게 세 가지로 나누었음. 그런데 다국적기업의 입장에서 지분형 제휴에 의한 해외진출 전략, 즉 국제투자는 크게 간접투자(이자와 배당수입 목적)와 직접투자(경영권 획득, 경영참여 목적)로 구분되며, 직접투자는 단독투자와 합작투자로 나눌 수 있음(원종근 1995, 21~25).

1) 기업의 해외진출 동기와 직접투자 요인

기업의 해외진출 동기는 국제무역과 해외직접투자 등 크게 두 가지로 나누어 다룰 수 있다. 우선 기업들이 무역을 통해 얻고자 하는 것은 매출액과 이익규모 확대, 규모의 경제를 통한 원가 절감, 설비 가동률 제고, 위험분산 등으로 요약할 수 있다(원종근 1995, 19~20). 또한 기업들이 해외직접투자를 추진하는 이유는 여러 가지가 있는데, 장세진(2005)은 경쟁우위의 활용, 내부화, 환율 및 무역장벽의 위험감소 등 세 가지를 지적하였다. 경쟁우위의 활용에 있어서 특정 기업이 생산비용, 기술, 브랜드, 마케팅 능력 등에 있어서 경쟁우위(competitive advantage)를 가지고 있는 경우, 내수시장을 넘어 해외시장에서 기업활동을 전개할 수 있으면 더 많은 수익을 올릴 수 있다는 것이다. 하지만 기업이 내수시장에서 경쟁우위를 가지고 있다고 하더라도 해외시장 진출 시 직면하게 될 '외국인 비용(liabilities of foreignness)'[111] 때문에 해외시장에서 성공한다는 보장은 없다. 따라서 기업들은 해외시장 진출 시에 '외국인 비용'을 충분히 상쇄할 수 있는 경쟁우위를 가지고 있어야 한다. Hymer는 기업들이 원천기술, 브랜드, 마케팅 등에서 '독점적인 경쟁우위(monopolistic advantage)'를 갖는 경우에만 해외직접투자에서 성공을 거둘 수 있다고 보았다(장세진 2005, 474).

아울러 기업들은 해외사업에 필요한 무형자산과 유형자산을 획득하기 위해 해외직접투자를 실행하는 경우가 많다. 즉, 기업 외부(해외)에 있는 원천기술이나 브랜드와 같은 무형자산 및 생산설비와 노동력 등 유형자산을 기업 내부의 자산으로 통합하여 거래비용(transaction cost)

---

111) '외국인 비용(liabilities of foreignness)'이란 기업이 해외시장 진출 시 겪게 되는 언어장벽과 문화적 차이, 관습과 제도에 대한 이해부족이 예측하지 못했던 투자비용 상승으로 나타나는 상황을 의미함.

을 줄이는 것을 해외직접투자의 목적으로 삼는 것[112]이다. 본 연구 제2
장 2절, <표 2-2>에서 각종 라이센싱과 전략적 제휴는 시장 중간자적
지배구조를 갖는 국제화 전략으로 보았고 인수합병과 독자법인 설립은
수직적 지배구조, 즉 경영자원의 내부화를 위한 국제화 전략으로 분류
하였다. 결국 해외직접투자는 지분형 전략적 제휴(합작투자)와 단독투자
(인수합병)의 형태를 띤, 경영자원 내부화의 과정이며 특히 '투자대상국
특유의 경영자원(country specific advantage)'을 획득하려는 경우에 많
이 발생한다. 해외직접투자는 관세 및 비관세장벽을 넘어서기 위한 수
단으로 활용된다. 중국을 비롯한 세계 각국은 외국인 직접투자를 유치
하기 위해 세제혜택 등 다양한 인센티브제도를 실시하고 있으며, 기업
들은 이러한 우대조치들을 해외투자 성공의 기회로 활용할 수 있다. 또
한 해외직접투자를 통하여 기업들은 수출입 과정에서 발생하는 환율
변동 위험을 줄일 수 있다.

〈표 4-1〉 해외진출을 통한 '범위의 경제' 기대효과의 원천(해외진출 동기)

1. 기존 제품과 서비스 공급을 확대하기 위한 새로운 소비자에 접근
   (To gain access to new customer for current products or services)
2. 생산비용 절감을 위한 생산요소에의 접근
   (To gain access to low-cost factors of productions)
3. 새로운 핵심역량 개발
   (To develop new core competencies)
4. 기존 역량의 가치 극대화 방법 모색
   (To leverage current core competencies in new ways)
5. 기업 위험의 분산 및 관리
   (To manage corporate risk)

출처: Barney. 2002. *Gaining and Sustained Competitive Advantage*, p.518.

---

112) 이러한 해외직접투자 요인은 '내부화 이론(theory of internalization)'으
    로 설명할 수 있으며, 대표적인 학자로는 코스(R. Coase), 윌리암슨(O.
    Williamson), 러그만(A. Rugman) 등이 있음(원종근 2006, 81~82).

한편 원종근(1995)은 기업들의 해외직접투자 동기를 시장 추구형 (market seekers), 생산효율 추구형(production efficiency seekers), 자원 추구형(resource seekers), 지식 추구형(knowledge seekers) 등 크게 네 가지 유형으로 나누었다[113]. 특히 시장 추구형 해외직접투자는 새로운 시장을 확보하기 위한 공격적 시장 추구형과 무역규제 회피나 제3국 우회수출기지 확보를 위한 방어적 시장 추구형 등 두 가지로 분류하였다. 이 밖에도 정치적 안정 추구형, 선도기업 추종형, 고객 추종형 등도 해외직접투자 동기의 기타 유형으로 첨가하였다. Barney(2002)는 기업의 해외진출은 사업 다각화 전략이 국경을 넘어 발생한 것으로, 다각화 전략의 특별한 경우이기 때문에 해외진출 전략도 해외진출을 통해 '범위의 경제'가 실현될 수 있을 때에만 가치를 지닌다고 보았다. 해외진출을 통해 얻고자 하는 '범위의 경제' 효과는 결국 기업의 해외진출 동기라고 할 수 있고, <표 4-1>과 같이 다섯 가지로 정리할 수 있다. 이제 다국적기업의 중국 자동차산업 진출요인에 대해서 살펴보기로 한다.

2) 다국적기업의 중국 자동차산업 진출요인

1980년대에 들어 중국 승용차 부문을 중심으로 본격적으로 시작된 다국적기업의 직접투자는 무엇보다도 중국시장의 성장 잠재력을 바탕으로 이루어졌다고 할 수 있다(Peng 2000, 145). 1984년 폭스바겐이 상하이자동차와 합자로 상하이폭스바겐을 설립할 당시, 중국의 인구는 10

---

113) 또한 원종근(2006)은 기업의 해외직접투자 요인과 관련된 이론들의 큰 줄기를 '독점적 우위이론→내부화 이론→절충이론'으로 발전해 왔다고 요약하였고, 기타 이론들은 이들 세 가지 이론의 성격을 복합적으로 가지고 있다고 보았음.

억 4,357만 명이었으며 그중 도시인구는 전체 인구의 23%인 2억 4,017만이었다(中國統計摘要 2006, 39). 또한 1984년 중국의 1인당 GDP는 695위엔(약 90달러)에 불과했고 도시주민 1인당 가처분소득과 농촌주민 1인당 순수입도 각각 652위엔(약 80달러), 355위엔(약 45달러)에 그쳤다. 하지만 미국과 유럽, 일본의 다국적기업들이 對중국 직접투자에 적극 나선 것은 1978년 개혁개방정책 이후 중국의 높은 경제성장률과 승용차 구매계층의 확대 가능성과 공급 부족에 주목하였기 때문이었다.

<표 4-2>에서 1980년과 1983년 중국의 GDP 증가율은 각각 7.8%, 10.9%였으며 1983~1988년까지 GDP 증가율은 10%를 웃돌았다. 1인당 GDP 증가율도 GDP 증가율과 비슷한 추세를 보였는데, 특히 1984년과 1985년 1인당 GPD 증가율은 각각 13.7%, 11.9%에 달했다. 또한 승용차 내수시장 확대의 중요한 요소인 도시인구의 비중은 1980년 19.4%에서 1982년 21.1%, 1984년 23%, 1988년 25.8%로 꾸준히 늘어났다.[114] 중국 도시인구는 1981년에 2억 명을 돌파하였고 1988년에는 2억 8,661만 명에 달했으며 1990년에 3억 명을 넘어섰다. 이처럼 중국에서 승용차 수요 증가 잠재력은 매우 큰 반면, 중국 내 승용차 생산능력은 수요 증가 속도를 따라가지 못하고 있는 점이 1980년대 다국적기업의 對중국 직접투자의 가장 큰 요인이었다고 할 수 있다.

---

114) 중국 전체 인구에서 도시인구가 차지하는 비중은 1996년에 30%(3억 7,304만 명)를 넘어섰고, 2003년에는 40%(5억 2,376만 명)를 초과했음. 한편 2005년 중국 전체 인구는 13억 756만 명이었으며, 도시인구 비중은 43%(5억 6,212만)에 달했음. 현 추세대로라면 2015년경 도시 농촌 간 인구가 역전될 것으로 예상됨.

⟨표 4-2⟩ 1980년대 중국 GDP 증가율, 도시인구
비중 및 승용차 수급 추이(대, %)

구 분	1980	1981	1982	1983	1984	1985	1986	1987	1988
GDP 증가율	7.8	5.2	9.1	10.9	15.2	13.5	8.8	11.6	11.3
1인당 GDP 증가율	6.5	3.9	7.5	9.3	13.7	11.9	7.2	9.8	9.5
도시인구(만 명)	19140	20171	21480	22274	24017	25094	26366	27674	28661
도시인구 비중	19.4	20.2	21.1	21.6	23.0	23.7	24.5	25.3	25.8
승용차 생산량(A)	5418	3428	4030	6046	6010	5207	12297	20865	36798
승용차 수입량(B)	19570	1401	1101	5806	21651	105775	48276	30536	57433
비중 (B/A)	361.2	40.9	27.3	96.0	360.2	2031.4	392.6	146.4	156.1

출처: 中國汽車工業年鑒 1995, p.89 & p.323.
    中國統計摘要 2006, p.23 & p.39를 바탕으로 재구성.

<표 4-2>에서 1980년대 중국의 승용차 수입량은 자체 생산량보다 대체로 많았다. 특히 1985년 중국의 승용차 생산량은 5,207대였으나 승용차 수입량은 무려 10만 5,775대로 생산량의 20배를 넘었다. 1984년과 1986년에도 승용차 수입량은 생산량의 4배에 육박하였다. 1984년부터 1986년까지 중국의 자동차 수입량이 자동차 생산량에서 차지하는 비중이 각각 28%, 80%, 40%였다는 점을 고려하면, 그 당시 중국 자동차 산업의 생산구조가 상용차 위주로 매우 심각하게 편중되어 있었음을 알 수 있다. 다국적기업들은 중국 자동차산업의 왜곡된 공급구조, 좀 더 엄밀하게 말하자면, 승용차 공급 부족 현상을 간파하고 對중국 직접투자를 단행하여 현지생산체제를 갖추었던 것이다. 또한 이는 중국 자동차산업에 새롭게 진출, 기존 승용차에 대한 새로운 소비자 탐색 및 기존 역량의 가치 극대화 방법을 모색하여 중장기 성장 기반을 구축하려는 다국적기업의 의지로 풀이할 수 있다. 즉, 1980년대 중반 이후 다국적기업들은 對중국 직접투자를 본격적으로 추진하면서 중국 승용차 시장의 발전 잠재력을 높이 평가하였을 뿐만 아니라, 장차 중국을 양산비용 절감을 위한 생산기지로 육성하려는 계획을 가지고 있었다고 하겠다.

특히 1990년대 중반까지 다국적기업의 중국 자동차산업에 대한 직접투자 동기는 중국정부와 중국기업에 대한 독점적 경쟁우위의 활용의 성격이 강했다고 볼 수 있다. 다국적기업들은 승용차 부문에서 중국정부나 중국 자동차기업을 충분히 압도하는 기술력과 자금력 및 마케팅 능력을 가지고 있었기 때문이다. 중국정부가 다국적 합자기업에 대한 지분 제한 규정을 강화하면서도 실질적인 '지배력 상실(control loss problem)[115]'을 경험한 것은 다국적기업 파트너의 독점적 경쟁우위가 매우 확고했기 때문이다.

다시 말해서 다국적기업의 對중국 직접투자 요인은 시장 추구형 (market seekers) 전략에서 찾을 수 있으며, 방어적 시장 추구보다는 공격적 시장 추구형 성격이 더 강했다고 할 수 있다. 다만 방어적 시장 추구형 성격이 부분적으로 나타났다고 볼 수 있는데 이는 중국정부가 자동차 국산화 정책 및 외환사용 억제정책을 적극 추진하면서 1985년에 승용차에 대한 관세율을 150%에서 240%로 대폭 인상한 것과 관련이 깊다. 또한 1990년대 후반 이후 중국 자동차산업의 양산능력이 크게 향상되면서 '생산효율 추구형(production efficiency seekers)' 직접투자와 저렴한 양질의 노동력에 대한 '자원 추구형(resource seekers)' 투자가 과거보다 더욱 중요한 진출요인으로 부상하였다고 하겠다. 중국은 이미 다국적기업의 신흥시장이 되었을 뿐만 아니라, 다국적기업의 가치사슬에서 부품과 완성차의 생산거점 역할을 감당하기 시작한 것이다.

---

115) Peng(2000)은 베이징지프, 상하이폭스바겐, 광조우푸조 등 3대 합자기업에 대한 사례연구에서 중국 중앙정부의 지배력 상실 문제를 주인-대리인 관계(principal-agent analysis)의 관점에서 접근하였고, 3대 합자기업 중에서 광조우푸조에 대한 중앙정부의 지배력이 가장 많이 약화되었다고 진단하였음.

2. 중국정부의 외자유치 요인

다국적기업들이 중국 자동차산업의 성장 잠재력과 승용차 부문의 수요 급증 및 공급 부족에 주목하여 對중국 직접투자를 추진하였던 반면, 중국정부와 중국기업들은 승용차 부문 육성에 초점을 맞추어 자본과 기술 및 경영 노하우를 얻기 위해 다국적기업을 끌어들였다고 할 수 있다 (신태용 1987, 이문형 2000, 임기택 2003, Peng 2000). 특히 중국정부는 외자유치를 통하여 가능한 짧은 시간 내에 완성차와 부품의 국산화율 제고 및 수출 증대 효과를 거두고자 하였다. 1978년 개혁개방정책이 실시된 이후 국유기업 및 공공기관의 승용차 수요가 급증하였지만 중국 내 승용차 생산기반은 매우 빈약하였고, 자체 개발한 승용차의 품질이나 디자인도 수입차와 큰 차이를 보였다. 따라서 급속도로 증가하는 승용차 수요량을 감당하고 수입량을 줄이기 위해 외자도입을 통한 승용차 생산기반 확충과 품질 향상이 시급한 과제로 부상하였다.

<표 4-2>에서 알 수 있듯이 1980년대 중국의 승용차 수입량은 대체로 승용차 생산량을 초과하였으며, 전반적으로 증가하는 추세를 보였다. 결국 1980년대 중반부터 중국정부는 승용차 부문 육성의 필요성을 절실하게 깨닫기 시작했고 1985년 중국자동차공업공사(中國汽車工業公司)와 중국건설은행 및 국무원 경제기술발전센터 등 3개 기관이 공동으로 개최한 세미나에서 승용차 부문 육성을 위해 기존의 자립, 폐쇄적 발전방식에서 탈피하여 외국기업과 적극 협력해야 한다는 의견이 제기되었다(이문형 2000, 17~18). 그 당시 중국의 기술력과 설비만으로는 급증하는 승용차 수요를 더 이상 감당하기 어렵다는 점을 공식적으로 인정한 것이다. 본 연구 제3장 1절 <표 3-5>와 <표 3-6>에서 알 수 있듯이, 1986년 7.5계획과 1987년 '중국 자동차공업 2000년 발

전계획'에서 중국정부는 승용차 부문을 중국 자동차산업 발전의 핵심으로 인정하였고 외자도입 및 다국적기업과의 협력을 촉진하기 위한 제도적 기반을 마련하였다.

한편 1980년대 중반 중국 국유기업과 다국적기업 간 합자기업 설립과정에서 중국정부와 중국기업은 신차개발과 부품 국산화 및 완성차의 수출을 조건으로 내걸었으며 다국적기업들은 대체로 CKD형 부품 수입과 기존 모델 양산을 통한 내수판매량 확대를 우선적으로 주장하였다 (Peng 2000). 중국 현지기업들의 부품 제조 능력이 현저히 떨어지는 상황에서 신차개발이나 수출을 추진한다는 것은 시기상조라고 판단한 것이다. 다만 기존 모델에 대한 부품 국산화 작업은 CKD 양산과 동시에 계속 추진할 수 있다는 입장을 보였다. 1980년대 중반 베이징지프와 상하이폭스바겐, 광조우푸조 등 다국적 합자기업 설립과정에서 협상 기간이 4~6년씩 걸렸던 것[116]은 중국정부(국유기업)와 다국적기업 간 합자기업 설립 목표와 운영에 대한 의견차이가 너무 컸기 때문이었다. 1980년대 중반 이후 다국적 합자기업들이 속속 설립되면서 이러한 의견차이가 가까스로 좁혀진 것같이 보였으나, 그 이후에도 다국적 합자기업 경영에 있어서 중국정부와 다국적기업 간 의견충돌 현상은 계속 발생하였고, 합자관계 종료나 계약내용 변경으로까지 이어지는 경우도 많았다. 다국적 합자기업 설립과정과 설립초기에 다국적기업의 진출요인과 중국정부의 외자유치 요인이 접점을 찾기가 그만큼 어려웠다는 얘기다.

중국정부는 1994년 자동차공업산업정책에서 합자기업 지분비중 50% 제한 규정을 유지하면서 외자유치를 장려하였고, 외자유치를 통한 완성

---

116) 베이징지프는 1979년에 합자기업 설립을 위한 협상이 시작되어 1983년에 완결되었고, 상하이폭스바겐은 1978~1984년, 광조우푸조는 1980~1985년까지 협상이 진행되었음(Peng 2000, 149).

차와 부품수출 촉진, R&D센터 설립 및 신차개발을 다시 한 번 강조하였다. 여전히 기존 모델 양산을 통한 내수판매량 확대를 바라는 다국적기업의 직접투자 동기와는 커다란 괴리감을 드러냈던 것이다. 그러나 이러한 중국 중앙정부의 외자유치 요인과는 별개로 산업현장에서는 지방정부(국유기업)가 다국적 합자기업 운영에 있어서 다국적기업과 의견 조율에 적극 나서기 시작했고, 양측은 파국으로 치닫는 대립상황을 최대한 피했다. 따라서 중국 자동차산업에서 승용차 부문이 본격적인 양산단계에 접어들기 전까지는[117] 중앙정부와 다국적기업 사이에서 지방정부가 어떤 역할을 했느냐가 다국적 합자기업의 성과에 매우 큰 영향을 끼쳤다고 볼 수 있다. 결국 1990년대 중반까지 다국적기업과 지방정부는 합자기업 운영에 대한 이해관계의 접점을 기존 모델에 대한 부품 국산화율 제고와 완성차 품질 향상 및 양산능력 제고에서 찾았으며 이를 바탕으로 1990년대 후반부터는 부품 수출과 완성차(기존 모델) 수출에 나서기 시작했다고 풀이할 수 있다.

---

117) 중국의 승용차 생산량은 1990년 4만 2,409대에서 1991년 8만 1,055대로 급증하였고 그 이후에는 지속적인 증가세를 유지, 1993년에 20만 대, 1995년에는 30만 대를 돌파하였음. 그러나 승용차 양산단계는 연간 생산량이 50만 대를 넘어선 1998년부터 본격적으로 시작되었다고 할 수 있음.

제3절 다국적기업 진출 추이와 특징

1. 다국적기업 진출 추이

본 연구 제2장 2절에서 언급하였듯이 전략적 제휴란 경쟁관계에 있는 두 개 이상의 기업들이 연구개발이나 생산, 판매 및 서비스 등 기업활동의 가치사슬에서 잠정적인 협조관계를 구축하는 것을 의미한다. 아울러 전략적 제휴란 어디까지나 잠정적인 협조관계이기 때문에 경쟁과 갈등이라는 속성도 함께 지니고 있다. 따라서 전략적 제휴란 가능하면 단기간 내에 자신의 부족한 역량을 최대한 보완하여 제휴 상대방을 포함한 다른 경쟁자들과의 경쟁에서 우위를 점하겠다는 의도를 내포한 기업전략인 것이다. 제2장 2절에서 전략적 제휴의 유형은 지분제휴(equity alliance), 非지분제휴(non-equity alliance) 및 합작기업(joint venture) 설립 등 크게 세 가지로 분류하였다. 아울러<도 2-5>에서 기업의 해외시장 진출 방법 분류에서 기업의 국제화[118), 또는 해외시장 진출과정을 '간접수출 → 직접수출 → 제휴와 협력에 의한 해외 판매망 확충(非지분형 제휴) → 해외직접투자[119)(지분형 제휴, 합자기업 설

---

118) 기업의 국제화란 국내시장에서 처음 기업활동을 시작한 기업이 점진적인 성장, 발전과정을 거쳐 해외시장(국경 밖 지역)에 진출하는 것을 의미함. 기업의 국제화 과정과 전략에 대한 대표적인 학자로는 콜테(E. Kolde), 그라이너(L. Greiner), 데이비드슨(W. Davidson), 조한슨과 발네(J. Johanson & J. Vahlne), 카뷔스길(T. Cavusgil) 등이 있음(원종근 1995, 12).

119) 해외직접투자(Foreign Direct Investment: FDI)는 해외 신설법인에 대한 경영권 행사나 해외 기존법인에 대한 경영권 확보(의사결정 구조

립 및 단독투자)'로 정리하였다.

중국 자동차산업에 대한 다국적기업의 진출도 대체로 일반적인 해외
시장 진출과정을 거쳐 왔다고 할 수 있다. 1960년대 이후 중국의 자동
차산업은 '상용차 자체개발 → 승용차 수입 증가 → CKD 부품 수입을
통한 승용차 양산 → 승용차 자체개발'의 단계를 거쳐 왔다. 다른 개발
도상국가들이 완성차의 수입대체를 위해 CKD 조립생산을 추진한 뒤,
국산화를 추구하는 발전과정과는 사뭇 다른 모습인 것이다. 이처럼 중국
에서 상용차 자체개발 단계가 수입 증가보다 선행되었던 이유는 중공업
과 군수산업 육성정책 및 자력갱생 정책의 영향 때문이라고 할 수 있다.
중국은 1953년에 소련의 자동차공장을 모델로 최초의 자동차공장인 '디
이자동차(第一汽車)'를 설립하였는데 1960년대 중반까지 소련으로부터
부품공급 및 부품 제조 기술, 완성차 생산관리 기술을 원조받았다. 디이
자동차가 처음으로 양산한 4톤 트럭 '지에팡(解放)'이나 중국 최초의 양
산 승용차인 '둥펑(東風)'은 모두 소련 기술자들의 지도하에 개발된 것
이며, '홍치(紅旗)'는 '둥펑'을 개선한 모델이다(이문형 2000, 13).

하지만 대약진운동의 여파로 전국 각지에 소규모 자동차 공장이 난
립하게 되었고 생산규모의 영세성으로 자체 생산만으로는 양적으로나
질적으로나 내부 수요를 만족시키기 어려웠다. 특히 1978년 개혁개방
정책이 실시되기 이전까지 중국의 자동차 생산은 거의 대부분 정부에
의한 지령성 생산계획[120]에 의해서 이루어졌으며 자동차 생산도 승용

의 수직적 통합)를 목표로 삼고 있는 반면, 해외간접투자(International
Portfolio Investment)는 해외기업에 대한 경영권 확보보다는 자본투자를
통한 이자 및 배당수입의 증대, 주식 시세차익 실현을 주요 목표로 삼고
있음(원종근 1995, 24).

120) 개혁개방정책이 실시된 이후에도 5~6년 동안은 중국 자동차산업에서
지령성 생산계획에 의한 생산량 비중이 매우 높아, 1982년과 1983년
에 각각 92%, 80%에 달했으며 1985년(39%)부터 그 비중이 본격적으로
하락했음(하상조 1997, 477).

차보다는 상용차 위주였다. 1958~1978년까지 중국에서 생산된 승용차
는 1만 4,935대로 전체 자동차 생산량의 약 1.1%에 불과했다(이문형
2000, 15). 사실, 계획경제체제하에서 시장은 형성되어있지 않았고 정
부가 자동차의 수요를 결정하기 때문에 자동차나 승용차에 대한 실제
수요가 어느 정도인지조차 파악하기 어려웠다[21]. 따라서 중국정부가
중국 내부의 자동차 공급 부족을 수입으로 해결하였다는 주장도 설득
력을 갖기 힘들다. 아울러 1970년대 이전 중국 자동차산업 발전과정에
서 다국적기업의 진출전략을 논하는 것은 별 의미를 갖지 못하며, 중국
자동차산업과 다국적기업 간의 연결고리는 시기적으로 1970년대 중반
부터 찾는 것이 합당하다고 하겠다.

 1980년 중국의 자동차 수입량은 5.1만 대였고 그중 화물트럭과 승용
차가 각각 2.6만 대, 승용차가 1.9만 대였다(中國汽車工業年鑑 1995,
323). 중국의 자동차 수입에 있어서 1980년대 중반까지는 화물트럭과
버스 등 상용차 비중이 50%를 넘었으나 1987년에는 승용차 수입비중
이 45.5%에 달하면서 화물트럭과 버스의 수입 비중을 본격적으로 앞
지르기 시작했다. 중국 자동차산업에서 승용차 수입이 많아졌다는 것은
다국적기업의 對중국 진출이 그만큼 활기를 띠기 시작했다는 것을 의
미한다. 또한 완성차 위주의 수입구조에서 부품 위주 수입구조로의 변
환도 1980년대 중반부터 가속화되었는데, 이는 다국적기업들이 중국
자동차기업과 전략적 제휴를 통하여 현지생산공장을 설립하기 시작한
때와 일치한다. 즉, 다국적기업들의 중국 현지생산체제 구축은 CKD형
부품조립을 통한 완성차 양산공장 설립을 의미하며, 1990년대 중반까

---

121) 중국 자동차 생산량에 대한 중국국가통계국의 공식통계는 1957년부터 시
 작되었지만 자동차 수입에 관한 공식통계는 1980년부터, 수출통계는 1989
 년부터 시작되었다고 할 수 있음. 결국 1980년 이전까지 지령성 계획
 생산체제하에서 자동차 내수규모가 어느 정도였는지 정확히 추정하기가
 어려움.

지 이러한 양산공장의 자동차 부품은 대부분 수입을 통해 조달되었다. 중국의 자동차산업 수입총액에서 CKD형 부품을 제외한(완성차 수입으로 간주) 일반 부품의 수입액 비중은 1980년 10.2%에서 1986년 14.2%, 1992년 24.6%로 상승했지만(中國汽車工業年鑑 1995, 323), 그 비중은 여전히 높지 않았다.

1985년에 중국 내 자동차 생산량 대비 자동차 수입량이 80%에 달하고 승용차 수입비중이 계속 상승하자, 중국정부는 승용차 부문 육성에 적극적으로 나서기 시작했다. 본 연구 제3장 1절에서 언급하였듯이 중국정부는 1986년부터 실시한 7.5계획에서 자동차산업을 '지주(支柱)산업'으로 지정하였고 1987년에는 '자동차공업 2000년 발전계획 개요'에서 승용차 부문을 자동차산업의 핵심으로 공식 인정하였다(<표 3-5>). 이러한 분위기에 편승하여 지방정부의 직간접적 지원에 힘입은 중국 자동차기업들과 다국적기업들은 앞 다투어 합자기업을 설립하였고 1987년부터 1992년까지 '3大3小2微'라고 불리는 승용차 생산 8대 중점기업이 지정되었다. '3大3小2微' 기업 중에서 1984년에 상하이자동차는 폭스바겐과 50 : 50으로 4,000만 달러를 투자하여 상하이폭스바겐을 설립하였고 1983년에 베이징자동차는 미국 AMC(현 다임러크라이슬러)와 69 : 31로 5,100만 달러를 투자하여 베이징지프를 세웠다.[122] 또한 광조우자동차는 푸조와 1985년에 5,200만 달러를 투자하여 광조우푸조를, 다이하츠는 1986년에 톈진자동차(현 톈진이치자동차)와 CKD형 양산제휴를 맺었다.

결국 다국적기업들의 입장에서 1980년대에 들어 對중국 승용차(완성

---

122) Harwit(1995)은 상하이폭스바겐, 베이징지프, 광조우푸조 등 3개 합자기업에 대한 사례분석에서 합자기업 설립을 위한 다국적기업과 국유기업 간 협상기간이 4~6년씩 소요되었고 각 합자기업의 최초 양산시점은 상하이폭스바겐과 베이징지프가 1985년, 광조우푸조는 1986년이었다고 밝혔음(Peng 2000, 149).

차) 수출이 급격히 늘어난 것이 중국 현지생산체제를 구축하게 되는 계기로 작용한 것이다. 중국정부는 1980년대 중반 자동차산업, 특히 승용차 부문에서 세계와의 현격한 실력 차이를 경험하였고 그 차이를 줄이기 위해 외자유치와 합자기업 설립에 적극 나섰지만 20여 년이 지난 지금까지도 가시적인 성과를 거두었다고 보기 어렵다. 또한 합자기업에 대한 실질적인 경영권은 다국적기업들이 쥐고 있다고 할 수 있다. 1980년대 중반에는 폭스바겐, 크라이슬러, 푸조(PSA), 다이하츠, 이스즈 등이 다국적 합자기업 설립에 주도적인 기업이었으며 1990년대 초반에는 도요타와 스즈끼, 1990년대 후반에는 GM과 혼다, 2000년대에 들어서는 포드, 닛산, 현대 등이 다국적 합자기업 설립에 적극적으로 나섰다. 아울러 다국적 합자기업들의 주력 모델은 대부분 다국적기업 파트너의 기존 모델이며 중국에서 새롭게 개발된 모델은 거의 없다. CKD 부품조달이 수입에서 자체조달로 바뀌었을 뿐, 부품조립 양산형 기업 형태에서 크게 벗어나지 못하고 있다는 얘기이다. 물론 2000년대에 들어 중국 자동차기업과 다국적기업 간 합자관계가 더욱 강화되면서 독자모델 개발 움직임이 서서히 나타나고 있다.

최근 들어 다국적기업이 합자기업의 다수지분을 확보하거나, 판매법인이나 마케팅 지원법인의 경우 다국적기업이 단독으로 투자하는 경우가 종종 나타나고 있다. 전량 수출을 조건으로 설립된 혼다자동차중국우한공사(本田汽車中國有限公司)의 대주주는 65%의 지분을 보유한 혼다자동차이며 GM과 도요타는 각각 중국 현지에 완성차(부품) 판매센터, 마케팅 지원센터의 지분을 100% 보유하고 있다. 그러나 아직까지는 합자나 합작투자에서 단독투자로의 흐름이 다국적기업 전략 변화의 전반적인 흐름이라고 말하기는 어렵다. 아울러 중국 자동차기업에 대한 인수합병도 다국적기업이 주도적으로 나서서 추진할 수 있는 상황이 아니다.

결국 중국 자동차산업에 대한 다국적기업의 진출전략 변화는 '직간접 수출 → 기술공여 → 생산 및 판매제휴 → CKD 양산 위주의 합자기업 설립'의 추이를 보여 왔으며 이는 기업의 일반적인 국제화 과정(해외진출 방법의 발전)에도 상당 부분 부합되는 것이라고 볼 수 있다. 다만 합자기업 설립으로 대변되는 중국 자동차산업에 대한 다국적기업의 직접투자는 정부 제약요인 등으로 합자기업 계약기간이 길어지면서 일반적인 국제화 과정과 다소 다른 모습이 나타나고 있다. 이에 다국적기업들이 중국 자동차기업들과 전략적 제휴를 추진하는 과정에서 제휴유형이나 제휴성격의 변화는 구체적으로 어떠했는지, 시기별 특징은 무엇이었는지, 또한 앞으로 전략적 제휴에서 인수합병이나 단독투자로의 진행은 어떻게 일어날 것인지에 대해서는 제5장의 세 가지 분석을 통해 좀 더 구체적으로 다루어 본다.

2. 다국적기업 진출 특징

중국 자동차산업에 대한 다국적기업 진출추이의 가장 큰 특징은 산업정책의 변화에 큰 영향을 받아 왔다는 점이다. 이는 중국 자동차산업 발전 초창기에 두드러지게 나타났는데 자동차산업뿐만 아니라 다른 산업들도 계획경제체제하에서 정부 역할은 절대적이었다고 할 수 있다. 본 연구 제3장 1절에서도 지적하였듯이 중국에서 자동차산업에 본격적인 육성정책이 실시된 것은 1980년대 중반부터라고 할 수 있다. 그 이전의 중국 자동차산업은 계획경제의 목표에 따라 정부가 할당한 연간 목표량을 생산하는 '지령성 생산 시스템'에 의해 움직였고 다국적기업의 자동차 수출도 홍콩이나 제3국을 경유한 우회수출이나 중국 현지 대리상을 통한 간접수출이 대부분이었다. 결국 중국정부가 승용차 부문 집중 육성과 자동차업계의 구조조정 촉진을 위해 1986년 7.5계획에서 자동차산업을 '지주(支柱)산업'으로 지정한 뒤, 다국적기업의 對중국 직접투자가 본격적으로 시작된 것이다.

하지만 앞서 언급하였듯이 7.5계획부터 1994년 자동차공업산업정책, 2004년 신정책에 이르기까지 자동차산업 구조조정과 독자모델 개발에 있어서 산업정책들은 별 성과를 거두지 못했다. 반면 해외에서 검증된 모델의 양산을 통한 주요 자동차기업의 양적인 성장과 승용차 부문에 대한 다국적 합자기업의 영향력 확대 등은 시장의 역할을 지속적으로 강화시켜 왔다. 게다가 중국 도시주민들의 구매력과 정보력의 증가도 자동차산업 발전에서 시장동력의 對정부 우위현상을 가속화시키는 요인으로 작용했다.

물론 본 연구 제3장 1절에서 언급하였듯이, 중국 자동차산업의 시장동력 증가가 곧바로 정부 역할의 소멸을 의미하는 것은 아니다. 에너지 안보와 환경보호가 질적 성장을 위한 중요한 테마로 부상하면서 중국 정부의 새로운 역할수행 요구에 대한 근거로 작용하고 있기 때문이다. 또한 중국정부가 신정책에서 완성차 제조 부문 합자기업에 대한 다국적기업 지분을 50% 이하로 제한하는 것과 다국적기업이 설립할 수 있는 합자기업 수를 2개 이내로 제한하는 규정을 그대로 유지한 것도 시장동력에 의한 산업구조 조정, 좀 더 구체적으로 말하자면, 50：50 지분구조의 합자기업에서 단독투자나 인수합병을 추진하려는 다국적기업의 對중국 진출전략에 커다란 제약요인이다. 중국정부는 기본적으로 시장경쟁에 의한 자동차산업 구조조정을 추진하겠다고 밝히고 있지만, 어디까지나 산업구조 조정의 주도세력은 다국적기업이 아닌 중국 자동차기업이 되기를 바라고 있는 것이다.

따라서 중국 자동차산업에 대한 다국적기업 진출전략 변화의 두 번째 특징으로서 합자기업 계약기간의 장기화와 합자기업 성격의 변화를 꼽을 수 있다. 폭스바겐은 상하이자동차와 2002년 4월, 합자기업 계약기간을 2030년까지 연장하는 데 합의하였고, 크라이슬러는 1999년에 베이징지프에서 지분 철수를 검토하였으나 2001년에 계약을 연장하였으며 2005년 8월에는 베이징자동차와 다임러크라이슬러가 각각 50%씩 출자, 베이징벤츠-다임러크라이슬러를 설립하는 새로운 합자계약을 체결하였다. 베이징벤츠-다임러크라이슬러의 합자계약 기간은 2032년까지이다. 또한 혼다는 1997년에 광조우푸조에서 PSA 지분(22%) 철수가 이루어진 뒤, 1998년 7월에 광조우자동차와 계약기간 30년의 광조우혼다를 설립하였다. 이 밖에도 GM, 도요타, 포드, 닛산 등 주요 다국적 합자기업의 계약종료 시점은 대부분 2025~2030년으로 25~30년의 장기계약 관계를 맺고 있다.

이처럼 다국적 합자기업의 계약기간 연장 및 장기화 현상은 중국정부가 완성차 제조 부문의 다국적기업 단독투자를 금지하고 있는 상황에서는 가장 현실적인 대안이라고 할 수 있다. 이와 더불어 1990년대 후반부터 중국 자동차기업과 다국적기업 간 합자관계가 CKD 부품 수입을 통한 양산 중심에서 기술제공과 부품조달 및 판매제휴에 이르기까지 포괄적인 협력관계로 바뀐 것도 중요한 특징으로서 지적할 수 있다. 이러한 포괄적 협력관계는 양자 간 제휴 형태를 유형별로 분류하고 건수를 헤아리는 것을 무의미하게 만들었다. 결국 중국 자동차산업에 대한 다국적기업의 진출전략은 전략적 제휴의 세 가지 유형 중에서 합자기업 관계를 중심으로 한층 더 진화하였지만, 전략적 제휴에서 인수합병이나 단독투자 단계까지는 나아가지 못한 형국이다.

아울러 최근 2~3년 동안 중국 자동차산업에서 나타나고 있는 현상들, 즉 다국적 합자기업의 설비투자 증가로 인한 공급과잉 우려 증가, WTO

가입으로 인한 관세 및 비관세장벽의 완화, 판가하락 및 업계 영업이익
증가율 둔화 등이 다국적기업의 對중국 진출전략 변화에 어떤 의미를
갖는지에 대해서도 면밀히 검토할 필요가 있다. 본 연구 제2장 2절 이
론적 배경에서 전략적 제휴와 인수합병은 산업환경 및 기업 특성에 따
라 서로의 대안으로서 활용될 수 있다고 지적하였다. 이미 세계 3위 자
동차 생산국이자 2위 소비국로 부상한 중국에서 다국적기업들은 현재
상황과 앞으로의 상황을 다각적으로 고려하여 각 기업에 적합한 전략적
포지셔닝(strategic positioning)을 만들어 가야 하는 것이다. 즉, 전략적
제휴와 인수합병 또는 단독투자 중에서 어떤 전략을 추진하는 것이 바
람직한가에 대한 접근이 이루어져야 할 시점인 것이다. 이러한 접근은
경영환경 변화에 따른 중국 자동차기업의 전략 변화를 가늠해 보는 데
도 의미 있는 결과를 제시할 것이다. 이에 제5장 2절에서는 중국 자동
차산업의 발전양상에 대한 분석을 바탕으로 그에 대한 답을 제시하고자
하였다.

제5장 다국적기업의
중국 자동차산업 진출전략 변화 분석

　제5장 1절에서는 지난 20여 년간 중국 자동차기업들과 다국적기업 간 전략적 제휴가 실제로 어떻게 추진되어 왔는지, 제휴 유형의 변화와 특징에 대해 살펴보았다. 2절에서는 非지분형 제휴, 지분형 제휴 및 인수합병 중에서 바람직한 전략선택을 위한 다섯 가지 결정변수를 제시하고 중국 자동차산업의 발전양상과 자동차기업의 경영성과에 대한 분석을 바탕으로 향후 바람직한 전략선택에 다하여 다루었다. 3절에서는 중국 자동차산업에서 6대 국유기업을 포함한 주요 자동차기업과 중소 국유기업 및 민영기업의 경영성과를 자주적인 신차개발과 해외시장 진출성과 측면에서 비교, 분석하고 그 함의를 짚어 보았다.

제1절 중국 자동차기업과 다국적기업 간 전략적 제휴 유형 변화

1. 분석방법: 외형적 특성에 의한 제휴 유형 분류

중국 자동차기업과 다국적기업 간 전략적 제휴 유형 변화에 대한 분석을 위해, 우선 1985년 이후 중국 자동차기업(국유기업, 국유주식제기업 및 국영기업 포함)과 다국적기업 간 수립된 전략적 제휴의 유형과 특징을 1985~1990년, 1991~1995년, 1996~2000년, 2001~2005년으로 크게 네 가지 시기로 나누어 정리하였다. 이렇게 네 가지 시기로 구분한 이유는 본 연구 제3장 1절, 중국 자동차산업 발전현황 분석에서 1978년 개혁개방정책 이후 1980년대를 중국 자동차산업의 기반 확대기로, 1990년대 중반까지를 전면 발전기로, 1994년 이후를 개방 확대기로 분류하였기 때문이다. 여기서 다국적기업의 진출이 미미하였던 1980년대 초반까지를 제외하고 2001년 WTO 가입 이전과 이후를 추가하여 네 시기로 나눈 것이다. 또한 이는 본 연구 제3장 1절에서 중국 자동차산업정책의 시기별 구분과도 대체로 일치한다. 즉, 7.5계획(1986년)과 1987년 '자동차공업 2000년 발전계획 개요'가 추진되었던 시기, 8.5계획(1991년) 시기, 1994년 '자동차공업산업정책'과 9.5계획(1996년) 시기, 10.5계획(2001년) 시기 및 WTO 가입 이후 2004년 6월 신정책(자동차산업 발전정책) 시기 등은 1985년 이후 5년 단위의 시기 구분에서도 정책변화의 방향성을 찾을 수 있게 한다.

한편 본 연구에서 전략적 제휴 유형의 세부적 분류는 기술공여(TS: Technology Supply), 부품제공(PS: Parts Supply), 공동생산(JM: Joint Manufacturing), 합자기업 설립(JV: Joint Venture) 등 크게 네 가지로 나누었다. 또한 합자기업 성격과 역할에 따라, 합자기업을 부품 수입(CKD와 SKD), 또는 부품 현지조달에 의한 완성차 양산형 합자기업(KD형 JV)과 완성차 양산과 함께 공동연구개발(Joint Development)기능도 함께 수행하는 합자기업(JD형 JV) 등 두 가지로 나누었다. 여기서 기술공여(TS)는 가장 대표적인 非지분형 전략적 제휴이며 부품제공(PS)과 공동생산(JM)은 非지분형 제휴와 지분형 제휴, 양쪽 모두에서 나타날 수 있는데, 부품제공은 非지분형 제휴로서 많이 나타나고 공동생산은 지분형 제휴 쪽에 가깝다고 할 수 있다.

제5장 1절 분석에서 기술 라이센싱(technology licensing), 교차 라이센싱(cross-licensing), 연구개발 컨소시엄(R&D consortium) 등은 기술공여(TS) 범주에 넣었다. 또한 제품스왑(product swap)[123], 생산계약(manufacturing contract) 등은 공동생산(JM) 제휴로 간주하였다. 엔진이나 트랜스미션, 하체섀시(底盤) 등의 자동차 핵심부품의 공급계약도 광의의 부품제공(PS)으로 분류하였다. 그러나 실제로 중국기업과 다국적기업 간 부품제공 품목과 제휴 방식은 이보다 훨씬 다양하고 광범위한 반면, 겉으로는 잘 드러나지 않아 좀 더 세부적인 자료수집과 추적에 한계가 있었다. 한편 완성차 수입을 통한 판매제휴는 전략적 제휴의 한 유형임에 분명하지만, 본 연구에서는 중국 현지 양산(KD)이 아

---

123) 엄밀히 말해 제품스왑은 판매제휴의 일종으로서 제휴 파트너의 완제품에 자신의 상표를 부착하여 판매하는 방식임. 그러나 자동차산업에서 제품스왑은 다양한 완성차 모델과 부품을 만드는 데 소요되는 시간과 비용을 줄이기 위해 일부 차종과 표준화된 부품을 OEM 등의 방식으로 공유하는 것까지 포함하는 경우가 많음. 즉, 제품스왑과 판매제휴의 범위가 완성차뿐만 부품에까지 확대됨.

닌 완성차 판매제휴는 1차 자료수집에서 제외하였다. 또한 양산(KD)형 제휴에서 완성차 판매협력은 합자기업의 설립 목적과 기능에 자연스럽게 포함된다고 보았다.

합자기업 설립은 지분투자형 제휴의 한 형태로서 일반적으로 합자기업은 독립법인으로서 연구개발에서 상품기획, 제조, 유통, 판매, AS에 이르기까지 가치사슬 6단계(Mckinsey, 1980)의 전(全) 기능을 수행하게 된다. 다만 앞서 언급하였듯이, 중국 자동차기업과 다국적기업 간 설립된 합자기업은 완성차 조립에 중점을 둔 양산(KD)형 합자기업과 양산 및 연구개발, 상품기획을 병행하는 공동연구개발(JD)형 합자기업으로 나누었다. JD형 합자기업으로의 분류는 기존의 KD형 합자기업에 대한 설비투자 확대와 합자계약기간 연장, 부품 및 신차개발을 포함하는 전면적인 합작관계로의 전환에 관한 명시적인 계약체결 여부[124] 등을 중요한 기준으로 삼았다. 한편 조대우·송우용(1999)이 수행하였던 세계 자동차산업의 전략적 제휴 특성에 관한 접근방법이 본 연구 실증분석 구상에 많은 도움을 주었다. 조대우·송우용(1999)은 전략적 제휴의 특성 분석에 있어서 제휴의 외형적 특성에 의한 유형 분류와 제휴의 속성에 의한 분류방식[125]을 제시하였다.

---

124) 완성차 부문에서 중국 자동차기업과 다국적기업 간 전면적 합작관계란 제휴협력의 범위가 기존 모델의 양산에만 국한되지 않고, 시장상황에 따라 기존 모델 기능 변경, 신차개발, 생산, 판매, AS에 이르기까지 모든 영역으로 확대되는 것을 의미함. 특히 핵심부품 및 신차 공동개발이나 최신 모델의 생산라인 투입 등이 전면적 합작관계 수립의 신호탄이라고 할 수 있음. 도요타는 2002년 8월에 디이자동차와 승용차 부문에서 전면적 합작에 관한 계약을 체결하였고 닛산도 2002년 9월에 둥펑자동차와 전면적인 합작 파트너 관계 수립에 관한 협약서에 서명하였음.

125) 전략적 제휴의 외형적 특성에 의한 유형 분류 기준은 지분참여 여부, 파트너 간 협력 방향, 협력 분야 등이며, 제휴의 속성에 따른 분류 기준은 제휴관계를 유지, 운영하는 과정에서 나타나는 것으로 기회주의적 행동 가능성, 의사결정 구조, 파트너 간 정보보유 정도, 신뢰도, 제휴 특이적 투자 정도 등임.

아울러 과거 전략적 제휴에 관한 선행연구가 대부분 외형적 특성에 의한 유형 분류에 초점을 맞추어 왔는데, 이는 제휴 속성에 의한 분류가 각 제휴 사례별로 제휴기업 내부에 대한 면밀한 관찰을 필요로 하고, 1차 자료수집에 큰 어려움이 있기 때문이라고 진단했다. 더 나아가 조대우·송우용(1999)은 제휴 속성에 의한 분류가 외형적 특성에 의한 것보다 학문적인 기여도가 더 높다는 점은 인정하면서도 이는 어디까지나 개별 연구자들의 주관적인 판단에 따른 분류 결과의 편차가 크지 않을 때에만 가능하다는 단서를 달았다. 제휴 속성에 따른 제휴 유형 분류의 일반화 작업이 결코 쉽지 않다는 점을 지적한 것이다. 이는 제5장 1절, 중국 자동차산업의 전략적 제휴 유형 변화에 관한 분석에서 제휴 속성보다는 외형적 특성에 의한 접근방식을 중용(重用)한 이유이기도 하다.

제5장 1절 분석대상 기업으로서 중국 자동차기업 13곳, 다국적기업 22곳을 선정하였고, 1985년 이후 중국 자동차산업의 완성차 부문에서 전략적 제휴 수립 여부를 선정 기준으로 삼았다. 중국 자동차기업 13곳은 디이자동차(FAW), 상하이자동차(SAIC), 둥펑자동차(DFMC), 창안자동차(Changan), 베이징자동차(BAIC), 난징자동차(Nanqi), 광조우자동차(GAIG), 선양화천진베이자동차(華晨金杯), 푸지엔성자동차(FJMC), 장시장링자동차(JMC: 江西江鈴汽車), 칭링자동차(Qingling: 慶鈴汽車), 장쑤야싱자동차(Yaxing: 江蘇亞星客車集團), 하페이자동차(Hafei: 哈飛汽車) 등이다. 물론 이들 13개 대형기업집단이 중국 자동차산업에서 완성차 생산을 모두 감당하는 것은 아니다. 하지만 적어도 중국에서 생산되는 완성차의 약 90%는 이들 자동차기업을 거쳤다고 봐도 무방할 것[126]이다.

다국적기업은 중국에서 전략적 제휴 추진 여부를 기준으로 미국기업

---

126) 1994년, 1999년, 2004년, 2005년 중국 자동차 생산량 상위 10대 기업의 점유율은 각각 75%, 85%, 84%, 84%였으며 본 연구 제5장 1절 분석을 위해 선택된 13개 자동차기업은 대부분 10대 기업에 포함되었음. 상위 10대 기업 시장점유율에 대한 자세한 내용은 <표 5-28>~<표 5-31> 참조.

3곳(GM 포드, 다임러크라이슬러[127]), 유럽기업 7곳(폭스바겐-아우디, 벤츠, BMW, PSA, 르노, Fiat, Iveco), 일본기업 10곳(도요타, 혼다, 닛산, 마즈다, 스즈끼, 다이하츠, 히노, 미쯔비시, 후지중공업, 이스즈) 한국기업 2곳(현대, 기아) 등 모두 22곳을 선정하였다. 다만 선정된 다국적기업들 사이의 상호출자나 인수합병 관계는 배제하였고, 중국 자동차기업과 전략적 제휴 내용과 유형만을 추적하였다. 중국 자동차기업과 다국적기업 간 전략적 제휴에 관한 자료는 1차적으로 中國汽車工業年鑑 각 년 호, 중국자동차공업협회 발표 자료, 中國行業發展報告汽車制造業 2002~2006 각 호, 선정된 중국 자동차기업 홈페이지의 기업소개, 성장역사, 제휴기업 현황 및 중장기 발전전략 자료를 기초로 취합하였다. 아울러 중국 자동차산업에 관한 국내외 보고서와 단행본들을 중심으로 1차 수립자료들을 검증, 보완하였다.

2. 분석결과: 시기별 실제 제휴 사례의 유형 변화

<표 5-1>에서<표 5-4>까지는 1985년 이후 완성차 제조 부문에서 중국 자동차기업 13개와 다국적기업 22개 간에 체결된 전략적 제휴 유

---

127) 다임러크라이슬러의 경우 1998년에 유럽의 다임러벤츠가 미국의 크라이슬러를 합병하였기 때문에 유럽기업으로 분류할 수 있음. 다만 다임러크라이슬러가 2006년 말까지도 미국의 'Big3'의 하나로 불렸다는 점과 1998년 전까지는 미국기업으로서 중국사업을 전개하였다는 점 때문에, 본 연구에서는 미국기업으로 분류하였음. 한편 2007년 8월 3일에 다임러그룹(다임러AG)은 크라이슬러 지분 80.1%를 전량 매각함으로써, 1998년 합병 이후 9년 만에 크라이슬러와의 제휴관계를 청산하였음.

형을 정리한 것이다. 1차 기초조사에서 유형 분류가 불분명한 것이나 진위 여부가 잘 파악되지 않는 것을 제외하고 정리하였다. 따라서 <표 5-1>~<표 5-4>는 사실상 2차 수집자료라고 할 수 있다.

〈표 5-1〉 1985~1990년 중국 자동차기업과
다국적기업 간 전략적 제휴 유형(완성차)

기업구분		FAW	SAIC	DFMC	Changan	BAIC	Nanqi	GAIG	華晨金杯	FJMC	JMC	Qingling	Yaxing	Hafei	기타
미국	GM														
	포드														
	Daimler Chrysler					JV(KD)									
유럽	VW _Audi	TS	JV (KD)												
	Benz	TS													
	BMW														
	PSA							JV (KD)							
	르노														
	Fiat														
	Iveco						TS								
일본	도요타								TS						
	혼다														
	닛산														TS (解放)
	마즈다														PS, JM
	스즈끼	TS (지린)			TS,PS,JM										TS (中航)
	다이하츠	TS,PS,JM (텐진)													
	히노	TS													
	미쯔비시														
	후지중(重)														
	이스즈					TS,PS					TS,PS	JV(KD)			
한국	현대														
	기아														
	기타 (출자, 합자 및 M&A)					AMC- BAIC		광조우 푸조							마즈다 -重型 汽車

〈표 5-2〉 1991~1995년 중국 자동차기업과 다국적기업 간 전략적 제휴 유형(완성차)

기업구분		FAW	SAIC	DFMC	Changan	BAIC	Nanqi	GAIG	韋晨金杯	FJMC	JMC	Qingling	Yaxing	Hafei	기타
미국	GM								JV(KD)						
	포드									TS,PS					
	Daimler-Chrysler														
유럽	VW_Audi	JV(KD)	TS												
	Benz														
	BMW														
	PSA			JV(KD)											
	르노								JV(KD)						
	Fiat						TS								
	Iveco						JV(KD)								
일본	도요타								TS						
	혼다			JV(부품)											
	닛산														JV(鄭州)
	마즈다	JV(KD)			PS.TS										
	스즈끼				JV(KD)										
	다이하츠	TS(엔진)													
	히노														
	미쯔비시												JV(KD)		
	후지중(重)														TS(貴航)
	이스즈										JV(KD)				
한국	현대														
	기아														
기타 (출자, 합자 및 M&A)		하이난 마즈다		PSA-선롱					산장르노						

〈표 5-3〉 1996~2000년 중국 자동차기업과
다국적기업 간 전략적 제휴 유형(완성차)

기업구분		FAW	SAIC	DFMC	Changan	BAIC	Nanqi	GAIG	華晨金杯	FJMC	JMC	Qingling	Yaxing	Hafei	기타
미국	GM		JV(KD),TS												
	포드	TS									JV (KD)				
	Daimler Chrysler														
유럽	VW_Audi														
	Benz												JV (KD)		
	BMW														
	PSA														
	르노														
	Fiat						JV (KD)								
	Iveco														
일본	도요타	JV(KD, 쓰촨) .JV(JD, 톈진)						TS.PS							
	혼다			JV (엔진)			JV (KD)								
	닛산			JV (KD)											
	마즈다	TS(2)													
	스즈끼				JV (JD)										
	다이하츠														
	히노														
	미쯔비시										JV (KD)				
	후지중(重)														
	이스즈						JV (KD)								
한국	현대														
	기아														
기타(출자 및 M&A)			장쑤이 정.취 뤼	닛산-펑 션		Foton			廣州 駿威						

〈표 5-4〉 2001~2005년 중국 자동차기업과
다국적기업 간 전략적 제휴 유형(완성차)

기업구분		FAW	SAIC	DFMC	Changan	BAIC	Nanqi	GAIG	華晨金杯	FJMC	JMC	Qingling	Yaxing	Hafei	기타
미국	GM		JV(JD), JV(3, KD)												상하이GM
	포드			JV(KD)											
	Daimler Chrysler					JV (KD)				TS					
유럽	VW_Audi	JV (JD)	JV (JD)												
	Benz					PS, JM							TS		
	BMW								JV(KD)						
	PSA			JV (JD)											
	르노														
	Fiat														
	Iveco														
일본	도요타	JV (JD)						JV(KD), TS							
	혼다			JV (JD)				JV (JD)							
	닛산			JV (JD)											
	마즈다	JV(JD)													
	스즈끼														
	다이하츠	JV (JD)													
	히노														
	미쯔비시					TS, PS, JM									
	후지중(重)														
	이스즈					TS									
한국	현대					JV(KD), TS								TS	
	기아				JV(KD),TS										
	기타(출자, 및 M&A)		산동대우, GM대우, 대우, 쌍용	혼다 수출 공사	JMC	BAIC -D. Chrysler		혼다 수출 공사, 廣州豊興	진베이이GM 지분변경						

* 〈표 5-1〉~〈표 5-4〉에서, TS: 기술공여, PS: 부품제공, JM: 공동생산, JV(KD): 완성차 조립형 합자기업(KD형 JV)을 의미함. 또한 JV(JD)는 완성차 조립(KD형 JV) 역할을 포함하면서 핵심부품, 신차 공동개발 기능이 첨가된 공동연구개발형 합자기업(JD형 JV)을 지칭함.

<표 5-1>~<표 5-4>를 바탕으로 1985년부터 2005년까지 중국 자동차산업의 완성차 부문에서 중국기업 13곳과 다국적기업 22곳의 전략적 제휴 유형을 분석하면 <표 5-5>와 같은 결과를 얻을 수 있다. 기술공여(TS) 위주의 전략적 제휴는 시간이 지날수록 그 비중이 감소하고 있는 것으로 나타났다. 또한 합자기업 설립 없이 부품제공(PS), 생산 라이센스 부여 및 계약생산(JM) 형태의 전략적 제휴도 중국 자동차 업계에서 차지하는 비중이 매우 낮았다. 반면 양산(KD)형 합자기업과 공동개발(JD)형 합자기업 설립은 갈수록 전략적 제휴의 주류 유형으로서 자리 잡아 가는 것으로 드러났다.

<표 5-5>에서 기술공여(TS) 전략적 제휴은 1985~1990년에 13건으로 전체 전략적 제휴의 52%를 차지하였으나 2001~2005년에는 그 비중이 25.8%로 하락했으며 KD형 JV는 1991~1995년과 1996~2000년에 각각 비중이 55%, 55.6%로 가장 활발하게 발생했다. 아울러 JD형 JV는 2001~2005년 전체 전략적 제휴 유형 중 32.3%를 차지, 가장 높았다. 다만 JD형 JV에서 한 가지 유의할 점은 JD형 JV는 기업활동이 포괄적이고 광범위하기 때문에, 단순히 전략적 제휴의 한 유형으로서 다른 제휴 유형들과 동등한 비중으로 발생 건수를 헤아리고 비교하는 것은 과도한 일반화의 오류로 흐를 가능성이 높다는 점이다.128) 따라서 다섯 가지 제휴 유형의 발생 빈도와 비중을 단순히 비교하는 것보다 각 시기별로 제휴 유형의 주요 추세와 변화를 살펴보는 것이 더욱 유

---

128) 예를 들어 이치폭스바겐(一汽大衆)은 디이자동차와 폭스바겐이 1991년에 KD형 합자기업으로 설립하였고 2003년에는 제2생산공장 설립을 전후하여 2001~2005년 이치폭스바겐을 중심으로 양사 간에는 기술협력 7건, 공동생산 계약 7건, 공동판매 계약 6건 등이 추진되었음. 하지만 본 연구에서는 이를 전략적 제휴의 횟수로서 일일이 헤아리지 않았는데, 그 이유는 전면적 합자관계의 일환으로서 합자기업 내부의 포괄적인 기업활동으로 간주하였기 때문임. 단, 양산(KD)형 JV에서는 기술공여(TS) 제휴가 별도로 일어날 수 있다고 보았음.

의미한 접근방법이라고 하겠다. <도 5-1>은 <표 5-5>의 제휴 유형
별 건수를 Y축으로 제휴 유형 추이를 도식화한 것이다.

<표 5-5> 완성차 부문 중국 자동차기업과 다국적기업 간
전략적 제휴 유형 분석 1

구 분	TS		PS		JM		JV(KD)		JV(JD)		합 계
	건	%	건	%	건	%	건	%	건	%	
1985~1990년	13	52.0	5	20.0	3	12.0	4	16.0	0	0.0	25
1991~1995년	7	35.0	2	10.0	0	0.0	11	55.0	0	0.0	20
1996~2000년	5	27.8	1	5.6	0	0.0	10	55.6	2	11.1	18
2001~2005년	8	25.8	2	6.5	2	6.5	9	29.0	10	32.3	31
합 계	33	35.1	10	10.6	5	5.3	34	36.2	12	12.8	94

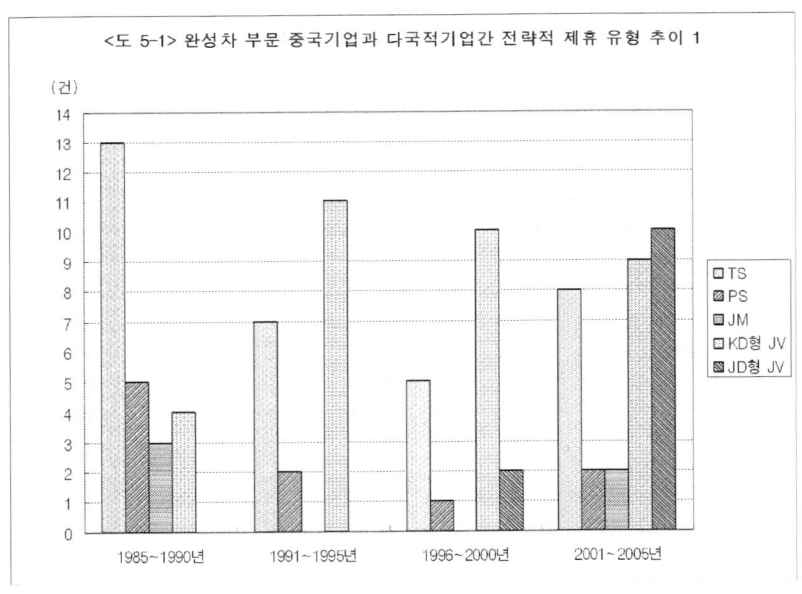

<도 5-1> 완성차 부문 중국기업과 다국적기업간 전략적 제휴 유형 추이 1

〈표 5-6〉 완성차 부문 중국 자동차기업과 다국적기업 간
전략적 제휴 유형 분석 2 (건, %)

구 분	非지분형 제휴		지분형 제휴		단방향 제휴		쌍방향 제휴		전체 제휴건수
	TS, PS, JM	비중	JV(KD), JV(JD)	비중	TS, PS	비중	JM, JV(KD), JV(JD)	비중	
1985~1990년	21	84.0	4	16.0	18	72.0	7	28.0	25
1991~1995년	9	45.0	11	55.0	9	45.0	11	55.0	20
1996~2000년	6	33.3	12	66.7	6	33.3	12	66.7	18
2001~2005년	12	38.7	19	61.3	10	32.3	21	67.7	31
합계	48	51.1	46	48.9	43	45.7	51	54.3	94

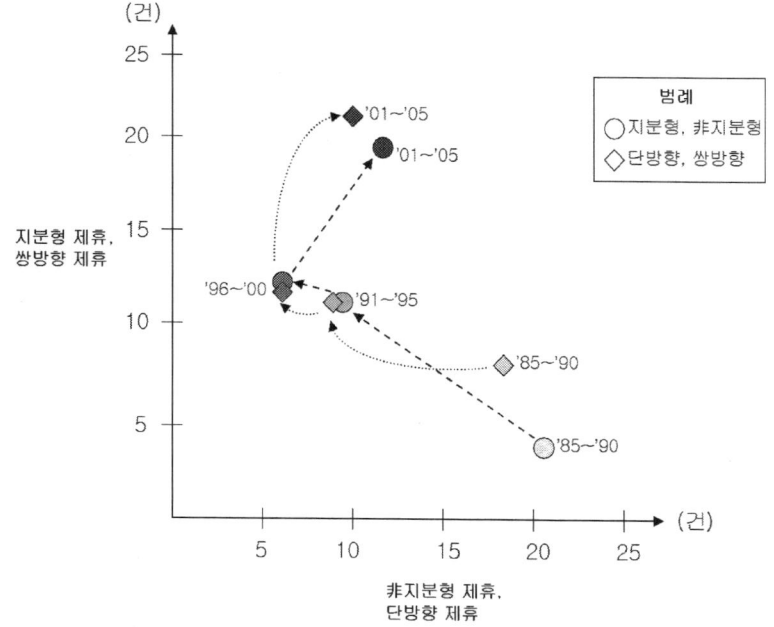

〈도 5-2〉 완성차 부문 중국기업과 다국적기업 간 전략적 제휴 유형 추이 2

<표 5-6>은 다섯 가지 제휴 유형을 非지분형 제휴와 지분형 제휴
및 제휴 당사자 일방 참여의 단방향 제휴와 양방 참여의 쌍방향 제휴

로 구분하여 각각의 추세를 분석한 것이다. 기술공여(TS), 부품공급(PS), 공동생산 계약(JM)은 非지분형 제휴로 간주하였고 합자기업 설립은 지분형 제휴[129]로 보았다. 또한 기술공여(TS)와 부품공급(PS)은 단방향 제휴로, 공동생산(JM), 합자기업(JV) 설립은 쌍방향 제휴로 간주하였다. 단방향 제휴는 거의 대부분 기술과 자본 등에서 우위에 있는 다국적기업들이 주도한 전략적 제휴라고 볼 수 있다.

  <표 5-6>에서 1985~1990년에 완성차 부문의 非지분형 제휴는 전체 제휴의 84%를 차지하였으나 1996~2000년에는 그 비중이 33.3%까지 줄어들었다. 반면 지분형 제휴는 1985~1990년에 4건(16%)에 불과하였으나 2001~2005년에는 19건(61.3%)으로 늘어났다. 다국적기업에 의한 단방향 제휴는 1985~1990년에 18건(72%)으로 쌍방향 제휴(7건)보다 훨씬 많았다. 하지만 2001~2005년에는 쌍방향 제휴가 21건으로 단방향 제휴(10건)의 두 배가 넘었다. 2005년까지 시기별 합계에서는 非지분형 제휴와 지분형 제휴가 각각 48건, 46건으로 대등하게 발생하였고 단방향 제휴와 쌍방향 제휴는 각각 43건, 51건으로 쌍방향 제휴가 약간 많았던 것으로 나타났다. <도 5-2>는 <표 5-6>을 바탕으로 중국 자동차산업에서 전략적 제휴가 非지분형 제휴에서 지분형 제휴로, 단방향 제휴에서 쌍방향 제휴로 변화되어 왔음을 보여주고 있다.

---

129) 본 연구 2장 2절에서도 언급하였듯이 전략적 제휴에서 합자기업 설립은 지분형 제휴(equity alliance)의 특수한 형태이며, 지분형 제휴는 제휴 결속력 강화를 위한 상호 지분투자, 또는 제휴 상대방에 대한 단독 지분투자가 모두 포함됨. 조대우·송우용(1999)은 지분형 제휴로서 자본참가와 합작투자를 나누어 정리했으나 본 연구에서는 자본참여 방식과 형태에 관한 자료를 명확하게 구분하기가 어려워, 합자기업 설립만을 지분형 제휴로 간주하였음.

〈표 5-7〉 중국 완성차 부문 전략적 제휴 추진
다국적기업의 국가(지역)별 현황(건)

구 분	미국기업			유럽기업			일본기업			합 계		
	TS	JV (KD)	JV (JD)	TS	JV (KD)	JV (JD)	TS	JV (KD)	JV (JD)	TS	JV (KD)	JV (JD)
1985~1990년	0	1	0	3	2	0	10	1	0	13	4	0
1991~1995년	1	1	0	2	4	0	4	6	0	7	11	0
1996~2000년	2	2	0	0	2	0	3	6	2	5	10	2
2001~2005년	1	5	1	1	1	3	4	1	6	6	7	10
합 계	4	9	1	6	9	3	21	14	8	31	32	12

<표 5-7>은 그동안 중국 완성차 부문에서 전략적 제휴를 추진한 다
국적기업들을 미국, 유럽, 일본 등 세계 자동차산업을 이끌어 가는 세
국가(지역)로 나눈 뒤, 전략적 제휴의 유형을 기술공여(TS), 양산(KD)형
JV 및 공동연구개발(JD)형 JV로만 구분하여 정리한 것이다. 1985~2005
년까지 세 가지 유형의 제휴 건수에서 모두 일본기업이 가장 많았다. 특
히 일본기업들의 기술공여 제휴는 총 21건으로 유럽기업(6건)과 미국기
업(4건)을 압도했으며 1985~1990년에 집중적으로 발생하였다. KD형
JV에서는 미국과 유럽기업이 각각 9건이었고 일본기업은 14건이었으며,
JD형 JV에서도 일본기업이 8건으로 가장 많았다. 그러나 분석대상으로
선정된 일본기업 10곳 중에서 도요타, 혼다, 다이하츠, 히노를 제외한
나머지 6개 기업은 1990년대에 들어 GM, 포드, 다임러크라이슬러, 르
노의 산하 기업으로 편입[130]되었다는 점에 유의할 필요가 있다. 이는 세
계 자동차산업에서 구조조정과 기업 간 합종연횡이 끊임없이 일어나고
있기 때문에 다국적기업의 국적을 따지는 것은 더 이상 주목할 만한 의

---

130) 스즈키, 이스즈, 후지중공업은 GM의 출자로 인해 GM 산하기업으로 편입되
    었고 포드는 마즈다, 다임러크라이슬러는 미쓰비시, 르노는 닛산의 대주주가
    되었음. 또한 다이하츠와 히노는 도요타의 산하기업으로 편입되었음. 이들
    기업 간 출자관계에 대해서는 본 연구 제4장 1절, <도 4-1>을 참조

미를 획득하기 어렵게 되었다는 뜻으로 풀이할 수 있다.

〈표 5-8〉 1985~2005년 완성차 부문 중국 주요 기업의
전략적 제휴 추진 현황(건)

구 분	FAW	SAIC	DFMC	Changan	BAIC	Nanqi	GAIG	華晨金杯	FJMC	JMC	Qingling	Yaxing	Hafei
TS	9	2	1	2	4	2	1	3	1	2	0	1	1
JV(KD)	3	5	5	2	3	2	4	3	1	2	1	1	1
JV(JD)	5	2	3	1	0	0	1	0	0	0	0	0	0

<표 5-8>은 중국 13개 자동차기업의 전략적 제휴 현황을 유형별로
정리한 것인데, 예상했던 대로 규모가 크고 오래된 기업일수록 다국적
기업과 제휴 건수가 많았다. KD형 JV는 상하이자동차(SAIC)와 둥펑
자동차(DFMC)가 각각 5건으로 가장 많았고 광조우자동차가 4건으로
그 뒤를 이었다. JD형 JV는 디이자동차가 5건으로 가장 많았고 둥펑
자동차가 3건, 상하이자동차가 2건이었다. 디이자동차의 경우 폭스바겐
과 도요타, 마즈다와의 양산(KD)형 JV가 최근 들어 공동연구개발(JD)
형 JV로 발전하였으며 둥펑자동차는 PSA와 혼다, 닛산 등 세 곳, 상
하이자동차는 GM과 폭스바겐, 두 축을 중심으로 공동연구개발(JD)형
JV가 형성되었다.

3. 요약 및 함의

1985년 이후 중국 완성차 제조기업 13곳과 다국적기업 22곳의 전략
적 제휴 현황 분석결과를 정리하면, 첫째, 기술공여(TS)형 전략적 제휴

의 감소와 KD형 JV, JD형 JV의 증가, 둘째, 非지분형 제휴의 감소와
지분형 제휴의 증가, 셋째, 단방향 제휴의 감소와 쌍방향 제휴의 증가
등으로 요약할 수 있다. 아울러 다국적기업 입장에서 중국이 세계 자동
차산업의 변방에서 핵심지역으로 급부상함에 따라, 과거 기존 모델 양산
(KD)에 초점을 맞추어 왔던 JV가 갈수록 공동연구개발(JD)형 JV로 전
환되고 있는 점도 중요한 특징이라고 할 수 있다. 제5장 1절 분석을 통
해 나타난 이러한 제휴 유형의 변화는 경험의 축적과 시간의 흐름에 따
른 해외시장 진출 방법의 일반적인 발전과정에 부합된다고 볼 수 있다.
다국적기업들이 중국 자동차산업에 진출하는 과정에서 '완성차(KD용 부
품 포함) 수출 → 非지분형 제휴 → 합자기업 설립 → 독자법인 설립'
으로 이어지는 변화의 흐름이 비교적 뚜렷하게 나타나고 있기 때문이다.

〈표 5-9〉 중국 자동차 생산량 대비 자동차와
승용차 수입량 및 비중 추이 (대, %)

연도	자동차 수입량(A)	승용차 수입량(B)	승용차 수입비중 (B / A)	자동차 생산량(C)	수입차 비중(A/C)
1980	51,083	19,570	38.3	222,288	23.0
1981	41,575	1,401	3.4	175,645	23.7
1982	16,077	1,101	6.8	196,304	8.2
1983	25,156	5,806	23.1	239,886	10.5
1984	88,743	21,651	24.4	316,400	28.0
1985	353,992	105,775	29.9	443,377	79.8
1986	150,052	48,276	32.2	372,753	40.3
1987	67,182	30,536	45.5	472,538	14.2
1988	99,233	57,433	57.9	646,951	15.3
1989	85,554	45,000	52.6	586,936	14.6
1990	65,430	34,063	52.1	509,242	12.8
1991	98,454	54,009	54.9	708,820	13.9
1992	210,087	115,641	55.0	1,061,721	19.8
1993	310,099	180,717	58.3	1,296,778	23.9

연도	자동차 수입량(A)	승용차 수입량(B)	승용차 수입비중(B / A)	자동차 생산량(C)	수입차 비중(A/C)
1994	283,060	169,995	60.1	1,353,368	20.9
1995	158,115	129,176	81.7	1,452,737	10.9
1996	75,863	57,942	76.4	1,474,905	5.1
1997	49,039	32,019	65.3	1,582,628	3.1
1998	40,216	18,016	44.8	1,627,829	2.5
1999	35,192	19,953	56.7	1,831,596	1.9
2000	42,703	21,620	50.6	2,068,186	2.1
2001	71,398	46,632	65.3	2,341,528	3.0
2002	127,513	70,329	55.2	3,253,655	3.9
2003	171,710	103,017	60.0	4,443,491	3.9
2004	175,480	116,085	66.2	5,070,452	3.5
2005	161,324	76,542	47.4	5,707,688	2.8

출처: 中國汽車工業年鑒 1995, p.89 & p.323 및 中國汽車工業年鑒 2006, p.340 & p.504
를 바탕으로 재구성.

한편 전략적 제휴의 前 단계로서 다국적기업들의 對중국 연간 완성
차 수출은 1980년에 약 5.1만 대로 중국 완성차 생산량(22.2만 대) 대
비 비중이 23% 수준이었다(<표 5-9>). 그 이후 중국 완성차 생산량
대비 수입차[131] 비중은 1983년에 10.5%로 잠시 주춤했다가 1984년
28%, 1985년에는 무려 80%까지 치솟았다. 한편 1987~1995년까지 연
간 완성차 생산량 대비 수입 완성차의 비중이 11~24%로[132] 두 자리

---

131) 중국세관은 엔진, 변속기, 하체섀시 등 5대 핵심부품 수입에 의한
    CKD를 완성차 수입으로 간주하여 수입 완성차 통계에 합산하고 있음.
132) <표 5-9>에서 자동차 수입량이 증가, 감소 등 일정한 추세를 나타내지
    않고 연도별로 들쭉날쭉한 것은 1990년대 중반까지도 거시경제 상황이나
    정책변화, 수입쿼터 등 비관세장벽의 탄력적 운용이 자동차 수입에 큰 영
    향을 주었기 때문임. 1999~2004년까지 중국의 자동차 수입량은 계속 증
    가하였으나 2005년에 다시 줄어들었고, 자동차 수입에서 승용차 수입비중
    도 2005년에 47.4%로 크게 하락했음.

수를 유지하였으나 1996년 이후에는 수입차 비중이 5% 이하로 뚝 떨어졌고, 1999년에는 1.9%까지 하락했다. 이는 1990년대 중반 이후 자동차기업 및 다국적 합자기업의 양산능력이 크게 향상되면서 중국 내 자동차 수요 증가의 대부분을 수입보다는 자체 생산으로 감당하기 시작했다는 의미로 풀이할 수 있다.

아울러 중국이 WTO에 가입한 이후 완성차에 대한 수입관세율 인하[133] 및 소득 증가로 자동차 수입량은 꾸준히 증가하고 있지만, 국내 완성차 생산량 대비 연간 수입차 비중이 3%대를 좀처럼 넘어서지 못하는 이유는 다국적 합자기업 및 중국 자동차기업의 생산량 증가 속도가 수입차 증가 속도보다 더 빠르기 때문이다. 물론 앞으로도 고급 승용차와 대형 SUV에 대한 중국의 수입량은 계속 증가할 가능성이 높다. 고도 경제 성장세의 지속과 중국 내 고소득층의 확산이 해외 최신 모델이나 고급 승용차에 대한 수요를 꾸준히 만들어 갈 것이기 때문이다. 다만 1980년대 중반 이후 수출에서 중국 현지생산을 위한 非지분형 제휴, 지분형 제휴로 對중국 진출전략을 바꾸었던 다국적기업들은 이제 수출보다는 합자기업의 역할 변화 및 그다음 단계를 내다보기 시작하였다고 할 수 있다.

중국 자동차산업에서 다국적기업들이 국유기업과 공동으로 설립한 합자기업들의 역할 변화는 앞서 언급하였듯이 공동연구개발(JD: Joint Development)형 합자기업(JV)으로 설명할 수 있다. 본 연구에서 JD형 JV는 주요 부품의 수입을 통한 양산능력 제고에 초점을 맞춘 KD형 JV로부터 제휴 및 협력관계가 좀 더 포괄적이고 더욱 강화된 합자기업으로 정의하였다. 즉, JD형 JV는 양산능력 제고뿐만 아니라 주요 부품과 신차에 대한 공동연구개발 기능을 독자적으로 수행하는 합자기업인

---

133) 배기량 3,000cc 이하 자동차를 기준으로 중국의 수입관세율은 2001년 70%에서 2002년 43.8%, 2003년 38.2%, 2004년 34.2%, 2005년 30%, 2006년 7월 25%로 하락하였음.

것이다. <도 5-3>은 해외시장에 대한 몰입도와 자원 투입량(Risk)을 두 축으로 하여, 루트(F. R. Root)가 제시한 해외시장 진출방식 모형을 응용, 다국적기업의 중국 자동차산업 진출과정을 도식화한 것이다.

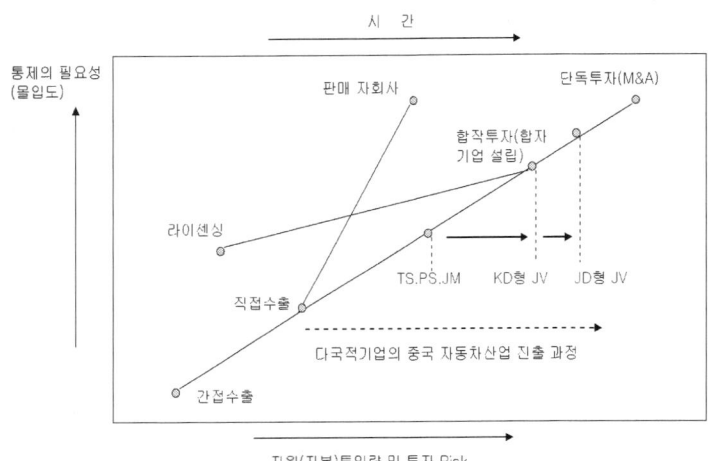

출처: Franklin Root. 1994. *Entry Strategies for International Market*, p.39 를 바탕으로 재구성.

〈도 5-3〉 루트(F. R. Root)의 해외시장 진출모형과 다국적기업 對中 진출전략 추이

그런데 제5장 1절 분석결과에서도 나타났듯이 다국적기업들의 중국 자동차산업 진출과정은 직접수출에서 기술공여(TS), 부품공급(PS) 등 非지분형 제휴를 거쳐 합자기업 설립 등 지분형 제휴로 발전하였음을 알 수 있다. 또한 다국적기업 우위의 단방향 제휴에서 중국기업과 다국 적기업 간 쌍방향 제휴로 제휴 방향이 다변화되었고 합자기업 역할이 양산(KD)형 JV에서 공동연구개발(JD)형 JV로 전환되고 있는 점도 중 요한 특징으로 나타났다. KD형 JV에서 JD형 JV로의 전환은 합자기업 파트너인 중국 자동차기업과 다국적기업 그리고 중국정부[134]등 3자 간 이해관계의 충돌과 조정과정이 중요한 동력으로 작용하였다고 할 수 있다. 즉, 중국 자동차산업의 지속적인 발전과 내수시장의 급성장으로 인해 부품 국산화율 제고, 중국기업 대형화와 집중화 및 독자모델 개발에 대한 중국정부의 정책적 의지[135]는 갈수록 커졌고, 다국적기업들은 2000년을 전후하여 그러한 정책적 요구에 부응하기 위해, 또는 자체 글로벌 전략의 일환으로 對중국 직접투자와 합자기업의 성격을 양산 (KD)형에서 공동연구개발(JD)형으로 바꾸고 있는 것이다.

〈표 5-10〉 중국의 양산(KD)형 합자기업과
공동연구개발(JD)형 합자기업 비교

구 분	KD형 JV	JD형 JV
설립 목적	양산능력 습득, 부품 국산화율 제고	전면적 합작(동반자)관계 수립
설립 시기	*1980년대 중반~1990년대 중반 *1세대 합자기업	*1990년대 후분~현재 *2세대 합자기업
양산투입 모델	*다른 지역에서 이미 검증된 모델 *세단형 승용차, SUV	*이미 검증된 모델 및 (개량형)신차 *승용차, SUV, MPV, 버스, 트럭 등 全 모델
양산능력	연간 완성차 3~10만 대(합자 초기)	연간 완성차 15~30만 대(신규 증설)
주도 기업 군	유럽기업(폭스바겐, PSA) 주도	일본(도요타, 혼다) 및 미국기업(GM) 주도
목표시장	중국 내수(승용차)시장(수입대체목표)	중국 내수시장 및 승용차(부품)수출 확대
연구개발 기능	제한적인 연구개발 수행(일반 부품)	독자적인 연구개발 수행(핵심부품 및 신차)
계약기간	20~25년	20~30년

134) 자동차산업을 포함하여 중국의 산업발전에서 정부 요인은 중앙정부 요인과 지방정부 요인으로 나눌 수 있으나, 본 연구에서는 별도의 언급이 없는 한 정부 요인(중국정부)은 중앙정부의 역할이나 영향력을 지칭함.
135) 본 연구 제3장 1절 중국 자동차산업의 특징에서도 언급했듯이 중국정부는 1994년 자동차공업산업정책에서 다국적 합자기업 설립 조건으로서 중국 측 지분 50% 이상 확보 및 독자적인 제품 특허권과 상표권 보유를 명시적으로 규정하였으며, 2004년 신정책에서는 몇 개의 현지기업을 대형화하여 세계 500대 기업에 진입시키고, 시장점유율 15% 이상 기업에 독자적인 발전계획수립 권한 부여, R&D 투자능력(최소 5억 위엔)을 기준으로 신규 진입을 제한하겠다는 내용을 포함시켰음.

구 분	KD형 JV	JD형 JV
제휴관계	*기술공여나 판매제휴 별도 진행 *단방향 또는 양방향 제휴	*기업활동 全 부문에 걸쳐 전면적 협력 *산하기업 및 출자기업을 통한 다방면 제휴
제휴성격	다국적기업 우위의 불균형적 제휴	쌍방 간 균형과 불균형이 중첩된 혼합형 제휴
다국적기업의 對중국전략(시각)	*KD형 완성차 양산 및 부품 수출 증대 목적 *세계 변방시장이나 잠재력 풍부	*수출용 제조기지(완성차, 부품)로 육성 *세계 4대 전략시장의 하나로 간주
지분관계	중국 측(국유기업) 다수지분 위주, 일부 합자기업은 동등지분 관계	동등지분 관계(50 : 50) 위주, 일부 다국적기 업 다수지분 확보 및 단독출자

<표 5-10>에서 KD형 JV는 주로 1980년대 중반~1990년대 중반에 설립되었고 설립 목적은 양산능력을 향상시키기 위한 공정기술의 습득과 현지 부품조달 비율의 증가에 있었다. 반면 JD형 JV는 1990년대 중반 이후에 나타나기 시작했고 기존의 합자관계나 제휴관계를 전면적이고 포괄적인 협력관계로 끌어올리는 데 설립 목적을 두었다. 아울러 KD형 JV가 기술과 정보, 자본 등에서 다국적기업 우위의 불균형적 제휴[136]였다면 JD형 JV는 중국 측 파트너와 다국적기업의 강점과 약점이 중첩되어 있는 혼합형 제휴라고 볼 수 있다. 이는 공급과잉과 치열한 경쟁구도가 형성된 중국 내수시장 및 해외시장, 자국기업의 육성과 보호를 위한 중국정부의 직간접적 규제에서 기인한 것이다.

---

136) 불균형적 제휴와 균형적 제휴, 혼합형 제휴는 본원적인 산업구조(generic industry structure)의 차이에 따른 제휴성격의 변화임. 즉, 균형적 제휴는 성숙기에 접어든 산업에서 주요 경쟁자들이 비슷한 기술력으로 비슷한 제품, 서비스를 공급하는 경우에 많이 발생하며, 불균형적 제휴는 제휴 파트너가 아니면 내부역량 강화나 해외시장, 신사업 진출에 필요한 요소들을 획득하고 학습하기가 곤란한 경우에 발생함. 자세한 내용은 본 연구 제2장 2절 이론적 배경, 산업구조에 따른 제휴성격의 변화를 참조.

〈표 5-11〉 다국적기업의 對중국 진출전략에서
JD형 합자기업으로 변화 징후

다국적기업	주요 합자기업	JD형 합자기업으로의 변화 징후
GM	상하이GM 상하이GM베이싱 상하이GM우링 상하이GM둥웨 진베이GM	*중국을 아시아지역 자동차산업 핵심 생산기지로 육성 *상하이GM의 연구개발, 마케팅 기능 강화(엔진 및 변속기조립 병행) *자동차 종합 연구개발센터인 泛亞汽車技術中心(PATAC) 설립 *산하기업인 스즈키, 이스즈, 후지중공업, 피아트를 통한 full line-up 체제 구축 *상하이GM의 생산설비 확충을 위해 상하이GM둥웨 인수 및 상하이 GM 베이싱 설립
폭스바겐	상하이폭스바겐 이치폭스바겐	*아시아태평양 본부의 베이징 이전 및 합자기업의 생산설비 확충을 통한 수출기지화 *2002년 4월 상하이폭스바겐의 합자계약 기간 연장(20년) *2010년까지 총 64억 유로를 투자하여 변속기 및 엔진생산공장 건립을 추진
도요타	톈진이치도요타 쓰촨이치도요타 장춘이치도요타 광저우도요타	*2002년 8월 디아자동차와 승용차 부문에서 전면적 합작관계 수립 계약 체결 *변속기, 엔진, 하체섀시 생산 합자기업 설립(광저우도요타의 현지생산 엔 진수출) *중국을 북미, 유럽, 일본과 함께 4대 전략지역의 하나로 지정, 최신 모델 (T-1) 투입 *2010년 중국시장점유율 10% 목표로 현지생산능력 강화 및 full line-up 체제 지향
혼다	둥펑혼다 광저우혼다 혼다수출유한공사	*2002년 7월 둥펑자동차, 광조우자동차와 공동출자로 수출전문 합자기업 설립 *둥펑혼다엔진, 둥펑혼다부품 등 핵심부품 현지생산을 위한 합자기업 설립 *2006~2007년 광조우혼다 제2공장(연산 12만 대) 건설 및 둥펑혼다 생 산능력 확대
르노-닛산	산장르노 펑선자동차 둥펑유한공사 정조우닛산	*2002년 9월 둥펑자동차와 전면적인 합작관계 건립 계약 체결 *둥펑유한공사에 승용차R&D센터(200-300억 엔 투자) 건립 및 full lineup 지향 *2004~2007년 둥펑유한공사의 자동차 판매량과 매출액의 두 배 증가 계획 추진 *르노와 둥펑자동차의 엔진 기술 교류 및 상용차, SUV 제조 합자기업 신 규 추진
다임러크 라이슬러	베이징벤츠D-C 하페이자동차 야싱벤츠	*2003년 베이징자동차와 전면적 합작관계 수립 계약 체결 *벤츠는 상용차와 버스, 크라이슬러는 SUV, 미쓰비시는 승용차로 full line- up 구축 *주요 부품의 현지조달률을 80% 수준으로 높이기 위해 약 3억 달러 투자 계획

다국적기업	주요 합자기업	JD형 합자기업으로의 변화 징후
포드	창안포드 장링포드 하이난마즈다	*2002년 산하기업인 마즈다와 디이자동차의 전면적 합자관계 수립 추진 *연산 5만 대인 창안포드의 생산능력을 15만 대로 확충할 계획(10억 달러 투자) *창안포드의 엔진생산능력 확대 및 창안자동차와 전략적 동반자관계 수립 추진
PSA	선룽자동차	*2002년 10월 둥펑자동차와 (전면적) 합작관계 강화에 대한 계약 체결 *둥펑자동차와 함께 6억 유로 투자, 선룽자동차의 생산능력 확충 추진(연 30만 대)
현대-기아	베이징현대 둥펑위에다기아	*2006년 4월 연산 30만 대 규모의 제2공장(2008년 4월 양산 목표) 건설에 착수 *2010년 완공 목표로 둥펑위에다기아의 제2공장(연산 40만 대) 건설 추진

출처: 中國汽車工業年鑑 2004, 2005, 2006 각 호 및 각 사 홈페이지.
　　　中國國家信息中心(CEI). 2004. 『中國行業發展報告 - 汽車制造業』, pp.159 - 177.
　　　산업연구원. 2004. 『중국 자동차산업의 발전전략과 우리의 대응방안』, pp.86 - 113.
　　　임기택. 2003. 『중국 자동차산업의 현황과 미래』, pp.172 - 219를 근거로 재구성.

　　한편 KD형 JV의 경우, 중국을 승용차 구매력이나 인프라가 매우 미약하지만 향후 잠재력이 무궁한 시장으로 간주한 반면, JD형 JV는 중국을 미국, 일본, 유럽에 이은 세계 4대 전략시장의 하나로 간주하기 시작했다는 점이 큰 차이점이다. 아울러 KD형 JV가 중국 내부의 승용차 수요를 목표시장으로 삼았던 반면 JD형 JV는 승용차뿐만 아니라 SUV, 트럭 등 全모델의 현지생산을 통해 내수시장을 공략하고 완성차와 주요 부품의 수출까지 적극 추진하고 있다. 다국적기업들은 JD형 JV를 통해 對중국 진출전략을 세계 자동차산업의 변방에서 4대 핵심지역의 하나로 수정하였고 중국을 아시아 거점지역 및 수출제조기지로서 육성하기 위해 다수 지분 확보나 단독투자 방식의 독자경영 움직임137)마저 보이고 있다.

---

137) 중국정부는 2004년 신정책 제48조에서 합자기업의 다국적기업 파트너 지분비중을 50% 이내로 제한하는 규정을 유지하였음. 그러나 제49조에서 완성차나 엔진의 수출을 목적으로 수출가공구 내에 설립한 합자기업은 다국적기업이 50% 이상을 지분을 획득할 수 있도록 허용하였음. 혼다중국유한공사(本田汽車中國有限公司)는 혼다가 수출을 목적으로 설립한 합

<표 5-11>은 다국적기업들의 최근 對중국 전략을 바탕으로 KD형 합자기업에서 JD형 합자기업으로의 변화 징후들을 정리한 것이다. 우선, 상하이자동차, 디이자동차 등 중국 양대 자동차기업과 합자관계를 맺고 폭스바겐은 2002년 4월에 상하이폭스바겐의 합자계약기간을 20년 연장하였고 향후 총 64억 유로를 투자, 엔진공장과 변속기 공장을 신설하고 완성차 공장의 생산설비를 확충하기로 결정하였다. GM은 2000년대 초반부터 상하이GM을 중심으로 인수합병 전략을 적극 추진, 상하이GM베이징, 상하이GM우링, 상하이GM둥웨, 진베이GM 등을 설립하였으며, 이를 기반으로 생산능력과 양산모델을 꾸준히 확대하고 있다. 르노-닛산과 다임러크라이슬러는 각각 2002년과 2003년에 둥펑자동차, 베이징자동차와 전면적 합작관계 계약을 체결했고 포드는 창안자동차와 전략적 동반자관계 수립을 추진하고 있다.

도요타와 혼다는 엔진과 변속기 등 핵심부품의 중국 현지생산 확대 및 품질 수준 향상을 통하여 내수용 부품뿐만 아니라 수출용 부품 생산에도 박차를 가하고 있다. PSA와 현대도 각각 2007년과 2008년 양산을 목표로 30만 대, 40만 대 규모의 현지생산설비 확대에 착수하였다. 아울러 다국적기업들은 산하기업이나 출자관계에 있는 기업들을 동원하여 승용차, SUV, MPV, 버스, 트럭 등 全 차종을 생산할 수 있는 full line-up 체제 구축에도 공격적으로 나서고 있다. 결국 JD형 합자기업이 갈수록 중국 자동차산업에서 다국적기업과 중국기업 간 전략적 제휴의 주류 모델이 되어 가고 있는 것이다. 더 나아가 JD형 합자기업의 계약기간이 20~30년임을 감안할 때, 적어도 2020년대 초반까지는 완성차 제조와 핵심부품 제조에 있어서 JD형 합자기업의 역할은 계속 유지될 가능성이 높다. 문제는 JD형 합자기업 파트너인 중국기업과 다

자기업으로 65%의 지분을 보유, 독자경영이 가능해졌고 GM과 도요타는 판매법인, 경영관리법인을 100% 단독출자로 설립, 운영하고 있음.

국적기업이 전면적인 합자와 제휴관계 속에서도 각자 독자적으로 움직일 수 있는 공간을 확보하기 위해 끊임없이 노력할 것이라는 점이다.

즉, 중국 자동차기업은 내부조직이나 자회사를 통해 독자모델 개발 및 해외시장 개척에 나설 것이고 다국적기업은 수출이나 내수판매 및 금융 서비스 분야를 중심으로 독자경영 영역을 지속적으로 확대해 나갈 것으로 예상된다. 중국정부는 중국 국유기업이나 민영기업을 정책적으로 보호하고 독자모델 개발과 부품산업 육성, R&D 능력 향상을 위해 지속적인 지원을 하겠다고 밝히고 있다. 하지만 자동차산업 구조조정, 서비스시장 발전, 소비자권익 보호 등은 기본적으로 시장경쟁의 원리[138]와 WTO 규정에 준하여 추진할 것이기 때문에 대형 국유기업이나 다국적기업 또는 중소 국유기업 및 민영기업 등 어느 한쪽으로 치우친 정책을 펼치긴 어려운 입장이다. 다만 현시점에서 JD형 합자기업은 다국적기업과 중국기업 간 제휴관계의 중첩성과 그 역할의 확대로 인하여 다국적기업과 중국기업, 중국정부 등 3자 간 이해관계가 상당 부분 수렴될 수 있는 가장 현실적인 대안이라고 하겠다.

---

138) 2004년 신정책 제4조에서 중국정부는 자동차산업에서 시장경쟁을 통해 국제경쟁력이 있는 대형기업집단을 육성하고 이들 기업이 2010년까지 세계 500대 기업에 진입할 수 있도록 유도하겠다고 밝히고 있음. 또한 제6조에서 중국 내수시장점유율 15%를 독자적인 발전계획을 추진할 수 있는 대형기업집단의 기준으로 제시하였다고 할 수 있음.

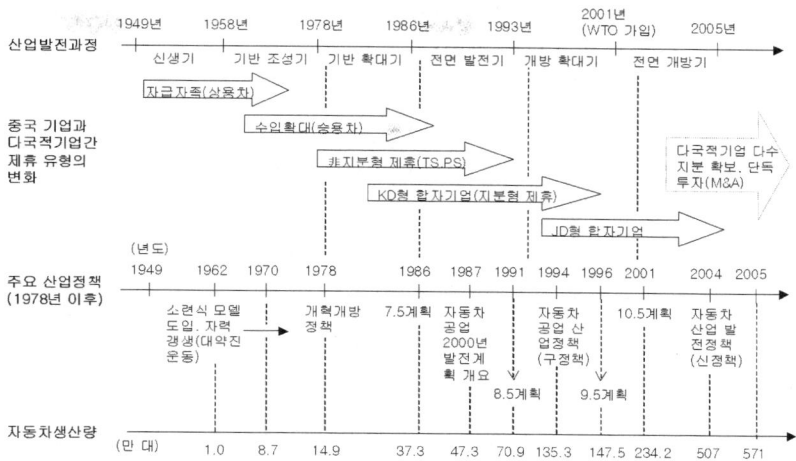

〈도 5-4〉 중국 자동차산업 발전과정, 제휴 유형 변화,
정책 및 자동차 생산량 추이

<도 5-4>는 본 연구 제3장 1절에서 언급하였던 중국 자동차산업 발전현황과 특징 및 자동차산업정책, 자동차 생산량 추이를 중국 자동차기업과 다국적기업 간 제휴 유형의 변화와 함께 도식화한 것이다. <도 5-4>와 같이 중국 자동차산업은 1970년대 중반까지도 계획경제 체제 아래 군수용 우선, 상용차 위주의 자급자족 시기를 거쳤으며 1978년 개혁개방정책을 전후하여 관용 승용차 생산과 수입이 서서히 활기를 띠기 시작했다. 동시에 다국적기업과 중국기업 간 기술공여, 부품공급 등 非지분형 전략적 제휴가 나타나기 시작했으며 1980년대 중반부터 양산(KD)형 합자기업들이 본격적으로 설립되었다.

1990년대 중반부터는 기존의 양산(KD)형 합자기업들이 전면적 합자 관계를 추진하면서 공동연구개발(JD)형 합자기업들이 모습을 드러내기 시작했고 2001년 중국의 WTO 가입을 전후하여 JD형 합자기업은 지분형 전략적 제휴의 대세로 자리 잡았다고 정리할 수 있다. 아울러

2000년대에 들어서 중국 국유기업 및 민영기업들은 독자적인 신차개발
과 해외시장 진출을 모색[139]하기 시작했고 다국적기업들도 합자기업
설립과는 별도로 對중국 단독출자나 다수지분 확보를 통한 독자경영
방향으로 서서히 움직이고 있다. 이제 다음 제5장 2절에서는 다국적기
업의 對중국 진출전략이 전략적 제휴에서 단독투자나 인수합병으로 진
행되는 과정을 중국 자동차산업의 발전양상에 비추어 어떻게 다루어야
할지, 또한 다국적기업 진출전략의 변화에 영향을 주는 변수들이 무엇
인지에 대해 짚어 보기로 한다.

---

139) 상하이자동차는 2005년 1월에 쌍용자동차 전체 지분의 48.9%를 단독
으로 인수하여 SUV 등 독자모델 개발능력 향상과 해외생산능력을 확대
하였음. 국유주식제기업인 치루이자동차(奇瑞汽車有限公司)는 오스트리
아 AVL과 공동으로 자동차 엔진개발에 나서는 등 독자모델 개발에 박차
를 가하고 있으며 2006년 4월에는 러시아 ZAO Avtotor와 합자로 러시
아 현지생산공장(연산 15만 대 규모)을 건설하는 데 합의하였음. 또한 민
영기업인 지리자동차(吉利控股集團)는 2005년 3월에 말레이시아 ICG그
룹과 완성차(CKD 포함) 제조에 관한 합작기업 설립계약을 체결, 말레이
시아 현지에 생산시설을 갖추게 되었음.

제2절 중국 자동차산업 발전양상에
따른 전략 변화

1. 분석방법:
다섯 가지 결정변수에 따른 산업발전 수준 분석

앞서 제5장 1절 분석에서는 지난 20여 년간 중국 자동차산업에서 중국 자동차기업들과 다국적기업 간 전략적 제휴가 실제로 어떻게 추진되어 왔는지, 제휴 유형의 변화와 특징에 대해 살펴보았고 그 함의를 짚어 보았다. 분석결과, 현재 중국 자동차기업과 다국적기업 간 전략적 제휴에서 합자기업(joint venture) 설립이 가장 대표적인 제휴 유형이며, 합자기업의 역할은 계속 확대되고 있는 것으로 나타났다. 제5장 2절에서는 중국 자동차산업의 발전양상, 또는 산업속성(generic nature of industry)의 변화 및 주요 자동차기업 경영성과를 분석하여 전략적 제휴(非지분형 제휴와 지분형 제휴)와 인수합병 중에서 향후 다국적기업들의 진출전략으로서 적합한 전략선택의 방향을 짚어 보았다.

〈표 5-12〉바람직한 전략선택을 위한 다섯 가지 결정변수와 판단 지표

결정변수	성격 및 수준	바람직한 전략	주요 판단 지표
1. 범위의 경제효과의 유형 (Types of Synergies)	단면적(Modular)	非지분형 제휴	제휴 유형, 협력 및 경쟁관계 분석(定性的 접근)
	연속적(Sequential)	지분형 제휴	
	전면적(Reciprocal)	인수합병	
2. 경영자원의 속성: 유형자산 대비 무형자산의 상대적 가치(Nature of Resources)	낮음(Low)	非지분형 제휴	브랜드 가치, 기술특허 건수, R&D 투자, R&D 인력, 노동생산성
	보통(Medium)	인수합병	
	높음(High)	지분형 제휴	
3. 경영자원 과잉의 정도 (Extent of Redundant Resources)	낮음(Low)	非지분형 제휴	생산설비 가동률, 자산이익률(ROA), 재고율, 자산 회전율
	보통(Medium)	지분형 제휴	
	높음(High)	인수합병	
4. 시장 불확실성의 수준 (Degree of Market Uncertainty)	낮음(Low)	非지분형 제휴	정부 규제, 기술속성, 소비환경의 변화, 투자수익률(ROI), 영업이익율
	보통(Medium)	지분형 제휴	
	높음(High)	인수합병	
5. 시장(자원획득)경쟁의 수준 (Level of Competition)	낮음(Low)	非지분형 제휴	시장점유율, 매출액 대비 이윤율, 매출액 및 이윤 증가율 추이
	보통(Medium)	지분형 제휴	
	높음(High)	인수합병	

출처: Jeffrey H. Dyer, Prashant Kale & Harbir Singh. 2004. "When to Ally & When to Acquire", *Harvard Business Review*, Vol.82, July-August, pp.109-115.

우선 제5장 1절, 전략적 제휴의 유형 변화에 관한 분석에서 지난 20여 년간 다국적기업들의 중국 자동차산업 진출과정은 '완성차(KD 포함) 수출 → 非지분형 제휴 → 지분형 제휴 → 합자기업 설립 → 독자법인 설립'으로 이어지는 흐름이 비교적 뚜렷하게 나타나고 있다고 지적하였다. 또한 중국 자동차산업에서 합자기업 성격은 1990년대 후반부터 양산(KD)형에서 공동연구개발(JD)형으로 전환되는 과정을 겪고 있으며 부분적으로 다국적기업이 독자법인을 설립하거나 다수지분을 확보하는 현상이 나타나기 시작했다고 진단하였다. 한편 본 연구 제2장 2절, <표 2-2>에서 다국적기업의 국제화 전략은 시장의 지배를 받는 수출, 시장

과 기업의 중간적 지배를 받는 전략적 제휴, 기업 내부의 수직적 지배
구조에 편입된 인수합병 및 독자법인 설립(단독투자) 등 크게 세 가지
형태로 나누었다. 아울러 이론적 고찰에서 잠시 언급하였듯이 Dyer,
Kale & Singh(2004)는 전략적 제휴와 인수합병, 두 가지 경영전략에
주목하여 기업들이 언제, 어떠한 상황에서 어떤 전략을 선택하는 것이
바람직한가에 대해 구체적인 접근방법을 제시하였다(<표 5-12>).

　　Dyer, Kale & Singh(2004)는 1996년부터 2003년까지 미국기업들이
추진한 전략적 제휴와 인수합병 전략에 관한 실증분석에서 대부분의
기업들이 합병 후에 기업가치 하락을 경험하였고 전략적 제휴의 성과
도 당초 기대에 훨씬 못 미쳤다고 지적[140]하였다. 아울러 기업들이 지
속적인 성장발판 마련 및 해외시장 진출을 위해 전략적 제휴와 인수합
병을 추진할 경우 언제(When), 어떤(Which) 전략을 추구할 것이냐가
어떤 전략을 어떻게(How) 추진하느냐는 것보다 더욱 중요한 경쟁우위
요인이 되었다고 덧붙였다. 더 나아가 산업의 성격이나 시장변화에 따
라 전략적 제휴와 인수합병 중에서 하나를 선택하여 유연하게 추진할
수 있는 내부역량[141]을 갖춘 기업들이 더욱 나은 경영성과를 거두고
있다고 진단하였다. Dyer, Kale & Singh(2004)는 그러한 내부역량을
'협동 능력(collaborating capability)[142]'이라고 지칭하였다.

---

140) Dyer, Kale & Singh(2004)는 1993~1997년까지 발생하였던 미국기업들
　　의 전략적 제휴 중 1,592건의 사례분석에서, 전체 사례의 48%가 2년 이
　　내에 제휴관계 실패로 종결되었다고 분석하였음.

141) Dyer, Kale & Singh(2004)는 전략적 제휴 경험이 많은 기업들은 인수
　　합병이 더 나은 시점에서도 인수합병 전략을 꺼리게 되고, 반대로 인
　　수합병을 전통적으로 선호하였던 기업들은 전략적 제휴를 인수합병의
　　대안으로서 검토하고 이를 적극적으로 추진하는 내부역량이 대체로 부족
　　하다고 분석하였음.

142) 본 연구 제2장 2절 이론적 고찰에서 전략적 제휴의 대안으로서 자체개발
　　이나 인수합병을 성공적으로 추진하기 위해서는 조직 내부의 갈등이나 마
　　찰을 최소화할 수 있는 '협업 능력(cooperative capability)'을 갖추고 있

그리고 협동 능력과 함께 추구하고자 하는 범위의 경제[143] 및 경영자원의 성격(resources and synergies) 그리고 시장요소(market factors) 등 3대 변수를 바탕으로 전략적 제휴와 인수합병 전략 중 바람직한 전략선택 틀을 제시하였다. 또한 범위의 경제와 경영자원의 성격은 범위의 경제효과의 유형(types of synergies), 경영자원의 속성(nature of resources), 경영자원 과잉의 정도(extent of redundant resources) 등 세 가지로 나누었고 시장요소는 시장 불확실성의 수준(degree of market uncertainty)과 시장경쟁의 수준(level of competition) 등 두 가지로 분류하였다. Dyer, Kale & Singh(2004)는 각 기업이 처한 산업환경을 이러한 다섯 가지 결정변수를 가지고 접근하여 각 변수의 수준(성격)별로 바람직한 전략을 <표 5-12>와 같이 제시하였다. 다만 각 결정변수에 대한 주요 판단 지표는 연구자가 첨가한 것임을 밝혀 둔다.

본 연구 제5장 2절에서는 Dyer, Kale & Singh(2004)가 제시한 <표 5-12>를 활용하여 중국 자동차산업에 대한 다국적기업 진출전략 변화에 대해 살펴보고자 한다. 이러한 접근은 중국 자동차산업의 발전양상 이면에서 나타나고 있는 산업속성의 변화를 이해하는 데 유익하며, 국유기업을 비롯한 중국 자동차기업들의 경영성과 변화가 향후 전략선택 과정에서 갖는 의미를 짚어 보는 데도 큰 도움을 줄 것이기 때문이다. 또한 제5장 1절, 중국 자동차기업과 다국적기업 간 전략적 제휴 유형 변화에 대한 분석이 실제 제휴 사례 건수에 대한 정성(定性)적 접근방법을 취했다면 제5장 2절은 중국 자동차산업과 기업의 경영성과 지표를 활용한 정량(定量)적 접근방법을 취했다고 할 수 있다.

어야 한다고 지적하였음. 즉, Dyer, Kale & Singh(2004)가 언급한 '협동 능력(collaborating capability)'은 협업 능력과 같은 의미로 볼 수 있음.
143) Dyer, Kale & Singh(2004)는 범위의 경제(economy of scope)라는 용어 대신, 시너지(synergy)라는 용어를 사용하였으나 제2장 2절에서 지적하였 듯이 시너지와 범위의 경제는 같은 뜻을 지닌 용어임.

　　따라서 중국 자동차산업 발전양상에 따른 바람직한 전략선택에 대한 분석은 <표 5-12>의 결정변수에 따라, 범위의 경제효과의 유형에 관해서는 제5장 1절 분석결과를 활용하였고 경영자원 속성에 대해서는 중국 자동차산업 종사자와 연구인력 비중 추이 및 R&D 지출 비중 추이, 1인당 매출액 등을 판단 지표로서 사용하였다. 아울러 경영자원 과잉의 정도에 대해서는 생산설비 가동률 및 자산이익률(ROA), 향후 생산설비 확장에 대한 자료를 사용하였으며 시장 불확실성의 수준에 관해서는 본 연구 제3장 1절에서 살펴본 중국 자동차산업구조 분석결과 및 투자수익률(ROI)을 토대로 접근하였다. 시장경쟁의 수준에 대해서는 상위 5대 기업 및 상위 10대 기업의 시장점유율 변화와 매출액 대비 이윤율(영업이익률) 추이를 판단 지표로서 활용하였다.

　　한편 중국 자동차산업 발전양상을 좀 더 심층적으로 분석하기 위해 주요 자동차기업의 경영성과 변화도 함께 다루었다. 기업 경영성과 분석을 위한 대표 시점으로서 2005년, 2004년, 1999년, 1994년 등 네 개 연도를 선택하였다. 이는 2001년 중국의 WTO 가입 시기를 기준으로 2004~2005년 최근 2년 및 1999년의 경영성과를 비교, 분석하였고 1990년대 중반의 시장상황을 살펴보기 위해 자동차공업산업정책[144]이 발표된 시점인 1994년을 선택한 것[145]이다. 또한 경영성과 분석대상 기업으로서 2004~2005년 자동차 및 승용차 생산량을 기준으로 상위 6

---

144) 본 연구 제3장 1절 중국 자동차산업의 발전현황 분석에서 지적하였듯이 중국정부는 1994년 '자동차공업산업정책' 발표를 계기로 국제적인 경쟁력을 갖춘 3~5개의 대기업집단 육성 및 승용차 부문 중심의 내수 시장 발전에 본격적으로 나서기 시작하였음. 아울러 기업별, 모델별 승용차 판매에 대한 정부의 공식적인 통계가 시작된 것도 1994년이었음.
145) 사실 1990년대 초반이나 그 이전의 중국 자동차산업에 대한 통계자료는 주로 산업 전반적인 생산 현황과 성과에 초점을 맞추었으며 개별 기업수준의 통계자료는 제한적이고 미비하여 심층적인 분석을 시도하기는 어렵다고 할 수 있음.

대 기업을 뽑았다. 1999년과 1994년은 자동차 생산량만을 기준으로 디이자동차, 둥펑자동차, 베이징자동차, 톈진자동차, 상하이자동차 등 5대 기업을 선정하여 살펴보았다. 다만 제5장 2절에서 1999년과 1994년 5대 자동차기업 산하 다국적 합자기업 현황과 경영성과 분석은 통계자료의 미비와 부재로 인해 생략하였다. 중국 자동차산업과 주요 기업의 경영성과에 관한 자료는 中國汽車工業年鑒 1994, 1999, 2000, 2005, 2006 각 호와 中國行業發展報告 汽車制造業 2002~2005 각 호의 부문별 자료를 취합하여 정리하였다.

2. 분석결과:
전략적 제휴와 인수합병의 전략선택 기제

1) 범위의 경제효과의 유형(Types of Synergies)

<표 5-12>와 같이 Dyer, Kale & Singh(2004)는 제휴나 인수합병을 통해 기대할 수 있는 범위의 경제효과를 단면적 시너지(modular synergies), 연속적 시너지(sequential synergies), 전면적 또는 쌍방향 (reciprocal synergies) 시너지 등 세 가지 종류로 나누었다. 더 나아가 제휴나 협력을 통한 시너지가 당사자 일방에서만 발생하거나 시너지 발생이 규칙적이거나 연속적인 과정이 아닌, 불규칙적(단면적)인 경우에는 판매계약이나 기술 라이센싱과 같은 非지분형 제휴가 바람직하다고 주장하였다. 또한 제휴나 협력을 통한 시너지가 기업활동의 가치사슬에서 각 당사자의 핵심역량이 중복되지 않고 상호 보완관계에 있는 경우

는 연속적 시너지의 형태로서 장기적인 계약관계나 지분형 제휴가 더 적합하다고 보았다. 전면적, 쌍방향 시너지는 가치사슬 대부분의 영역에서 지식공유 및 공통의 전략목표 수립 필요성이 증가할 때 발생하며, 이런 경우는 제휴보다는 인수합병이 시너지 효과 극대화에 더 유리하다고 간주하였다.

중국 자동차산업의 경우 본 연구 제5장 1절, 중국기업과 다국적기업 간 전략적 제휴의 유형 변화에서 살펴보았듯이, 완성차 부문에서 1980년대까지는 기술공여나 부품제공과 같은 非지분형 제휴가 지분형 제휴보다 많았으나 1990년대에 들어 양산(KD)형 합자기업을 중심으로 지분형 제휴가 더 많아졌다. 이는 중국 자동차기업과 다국적기업이 제휴와 협력을 통해 기대하는 범위의 경제효과가 단면적 시너지에서 연속적 시너지로 바뀌었음을 시사하는 것이다. 특히 1990년대 후반부터 나타나기 시작한 공동연구개발(JD)형 합자기업은 중국기업과 다국적기업 간 제휴와 협력의 기대효과가 전면적이고 쌍방향적으로 진행하고 있음을 나타낸다.

이는 1990년대 중반 이후 중국 자동차산업에서 쌍방향적 제휴가 단방향 제휴 발생 건수의 두 배에 달하고 있다는 점에서도 확인된다. 다만 <표 5-12>에서 Dyer, Kale & Singh(2004)는 범위의 경제효과가 전면적이고 쌍방향적일 때에는 지분형 제휴보다는 인수합병이 더 바람직하다고 보았으나, 중국 자동차산업의 경우 중국정부가 아직 다국적기업 주도의 인수합병을 규제하고 있다는 점을 상기할 필요가 있다. 결국 중국 자동차기업과 다국적기업 간 지분형 제휴가 양산(KD)형 합자기업 관계에서 공동연구개발(JD)형 합자기업 관계로 전환되고 있는 것은 중국기업과 다국적기업이 인수합병에 대한 정부 규제를 피하면서 전면적 시너지를 구현하기 위한 노력의 산물이라고 볼 수 있다.

한편 최근 들어 중국 자동차산업에서 전면적 제휴나 협력과 함께 독

자경영 및 인수합병 움직임도 나타나고 있다. 특히 다국적기업들 중에
서 GM과 도요타, 혼다 등이 각각 상하이자동차, 디이자동차, 광조우자
동차와 공동연구개발형 합자기업 설립 및 인수합병, 독자경영권 보유
자회사(WOS: Wholly Owned Subsidary) 설립을 주도적으로 이끌고
있다. GM은 2000년대 초반부터 상하이GM을 중심으로 인수합병 전략
을 적극 추진, 상하이GM베이징, 상하이GM우링, 상하이GM둥웨, 진베
이GM 등을 설립하였다. 혼다는 수출을 목적으로 설립한 합자기업인
혼다중국유한공사(本田汽車中國有限公司)가 전체 지분의 65%를 보
유, 독자경영이 가능해졌고 도요타는 판매법인, 경영관리법인을 100%
단독출자로 설립, 운영하고 있다. 아울러 상하이자동차, 치루이자동차
(奇瑞汽車), 지리자동차(吉利汽車) 등 중국기업들도 해외 현지생산체
제 구축과 자주적인 신차개발 및 국내외 인수합병에 적극 나서고 있다.
이러한 움직임들은 <표 5-12>에서 Dyer, Kale & Singh(2004)가 지
적한 대로 중국기업이나 다국적기업 모두 전면적인 범위의 경제효과
획득을 목적으로, 전략적 제휴나 협력보다는 인수합병 등 독자경영을
향한 조심스럽지만 계획된 시도라고 풀이할 수 있다.

2) 경영자원 속성(Nature of Resources):
유형자산 대비 무형자산의 상대적 가치

두 번째로 Dyer, Kale & Singh(2004)는 경영자원 속성에서 기술이
나 노동력 등 무형자산의 상대적 가치가 공장이나 기계설비와 같은 유
형자산보다 높다면 인수합병보다는 지분형 제휴가 더 바람직하다고 보
았다. 특히 인수합병 대상 기업의 핵심기술이나 경영 노하우를 보유한
인력들은 인수합병 과정에서 이직을 단행할 가능성이 높다고 지적하였

다. 반면 제휴 상대방의 무형자산의 상대적 가치가 아주 낮은 상황에서
는 제휴나 협력을 통해 높은 시너지를 기대하기 어렵기 때문에 非지분
형 제휴가 더 적합하다고 보았다.

이런 측면에서 1980년대 중국 자동차산업에서 중국기업과 다국적기
업 간 非지분형 제휴가 많았던 것은 중국 국유기업이 보유한 무형자산
의 가치가 토지나 건물 등 유형자산의 가치에 비해 매우 낮았기 때문
이라고 풀이할 수 있다. 자본투자나 기술공여 등 제휴의 방향도 다국적
기업에 의한 단방향적 제휴가 주류를 이루었다. 하지만 1990년대 중반
이후 승용차 부문이 급성장하면서 중국 자동차기업의 무형자산가치도
크게 상승하였다. 가장 대표적인 무형자산인 인적자원의 경우를 살펴보
면 중국 자동차산업의 완성차 부문[146]에서 종업원 1인당 매출액은
1990년 4.6만 위엔에서 1996년 22.1만 위엔, 2001년 48.5만 위엔,
2005년 107.6만 위엔에 달했다(<도 5-5>). 특히 2000년 이후 1인당
매출액이 급격히 증가하였다. 자동차산업 종업원 증가속도보다 매출액
증가속도가 훨씬 더 빨랐다는 얘기다. 완성차 부문 1인당 이윤액[147]은
1990년대 중반까지 1~2만 위엔 수준에서 보합세를 유지하다가 1999년
이후 급격하게 증가, 2003년에는 13만 위엔에 달했다.

---

146) 본 연구 제1장에서도 밝혔듯이 중국자동차공업협회에서 매년 발행하
   는 中國汽車工業年鑒은 주요 생산물에 따라 자동차산업에 종사하는
   기업들을 완성차(汽車), 차량개조(改裝汽車), 오토바이(摩托車), 차량엔
   진(發動机), 부품(零部件) 등 다섯 가지로 분류하고 있음.
147) 中國汽車工業年鑒 각 호의 통계자료에서 자동차산업 연간 이윤총액
   (利稅總額)으로서 세전(稅前) 이윤액을 의미하며, 본 연구에서도 자동
   차산업 이윤총액은 별도의 언급이 없는 한 세전이윤을 지칭함.

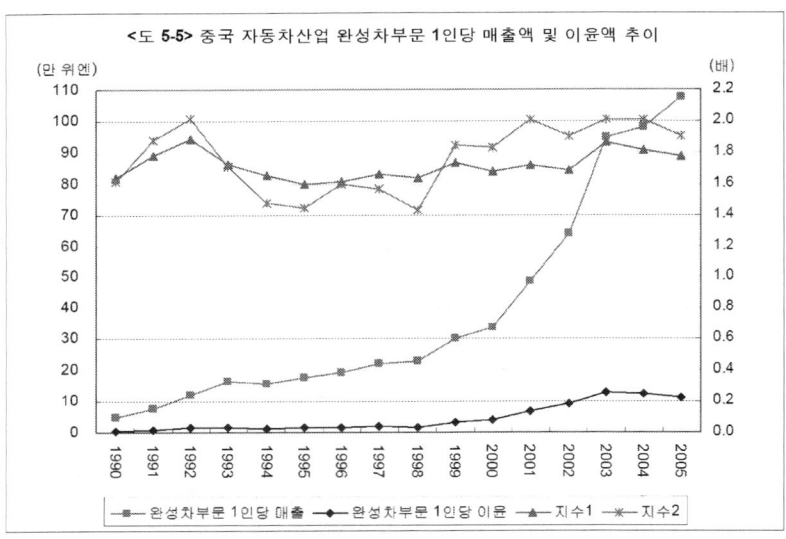

<도 5-5> 중국 자동차산업 완성차부문 1인당 매출액 및 이윤액 추이

출처: 中國汽車工業年鑑 2006, p.528 & p.533을 바탕으로 재구성.

<도 5-5>에서 지수 1은 완성차 부문의 1인당 매출액을 중국 자동차산업 전체 1인당 매출액으로 나눈 것이며, 지수 2는 완성차 부문의 1인당 이윤을 중국 자동차산업 1인당 이윤으로 나눈 값이다. 2005년 지수 1과 지수 2는 완성차 부문의 1인당 매출액과 이윤은 중국 자동차산업 1인당 매출액과 이윤보다 각각 1.8배, 1.9배 많았음을 나타낸다. 아울러 1990년 이후 지수 1과 2를 비교할 때, 중국 완성차 부문의 노동생산성이 자동차산업 전체 노동생산성보다 1.5~2배가량 높았으며, 이는 완성차 부문 인적자원의 생산성 향상이 자동차산업 전체 인적자원의 가치 상승을 주도하고 있다는 뜻으로 풀이할 수 있다.

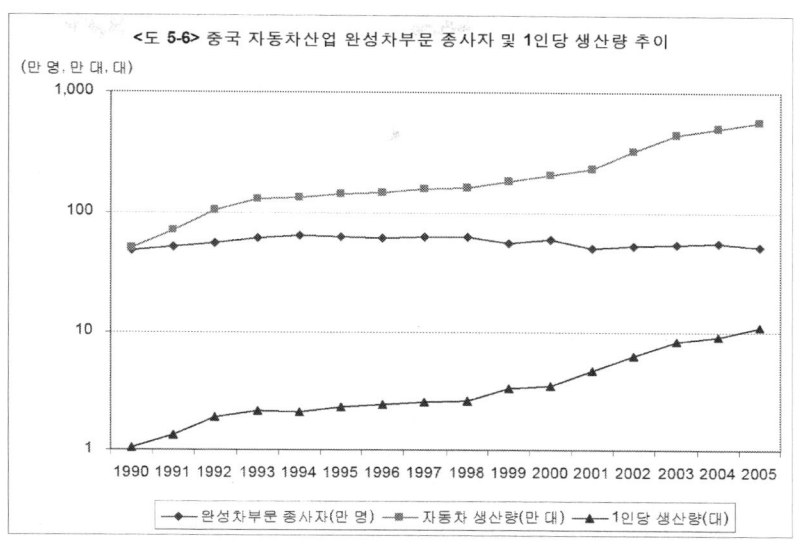

<도 5-6> 중국 자동차산업 완성차부문 종사자 및 1인당 생산량 추이

출처: 中國汽車工業年鑑 2000, p.324 & 中國汽車工業年鑑 2006, p.504, p.518을 바탕으로 재구성(단, Y축 변수들은 모두 로그 값 단위로 환산한 결과임).

<도 5-6>에서 완성차 부문 종사자 1인당 연간 자동차 생산량은 1990년 1.0대에서 1995년 2.3대, 2000년 3.5대, 2005년 11.0대로 계속 증가하였다. 지난 15년 동안 완성차 부문 종사자는 50~60만 명 수준에서 보합세를 보였으나 자동차 생산량은 1990년 51만 대에서 2005년 571만 대로 연평균 17.5%씩 늘어났기 때문이다. 또한 중국 자동차산업 총 종사자 중에서 핵심인력이라고 할 수 있는 공정기술인력이 차지하는 비중은 1990~2000년까지 8.5~9% 수준을 유지하다가 2001년에 10%를 넘어섰고 2005년에는 11.6%에 달했다(<도 5-7>). 2005년 중국 자동차산업 종사자는 약 167만 명으로 1997년 198만 명보다 31만 명가량 줄었으나 공정기술인력은 1997년 17.1만 명에서 2005년 19.3만 명으로 2.2만 명 늘어났다.

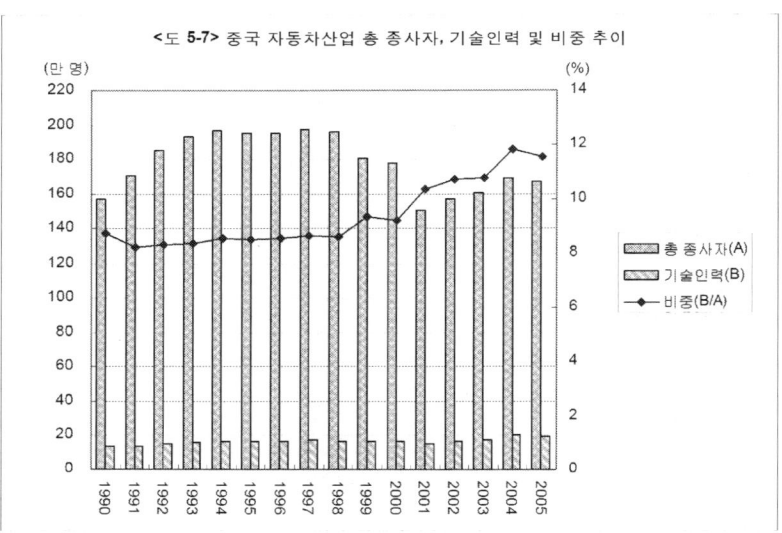

<도 5-7> 중국 자동차산업 총 종사자, 기술인력 및 비중 추이

출처: 中國汽車工業年鑑 2006, p.518을 재구성.

결국 중국 자동차산업의 양적, 질적 성장은 인적자원의 부가가치 창출능력 향상 및 고급기술인력 증가를 동반하고 있으며 이는 산업 전체 유형자산 대비 무형자산의 상대적 가치를 지속적으로 상승시키고 있다. 과거 중국 자동차기업과 다국적기업 간 非지분형 제휴가 유행하였던 시기를 지나, 이미 지분형 제휴나 인수합병이 더 바람직한 전략이 되는 시기에 접어든 것이다. 인적자원과 함께 또 다른 무형자산인 기술 개발 현황은 자동차산업의 R&D 지출 비중을 통해 간접적으로 파악할 수 있다. 1998년 중국 자동차산업 매출총액에서 R&D 지출액이 차지하는 비중은 1.4%에서 2000년 1.9%까지 상승하였으나 2003년에 1.3%까지 하락하였고 2004~2005년에는 다시 상승하는 모습을 보였다. 완성차 부문에서 매출액 대비 R&D 지출 비중도 이와 비슷한 추세를 나타냈다 (<도 5−8>).

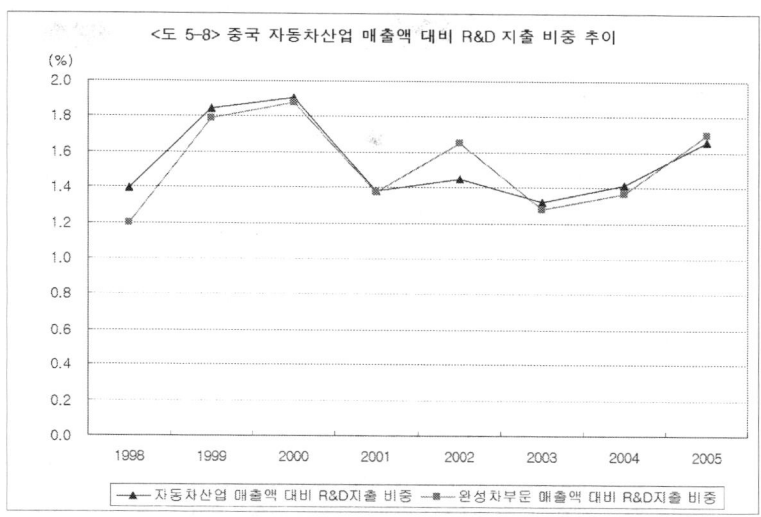

<도 5-8> 중국 자동차산업 매출액 대비 R&D 지출 비중 추이

출처: 中國汽車工業年鑒 2005, p.495 & 中國汽車工業年鑒 2006, p.521을 재구성.

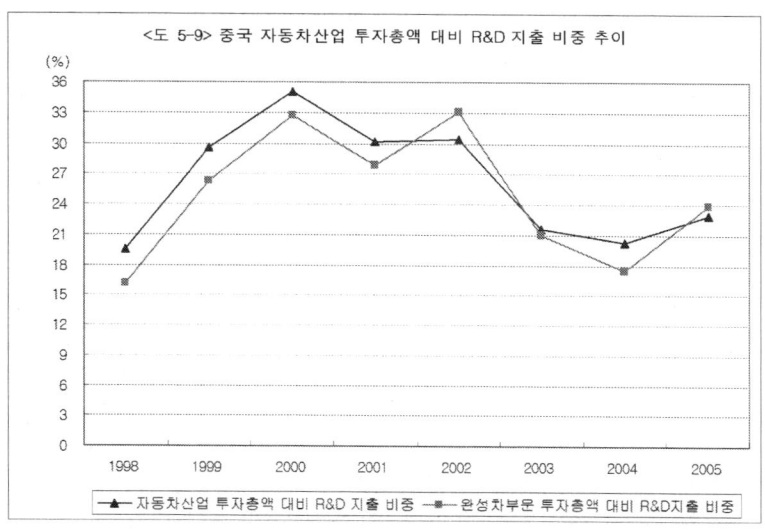

<도 5-9> 중국 자동차산업 투자총액 대비 R&D 지출 비중 추이

출처: 中國汽車工業年鑒 1999, 2000, 2001, 2005, 2006(p.521.) 각 호를 재구성.

또한 중국 자동차산업 및 완성차 부문의 투자총액 대비 R&D 지출 비중도 2000년에 각각 35%, 33%까지 상승하였으나, 2002~2004년까지 3년 연속 하락했고 2005년에 23%, 24%로 상승, 하락세가 멈추었다(<도 5-9>). 이는 최근 중국 자동차기업들이 R&D 투자보다는 양산을 위한 설비투자에 상대적으로 많은 자원을 투입하고 있기 때문으로 추정된다. 하지만 이를 근거로 생산설비(유형자산) 대비 기술(무형자산)의 상대적 가치가 낮아지고 있다고 단정 짓기는 어렵다. R&D 지출로 인한 기술축적의 실제 가치를 추정할 필요가 있기 때문이다. 다만, 아직도 중국 자동차기업들이 단독으로 개발하여 출시하는 승용차(기존모델 개조차량 제외)가 매년 전체 신차의 10% 수준에 머물고 있는 점[148]은 중국 자동차산업에서 생산설비 대비 기술력의 상대적 가치가 여전히 낮음을 시사하는 것이라고 할 수 있다.

한편 유형자산 대비 무형자산의 상대적 가치를 중국 6대 자동차기업 성과를 중심으로 좀 더 구체적으로 살펴보면, <표 5-13>과 <표 5-15>에서 1999년 디이자동차, 상하이자동차, 둥펑자동차의 1인당 자동차 생산량은 각각 2.8대, 4.1대, 2.0대였으나 2005년에 각각 8.4대, 13.1대, 5.7대로 증가하였다. 또한 <표 5-14>에서 2004년에 베이징자동차와 광조우자동차의 종업원 1인당 생산량은 각각 12.7대, 13.1대였으나 2005년에는 16.8대, 14.7대로 늘어났으나, 창안자동차는 2004년 20.8대에서 2005년 17.9대로 줄어들었다. 특히 베이징자동차와 광조우자동차의 1인당 생산량 증가는 승용차 부문 합자기업인 베이징현대와 광조우혼다의 노동생산성 증가에 힘입은 바 크다[149].

---

148) 한편, 본 연구 제5장 3절 <표 5-34>에서 중국기업들이 자주적으로 개발한 승용차의 연간 판매량이 중국 전체 승용차 판매량에서 차지하는 비중은 2003~2004 5.6%에 머물렀으나, 2005년에는 10.8%로 크게 상승했음.
149) <표 5-13>과 <표 5-14>에서 2005년 베이징현대와 광조우혼다의 종업원 수는 2004년보다 각각 600명, 400명 순증(純增)하였음. 하지만 2005년 승

〈표 5-13〉 2005년 중국 6대 자동차기업 경영성과, 종업원 1인당 생산성 비교

구 분	매출총액 (억 위엔)	비중	이윤총액 (억 위엔)	비중	종업원 수 (천 명)	비중	1인당 매출액 (만 위엔)	1인당 이윤액 (만 위엔)	1인당 생산량 (대)
디이자동차	1,188.9	11.8	124.1	12.6	116.7	7.0	101.9	10.6	8.4
이치VW	330.7	3.3	40.2	4.1	8.5	0.5	389.1	47.3	29.0
텐진이치도요타	206.5	2.0	30.4	3.1	6.8	0.4	303.7	44.7	19.3
상하이자동차	1,227.6	12.1	180.9	18.4	69.7	4.2	176.0	25.9	13.1
상하이VW	251.1	2.5	30.1	3.1	12.5	0.7	200.9	24.1	18.8
상하이GM	458.6	4.5	83.7	8.5	5.5	0.3	833.8	152.2	60.3
상하이GM우링	100.0	1.0	11.1	1.1	5.8	0.3	172.4	19.1	57.6
둥펑자동차	1,123.9	11.1	118.9	12.1	129.0	7.7	87.1	9.2	5.7
둥펑자동차 유한공사	387.7	3.8	32.3	3.3	n.a	n.a	n.a	n.a	n.a
선룽자동차	133.5	1.3	8.5	0.9					
둥펑혼다	49.5	0.5	8.6	0.9					
둥펑웨다기아	87.6	0.9	7.8	0.8	2.4	0.1	365.0	32.5	45.9
창안자동차	340.4	3.4	30.8	3.1	34.7	2.1	98.1	8.9	17.9
베이징자동차	487.6	4.8	33.4	3.4	34.9	2.1	139.7	9.6	16.8
베이징현대	250.0	2.5	35.5	3.6	3.4	0.2	735.3	104.4	67.8
베이징벤츠 -DC(Jeep)	38.1	0.4	n.a	n.a	2.7	0.2	141.1	n.a	9.8
광조우자동차	478.2	4.7	124.8	12.7	16.2	1.0	295.2	77.0	14.7
광조우혼다	343.1	3.4	82.1	8.4	4.7	0.3	730.0	174.7	49.3
광조우이 스즈버스	1.4	0.0	n.a	n.a	0.5	n.a	28.0	n.a	0.3
6대 기업 소계	4,846.6	47.9	612.9	62.4	401.2	24.0	120.8	15.3	10.2
중국 자동차산업	10,108.4		981.9		1,669.0		60.6	5.9	3.4
중국 완성차 부문	5,582.9	55.2	580.8	59.2	519.0	31.1	107.6	11.2	11.0

출처: 中國汽車工業年鑑 2006, pp.112-142, p.518, pp.528-529, pp.533-534, pp.541-544를 바탕으로 재구성.

용차 생산량은 각각 23.1만 대, 23.2만 대로 2004년보다 각각 8.1만 대, 2.1만 대씩 늘어났고 증가율은 54%, 10%에 달했음. 2004~2005년 중국 국유기업 산하 다국적 합자기업들의 자동차 생산량에 대한 자세한 내용은 〈표 5-32〉, 〈표 5-33〉을 참조

〈표 5-14〉 2004년 중국 6대 자동차기업 경영성과,
종업원 1인당 생산성 비교

구 분	매출총액 (억 위엔)	비중	이윤총액 (억 위엔)	비중	종업원 수 (천 명)	비중	1인당 매출액(만 위엔)	1인당 이윤액(만 위엔)	1인당 생산량(대)
디이자동차	1,145.3	12.5	125.8	11.8	115.1	6.8	99.5	10.9	8.6
이치VW	432.0	4.7	64.8	6.1	8.3	0.5	523.6	78.6	34.8
톈진이치도요타	106.8	1.2	14.4	1.4	4.5	0.3	239.4	32.3	18.8
상하이자동차	1,259.1	13.8	268.6	25.3	69.7	4.1	180.5	38.5	12.2
상하이VW	378.9	4.1	61.8	5.8	13.8	0.8	273.6	44.6	25.1
상하이GM	405.3	4.4	115.2	10.8	5.3	0.3	763.5	216.9	36.0
상하이GM우링	70.0	0.8	6.8	0.6	4.4	0.3	160.6	15.5	55.0
둥펑자동차	980.0	10.7	133.7	12.6	121.5	7.2	80.6	11.0	4.4
둥펑자동차 유한공사 / 선룽자동차 / 둥펑혼다	875.8	9.6	107.4	10.1	87.1	5.1	100.5	12.3	3.4
둥펑웨다기아	46.6	0.5	4.4	0.4	1.4	0.1	338.5	31.9	45.9
창안자동차	283.1	3.1	33.4	3.1	28.0	1.7	101.1	11.9	20.8
베이징자동차	477.6	5.2	45.6	4.3	42.3	2.5	112.8	10.8	12.7
베이징현대	173.9	1.9	32.3	3.0	2.8	0.2	612.7	113.6	52.9
베이징벤츠 -DC(Jeep)	50.4	0.6	2.4	0.2	3.2	0.2	158.4	7.6	10.6
광조우자동차	429.0	4.7	105.4	9.9	16.0	0.9	268.3	65.9	13.1
광조우혼다	322.3	3.5	93.5	8.8	4.3	0.3	756.5	219.4	47.5
광조우이 스즈버스	2.2	0.0	n.a	n.a	0.6	n.a	39.7	n.a	0.5
6대 기업 소계	4,574	50.1	713	67.0	392.7	23.2	116.5	18.1	9.4
중국 자동차산업	9,134.3		1,063.6		1,693.0		54.0	6.3	3.0
중국 완성차 부문	5,490.5	60.1	708.4	66.6	561.0	33.1	97.9	12.6	3.0

출처: 中國汽車工業年鑒 2005, pp.50-88, pp.478-480, p.492, pp.502-504, pp.507-508
을 바탕으로 재구성.

그런데 〈표 5-13〉 이하 각 표에서 중국기업 매출총액, (세전)이윤
총액 및 종업원 수는 완성차 부문과 부품업을 모두 포함한 것이다. 즉,
완성차 부문 종사자만 고려했을 경우 1인당 생산량은 제시된 값보다

더 많아진다는 얘기다. 또한 이치폭스바겐, 상하이GM, 베이징현대 등 다국적 합자기업 1인당 생산량이 모(母)국유기업보다 훨씬 많은 것은 다국적 합자기업의 자본집약도가 높다는 의미인 동시에, 합자기업 종업원 대부분이 완성차 생산에 종사, 1인당 생산량이 모(母)국유기업보다 상대적으로 정확히 추정되었기 때문이라고 할 수 있다.

〈표 5-15〉 1999년 중국 5대 자동차기업 경영성과, 종업원 1인당 생산성 비교

구 분	매출총액 (억 위엔)	비중	이윤총액 (억 위엔)	비중	종업원 수 (천 명)	비중	1인당 매출액(만 위엔)	1인당 이윤액(만 위엔)	1인당 생산량(대)
디이자동차	453.7	14.6	64.9	20.4	124.1	6.9	36.6	5.2	2.8
상하이자동차	486.3	15.6	96.8	30.4	62.0	3.4	78.4	15.6	4.1
둥펑자동차	261.3	8.4	10.3	3.2	105.2	5.8	24.8	1.0	2.0
톈진자동차	108.9	3.5	10.5	3.3	51.6	2.9	21.1	2.0	2.5
베이징자동차	84.6	2.7	4.2	1.3	35.9	2.0	23.6	1.2	3.4
5대 기업 소계	1,395	44.8	187	58.6	378.8	21.0	36.8	4.9	2.8
중국 자동차산업	3,114.7		318.5		1,807.0		17.2	1.8	1.0
중국 완성차 부문	1,660.8	53.3	180.8	56.8	555.0	30.7	29.9	3.3	3.3

출처: 中國汽車工業年鑒 2000, pp.59-76, pp.324-325, p.335, pp.352-354, pp.358-359, pp.363-364를 바탕으로 재구성.

아울러 디이자동차, 상하이자동차, 둥펑자동차, 톈진자동차, 베이징자동차 등 1994년 자동차 5대 자동차기업 종업원의 1인당 평균 매출액과 평균 이윤액은 각각 19.1만 위엔, 2.3만 위엔이었으나(<표 5-16>), 1999년에는 각각 36.8만 위엔, 4.9만 위엔으로 늘어났다. 디이자동차와 상하이자동차는 1994년 종업원 1인당 매출액이 각각 16.7만 위엔, 35.6만 위엔에서 2004년 99.5만 위엔, 180.5만 위엔으로 증가, 연평균 증가율이 각각 19.5%, 17.6%에 달했으며 같은 기간 동안 중국 GDP 증가율(12.7%)보다 훨씬 높았다. 다만 2005년 6대 국유기업 중에서 광조우자동차를 제외한 기업의 1인당 이윤액은 2004년보다 다소 줄어든 모습을 보였다. 2005년 6대 국유기업 1인당 평균 매출액은 2004년 대비 늘어났으나, 1인당 평균 이윤액은 줄어들었다. 2000년대에 들어 중국 6대 자동차기업의 인적자원 가치는 대체로 상승하는 추세를 보였고, 산하 다국적 합자기업들이 인적자원 가치 상승에 있어서 주도적인 역할을 감당하였다고 볼 수 있다.

<표 5-16> 1994년 중국 5대 자동차기업 경영성과,
종업원 1인당 생산성 비교

구 분	매출총액 (억 위엔)	비중	이윤총액 (억 위엔)	비중	종업원 수 (천 명)	비중	1인당 매출 액(만 위엔)	1인당 이윤 액(만 위엔)	1인당 생산량(대)
둥펑자동차	208.8	11.3	15.1	11.1	125.9	6.4	16.6	1.2	1.8
디이자동차	230.1	12.4	20.5	15.1	138.1	7.0	16.7	1.5	1.4
베이징자동차	82.5	4.5	9.0	6.6	45.5	2.3	18.2	2.0	3.1
톈진자동차	87.0	4.7	11.3	8.3	58.3	3.0	14.9	1.9	2.1
상하이자동차	203.8	11.0	40.0	29.5	57.2	2.9	35.6	7.0	2.0
5대 기업 소계	812.2	43.8	95.9	70.7	425.0	21.6	19.1	2.3	1.9
중국 자동차산업	1,853.5		135.7		1,969.0		9.4	0.7	0.7
중국 완성차 부문	1,007.0	54.3	65.9	48.6	647.0	32.9	15.6	1.0	2.1

출처: 中國汽車工業年鑒 1995, pp.89-90, pp.118-120, pp.124-126, pp.129-130을 바탕으로 재구성.

인적자원과 함께 기업의 대표적인 무형자산인 기술력은 R&D 지출 비중을 통해 간접적으로 추정할 수 있다. <표 5-17>과 <표 5-18>에서 디이자동차, 상하이자동차, 둥펑자동차 등 3대 기업의 2005년 매출총액에서 R&D 지출이 차지하는 비중은 각각 1.1%, 3.1%, 0.7%로 2004년 대비 상하이자동차의 R&D 지출 비중은 상승했으나 디이자동차와 둥펑자동차의 R&D 비중은 비슷한 수준이거나 오히려 낮아졌다. 또한 2005년 상하이자동차의 투자총액 대비 R&D 지출 비중은 53.2%로 2004년 대비 크게 상승했으나 디이자동차와 둥펑자동차는 투자총액 대비 R&D 지출 비중이 줄었다. 이는 최근 상하이자동차가 자주적인 신차개발에 공격적으로 나서면서 R&D 투자를 늘리는 것과 관련이 깊다.

한편 2005년 중국 완성차 부문의 매출액 대비 R&D 비중은 2004년
보다 0.3% 포인트 늘어났고 투자총액 대비 R&D 비중도 다소 늘어났다.
2005년 디이자동차, 상하이자동차, 둥펑자동차의 투자총액은 각각 133.8
억 위엔, 71.2억 위엔, 80.4억 위엔으로 2004년 대비 각각 21%, 9.7%,
59.2%로 증가했고, 세 곳 중에서 상하이자동차의 증가율이 가장 낮았다.
또한 1999년과 비교하면 디이자동차와 둥펑자동차의 투자총액은 크게
늘어났으나 상하이자동차 투자총액은 큰 변화가 없었다(<표 5-19>). 이
는 상하이자동차는 신규투자 중에서 R&D 투자에 집중하고 있는 반면,
디이자동차와 둥펑자동차는 R&D투자보다는 생산설비 확충이나 유지 보
수에 상대적으로 많은 투자를 하고 있다는 해석이 가능한 대목이다.

〈표 5-17〉 2005년 중국 3대 자동차기업 매출액,
투자총액 대비 R&D 지출 비중

구 분	매출총액 (억 위엔)	투자총액 (억 위엔)	R&D 지출액 (억 위엔)	매출액 대비 R&D 비중(%)	투자총액 대비 R&D 비중(%)
디이자동차	**1,188.9**	**133.8**	**12.6**	**1.1**	**9.4**
톈진이치샤리	67.1	2.0	0.1	0.1	5.0
톈진이치도요타	206.5	16.3	0.0	0.0	0.0
상하이자동차	**1,227.6**	**71.2**	**37.9**	**3.1**	**53.2**
상하이VW	251.1	14.4	8.8	3.5	61.1
상하이GM	458.6	17.1	17.6	3.8	102.9
상하이GM우링	100.0	8.3	3.3	3.3	39.8
둥펑자동차	**1,123.9**	**80.4**	**8.2**	**0.7**	**10.2**
둥펑자동차유한공사	954.3	75.8	6.4	0.7	8.4
둥펑웨다기아	88.3	2.0	0.2	0.2	10.0
3대 기업 소계	**3,540.4**	**285.4**	**58.7**	**1.7**	**20.6**
중국 자동차산업	10,108.4	734.2	167.8	1.7	22.9
중국 완성차 부문	5,582.9	396.2	94.8	1.7	23.9

출처: 中國汽車工業年鑑 2006, pp.114-122, p.521 & pp.528-529를 바탕으로 재구성.

〈표 5-18〉 2004년 중국 3대 자동차기업 매출액,
투자총액 대비 R&D 지출 비중

구 분	매출총액 (억 위엔)	투자총액 (억 위엔)	R&D 지출액 (억 위엔)	매출액 대비 R&D비중(%)	투자총액 대비 R&D 비중(%)
디이자동차	1,145.3	110.6	12.8	1.1	11.6
이치VW	432.0	49.1	1.1	0.3	2.3
텐진이치도요타	106.8	17.9	0.0	0.0	0.0
상하이자동차	1,259.1	64.9	22.1	1.8	34.0
상하이VW	378.9	25.8	9.0	2.4	35.0
상하이GM	405.3	8.3	3.9	1.0	46.9
상하이GM우링	70.0	5.1	2.3	3.3	44.8
둥펑자동차	980.0	50.5	8.9	0.9	17.5
둥펑자동차유한공사 선룽자동차 둥펑혼다	875.8	45.4	6.6	0.8	14.5
둥펑웨다기아	46.6	3.4	0.8	1.7	23.2
3대 기업 소계	3,384.4	226.0	43.8	1.3	19.4
중국 자동차산업	9,134.3	641.3	129.5	1.4	20.2
중국 완성차 부문	5,490.5	430.3	75.1	1.4	17.5

출처: 中國汽車工業年鑑 2004, pp.23-71 & pp.429-431을 바탕으로 재구성.

〈표 5-19〉 1999년 중국 5대 자동차기업 매출액,
투자총액 대비 R&D 지출 비중

구분	매출총액 (억 위엔)	투자총액 (억 위엔)	R&D 지출액 (억 위엔)	매출액 대비 R&D 비중	투자총액 대비 R&D 비중
디이자동차	453.7	26.3	4.8	1.1	18.3
상하이자동차	486.3	63.8	10.6	2.2	16.6
둥펑자동차	261.3	5.8	4.6	1.8	79.3
텐진자동차	108.9	1.2	n.a	n.a	n.a
베이징자동차	84.6	2.2	1.0	1.2	45.5
5대 기업 소계	1,395	99.3	21.0	1.5	21.1
중국 자도아산업	3,114.7	194.0	57.4	1.8	29.6
중국 완성차 부문	1,660.8	113.1	29.7	1.8	26.3

출처: 中國汽車工業年鑑 2000, pp.59-76, pp.352-354, pp.363-364를 바탕으로 재구성.

물론 이들 기업의 R&D 지출액 감소를 생산설비(유형자산) 대비 기술(무형자산)의 상대적 가치 하락으로 단정할 수는 없을 것이다. 왜냐하면 좀 더 긴 시간에 걸쳐 특허권 보유 건수나 기술제공 비용 등 기술축적의 실제적 가치를 면밀히 추적할 필요가 있기 때문이다. 다만 2004~2005년 중국의 승용차 생산량에서 중국기업이 독자적으로 개발하여 출시한 승용차가 차지하는 비중은 각각 5.6%, 10.8%에 불과하였고(<표 5-34>), 치루이자동차와 지리자동차가 경차와 소형 승용차를 중심으로 독자모델 승용차 생산의 80%가량을 담당하였다는 점을 상기할 필요가 있다. 결국 승용차 독자모델 개발에 있어서 중국 자동차기업 기술력의 상대적 가치는 계속 향상되고 있으나 아직 세계적 수준과는 상당한 격차를 드러내고 있다고 볼 수 있다.

3) 경영자원 과잉의 정도
(Extent of Redundant Resources)

Dyer, Kale & Singh(2004)는 제휴나 협력을 통해 시너지를 얻고자 하는 기업들 간의 경영자원 중복이나 과잉투자 정도가 심할수록 인수합병 전략이 제휴보다 더 바람직하다고 보았다. 인수합병을 통해서 조직 내부에 수직적 지배권(hierarchical governance)을 확보해야만 낭비적 요인을 과감하게 제거하여 비용을 줄이고 생산효율을 높일 수 있다고 진단한 것이다. 반면 기업 간 경영자원의 중복이나 과잉투자 정도가 낮다면 협력관계 형성이나 종결비용이 상대적으로 낮은 非지분형 제휴를 통해 서로의 역량이나 자원을 탐색하고 평가하는 시간을 갖는 것이 필요하다고 지적하였다.

현재 중국 자동차산업의 경우, 산업 전체적으로 과잉생산에 대한 우려가 점점 커지고 있다. 2005년 11월에 중국 국가발전개혁위원회는 중국의 자동차 생산능력이 2005년 1,000만 대 수준에서 2010년 2,000만 대로 증가할 것이나 내수규모는 2005년 570만 대 수준에서 2010년 900~1,000만 대로 증가, 2006~2010년까지 자동차산업의 과잉생산설비 문제가 더욱 심각해질 것으로 예상했다. 실제로 2005년 중국의 자동차 생산능력은 1,000만 대를 초과, 실제 생산량과 판매량의 약 두 배에 달했으며, 이에 따라 설비 가동률은 2004년 61%에서 2005년 53%로 약 8% 포인트 하락한 것으로 분석되었다(<표 5-20>).

〈표 5-20〉 중국 자동차 생산능력, 실제 생산량,
판매량 및 가동률 추이 (만 대)

구 분	2001	2002	2003	2004	2005
생산량	234.2	325.4	444.4	507.4	574.5
승용차	70.4	109.3	203.8	231.3	277.9
상용차	163.8	216.1	240.6	276.1	296.6
판매량	237.1	324.9	439.2	507.2	577.8
승용차	72.1	112.6	199.1	232.3	278.3
상용차	165.0	212.2	240.1	274.9	299.5
생산능력	515	581	686	832	1,082
승용차	241	302	369	485	693
상용차	274	279	317	347	389
과잉생산설비	278	256	247	325	504
승용차	169	189	170	253	415
상용차	109	67	77	72	90
가동률(%)	45.5	56.0	64.8	61.0	53.1
승용차	29.2	36.2	55.2	47.7	40.1
상용차	59.8	77.5	75.9	79.6	76.2

출처: 中國汽車工業年鑑 2003, 2004, 2005, 2006(p.540.) 각 호,
中國國家信息中心(CEI), 2004, 『中國行業發展報告 - 汽車制造業』, p.92.
김준규, 2005, "중국 승용차산업의 공급과잉 우려와 대응전략", 한국자동차공업협회 제 2005-17호, pp.1-2를 바탕으로 재구성.

특히 승용차의 설비 가동률은 2004년과 2005년 연속 50%에 못 미쳐,150) 상용차에 비해 과잉투자 징후가 더욱 뚜렷하게 나타났다. 이는 다국적 합자기업을 중심으로 신규 설비투자가 승용차 부문에서 집중적으로 일어나고 있기 때문으로 분석된다. 2005년 중국의 승용차 생산능력은 693만 대로 2004년보다 무려 200만 대 이상 증가한 것으로 추정되었다. 아울러 2007년과 2010년 중국의 승용차 생산능력은 각각 1,035만 대, 1,262만 대에 달할 것으로 예상되나 수요량은 각각 450만 대, 700만 대 수준에 그쳐, 내수시장에만 의존할 경우 설비투자 과잉문제는 좀처럼 해결의 실마리를 찾지 못할 것으로 전망된다(<도 5-10>).

결국 각 기업들이 계획대로 생산설비 확장을 추진하면서 늘어난 승용차 생산량을 흡수할 만한 해외시장을 제때에 개척하지 못하면, 중국 자동차업계는 과잉설비를 제거하기 위한 구조조정의 소용돌이에 휘말리게 될 가능성이 높다는 얘기다. 이는 생산설비(경영자원)의 과잉 정도가 높으면 제휴보다 인수합병이 더 적합한 전략이라는 Dyer, Kale & Singh(2004)의 진단과도 일치하는 부분이다. 하지만 현재 중복투자와 과잉설비를 없애기 위한 구조조정의 움직임보다는 생산설비의 확장을 통하여 중국 내수시장을 선점하기 위한 제휴관계 강화 움직임이 더욱 강하게 나타나고 있다. 아직까지 주요 중국기업이나 다국적기업들은 생산설비 과잉에 대해 항간의 우려와 인식을 달리하고 있는 것이다.

---

150) 다만 승용차의 설비 가동률 추정에서 다국적 합자기업들의 설비투자가 이루어지는 시점과 생산라인에서 완성차가 처음으로 생산되는 시점(시험생산 시점) 및 본격적인 양산시점 간에는 각각 2~3년, 6개월~1년 정도의 시차가 존재한다는 사실에 유의할 필요가 있음. 또한 합자기업들은 신규 공장의 본격적인 양산시점을 의도적으로 늦추거나 앞당길 수 있기 때문에, 각 기업의 향후 투자계획만을 가지고 향후 생산능력을 추정할 경우, 각 시점 간 시차로 인해 연간 생산능력을 과대평가할 가능성이 높음.

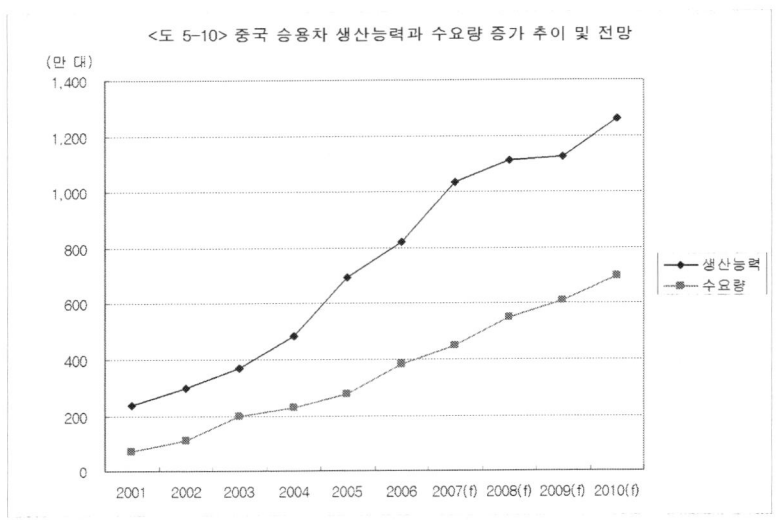

<도 5-10> 중국 승용차 생산능력과 수요량 증가 추이 및 전망

출처: 中國汽車工業年鑒 2003, 2004, 2005, 2006(p.540.) 각 호,
中國國家信息中心(CEI). 2004. 『中國行業發展報告-汽車制造業』, pp.74-75.
산업연구원. 2004. 『중국 자동차산업의 발전전략과 우리의 대응방안』, pp.65-75.
김준규. 2005. "중국 승용차산업의 공급과잉 우려와 대응전략", 한국자동차공업협
회 제2005-17호, pp.1-4를 바탕으로 재구성.

중국 자동차산업에서 중국기업과 다국적기업들이 생산설비 과잉에
대한 항간의 우려에도 불구하고 신규 설비투자를 중단하지 않는 것은
자산총액 대비 이윤액 비율, 즉 자산이익률(ROA)이 두 자리 수를 기
록하고 있는 점을 중요한 배경의 하나로 지목할 수 있다. 중국 자동차
기업들은 앞으로 모든 기업들이 계획대로 설비투자를 단행할 경우 앞
으로 공급과잉 문제가 더욱 심각해질 가능성이 있지만, 아직까지는 설
비 가동률151)이 다소 떨어지더라도 매출액 대비 이윤율이나 투자수익
률(ROI), 자산이익률(ROA) 등은 괜찮다고 판단하고 있는 것이다.

───────────

151) 자동차 양산업체의 경우 일반적으로 설비 가동률이 적어도 70%를 넘어야
기업이 이윤을 낼 수 있고, 가동률이 50% 미만이면 정상적인 경영이 매
우 어려운 것으로 간주하고 있음.

〈표 5-21〉 중국 자동차산업 및 완성차 부문 자산이익률(ROA)
추이 (억 위엔, %)

연도	자산총액(A)	완성차 부문 자산(B)	이윤총액(C)	완성차 부문 이윤(D)	ROA(C/A)	ROA(D/B)
1994	814.0	385.7	135.7	65.9	16.7	17.1
1998	5,044.8	2,648.0	226.0	103.7	4.5	3.9
1999	5,086.7	2,660.0	318.5	180.8	6.3	6.8
2003	8,037.1	4,570.7	1,032.8	700.2	12.9	15.3
2004	9,270.6	5,260.5	1,063.6	708.4	11.5	13.5
2005	10,026.0	5,219.8	981.9	580.8	9.8	11.1

출처: 中國汽車工業年鑒 1995, 1999, 2000, 2004, 2005, 2006(p.522 & p.533) 각 호를 바
탕으로 재구성.

<표 5-21>에서 1999년 중국 완성차 부문의 자산이익률은 6.8%였
으나 2004년과 2005년 각각 13.5%, 11.1%에 달해, 여전히 두 자리
수 RAO를 유지하였다. 결국 중국 자동차기업들은 설비증설 등 자산투
자 확대를 중복이나 과잉이라는 측면보다 지속성장 기반 마련과 양산
경쟁을 위해서 추진해야만 하는 불가피한 행위로 간주하고 있는 것이
다. 이는 중국 자동차산업에서 생산설비를 비롯한 각종 경영자원의 과
잉 정도에 따른 전략선택을 어렵게 만들고 있으며, 현시점에서는 과잉
정도의 중간 수준에 적합한 지분형 제휴나 합자기업 설립관계 강화가
다국적기업 주요 진출전략으로서 자리 잡고 있는 이유라고 볼 수 있다.
2010년까지 다국적기업들의 對중국 승용차 생산설비 확장 계획을 구체
적으로 살펴보면, 폭스바겐은 2005년 93만 대 규모의 생산설비를 2010
년까지 116만 대로 확대할 예정이다(<표 5-22>).

<표 5-22> 주요 다국적기업 중국 내 승용차
생산능력 확대 계획 (만 대, %)

구 분	2005	2006	2007(f)	2008(f)	2009(f)	2010(f)	CAGR('05~ '10)
폭스바겐	93	93	93	116	116	116	4.5
PSA	15	15	30	30	30	30	14.9
DCX	10	10	10	20	20	30	24.6
GM	55	58	70	70	70	70	4.9
포 드	5	15	25	35	40	40	51.6
도요타	29	44	64	64	64	99	27.8
혼 다	32	53	53	53	53	79	19.8
닛 산	31	31	31	46	46	46	8.2
미쯔비시	20	40	50	50	50	50	20.1
스즈끼	40	46	46	46	46	46	2.8
현 대	37	37	67	74	74	74	14.9
기 아	13	13	28	28	28	43	27.0
소 계	380	455	567	632	637	723	13.7
중국 전체 승용차 생산능력	693	822	1,035	1,113	1,124	1,262	12.7
예상수요	278	383	450	550	610	700	20.3

출처: 김준규. 2005. "중국 승용차산업의 공급과잉 우려와 대응전략", 한국자동차공업협회 제
2005-17호, pp.2-4. 산업연구원. 2004. 『중국 자동차산업의 발전전략과 우리의 대응
방안』, pp.65-75를 바탕으로 재구성.

도요타는 2005년 55만 대에서 2010년 99만 대로, 혼다는 32만 대에
서 79만 대로, 현대는 37만 대에서 74만 대로 설비 확장에 나설 계획이
다. 만약 <표 5-22>와 같이 12개 다국적기업들의 생산설비 확장이 계
획대로 추진된다면, 2010년 이들 기업만의 중국 현지 승용차 생산능력은
약 723만 대에 달해, 2010년 중국 내수시장 규모(700만 대)를 웃돌게
된다. 더 나아가 2010년 중국 전체 승용차 생산능력은 1,262만 대로 예
상수요의 1.8배에 달할 것으로 전망되는데, 이는 결국 다국적기업들이

중국 자동차기업과 합자관계 강화를 통하여 생산능력을 확대하려는 계획을 상당히 제약할 가능성이 높다. 계획은 어디까지나 계획일 뿐이고 실제 설비투자는 시장상황을 봐 가면서 추진할 가능성이 있다는 얘기이다. 다만 앞서 언급하였듯이 아직까지 다국적기업들은 현지생산능력 확대를 빠르게 부상하고 있는 중국 자동차시장을 선점하기 위한 불가피한 선택으로 여기고 있으며, 각 기업의 자산이익률과 투자수익률에서도 과잉투자에 대한 경고신호가 본격적으로 나타나지는 않았다고 하겠다.

1999년 디이자동차, 상하이자동차, 둥펑자동차의 자산이익률(ROA)은 각각 9.8%, 17.3%, 1.9%였으나(<표 5-26>), 2004년 이들 기업의 자산이익률은 각각 12.2%, 26.3%, 10.9%로 증가하였고(<표 5-25>), 2005년에는 2004년보다 하락하였으나 여전히 두 자리 수 증가율은 유지하였다(<표 5-24>). 사실 2004~2005년 자산이익률과 투자수익률은 2~3년 전보다 상승세가 주춤하였지만 각 기업들이 중복이나 과잉투자에 대한 우려 때문에 신규투자를 전격 중단하기엔 여전히 높은 수준이라고 할 수 있다. 따라서 생산설비나 경영자원 과잉 정도가 높을수록 제휴나 협력보다는 인수합병이 더 적합한 전략이라는 Dyer, Kale & Singh(2004)의 주장은, 그 유효성 여부를 떠나 중국 자동차기업과 다국적기업들이 인수합병을 위해 실질적인 행동을 취하기엔 아직 여건이 충분히 형성되지 않은 상황이라고 하겠다. 물론 다국적기업 주도의 인수합병이나 단독투자 대한 정책규제도 매우 중요한 제약요인이다.

4) 시장 불확실성의 수준
(Degree of Market Uncertainty)

Dyer, Kale & Singh(2004)는 신기술이나 신제품의 시장반응이 매우 불확실하거나 또는 상대방과의 제휴나 협력을 통해서 기대할 수 있는 시너지에 대해 판단을 내리기 어렵다면(시장 불확실성이 높은 경우), 지분형 제휴를 추진하는 것이 인수합병보다 더 낫다고 진단하였다. 또한 시장 불확실성 정도가 낮다면 非지분형 제휴, 그 정도가 일반적 수준이라면 인수합병 전략이 바람직하다고 보았다. 본 연구 제2장 2절에서도 언급하였듯이 위험(risk)이란 신제품이나 신기술의 미래가치를 예상할 수 없지만 다양한 가능성에 대한 각각의 확률분포를 예측할 수 있는 것을 말하며, 불확실성(uncertainty)이란 미래가치뿐만 아니라 각각의 확률분포마저 예측할 수 없는 경우를 의미한다. 시장 불확실성을 가중시키는 요인으로는 정부정책의 급격한 변화, 정치적 불안정, 전쟁이나 테러, 천재지변 발생 가능성, 신기술의 속성 및 소비행태 변화 등을 들 수 있다.

현재 중국 자동차산업의 경우 시장 불확실성의 수준이 대체로 낮아졌다고 볼 수 있다. 중국정부는 2004년 신정책에서 승용차를 중심으로 내수시장을 적극 발전시키고 정부 요인보다는 공정한 시장경쟁을 바탕으로 기업의 대형화 및 구조조정을 촉진할 것임을 밝혔다. 또한 2020년까지 중국의 연평균 GDP 증가율은 6~7% 수준을 유지할 것[152]으로 예상되며 WTO 가입 및 중국기업들의 해외진출(走出去)전략으로 인해 자동차산업의 각종 무역장벽도 계속 낮아지거나 철폐될 것으로 전망된다. 따라서 세계적인 수준의 경쟁력을 갖춘 자동차기업 입장에서 중국 자동차산업의 사업환경은 전반적으로 양호하며 시장 불확실은 낮거나 일반적인 수준이라고 할 수 있다. 따라서 전략선택도 非지분형 제휴나 인수합병에 집중하는 것이 바람직하며, 이런 맥락에서 중국 자동차기업

---

152) 중국 국무원발전연구중심은 2001~2010년까지 연평균 GDP 증가율을 7.9%, 2010~2020년까지 GDP 증가율을 6.6%로 예상하였음. 또한 세계은행은 같은 기간 동안 중국의 연평균 GDP 증가율을 각각 6.9%, 5.5%로 전망하였음.

과 다국적기업 간 기술공여, 판매계약 및 공동연구개발형 합자관계로의
전환은 비교적 올바른 전략선택이었다고 평가할 수 있다.

〈표 5-23〉 중국 자동차산업 및 완성차 부문
투자수익률(ROI) 추이 (억 위엔, %)

연 도	투자총액 (A)	완성차투자 (B)	이윤총액 (C)	완성차이윤 (D)	ROI(C/A)	ROI(D/B)
1991~1995	756.1	364.3	748.5	393.5	99.0	108.0
1996~2000	967.7	491.0	1,390.6	756.0	143.7	154.0
2001~2005	2,351.6	1,430.7	4,332.4	2,814.1	184.2	196.7
2000	193.5	115.6	402.4	247.9	208.0	214.4
2001	194.3	121.1	502.1	339.9	258.4	280.7
2002	283.2	170.3	752.0	484.8	265.5	284.7
2003	498.6	313.1	1,032.8	700.2	207.1	223.6
2004	641.3	430.3	1,063.6	708.4	165.9	164.6
2005	734.2	369.2	981.9	580.8	133.7	157.3

출처: 中國汽車工業年鑒 2004, 2005, 2006(p.521 & p.533) 각 호를 바탕으로 재구성.

　한편 <표 5-23>에서 8.5계획(1991~1995년) 기간 동안 중국 자동
차산업 및 완성차 부문의 투자수익률(ROI)은 각각 99%, 108%였으나
9.5계획(1996~2000년) 기간 동안 투자수익률은 각각 144%, 154%로
증가하였다. 아울러 2000~2003년까지 중국 자동차산업 투자수익률은
200%를 넘어섰으며 2003년 완성차 부문의 투자수익률은 285%까지
치솟았다. 2000년대 초반 중국 자동차산업, 특히 완성차 부문이 얼마나
호황을 누렸는지를 잘 보여주고 있다. 다만 2004~2005년에는 업체 간
판매경쟁이 치열해지면서 가격 인하의 여파로 인해 이윤 증가율과 투
자수익률이 2003년에 비해 크게 떨어졌다. 2005년 중국 자동차산업 매
출총액은 2004년보다 10.6% 늘어났으나 2005년 이윤총액(세전)은
7.7% 줄어들었다. 결국 중국 자동차산업에서 통제 불가능한 변수 측면

의 시장 불확실성(uncertainty)은 대체로 낮아지고 있으나, 시장경쟁의
격화로 인한 수익성 하락 측면의 위험(risk)은 점차 커지고 있고, 이로
써 전체적인 시장 불확실성 정도는 보통 수준이라고 평가할 수 있다.

아울러 시장 불확실성 수준을 주요 기업의 경영성과를 통해 좀 더
구체적으로 살펴보면, 1994년 5대 자동차기업 평균 투자수익률(ROI)은
96.6%였으나(<표 5-27>), 1999년에 188%로 크게 상승하였고(<표 5
-26>), 2004년에도 상하이자동차, 둥펑자동차, 베이징자동차, 광조우자
동차의 투자수익률은 200%를 상회하였다(<표 5-25>). 2005년 6대
자동차기업 투자수익률은 모두 2004년보다 떨어졌다(<표 5-24>). 6대
자동차기업 평균 투자수익률은 2004~2005년 연속 하락세를 보였지만,
향후 6대 기업의 투자수익률 하락세가 계속 이어질 것인지에 대해서는
아직 판단하기 어렵다고 하겠다.

<표 5-24>~<표 5-27>에서 연간 판매된 자동차 1대당 평균 매출
액을 살펴보면 1994년 상하이자동차, 디이자동차, 둥펑자동차는 각각
17.5만 위엔, 12.4만 위엔, 9.3만 위엔에서 1999년 각각 19.2만 위엔,
13.4만 위엔, 12.7만 위엔으로 상승했다. 그러나 2004년과 2005년에는
상하이자동차의 대당 평균 매출액이 각각 14.8만 위엔, 13.4만 위엔으
로 떨어졌고 디이자동차도 각각 11.4만 위엔, 12.1만 위엔으로 보합세
를 보였다. 상용차 부문이 상대적으로 강한 둥펑자동차의 대당 평균 매
출액은 2004년에 18.7만 위엔에 달했으나 2005년에는 15.4만 위엔으
로 떨어졌다. 이는 <도 5-12>에서 중국 자동차산업 완성차 1대당 평
균 매출액이 2003~2005년까지 3년 연속 하락한 것과 같은 맥락에서
접근할 수 있다. 앞으로 주요 자동차기업들의 자동차 판매량과 매출액
은 계속 증가하겠지만, 경쟁심화로 인한 수익성 하락이나 둔화 현상은
당분간 지속될 것으로 예상된다. 더 나아가 개별 기업 입장에서 중국
자동차산업은 투자기회의 확대와 더불어, 투자위험의 증가로 인한 수익

성 예측은 더욱 어려운 산업이 될 가능성이 높다.

〈표 5-24〉 2005년 중국 6대 기업과 합자기업의 투자수익률,
매출액 대비 이윤율

구 분	투자총액 (억 위엔)	자산총액 (억 위엔)	ROA(%)	ROI(%)	대당 평균매출 (만 위엔)	대당 평균이윤 (만 위엔)	매출액 대비 이윤액 비율(%)
디이자동차	133.8	1,074.0	11.6	92.8	12.1	13	10.4
텐진이치샤리	0.2	71.5	10.8	3,850.0	3.5	0.4	11.5
텐진이치도요타	16.3	86.7	35.1	186.5	15.8	2.3	14.7
상하이자동차	71.2	1,072.3	16.9	254.1	13.4	2.0	14.7
상하이VW	14.4	261.2	11.5	209.0	10.7	1.3	12.0
상하이GM	17.1	253.6	33.0	489.5	14.1	2.6	18.3
상하이GM우링	8.3	64.2	17.3	133.7	3.0	0.3	11.1
둥펑자동차	80.4	1,298.1	9.2	147.9	15.4	1.6	10.6
둥펑자동차유한공사	75.8	843.6	9.0	99.9	15.9	1.3	7.9
둥펑웨다기아	2.0	40.1	19.5	390.0	8.0	0.7	8.8
창안자동차	30.6	319.2	9.6	100.7	5.1	0.5	9.7
베이징자동차	40.1	312.9	10.7	83.3	8.3	0.6	6.8
베이징현대	29.2	114.6	31.0	121.6	10.7	1.5	14.2
베이징벤츠-DC (Jeep)	4.2	57.0			15.0		
광조우자동차	30.4	269.0	46.4	410.5	18.8	5.2	27.9
광조우혼다	14.7	164.9	49.8	558.5	19.0	4.5	23.9
광조우이스즈버스	0.0	3.8			87.5		
6대 기업 소계	386.5	4,345.5	14.1	158.6	11.7	1.5	12.8
중국 자동차산업	734.2	10,026.0	9.8	133.7	17.5	1.7	9.7
중국 완성차 부문	396.2	5,219.8	11.1	146.6	9.7	1.0	10.4

출처: 中國汽車工業年鑒 2006, pp.114-142, p.506, pp.521-522, pp.528-530, pp.533-
534를 바탕으로 재구성.

〈표 5-25〉 2004년 중국 6대 기업과 합자기업의
투자수익률, 매출액 대비 이윤율

구 분	투자총액 (억 위엔)	자산총액 (억 위엔)	ROA(%)	ROI(%)	대당 평균매출 (만 위엔)	대당 평균이윤 (만 위엔)	매출액 대비 이윤액 비율(%)
디이자동차	110.6	1,028.8	12.2	113.8	11.4	1.2	11.0
이치vw	49.1	264.3	24.5	132.0	13.6	2.0	15.0
텐진이치도요타	17.9	56.6	25.4	80.5	12.7	1.7	13.5
상하이자동차	64.9	1,019.6	26.3	414.0	14.8	3.2	21.3
상하이vw	25.8	290.0	21.3	239.3	10.9	1.8	16.3
상하이GM	8.3	242.9	47.4	1,385.6	16.1	4.6	28.4
상하이GM우링	5.1	38.5	17.6	131.6	3.0	0.3	9.7
둥펑자동차	50.5	1,226.0	10.9	264.6	18.7	2.6	13.6
둥펑자동차유한공사 선룽자동차 둥펑혼다	45.4	971.3	11.1	236.4	29.9	3.7	12.3
둥펑웨다기아	3.4	27.8	15.8	128.3	7.5	0.7	9.4
창안자동차	25.4	217.0	15.4	131.4	4.9	0.6	11.8
베이징자동차	11.4	333.1	13.7	399.3	9.0	0.9	9.5
베이징현대	0.0	91.8	35.1	n.a	12.1	2.2	18.5
베이징벤츠-DC(Jeep)	0.8	38.4	6.3	303.2	16.0	0.8	4.8
광조우자동차	12.9	238.6	44.2	817.1	20.4	5.0	24.6
광조우혼다	12.1	148.7	62.9	772.2	16.0	4.6	29.0
광조우이스즈버스	0.0	5.5	n.a	n.a	88.4	n.a	n.a
6대 기업 소계	275.7	4,063.1	17.5	258.4	12.4	1.9	15.6
중국 자동차산업	641.3	9,270.6	11.5	165.9	18.0	2.1	11.6
중국 완성차 부문	430.3	5,260.5	13.5	164.6	10.8	1.4	12.9

출처: 中國汽車工業年鑑 2005, pp.50-84, pp.478-480, pp.495-497, pp.502-504, pp.507
-508을 바탕으로 재구성.

〈표 5-26〉 1999년 중국 5대 자동차기업 투자수익률,
매출액 대비 이윤율

구 분	투자총액 (억 위엔)	자산총액 (억 위엔)	ROA(%)	ROI(%)	대당 평균매출 (만 위엔)	대당 평균이윤 (만 위엔)	매출액 대비 이윤율(%)
디이자동차	26.3	661.5	9.8	246.9	13.4	1.9	14.3
상하이자동차	63.8	560.0	17.3	151.7	19.2	3.8	19.9
둥펑자동차	5.8	534.1	1.9	177.9	12.7	0.5	3.9
톈진자동차	1.2	256.3	4.1	872.3	7.8	0.7	9.6
베이징자동차	2.2	127.7	3.3	190.9	7.0	0.3	5.0
5대 기업 소계	99.3	2,139.6	8.7	188.0	13.2	1.8	13.4
중국 자동차산업	194.0	5,086.7	6.3	164.2	17.0	1.7	10.2
중국 완성차 부문	113.1	2,660.0	6.8	159.9	9.1	1.0	10.9

출처: 中國汽車工業年鑒 2000, pp.60-76, pp.324-325, pp.352-354, pp.358-359, pp.363
-364를 바탕으로 재구성.

〈표 5-27〉 1994년 중국 5대 자동차기업 투자수익률,
매출액 대비 이윤율

구 분	투자총액 (억 위엔)	자산총액 (억 위엔)	ROA(%)	ROI(%)	대당 평균매출 (만 위엔)	대당 평균이윤 (만 위엔)	매출액 대비 이윤율(%)
둥펑자동차	29.6	89.7	16.8	51.0	9.3	0.7	7.2
디이자동차	30.6	84.2	24.3	67.0	12.4	1.1	8.9
베이징자동차	5.6	29.1	30.9	160.7	6.0	0.7	10.9
톈진자동차	10.0	24.4	46.2	112.8	7.1	0.9	13.0
상하이자동차	23.5	59.2	67.6	170.2	17.5	3.4	19.6
5대 기업 소계	99.3	286.6	33.5	96.6	10.3	1.2	11.8
중국 자동차산업	198.8	814.0	16.7	68.3	13.9	1.0	7.3
중국 완성차 부문	96.3	385.7	17.1	68.5	7.5	0.5	6.5

출처: 中國汽車工業年鑒 1995, pp.41-51, pp.89-90, pp.118-121, pp.129-130을 바탕으
로 재구성.

5) 시장경쟁의 수준(Level of Competition)

Dyer, Kale & Singh(2004)는 점유율 확대 및 특정 기업의 자원획

득에 대한 시장경쟁이 치열할수록 인수합병이 전략적 제휴보다 더 적합한 전략이라고 보았다. 인수합병을 통한 수직적 통합이 범위의 경제효과를 얻는 데 실질적인 도움이 되기 때문이다. 시간이 지날수록 중국 자동차산업의 시장경쟁은 치열해지고 있다. 우선 중국 자동차산업에서 연간 승용차 생산량 상위 5대 기업[153]의 점유율은 1994년 91%에서 1999년 95%까지 상승하였으나 2003~2005년에 각각 81%, 80%, 73%로 떨어졌다(<도 5-11>). 아울러 승용차 생산 점유율 상위 5대 기업의 구성도 바뀌었는데 2005년에는 디이자동차(22.8%), 상하이자동차(19.1%), 둥펑자동차(14.8%), 베이징자동차(8.7%), 광조우자동차(7.4%) 순이었다(<표 5-28>). 승용차 생산 상위 10대 기업의 점유율도 1999년 97%에서 2003~2005년 91% 수준으로 떨어졌다.

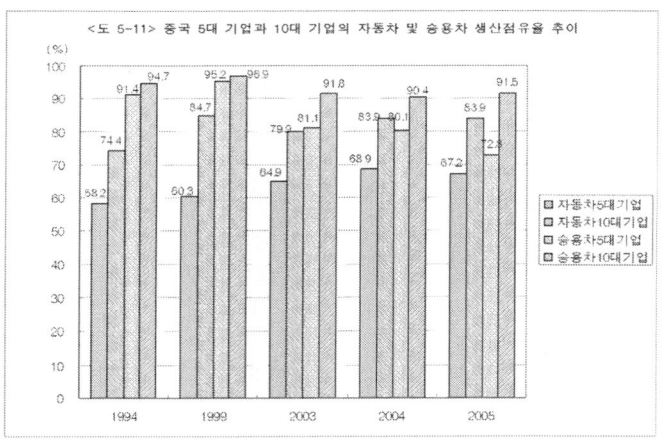

출처: 中國汽車工業年鑒 1995, 2000, 2004, 2005, 2006(p.506 & pp.540
-544) 각 호를 바탕으로 재구성.

---

153) 1994년에 승용차 생산 상위 5대 기업은 상하이자동차, 톈진자동차, 디이자동차, 베이징자동차, 창안자동차 순이며 1999년에는 베이징자동차가 5대 기업에서 빠지고 둥펑자동차가 진입하였음. 이에 대한 자세한 내용은 <표 5-28>~<표 5-31>을 참조

이는 승용차 생산기업의 다변화 및 승용차 부문에서 다국적 합자기업과 대형 국유기업 및 중소 국유기업, 민영기업 간 경쟁심화로 인해 기존 기업들의 시장지배력이 과거에 비해 약화되었다는 뜻으로 풀이할 수 있다. 승용차와 버스, 트럭을 모두 포함한 자동차 생산량에서는 상위 5대 기업의 점유율도 1994년 58%, 1999년 60%, 2003년 65%, 2004년 69%로 전반적인 상승세를 이어 가다가 2005년 67%로 하락했다. 결국 중국 자동차산업에 대한 분석에서 1990년대 중반 이후 승용차 부문이 중국 자동차산업의 주요 성장동력으로 자리 잡았고, 대형 국유기업과 다국적기업 간 합자기업 설립 및 제휴관계의 대부분이 승용차 부문에서 이루어지고 있다는 점을 적극 고려하면, 승용차 부문을 중심으로 상위 기업의 시장지배력은 과거보다 약해졌다고 진단은 충분히 가능할 것이다.

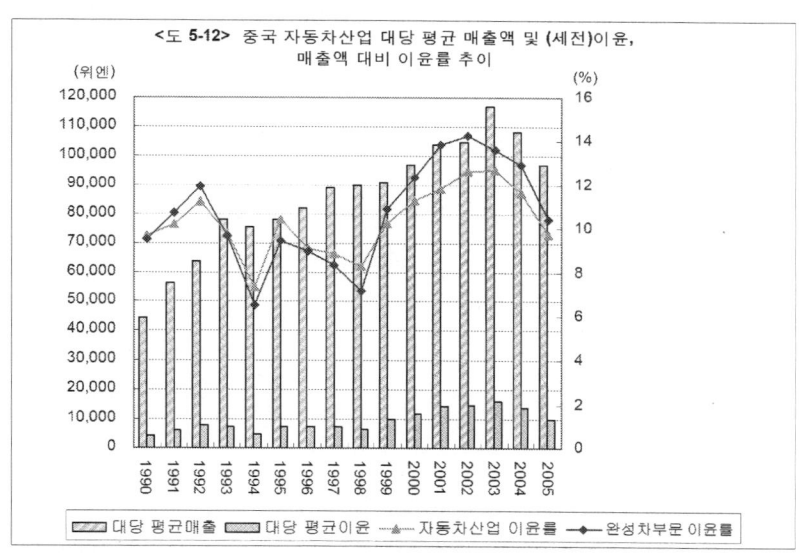

<도 5-12> 중국 자동차산업 대당 평균 매출액 및 (세전)이윤, 매출액 대비 이윤률 추이

출처: 中國汽車工業年鑑 2006, p.528, p.533, p.540을 바탕으로 재구성.

한편 1990~2005년까지 중국 자동차산업에서 완성차 1대당 평균 매출액과 평균 이윤은 전반적인 증가세를 보였으며 2003년에는 대당 평균 매출액과 이윤이 각각 11.7만 위엔, 1.6만 위엔으로 사상 최고치를 기록했다. 하지만 매출액 대비 이윤액 비율[154]은 2002년을 정점으로 내리막길을 걸었다(<도 5-12>). 완성차 부문에서 매출액 대비 이윤율은 1998년 7.2%에서 2002년 14.2%까지 계속 상승했으나 2003~2005년까지 3년 연속 13.6%, 12.9%, 9.7%로 떨어졌다.

2003년 이후 중국정부와 언론들이 자동차업계의 수익률 하락에 대해 깊은 우려를 자주 나타내는 이유가 여기에 있다. 최근 나타나고 있는 중국 자동차업계의 수익률 하락 현상은 공급과잉과 판가하락 및 주요 원자재 가격 상승에 의한 것으로, 1990년대 중반에 강력한 긴축정책의 여파로 인한 판매 증가율 둔화 및 수익률 하락 때와는 그 원인이 다르다는 것이다. 더 나아가 2020년까지 중국 자동차산업의 시장규모가 계속 커지겠지만 공급과잉과 시장경쟁 심화로 인한 수익률 하락과 기업 간 살아남기 경쟁은 더욱 거세게 전개될 것으로 전망된다. 시장경쟁 수준과 자원획득 경쟁상황만 놓고 본다면 중국 자동차산업은 이미 전략적 제휴보다는 인수합병 전략이 더 적합한 시기에 접어든 것이다.

한편 주요 자동차기업 경영성과를 살펴보면 앞서 <표 5-24>~<표 5-26>에서 1999년 디이자동차가 판매한 자동차의 대당 평균 이윤은 1.9만 위엔이었으나 2004년과 2005년 각각 1.2만 위엔, 1.3만 위엔으로 떨어졌다. 반면 상하이자동차와 둥펑자동차의 대당 평균 이윤은 1999년 각각 3.8만 위엔, 0.5만 위엔에서 2004년 3.2만 위엔, 2.6만

---

154) 일반적으로 기업의 부가가치(이익) 창출능력을 나타내는 지표로서 영업이익률, 즉, 매출총액 대비 영업이익 비율을 많이 사용함. 하지만 中國汽車工業年鑑에서 이윤과 세금총액(利稅總額) 자료는 일반적인 영업이익 개념과 다소 다르기 때문에 본 연구에서는 영업이익률이라는 용어를 사용하지 않았음.

위엔을 기록했고 2005년에는 2.0만 위엔, 1.6만 위엔으로 양사 모두
하락했다. 주요 기업의 매출액 대비 (세전)이윤액 비율도 대당 평균 이
윤과 비슷한 양상을 보였는데 1999년 디이자동차의 매출액 대비 이윤
율은 14.9%였으나 2004년과 2005년에는 각각 11%, 10.4%로 하락하
였다. 반면 상하이자동차의 매출액 대비 이윤율은 1999년 19.9%에서
2004년 21.3%로 약간 올랐으나 2005년에는 14.7%로 떨어졌다. 둥펑
자동차의 매출액 대비 이윤율도 1999년에 3.9%, 2004년에 13.6%,
2005년에 10.6%를 기록하였고, 베이징자동차와 창안자동차의 2005년
매출액 대비 이윤액 비율도 2004년보다 2~3% 포인트 하락했다.

〈표 5-28〉 2005년 중국 자동차산업 10대 기업
자동차 및 승용차 생산량 (대, %)

구 분	자동차생산	비중	자동차판매	비중	승용차생산	비중	승용차판매	비중	승용차생산비중
디이자동차	983,662	17.2	982,777	17.1	711,351	22.8	705,499	22.5	72.3
상하이자동차	911,748	16.0	917,513	15.9	594,857	19.1	602,903	19.2	65.2
둥펑자동차	734,716	12.9	729,017	12.7	460,726	14.8	452,967	14.4	62.7
창안자동차	621,531	10.9	631,142	11.0	168,242	5.4	168,629	5.4	27.1
베이징자동차	585,683	10.3	597,258	10.4	270,372	8.7	272,155	8.7	46.2
sub-total	3,837,340	67.2	3,857,707	67.0	2,205,548	70.7	2,202,153	70.1	57.5
광조우자동차	237,773	4.2	237,073	4.1	231,550	7.4	230,773	7.4	97.4
하페이(哈飞)자동차	225,260	3.9	230,051	4.0	49,893	1.6	49,640	1.6	22.1
치루이자동차	185,588	3.3	189,158	3.3	185,588	6.0	189,158	6.0	100.0
장화이자동차	151,997	2.7	150,985	2.6	31,397	1.0	31,516	1.0	20.7
지리자동차	149,566	2.6	151,466	2.6	148,182	4.8	149,869	4.8	99.1
Total	4,787,524	83.9	4,816,440	83.6	2,852,158	91.5	2,853,109	90.9	59.6
중국 전체	5,707,688		5,758,189		3,118,153		3,139,651		54.6

출처: 中國汽車工業年鑒 2006, pp.114-142, p.506, pp.540-544를 재구성.

〈표 5-29〉2004년 중국 자동차산업 10대 기업
자동차 및 승용차 생산량 (대, %)

구 분	자동차생산	비중	자동차판매	비중	승용차생산	비중	승용차판매	비중	승용차생산비중
디이자동차	993,554	19.6	1,007,371	19.9	627,179	27.1	633,970	27.3	63.1
상하이자동차	847,526	16.7	848,542	16.7	610,641	26.4	609,483	26.2	72.0
둥펑자동차	530,061	10.5	523,309	10.3	227,396	9.8	222,891	9.6	42.9
창안자동차	582,367	11.5	579,520	11.4	157,337	6.8	157,171	6.8	27.0
베이징자동차	538,699	10.6	530,993	10.5	183,922	8.0	175,692	7.6	34.1
sub-total	3,492,207	68.9	3,489,735	68.8	1,806,475	78.1	1,799,207	77.4	51.7
광조우자동차	209,720	4.1	210,200	4.1	202,312	8.7	202,066	8.7	96.5
하페이(哈飞)자동차	205,991	4.1	205,115	4.0	28,700	1.2	29,950	1.3	13.9
쟝화이자동차	131,300	2.6	130,797	2.6	0	0.0	0	0.0	0.0
진베이자동차	110,505	2.2	100,072	2.0	26,944	1.2	19,690	0.8	24.4
창허(昌河)자동차	104,289	2.1	104,568	2.1	26,756	1.2	27,389	1.2	25.7
Total	4,254,012	83.9	4,240,487	83.6	2,091,187	90.4	2,078,302	89.4	49.2
중국 전체	5,070,452		5,071,665		2,312,561		2,323,458		45.6

출처: 中國汽車工業年鑒 2005, pp.478-480, pp.516-518을 바탕으로 재구성.

하지만 각 기업 간 경영성과 차이를 감안하더라도 최근 2~3년 동안
중국 자동차산업에서 매출액 대비 이윤액 비율의 하락은 전반적으로
나타나고 있는 현상이라고 할 수 있다. 앞서 지적하였듯이 2005년 6대
기업 중에서 광조우자동차를 제외한 나머지 기업들의 매출액 대비 이
윤액 비율은 2004년에 비해 모두 떨어졌다. 2005년 6대 기업의 자동
차 1대당 평균 이윤도 2004년에 비해 대체로 낮아졌다. 물론 시장경쟁
의 심화로 인한 각 기업의 수익성 하락 현상이 향후 중국 자동차산업
의 대세가 될 것인지는 쉽게 예단하기 어렵다. 시간을 가지고 진행상황
을 좀 더 지켜볼 필요가 있기 때문이다. 다만 수요와 공급의 원리에
의해 가격이 결정되는 상황에서 중국 자동차업계의 공급과잉과 수입관
세 인하는, 대폭적인 비용 절감 노력이 수반되지 않는 한, 판가하락 및
수익성 하락을 더욱 촉진시킬 개연성이 충분하다고 하겠다.

아울러 <표 5-30>과 <표 5-31>에서 1994년 상하이자동차와 톈진자

동차의 승용차 생산량이 중국 전체 승용차 생산량에서 차지하는 비중은
각각 46.1%. 23.4%였으나 1999년 비중은 각각 44.9%, 18%로 떨어졌다.
1999년에는 상하이자동차와 톈진자동차에 이어 디이자동차가 승용차 부
문의 새로운 강자로 부상하였으며 2002년 6월에 디이자동차는 톈진자동
차 산하 톈진샤리(天津夏利)[155]와 톈진화리(天津華利)를 인수하였다.
이에 따라 2004년에는 디이자동차와 상하이자동차가 전체 승용차 생산량
에서 각각 27.1%, 26.4%를 점유, 양강구도를 형성하였고 둥펑자동차와
광조우자동차가 각각 9.8%, 8.7%로 그 뒤를 이었다(<표 5−29>).

<표 5−30> 1999년 중국 자동차산업 10대 기업
자동차 및 승용차 생산량 (대, %)

구 분	자동차생산	비중	자동차판매	비중	승용차생산	비중	승용차판매	비중	승용차생산비중
디이자동차	342,364	18.7	339,000	18.5	98,622	17.4	100,654	17.6	28.8
상하이자동차	256,567	14.0	252,821	13.8	254,236	44.9	250,656	43.9	99.1
둥펑자동차	205,469	11.2	205,801	11.2	40,200	7.1	43,850	7.7	19.6
창안자동차	171,012	9.3	168,197	9.2	44,181	7.8	51,437	9.0	25.8
톈진자동차	128,786	7.0	140,052	7.6	101,828	18.0	107,780	18.9	79.1
sub−total	1,104,198	60.3	1,105,871	60.3	539,067	95.2	554,377	97.1	48.8
베이징자동차	121,308	6.6	120,292	6.6	9,294	1.6	9,139	1.6	7.7
창허(昌河)자동차	90,079	4.9	92,198	5.0	0	0.0	0	0.0	0.0
하페이(哈飛)자동차	86,017	4.7	84,318	4.6	0	0.0	0	0.0	0.0
류조우(微型)자동차	80,518	4.4	83,399	4.5	0	0.0	0	0.0	0.0
난징(躍進)자동차	71,446	3.9	71,409	3.9	0	0.0	0	0.0	0.0
Total	1,553,566	84.8	1,557,487	85.0	548,361	96.9	563,516	98.7	35.3
중국 전체	1,831,596		1,832,976		566,105		570,777		30.9

출처: 中國汽車工業年鑑 2000. pp.324−325. p.161을 바탕으로 재구성.

---

155) 톈진샤리는 톈진자동차의 자회사로서 소형 승용차와 엔진을 생산하였음.
<표 5−30>과 <표 5−31>에서 1994년과 1999년 톈진자동차의 승용차
는 모두 톈진샤리에서 생산한 것임. 톈진샤리는 2000년 6월에 도요타와
50 : 50으로 톈진도요타를 설립하였음. 디이자동차는 톈진샤리를 인수함으
로써 소형 승용차 부문의 경쟁력을 강화하였고 톈진샤리의 합자 파트너인
도요타와도 제휴관계를 구축하게 되었음.

〈표 5-31〉 1994년 중국 자동차산업 10대 기업 자동차 및 승용차 생산량 (대, %)

구 분	자동차생산	비중	자동차판매	비중	승용차생산	비중	승용차판매	비중	승용차생산비중
둥펑자동차	227,837	16.8	224,019	16.8	8,010	3.2	8,243	3.3	3.5
디이자동차	189,039	14.0	185,334	13.9	30,196	12.1	29,222	11.7	16.0
베이징자동차	138,996	10.3	137,426	10.3	14,703	5.9	13,986	5.6	10.6
톈진자동차	122,490	9.1	122,180	9.1	58,500	23.4	58,028	23.1	47.8
상하이자동차	116,806	8.6	116,753	8.7	115,326	46.1	115,326	46.0	98.7
sub-total	795,168	58.8	785,712	58.8	226,735	90.6	224,805	89.6	28.5
난징(進)자동차	74,074	5.5	74,504	5.6	0	0.0	0	0.0	0.0
창안자동차	55,096	4.1	55,054	4.1	10,020	4.0	9,873	3.9	18.2
류조우(微型)자동차	36,138	2.7	36,899	2.8	246	0.1	254	0.1	0.7
이정(儀征)자동차	29,221	2.2	29,221	2.2	0	0.0	0	0.0	0.0
칭링(慶鈴)자동차	24,100	1.8	24,070	1.8	0	0.0	0	0.0	0.0
Total	1,013,797	74.9	1,005,460	75.2	237,001	94.7	234,932	93.7	23.4
중국 전체	1,353,368		1,337,301		250,333		250,780		18.5

출처: 中國汽車工業年鑒 1995, pp.41-51, pp.89-90, pp.129-130, p.290을 바탕으로 재구성.

그러나 2005년에는 디이자동차와 상하이자동차의 승용차 생산 점유율이 각각 22.8%, 19.1%로 2004년보다 떨어졌다(〈표 5-28〉). 반면 둥펑자동차와 베이징자동차는 각각 둥펑닛산(둥펑자동차유한공사)과 베이징현대를 내세워 중국 승용차 부문의 판도 변화를 꾀하고 있다. 2005년 둥펑자동차와 베이징자동차의 승용차 생산 점유율은 각각 14.8%, 8.7%로 2004년 점유율 대비 각각 5.0% 포인트, 0.7% 포인트 늘어났다. 결국 디이자동차와 상하이자동차의 시장점유율이 줄어든 만큼 둥펑자동차와 베이징자동차의 점유율은 늘어난 셈이다. 한편 1994년, 1999년, 2004년, 2005년 모두 자동차 생산 점유율 상위 10대 기업순위에 이름을 올린 기업은 디이자동차, 상하이자동차, 둥펑자동차, 베이징자동차, 창안자동차 등 5곳으로 드러났다. 이는 신규 자동차기업의 등장 및 기존 기업 간 경쟁심화로 인해 상위권 그룹 진입과 퇴출 및 통합이 빈번히 발생했다는 의미로 볼 수 있다.

3. 요약 및 함의

중국 자동차산업 발전양상에 따른 바람직한 전략선택에 관한 분석결과를 요약하면 <도 5-13>과 같다. 바람직한 전략선택을 위해 Dyer, Kale & Singh(2004)가 제시한 다섯 가지 결정변수 중, 범위의 경제효과 유형에 있어서 중국 자동차산업 발전양상은 중국기업과 다국적기업 간 쌍방향 제휴 증가 및 합자관계 강화를 통한 전면적 협력관계 구축으로 나아가고 있다. 시너지 효과의 성격만 놓고 본다면 지분형 제휴보다는 어느 한쪽에 의한 인수나 합병이 더 바람직한 상황이라고 할 수 있다. GM은 상하이GM의 역할과 기능을 확대하면서 상하이자동차와 함께 중국 자동차기업들의 인수합병에 공격적으로 나서고 있고 혼다는 수출을 전제조건으로 혼다중국유한공사(本田汽車中國有限公司)의 지분 65%를 확보하였다.

아울러 상하이자동차는 승용차 부문에서 폭스바겐 및 GM과 합자관계를 지속적으로 강화하면서 2005년에 쌍용자동차를 단독으로 인수하였으며, 2010년까지 단독으로 30여 개의 신차를 개발하여 출시한다는 계획을 추진 중이다. 2004년 9월에 상하이자동차와 자본제휴관계를 종결한 치루이자동차(奇瑞汽車有限公司)는 오스트리아 AVL과 공동으로 독자모델 개발을 추진하고 있고 2006년 4월에는 러시아 ZAO Avtotor와 합자로 러시아에 연산 15만 대 규모의 공장을 건설하기로 합의하였다. 또한 민영기업인 지리자동차(吉利控股集團)는 2005년 3월에 말레이시아 ICG그룹과 완성차(CKD 포함) 제조에 관한 합작기업 설립계약을 체결, 현지생산시설을 갖추었다. 즉, 다국적기업들은 중국에서, 중국기업들은 해외에서 인수합병과 단독투자 및 합작투자에 대한 의지를 서서히 드러내고 있는 것이다. 시간이 지날수록 전략적 제휴보다는 인수합병이나 단독투자를 통해 전면적 시너지를 극대화하려는 기업들의 노력은 더욱 커질 것으로 전망된다.

둘째, 유형자산 대비 무형자산의 상대적 가치에 있어서 중국 자동차 산업의 인적자원의 가치는 적어도 1990년대 중반, 즉, 승용차가 전체 자동차 생산에서 30%를 넘어서기 전까지는 매우 낮았다고 할 수 있다. 완성차 부문 종업원 1인당 생산량은 2대 정도였고 1인당 이윤액도 1.5만 위엔(약 1,900 달러) 수준에 불과했다. 다만 자동차산업 전체 종업원 중에서 고급기술인력의 비중이 2000년대에 들어 10%를 넘어선 것은 고무적인 일로 평가할 수 있다. 그러나 매출액이나 투자총액 대비 R&D 지출액 비중이 보합세 또는 하락세를 나타내고 있어 단기간 내에 기술력 향상을 기대하기는 어려운 실정이다. 대형 국유기업 산하 합자기업들은 여전히 투자위험이 큰 신차개발보다는 이미 검증된 모델의 양산능력 확대에 더 큰 관심을 가지고 있다. 중국에서 매년 출시되는 신차 대부분이 아직도 다국적기업 기존 모델이거나 다국적기업 파트너의 기술을 빌려서 변형한 모델이라는 점이 이러한 사실을 뒷받침한다.

또한 중국 자동차산업 6대 기업의 인적자원 가치도 꾸준히 증가하고 있는데 이는 승용차 부문에서 다국적 합자기업의 노동생산성 향상에 힘입은 바 크다. 특히 2005년 광조우혼다, 베이징현대, 상하이GM 종업원의 1인당 자동차 생산량은 50~60대에 달했다. 그러나 2005년 디이자동차와 둥펑자동차의 매출액 대비 R&D 지출 비중은 1% 수준으로 1999년 수준보다 낮았다. 상하이자동차의 매출액 대비 R&D 지출 비중은 2005년에 3%를 초과, 다른 기업들을 압도하였다. 또한 2005년에 중국에서 생산되어 팔린 승용차 중에서 중국기업들이 독자적으로 개발하여 출시한 승용차는 전체 승용차 생산량의 10.8%에 머물렀다. 결국 중국 자동차산업 및 주요 자동차기업의 인적자원, 기술력, 브랜드 등 무형자산의 상대적 가치는 과거에 매우 낮은 상태였으나, 1990년대 중반 이후 승용차 부문에서 다국적 합자기업의 노동생산성 향상 및 양산능력 제고에 힘입어 꾸준히 상승하였다고 하겠다. 유형자산 대비 무형자산의 상대적 가치는 여전히 낮지만 계속 나아지고 있다는 점을 고려할 때, 지분형 제휴나 非지분형 제휴보다는 인수합병이 현재 상황에 더 적합한 전략이라고 할 수 있다.

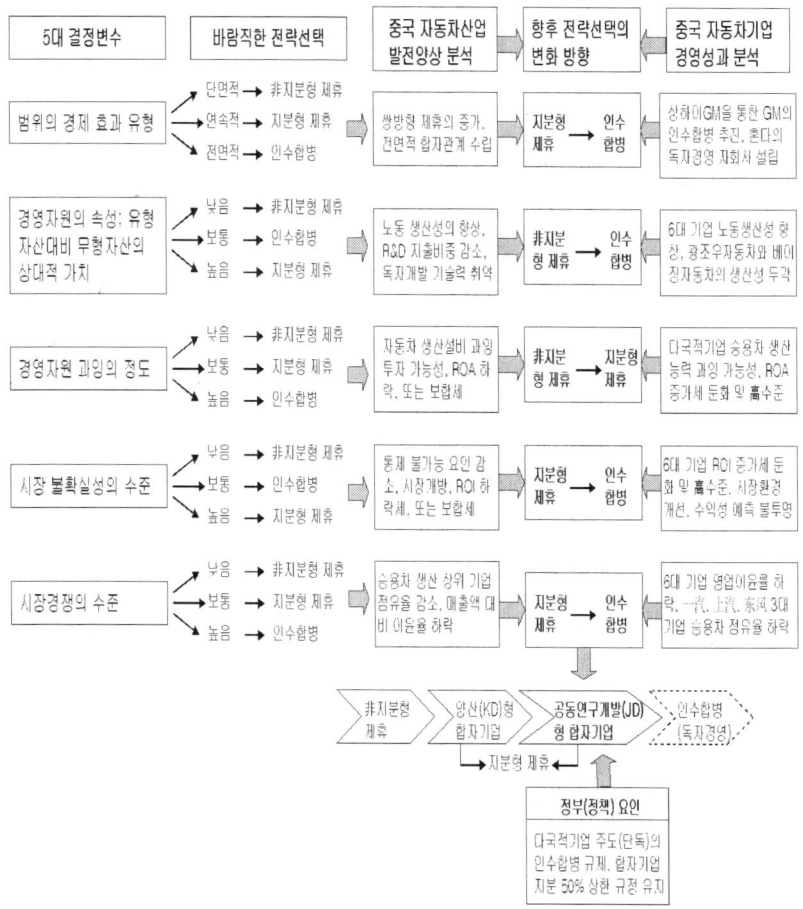

〈도 5-13〉중국 자동차산업 발전양상에 따른 바람직한 전략선택의 방향

셋째, 경영자원 과잉의 정도와 관련하여 중국 자동차산업의 자산이익률(ROA)은 2003~2005년 각각 12.9%, 11.5%, 9.8%로 3년 연속 하락했으나 여전히 높은 수준을 유지하고 있다. 각 기업들이 과잉이나 중복투자에 대한 항간의 우려에도 불구하고 생산설비 확대에 공격적으로 나서는 이유가 여기에 있다. 하지만 2005년 중국 자동차산업 생산설비(부품, 엔진, 오토바이 포함)의 평균 가동률은 53%에 불과한 것으로 드러났다. 물론 이러한 통계는 전국에 있는 영세한 제조업체[156]를 모두 포함한 것이기 때문에 주요 국유기업이나 산하 합자기업의 가동률은 이보다 높을 것으로 추정된다. 다만 2010년까지 다국적기업들의 對중국 설비투자가 예정대로 진행될 경우, 2010년 중국의 승용차 생산능력은 1,200만 대에 달하지만 수요량은 700만 대 수준에 그쳐, 과잉생산능력 문제가 매우 심각해질 것으로 예상된다.

폭스바겐은 2010년까지 승용차 생산능력을 116만 대까지 확대할 계획이며 도요타, 혼다, GM도 각각 99만 대, 79만 대, 70만 대까지 승용차 생산설비를 늘릴 계획이다. 2005년 광조우혼다, 톈진이치도요타, 상하이GM, 베이징현대, 상하이폭스바겐의 자산이익률이 각각 50%, 35%, 33%, 31%, 12%였다는 점은 이들 기업의 설비투자 확대 계획의 중요한 배경이 되었다고 할 수 있다. 즉, 최근 들어 중국 자동차산업 전체적으로 생산설비나 인적자원 등 경영자원 과잉의 징후가 나타나고 있고, 앞으로 그럴 가능성이 있기는 하지만, 향후 2~3년 내에 주요 기업들이 투자 유보나 투자 취소를 단행할 것을 기대하기는 어렵다고 하겠다. 따라서 중국 자동차산업에서 경영자원 과잉의 정도는 아직 일반

---

156) 2005년 말까지 중국에는 완성차 제조업체 117개, 차량개조업체 470개, 오토바이 제조업체 147개, 자동차 부품업체 1,849개가 등록되어 있으며 연간 생산량이 10만 대 이상인 완성차 제조업체는 13곳, 1만 대 이상 생산하는 기업도 35개 불과한 것으로 나타났음(中國汽車工業年鑑 2006, 495~496).

적인 수준이라고 평가할 수 있으며 非지분형 제휴나 인수합병보다는 지분형 제휴가 더 바람직한 상황이라고 볼 수 있다.

넷째, 시장 불확실성의 수준에 있어서, 중국의 높은 경제성장률, WTO 가입과 시장개방 확대 및 시장경쟁에 의한 구조조정 등은 자동차산업의 불확실성을 과거보다 많이 낮추었다고 할 수 있다. 정치적 안정과 소비자권익 보호, 도시의 발전 및 도로확장 등도 자동차산업 발전에 좋은 환경을 조성하고 있다. 2000~2003년까지 중국 자동차산업의 투자수익률(ROI)은 200%가 넘는 것으로 나타났다. 다만 2004~2005년에는 재고증가와 치열한 판매경쟁으로 인한 가격 인하 현상 때문에 연간 이윤 증가율과 투자수익률이 2003년에 비해 현저히 떨어졌다.

주요 기업들의 현황을 살펴보면, 2004년 중국 6대 자동차기업 투자수익률은 모두 2004년보다 떨어졌다. 6대 기업의 평균 투자수익률은 2004년 258%에서 2005년 158%로 떨어졌지만 이러한 투자수익률 하락을 중국 자동차산업의 전반적인 현상이라고 판단하기는 아직 이르다. 현재 중국 자동차산업에서 통제 불가능한 변수 측면의 시장 불확실성(uncertainty)은 대체로 낮아지고 있으나, 시장경쟁의 격화로 인한 수익성 하락 측면의 위험(risk)은 점차 커지는 징후가 나타나고 있다고 볼 수 있다. 아울러 앞으로 중국 자동차산업에서 기업 간 시너지를 극대화하기 위해서는 불확실성의 수준이 높은 경우에 적합한 지분형 제휴나 불확실성 수준이 낮은 경우의 非지분형 제휴보다 인수합병을 좀 더 적극적으로 고려할 필요가 있다고 하겠다.

마지막으로 자원획득이나 점유율 확대를 위한 시장경쟁의 수준에 있어서 중국 자동차산업의 시장경쟁은 갈수록 치열해지고 있다. 중국 자동차산업에서 연간 승용차 생산량 상위 5대 기업의 점유율은 1994년 약 91%에서 1999년 95%까지 상승하였지만 2003~2005년까지 3년 연속 81%, 80%, 73%로 떨어졌고, 10대 기업 순위와 구성도 계속 바뀌었다. 또한 중국 완성차 부문에서 매출액 대비 이윤액 비율도 1998년 7.2%에서 2002년 14.2%까지 상승했으나 2003~2005년까지 3년 연속 13.6%, 12.9%, 10.4%로 떨어졌다. 각 기업 간 경영성과의 차이를 감안하더라도 최근 3년간 중국 자동차산업에서 매출액 대비 이윤액 비율 하락이 전반적으로 나타난 것이다.

2005년 6대 자동차기업 중에서 광조우자동차를 제외한 나머지 기업들의 매출액 대비 이윤액 비율은 2004년에 비해 모두 하락했다. 그리고 2005년 6대 기업의 자동차 1대당 평균 이윤도 광조우자동차를 제외하고 2004년에 비해 모두 낮아졌다. 디이자동차, 상하이자동차, 둥펑자동차 등 3대 기업의 2005년 승용차 생산 점유율은 각각 22.8%, 19.1%, 14.8%였으며 디이자동차와 상하이자동차의 점유율은 2004년보다 각각 4.3% 포인트, 7.3% 포인트 떨어졌다. 반면 둥펑자동차와 베이징자동차는 각각 둥펑닛산과 베이징현대를 내세워 중국 승용차 부문의 판도 변화를 주도하고 있다. 2005년에 둥펑자동차와 베이징자동차는 중국 승용차 생산의 14.8%, 8.7%를 점유, 전년보다 각각 5.0% 포인트, 0.7% 포인트 늘어났다. 결국 갈수록 치열해지는 시장경쟁 상황과 기업 간 설비 확장 및 가격 인하 경쟁으로 중국 자동차산업은 이미 제휴보다는 인수합병 전략이 더 요구되는 시기에 접어들었다고 하겠다.

결론적으로 Dyer, Kale & Singh(2004)가 제시한 다섯 가지 결정변수에 의한 중국 자동차산업 발전양상 및 주요 기업들의 경영성과 분석에서 각 기업들은 앞으로 지분형 제휴나 非지분형 제휴보다는 인수합병을 추진하는 것이 더 바람직한 것으로 나타났다. 다만 경영자원 과잉의 정도에서만 지분형 제휴가 더 적합한 것으로 분석되었다. 본 연구 제5장 1절에서 1990년대 중반까지 중국 자동차기업과 다국적기업 간 대표적인 지분형 제휴 방식인 합자기업 설립은 주로 양산능력 배양에 초점을 맞추었으나 1990년대 중반 이후에는 합자기업의 역할이 양산 및 공동연구개발에까지 확대되었다고 지적하였다.

여기서 양산(KD)형 합자기업보다 더 진화된 형태의 제2세대 합자기업인 공동연구개발(JD)형 합자기업은 지분형 제휴와 인수합병의 중간에 위치한 전략이라고 볼 수 있다. 즉, 중국정부가 자동차산업에서 다국적기업 주도의 인수합병을 금지하고 합자기업 지분비율을 50% 이내로 규제하고 있기 때문에, 다국적기업들은 對중국 진출전략에 있어서 중국기업과의 합자관계 틀 안에서 중국 내 입지를 강화하고 다음 수순을 모색하려는 전략적 과정으로서 공동연구개발형 합자기업을 선택한 것이라고 할 수 있다. 중국기업 입장에서도 아직 국내외 시장에서 다국적기업과 대등하게 경쟁할 만한 역량을 갖추지 못했기 때문에 당분간 기존 합자관계를 바탕으로 기술축적과 자주적인 신차개발능력을 지속적으로 향상시킬 필요가 있었다.

물론 공동연구개발형 합자기업이 중국 측 파트너의 기술축적과 자주적인 신차개발을 보장하는 것은 아니다. 오히려 합자관계에 의존할수록 자주적인 신차개발 시기는 점점 더 멀어질 수 있다(李艶 2004). 따라서 공동연구개발형 합자기업은 다국적기업과 중국기업 모두에게 인수합병이든 단독투자든, 향후 각자의 길을 가기 위한 잠정적 협력관계157)의 연장이라고 할 수 있다. 아울러 <도 5-13>에서 다국적기업과 중국기업 간 자율적인 인수합병을 규제하는 정부 요인이 없어진다면 공동연구개발(JD)형 합자기업 대부분이 곧바로 지분인수나 매각을 통해 제휴관계를 종결하고 어느 일방의 단독경영체제로 전환된다는 것을 의미하

---

157) 본 연구 제2장 2절 전략적 제휴에 관한 이론적 배경에서 전략적 제휴는 경쟁기업들 간 잠정적인 협조체제를 맺는 것이며, 근본적인 목적은 협력 그 자체보다 제휴 쌍방의 경쟁력 강화에 있다고 지적하였음. 즉, 전략적 제휴는 기본적으로 단기간 내에 자신의 부족한 역량을 최대한 보완하여 장기적으로 제휴 상대방을 포함한 다른 경쟁자들과의 경쟁에서 우위를 점하겠다는 의도를 내포하고 있음.

는 것은 아니다. 다만 <도 5-13>은 Dyer, Kale & Singh(2004)가 제시한 다섯 가지 결정변수에 따른 전략선택의 흐름상, 앞으로 중국 자동차산업에서는 전략적 제휴보다 인수합병이나 단독투자가 더 적합한 전략이 될 가능성이 높다고 내다본 것이다. 이러한 예측은 본 연구 제5장 1절 <도 5-3>과 <도 5-4>에서 다국적기업의 對중국 자동차산업 진출과정, 중국기업과 다국적기업 간 제휴 유형 변화 및 전략 변화 전망에도 부합한다고 하겠다.

제3절 중국기업 경영성과와 독자모델
개발 및 해외시장 진출성과

1. 분석방법:
중국 6대 자동차기업과 산하 합자기업 성과 분석

제5장 3절 분석에서는 2절의 접근방법 중에서 중국 자동차기업의 경영성과에 따른 전략의 변화에서 활용하였던 정량적 분석방법과 결과를 응용하여 주요 자동차기업과 산하 다국적 합자기업의 경영성과를 다른 각도에서 살펴보았다. 우선 다국적 합자기업과 모(母)국유기업 경영성과의 특징을 분석하기 위해 6대 자동차기업 자동차 생산량에서 다국적

합자기업이 차지하는 비중을 분석하였다. 각각의 다국적 합자기업 자동차 생산량은 中國汽車工業年鑑에 있는 자료들을 최대한 추적하여 재구성하였다. 아울러 제5장 2절 분석결과를 바탕으로 6대 기업의 매출액 대비 이윤율과 산하 합자기업의 자동차 생산비중과의 관계를 도식화하여 보았다. 6대 기업의 노동생산성과 승용차 생산비중과의 관계도 도식화하여 살펴보았는데, 이러한 접근방법은 두 변수 간 상관관계뿐만 아니라 각 기업의 경쟁력을 종합적으로 파악하는 데 도움을 줄 것이다.

다만 3절 분석에 있어서 표본을 6대 자동차기업에 국한하였고 2004년과 2005년 실적만을 가지고 도식화한 것이기 때문에 각 분석에서 두 변수 간 상관관계를 단정하기는 어렵다고 할 수 있다. 하지만 본 연구자의 분석결과, 2003년 실적도 2004~2005년과 비슷한 양상을 보였기 때문에 3절 분석결과가 최근 2~3년간 중국의 주요 자동차기업 경영성과 추세와 특성을 상당 부분 반영한다고 보아도 별 무리가 없을 것이다. 또한 다국적 합자기업들의 경영성과를 심층적으로 비교하기 위해서 매출액 대비 이윤액 비율과 승용차 판매시장 점유율을 두 변수로 하여 9개 다국적 합자기업의 경쟁력을 도식화하여 보았다. 6대 자동차기업 산하 다국적 합자기업 중에서 창안스즈끼, 창안포드, 둥펑자동차유한공사에 대한 분석은 자료 부재 때문에 제외하였다.

승용차 부문에서 자주적인 신차개발 성과 분석은 中國汽車工業年鑑 2004, 2005, 2006 각 호에서 연간 승용차 생산량 및 판매량 상위 30개 기업 주요 모델의 기술도입 현황에서 '자체설계(自己設計)' 또는 '자주개발(自主研發)' 모델만을 추려서 정리하였다. 아울러 해외진출 성과를 분석하기 위해 2005년 중국 자동차산업에서 100만 달러 이상 수출한 기업들의 수출 품목 중에서 완성차만 추적하여 주요 기업들의 완성차 수출량과 수출액을 산출하였다. 주요 기업들 중에서 완성차 수출량이 많은 10개 기업, 즉 디이자동차, 둥펑자동차, 하페이자동차, 치루이자동차, 창안자동차, 지리자동차, 장화이(江淮)자동차, 난징(위에진)자동차, 창청(長城)자동차, 창허(昌河)자동차를 뽑았으며, 여기에 상하이자동차와 혼다중국유한공사를 첨가하여 총 12개 기업의 완성차 수출성과를 다각적으로 비교, 분석하였다. 주요 비교 지표는 중국 전체 수출량 대비 비중, 각 기업의 판매량 대비 수출량 비중, 각 기업 매출총액 대비 수출액 비중 및 완성차 수출 단가 등이다.

아울러 2004년 자동차 수출량 상위 10개 기업이 중국 전체 수출에서 차지하는 비중과 각 기업 자동차 판매량이 중국 전체 (내수)판매량에 차지하는 비중을 두 축으로 하여, 좌표 내에서 10개 기업의 위치를 도식화하였다. 또한 각 기업의 자동차 수출액 비중과 중국 내 매출액 비중을 두 축으로 하여 10개 기업의 경쟁력을 도식화하여 비교하였다. 하지만 제5장 3절에서 6대 자동차기업 경영성과와 10개 기업의 독자모델 개발 성과 및 해외진출 성과에 대한 도식화 과정은 각 도표에서 비슷한 특성의 기업들을 동일한 전략집단(strategic group)으로 분류하기 위함이 아님을 미리 밝혀 둔다. 본 연구 제2장 2절 이론적 배경에서 설명하였듯이 전략집단이 형성되기 위해서는 각 집단 간 이동장벽(mobility barrier)이 존재[158]하여야 하는데, 현재까지 중국 자동차산업에서 기업 간 이동장벽이 비교적 뚜렷하다고 진단하기는 아직 이르다고 하겠다.

---

158) 다만 중국 자동차산업에서 상하이자동차와 광조우자동차가 승용차 부문에 집중하고 있고 베이징자동차는 1.8~6톤 미만의 경형(輕型)트럭에 강점을 나타내고 있으며, 둥펑자동차는 6~14톤 미만의 중형(重型)트럭 생산이 강함. 그러나 이러한 생산 부문의 특화를 바탕으로 전략집단을 나누기는 어려움.

2. 분석결과: 경영성과 특징과 전략 변화의 상관관계

1) 중국 6대 자동차기업 및 산하 합자기업 경영성과

2005년 기준 중국 6대 자동차기업 경영성과 분석에서 중국 자동차
기업과 산하 다국적 합자기업 경영성과의 특징은 대략 네 가지로 요약
할 수 있다. 우선, 다국적 합자기업의 경영성과가 모(母)국유기업 전체
경영성과를 압도하고 있다는 점을 지적할 수 있다. <표 5-13>에서
2005년 디이자동차 종업원 1인당 이윤액은 10.6만 위엔이었으나 이치
폭스바겐과 톈진이치도요타 종업원 1인당 이윤액은 각각 47.3만 위엔,
44.7만 위엔에 달했다. 또한 2004년 둥펑웨다기아 종업원의 1인당 이
윤액은 31.9만 위엔으로 둥펑자동차 전체 종업원 1인당 이윤액보다 세
배가량 높았다(<표 5-14>). 2005년 상하이GM 종업원 1인당 자동차
생산량은 60대로 상하이자동차 전체 종업원 1인당 생산량(13.1대)의
4.6배에 달했다. 이러한 노동생산성을 바탕으로 다국적 합자기업들은
모(母)국유기업 이윤총액의 70~80%를 차지하였다. 2004~2005년 자산
이익률이나 매출액 대비 이윤액 비율에서도 다국적 합자기업들이 모
(母)국유기업에 비해 대체로 양호한 실적을 보였다. 결국 2003~2005년
까지 완성차 부문 1인당 이윤액이 중국 자동차산업 1인당 이윤액의 두
배에 달한 점과 다국적 합자기업 대부분이 완성차, 특히 승용차 부문에
종사하며 중국 6대 자동차기업의 경영 합리화와 생산성 향상을 주도하
였다는 점은 같은 맥락에서 접근할 수 있다.

둘째, 중국 자동차기업의 자동차 생산량에서 다국적 합자기업이 차지
하는 비중이 높은 기업들이 상대적으로 좋은 성과를 보였다는 점이다.
<표 5-32>에서 2005년 상하이자동차와 광조우자동차의 자동차 생산

량에서 다국적 합자기업이 차지하는 비중은 각각 98.8%, 97.4%였고 디이자동차, 창안자동차, 베이징자동차에서 다국적 합자기업의 비중은 각각 47%, 24.7%, 43.9%로 비교적 낮았다. 그런데 2005년 상하이자동차와 광조우자동차의 매출액 대비 이윤액 비율은 각각 14.7%, 27.9%로 중국 완성차 부문의 이윤율(10.4%)과 6대 자동차기업 평균 이윤율(12.8%)을 상회하였다(<표 5−24>). 반면 디이자동차, 둥펑자동차, 창안자동차, 베이징자동차의 매출액 대비 이윤율은 각각 10.4%, 10.6%, 9.7%, 6.8%로 6대 기업 평균보다 낮았다. <도 5−14>는 2004년 다국적 합자기업 생산비중과 6대 자동차기업 매출액 대비 이윤율과의 관계를 도식화한 것이다.

〈표 5−32〉 2005년 중국 자동차산업 6대 기업과 산하 합자기업 생산량 비교(대, %)

구 분	자동차	비중	승용차	비중	승용차생산비중
디이자동차	983,662		761,599		77.4
이치VW	246,184	25.0	246,184	32.3	100
톈진이치도요타	131,073	13.3	131,073	17.2	100
이치마즈다(하이난마즈다)	73,086	7.4	73,086	9.6	100
쓰촨이치도요타	9,244	0.9	5,887	0.8	63.7
이치화리	2,551	0.3	2,551	0.3	100
sub−total	462,138	47.0	458,781	60.2	99.3
상하이자동차	911,748		863,898		94.8
상하이VW	235,300	25.8	235,300	27.2	100
상하이GM	221,321	24.3	221,321	25.6	100
상하이GM우링	334,290	36.7	295,883	34.2	88.5
상하이GM둥웨	86,969	9.5	86,969	10.1	100
상하이GM베이성	23,296	2.6	23,296	2.7	100
sub−total	901,176	98.8	862,769	99.9	95.7

구 분	자동차	비중	승용차	비중	승용차생산비중
둥펑자동차	**734,716**		**478,932**		**65.2**
둥펑자동차유한공사	254,218	34.6	191,598	40.0	75.4
선룽자동차	141,661	19.3	141,661	29.6	100
둥펑혼다	25,619	3.5	25,619	5.3	100
둥펑웨다기아	110,080	15.0	110,080	23.0	100
정조우닛산	22,859	3.1	8,233	1.7	36.0
sub-total	554,437	75.5	477,191	99.6	86.1
창안자동차	**621,531**		**464,718**		**74.8**
창안스즈끼(승)	93,522	15.0	93,522	20.1	100
창안포드(승)	59,827	9.6	59,827	12.9	100
sub-total	153,349	24.7	153,349	33.0	100
베이징자동차	**585,683**		**270,372**		**46.2**
베이징현대	230,688	39.4	230,688	85.3	100
베이징벤츠-DC(Jeep)	26,493	4.5	26,493	9.8	100
sub-total	257,181	43.9	257,181	95.1	100
광조우자동차	**237,773**		**231,550**		**97.4**
광조우혼다	231,550	97.4	231,550	100	100
광조우이스즈버스	156	0.1	0	0.0	0.0
sub-total	231,706	97.4	231,550	100	99.9
중국 전체	**5,707,688**		**3,930,718**		**68.9**
6대 국유기업 소계	4,075,113	71.4	3,071,069		
6대 기업의 합자기업 소계	2,559,987	44.9	2,440,821	62.1	95.3

출처: 中國汽車工業年鑒 2006, pp.112-142, pp.504-506, pp.540-544를 바탕으로 재구성.

〈표 5-33〉 2004년 중국 자동차산업 6대 기업과 산하 합자기업 생산량 비교(대, %)

구 분	자동차	비중	승용차	비중	승용차생산비중
디이자동차	**993,554**		**627,179**		**63.1**
이치VW	287,029	28.9	287,117	45.8	100
텐진이치도요타	83,780	8.4	83,437	13.3	99.6
이치마즈다(하이난마즈다)	66,954	6.7	66,954	10.7	100
이치화리	7,455	0.8	7,455	1.2	100
sub-total	445,218	44.8	444,963	70.9	99.9
상하이자동차	**847,526**		**610,641**		**72.0**
상하이VW	347,531	41.0	347,531	56.9	100
상하이GM	191,327	22.6	191,327	31.3	100
상하이GM우링	240,008	28.3	11,169	1.8	4.7
상하이GM둥웨	50,270	5.9	50,270	8.2	100
상하이GM베이셩	10,344	1.2	10,344	1.7	100
sub-total	839,480	99.1	610,641	100	72.7
둥펑자동차	**530,061**		**227,396**		**42.9**
둥펑자동차유한공사	197,055	37.2	64,197	28.2	32.6
선룽자동차	88,034	16.6	88,034	38.7	100
둥펑혼다	11,898	2.2	11,898	5.2	100
둥펑웨다기아	63,267	11.9	63,267	27.8	100
sub-total	360,254	68.0	227,396	100	63.1
창안자동차	**582,367**		**157,337**		**27.0**
창안스즈끼(승)	107,337	18.4	107,337	68.2	100
창안포드(승)	50,000	8.6	50,000	31.8	100
sub-total	157,337	27.0	157,337	100	100
베이징자동차	**538,699**		**183,922**		**34.1**
베이징현대	150,158	27.9	150,158	81.6	100
베이징벤츠-DC(Jeep)	33,764	6.3	33,764	18.4	100
sub-total	183,922	34.1	183,922	100	100

구 분	자동차	비중	승용차	비중	승용차생산비중
광조우자동차	**209,720**		**202,312**		**96.5**
광조우혼다	202,312	96.5	202,312	100	100
광조우이스즈버스	252	0.1	0	0.0	0.0
sub-total	202,564	96.6	202,312	100	99.9
중국 전체	**5,070,452**		**2,312,561**		**45.6**
6대 국유기업 소계	3,701,927	73.0	2,008,787	86.9	54.3
6대 기업의 합자기업 소계	2,188,775	43.2	1,826,571	79.0	83.5

출처: 中國汽車工業年鑑 2005, pp.50-84, pp.478-480, pp.516-518을 바탕으로 재구성.

2004년에도 상하이자동차와 광조우자동차의 자동차 생산량에서 합자기업의 비중은 각각 99.1%, 96.6%였고(<표 5-33>), 매출액 대비 이윤액 비율은 두 곳 모두 20%를 초과하였다. 그러나 디이자동차, 창안자동차, 베이징자동차의 매출액 대비 이윤율은 10~12% 수준에 머물렀으며(<표 5-25>), 이들 기업에서 다국적 합자기업의 생산비중은 각각 44.8%, 27%, 34.1%로 상하이자동차나 광조우자동차에 비해 훨씬 낮았다. 이는 다국적 합자기업의 역할과 비중이 모(母)국유기업 전체 경영성과에 매우 큰 영향을 끼쳤다는 의미로 풀이할 수 있다. 물론, 2004~2005년 6대 기업의 실적만으로 합자기업의 생산비중과 모(母)국유기업 경영성과와의 상관관계를 단정 지을 수는 없다. 다만 6대 자동차기업이 중국 자동차 생산과 판매의 75%가량을 차지한다는 점과 승용차 부문이 중국 자동차산업 발전을 이끌고 있다는 점은 적극 고려할 필요가 있다. 그런 측면에서 <도 5-14>는 나름대로 유의미한 그림이라고 할 수 있으며, 두 변수 간 상관관계 추세선도 비교적 선명하게 나타나고 있다.

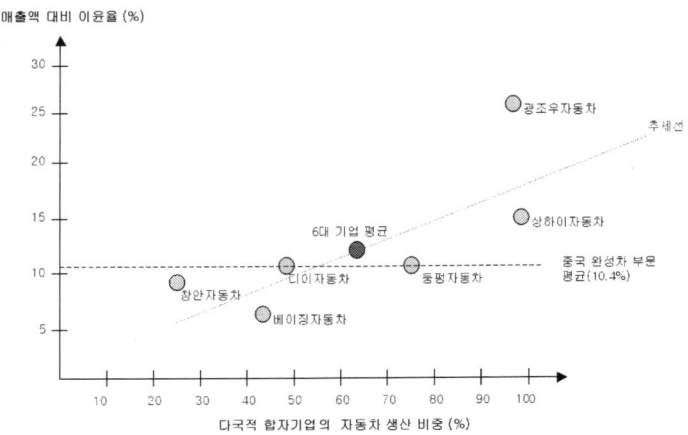

출처: 中國汽車工業年鑑 2006, pp.503－506, pp.528－534, pp.541－544를 바탕으로 작성.

〈도 5－14〉 2005년 중국 6대 기업 매출액 대비 이윤율과 합자기업 생산비중

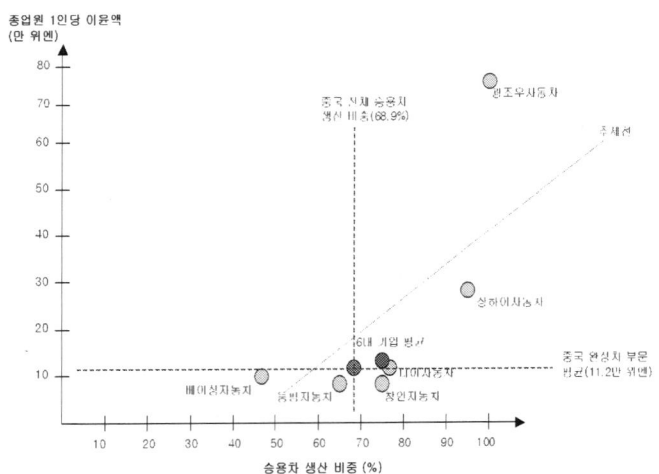

출처: 中國汽車工業年鑑 2006, pp.112－142, pp.503－506, p.518, pp.533－534를 바탕으로 재구성.

〈도 5－15〉 2005년 중국 6대 기업 종업원 1인당 이윤액과 승용차 생산비중

셋째, 주요 자동차기업의 자동차 생산에서 승용차 생산비중이 상대적으로 높은 기업이 대체로 뛰어난 경영성과를 보였다고 할 수 있다. 2005년 6대 자동차기업의 자동차 생산량에서 승용차(SUV, MPV, CUV 포함)가 차지하는 비중은 75.4%로 중국 전체 자동차 생산에서 승용차 비중 (68.9%)보다 6.5% 포인트가량 높았다(<표 5-32>). 6대 기업 중에서는 디이자동차, 상하이자동차, 창안자동차, 광조우자동차의 승용차 생산비중이 중국 전체 승용차 생산비중보다 높았다.

앞서 살펴보았듯이 2005년 광조우자동차와 상하이자동차의 매출액 대비 이윤액 비율은 6대 기업 평균 수준을 초과하였으나 나머지 네 곳은 6대 기업 평균 이윤율보다 낮았다. 특히 디이자동차는 다른 국유기업들과 달리, 롄진이치샤리, 이치승용차(一汽轎車股份有限公司) 등 다국적기업과 지분제휴관계가 없는 산하 합자기업의 승용차 생산량이 디이자동차 승용차 생산량의 약 30%를 차지하고 있지만 이들 기업의 성과는 다국적 합자기업에 비해 상대적으로 저조한 것으로 나타났다. <도 5-15>는 2005년 6대 기업의 승용차 생산비중과 종업원 1인당 이윤액의 관계를 도식화한 것이다. 매출액 대비 이윤액 비율과 마찬가지로 승용차 생산비중이 높은 광조우자동차와 상하이자동차의 노동생산성이 다른 국유기업들보다 높았다. 하지만 <도 5-15>의 상관관계 추세선을 중국 전체 자동차산업에 적용하기에는 무리가 있다. 한편 2004년 6대 기업 경영성과의 두 변수 간 관계도 2005년과 비슷한 양상을 보였다.

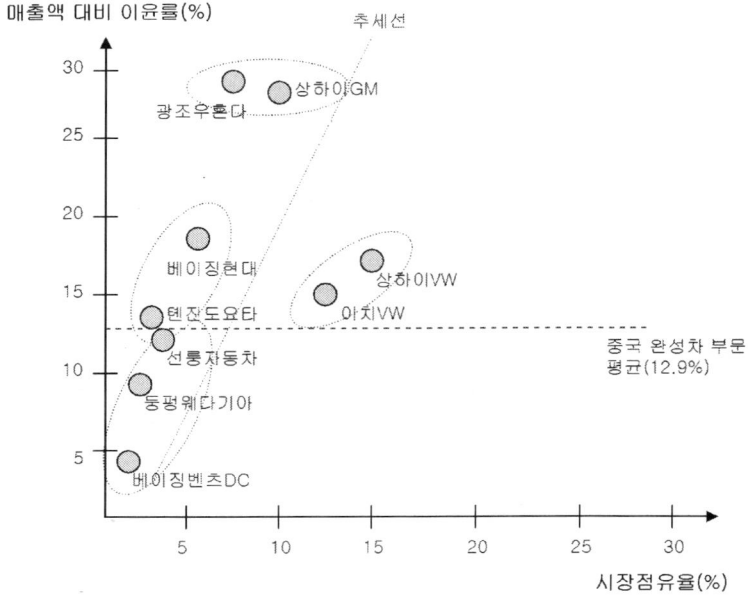

매출액 대비 이윤률(%)

추세선

상하이GM

광조우혼다

베이징현대

상하이VW

톈진도요타

아치VW

선룽자동차

중국 완성차 부문
평균(12.9%)

둥펑웨다기아

베이징벤츠DC

시장점유율(%)

출처: 中國汽車工業年鑒 2005, pp.50-84, pp.478-480, pp.502-504,
pp.507-508, pp.516-518을 바탕으로 재구성(단, 창안스즈끼, 창안포드, 둥펑자동차
유한공사는 경영성과 자료 부재로 제외).

〈도 5-16〉 2004년 중국 주요 합자기업 이윤율 및 승용차 판매시장 점유율

넷째, 최근 다국적기업 파트너의 경영성과와 시장점유율을 살펴보면
GM, 혼다, 현대가 뛰어난 실적을 보였고 폭스바겐은 승용차 생산과 판매
량 시장점유율에서 여전히 1위를 지켰다(<표 3-1>). 하지만 승용차 시장
점유율과 매출액 대비 이윤율의 상관관계 추세선에서 상하이폭스바겐과
이치폭스바겐은 다소 멀리 떨어져 있어, 두 변수 간에 어떤 관계를 설명하
기는 어려웠다(<도 5-16>). 2004년 승용차 판매 점유율에서는 상하이폭
스바겐(14.9%), 이치폭스바겐(12.9%), 상하이GM(10.8%), 광조우혼다
(8.7%), 베이징현대(6.2%) 순이었고, 매출액 대비 이윤액 비율에서는 광
조우혼다(29%), 상하이GM(28.4%), 베이징현대(18.5%), 상하이폭스바겐

(16.3%), 이치폭스바겐(15%) 순이었다(<도 5-16>). 종합적인 추세는 GM과 혼다의 부상, 현대와 도요타의 추격, 폭스바겐의 방어 노력 및 다임러크라이슬러와 PSA, 기아의 상대적 부진으로 요약할 수 있다.

이러한 네 가지 특징 외에도 다국적 합자기업 지분구조에 있어서 중국기업과 다국적기업 간 지분비율은 50：50 구조가 가장 많았고(<도 4-1>), 경영성과와 지분 보유율 사이에 어떠한 상관관계를 발견하기 어렵다는 점도 또 다른 특징으로서 지적할 수 있다. 특히 중국 자동차기업들이 산하 다국적 합자기업의 지분을 50% 이상 보유하고 있다는 사실만으로 이들 다국적 합자기업들을 중국 현지기업으로 간주하기는 어려운 상황임을 인지할 필요가 있다. 지분 보유율 면에서 중국 현지기업으로 볼 수도 있지만 실질적인 경영권 행사라는 측면과 국민정서적인 측면에서 다국적 합자기업을 중국 현지기업으로 받아들이는 문제는 그리 간단치 않기 때문이다. 이에 다국적 합자기업의 현지화와 관련된 논의는 독자모델 개발과 해외시장 진출 있어서 6대 기업 및 기타 국유기업, 민영기업의 성과를 살펴본 뒤, 분석결과 함의에서 다시 한번 다루기로 한다.

2) 중국 자동차기업의 자주적인 신차개발 및 해외시장 진출성과

최근 중국 내부에서는 중국 자동차기업들의 자주적인 신차개발능력이 여전히 취약한 점과 다국적 합자기업의 주력 모델이 다국적기업의 기존 모델이라는 점을 이유로 자동차산업에서 합자관계를 통한 '시장과 기술을 교환(以市場換技術)' 전략은 이미 실패했다는 주장이 점차 많아지고 있다. 독자모델 개발이 수반되지 않는 합자관계는 다국적 합자기업의 지분비중을 떠나 자본과 기술, 경험에서 앞선 다국적기업 우위의 불평등 구조에서 벗어나기 어렵고, 중국 자동차기업의 역할은 결국 양산 및 對정부 정책조정 정도에 머물 수밖에 없다는 것이다. 또한 대부분의 자동차기업들이 국유기업이기 때문에, 경영자들이 장기적인 투자보다 단기성과에 예민할 수밖에 없는 구조적인 이유[159]도 중국기업들이 독자모델 개발보다는 다국적기업의 기존 모델 양산과 판매에 주력하게 된 주된 원인이라고 할 수 있다(秋風, 2004). 여기에 중국정부가 생산규모와 시장점유율을 바탕으로 자동차산업 구조조정을 추진하려는 것도 주요 국유기업들이 신차개발보다는 이미 검증된 모델의 양산과 판매를 더욱 선호하게 만들었다고 하겠다.

우선 중국 자동차기업의 자주적인 신차개발 성과 분석에 있어서, 2004년 중국에서 생산된 승용차 중에서 다국적 합자기업이나 중국기업의 독자적인 설계로 만들어진 승용차의 총 판매량은 약 17.6만 대로 2003년 15.2만 대에 비해 15.3%가량 늘어났다(<표 5-34>). 中國汽車工業年鑑의 30개 기업 중 2003~2004년에 자주개발 승용차를 양산, 판매한 기업은 베이징벤츠(지프)다임러 크라이슬러, 톈진이치승용차, 치루이자동차와 지리자동차 등 모두 네 곳이었다. 그러나 2003~2004년 중국 승용차 생산량에서 독자모델 차량이 차지하는 비중은 5.6%로 큰 변화가 없었다. 그런데 2005년에는 독자모델 승용차 생산량이 42.5만 대로 크게 늘어났고 생산비중도 10.8%로 상승했다. 이는 승용차의 범위가 MPV, CUV로까지 확대되면서 독자개발 모델 승용차 생산 기준에 부합

---

159) 자동차산업뿐만 아니라 다른 산업의 국유기업 경영자들은 거의 대부분 공산당원이고 당정관료 출신이기 때문에, 기본적으로 자신의 재임기간 동안 높은 성과를 올리기 위해 중장기적 투자위험을 감수하기보다 단기적 이윤 확대에 더 큰 관심을 가질 수밖에 없었음. 즉, 자동차산업에서 엄청난 자금과 시간이 소요되는 신차개발보다는 다국적기업 파트너의 검증된 모델을 신속하게 양산, 판매하는 것이 뛰어난 경영자로 평가받을 수 있는 길이었음. 秋風(2004)은 중국 자동차산업 국유기업 경영자 대부분이 재무관련 경력자로서 이들은 엄밀하게 보면 기업가가 아닌 투자자 또는 관리자라고 주장하였음.

하는 기업이 2004년 4개에서 2005년 20개로 많아졌고, 치루이와 지리
자동차의 생산량이 각각 18.6만 대, 14.8만 대로 2004년 대비 각각
138%, 51% 급증한 것이 가장 큰 원인이다.

〈표 5-34〉 중국 독자개발 승용차(SUV, MPV, CUV 포함) 생산량 비중 추이

(만 대, %)

구 분	2003	2004	2005
독자개발 승용차 생산량(A)	15.9	17.5	42.5
중국 전체 승용차 생산량(B)	285.2	315.0	393.1
비중(A/B)	5.6	5.6	10.8

출처: 中國汽車工業年鑒 2004, pp.441-443, 中國汽車工業年鑒 2005, pp.515-518 및 中國
汽車工業年鑒 2006, pp.540-544를 바탕으로 재구성.

그중에서 치루이자동차[160]와 지리자동차[161]가 중국 전체 자주개발
승용차 판매량에서 차지하는 비중은 2003년 81%에서 2004년 90%로
늘어났으나 2005년에는 79%로 떨어졌다. 그런데 두 기업이 중국 자동
차산업에서 자주개발의 성공 사례로 자주 거론되는 것은 대형 국유기
업들과 이들 두 기업을 비교함으로써 중국 자동차산업에서 자주개발은

---

160) 치루이자동차(奇瑞汽車有限公司)는 1997년에 안휘성 소재 5개 투자공사가
공동으로 설립한 국유주식제기업으로 연간 생산규모는 완성차 30만 대, 엔진
40만 대임. 주력 모델은 동방쯔즈(東方之子), 평윈(風云), 루이후(瑞虎), 치
윈(旗云), QQ 등 다섯 종류임. 중국정부의 구조조정정책으로 상하이자동차
가 2000년 11월에 치루이자동차의 지분 20%를 인수하였음. 그러나 치루이
자동차는 2004년 9월에 상하이자동차와의 자본제휴관계를 종결하였음.
161) 지리자동차(吉利控股集團有限公司)는 1986년에 설립되었고 완성차,
오토바이, 엔진, 변속기, 부품 등을 제조하는 대형 민영기업임. 완성차
제조는 1997년부터 시작하였으며 승용차 생산에만 집중하여 소형차 부
문에서 경쟁력을 가지고 있음. 독자적으로 개발한 주력 모델은 화푸(華
普), 요우리오우(优利歐), 메이르(美日), 하오칭(豪情) 등임. 본사는 저장
성 항조우에 있으며 2004년 말까지 린하이, 닝보, 타이조우, 상하이 등 4대
공장의 생산능력은 완성차 20만 대, 엔진 20만 개, 변속기 15만 개 수준임.

능력이나 자원부족의 문제가 아니라 신념과 의지, 진취적 정신의 문제라는 주장(路風, 封凱棟 2004)을 뒷받침하기 위함이다. 한 가지 흥미로운 점은 디이자동차 산하기업인 톈진이치승용차의 자주개발 모델인 홍치의 2005년 판매량은 2003년보다 66.5%나 줄어든 반면, 같은 기간 동안 치루이자동차의 독자모델 판매량은 3배 이상 늘어난 것이다. 지리자동차의 자주개발 모델의 판매량도 2005년 14.8만 대에 달하며 2003년보다 86.3%가량 증가하였다.

치루이자동차는 펑윈(風云)을 제외한 나머지 모델이 모두 독자개발 모델이며 지리자동차는 거의 모든 차량이 자체적으로 개발한 모델이다. 반면 6대 자동차기업 경우, 산하 다국적 합자기업들이 출시한 승용차 중에서 중국에서 새롭게 개발된 신차의 종류나 숫자가 매우 미약했다. 중국 자동차산업에서 대형 국유기업들이 독자모델 개발에 적극 나서지 않았다는 주장이나 합자기업을 통한 시장과 기술의 교환전략이 실패하였다는 주장이 나름대로 설득력을 갖는 것은 치루이와 지리자동차의 독자개발 모델이 시장에서 좋은 반응을 얻고 있기 때문이다. 또한 치루이자동차와 지리자동차는 해외시장 진출에서도 6대 기업 및 다국적 합자기업들보다 더 뛰어난 성과를 보이고 있다.

우선 <도 5−17>에서 1989~2005년까지 중국 자동차산업에서 수출입 차량 및 총액 추이를 살펴보면 중국의 자동차 수입량(CKD 포함)은 1993년 31만 대까지 상승하였다가 1999년 3.5만 대까지 떨어지는 등 심한 기복을 나타냈다[62]. 이는 경기과열에 따른 중국정부의 긴축정책 및 자동차 수입량 조절을 위한 관세와 非관세 정책의 변경에서 비롯된 것이라고 할 수 있다. 2000년대에 들어서 자동차 수입량은 또 다시 증가세를 보였으나

---

162) 본 연구 제5장 1절 <표 5−9>에서 1984년, 1985년, 1986년, 1987년 중국의 자동차 수입량은 각각 8.9만 대, 35.4만 대, 15만 대, 6.7만 대를 기록하여 심한 기복을 보였음. 즉, 그 당시 중국의 자동차 수입량은 수입량 조절을 위한 정부정책 변화에 큰 영향을 받았다고 할 수 있음.

2005년 자동차 수입량은 16.1만 대로 2004년(17.5 만 대)보다 줄어들었다.
반면 중국의 자동차 수출량은 1989년 이후 꾸준한 증가세를 나타냈으며
2002년 2.2만 대에서 2004년 13.6만 대, 2005년 16.4만 대로 자동차 수입
량(16.1만 대)을 사상 처음으로 앞질렀다. 그리고 2006년 중국의 자동차
수출량은 34.2만 대에 달해, 수입량(22.9만 대)을 완전히 압도하였다. 중국
자동차산업의 수출입 총액(엔진 및 하체, 부품, 오토바이 포함)에서 수입총
액은 약간의 기복을 보였으나, 수출총액은 1989년 이후 지속적으로 증가했
다. 특히 2000년대에 들어 완성차와 부품 수출량 급증에 힘입어 2002년
33.6억 달러에서 2004년 124.2억 달러, 2005년 167.7억 달러로 크게 늘어
났다. 반면 2005년 중국 자동차산업의 수입총액은 154.3억 달러로 2004년
(168.6억 달러)보다 줄어들었고, 이에 따라 2005년에 중국은 사상 처음으
로 자동차산업에서 약 13.4억 달러의 무역 흑자를 달성하였다.

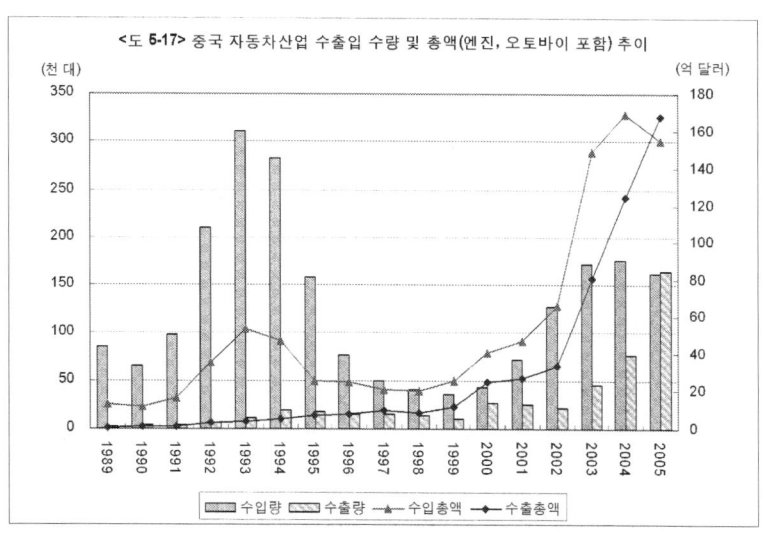

<도 5-17> 중국 자동차산업 수출입 수량 및 총액(엔진, 오토바이 포함) 추이

출처: 中國汽車工業年鑒 2000, pp.182-183, 中國汽車工業年鑒 2005, p.263,
中國汽車工業年鑒 2006, pp.337-340을 바탕으로 재구성.

한편 1989년 이후 중국 자동차 수입량에서 승용차가 차지하는 비중은 1998년을 제외하면 모두 50%를 초과하였으며 1995년에는 81.7%까지 치솟았다. 반면 화물차의 수입비중은 1990년 28.1%에서 2005년 1.9%까지 하락, 내수조달 비율이 매우 높은 것으로 나타났다. 승합차(버스)와 특장차 등 기타 차량은 1998년 44.3%까지 치솟았으나 그 이후에는 전반적인 하락세를 보였다. 차종별 수출량 비중에서는 승합차와 화물차가 심한 기복을 보였으며 승용차의 비중은 1990년대 중반에 하락세를 나타내다가 2000년 이후에는 계속 상승하는 모습을 나타냈다.

중국 자동차기업들의 완성차 수출 현황을 좀 더 구체적으로 살펴보면 2004~2005년에 가장 많은 자동차를 수출한 기업은 하페이자동차(哈飛汽車股份有限公司)[163]였다. 하페이자동차는 2005년 2만 54대를 수출하여 수출량이 2004년 대비 100%가량 증가했다(<표 5-35>~<표 5-36>). 또한 치루이자동차, 디이자동차, 창청(長城)자동차가 1만 대 이상 수출하면서 2~4위를 차지하였고 수출을 목적으로 설립된 혼다자동차중국유한공사도 1만 대 가까이 수출한 것으로 나타났다. 반면 6대 자동차기업 중 상하이자동차의 2005년 자동차 수출량은 1,701대였고 광조우자동차는 완성차 수출실적이 없었다. 수출총액에서는 대형버스와 대형트럭 및 컨테이너 운반트럭의 비중이 높은 둥펑자동차의 수출총액이 2억 2,127만 달러로 가장 많았고 혼다중국유한공사, 창청자동차, 디이자동차가 1억 달러를 초과하였다.

---

163) 하페이자동차는 하얼빈항공공업집단(대형 국유기업인 중국항공공업제2집단 소속)의 산하기업으로서 1994년에 미쓰비시자동차와 하얼빈항공이 각각 50：50으로 설립한 합자기업임. 2003년과 2004년 자동차 생산량은 각각 20만 대(6위), 21만 대(7위)였고 승용차 생산량은 각각 3.2만 대, 2.9만 대였음(<표 5-28, 표5-29>). 하페이자동차의 연간 생산능력은 약 40만 대이며 주력 승용차는 루바오(路宝), 싸이마(賽馬)로 각각 이태리와 미쓰비시로부터 기술과 디자인을 도입하였고, 소형 승합차로 민이(民意), 중이(中意), 소형트럭으로 뤼이(銳意)를 생산하고 있음.

아울러 2005년 각 기업 판매량에서 수출량이 차지하는 비중은 창청자동차가 22%로 가장 높았고 치루이자동차, 하페이자동차가 각각 9.5%, 8.7%로 그 뒤를 이었다. 반면 디이자동차와 창안자동차의 판매량 대비 수출량 비중은 각각 1.5%, 1.1%에 그쳤고 둥펑자동차, 베이징자동차, 상하이자동차는 1%에도 못 미쳤다. 2005년 각 기업 매출액 대비 수출액 비중에서는 창청자동차가 18.7%로 가장 높았고 치루이자동차, 하페이자동차가 각각 6.6%, 6.2%로 그 뒤를 이었다. 2004년에 비해 치루이자동차, 하페이자동차, 장화이자동차, 난징자동차의 수출실적은 대체로 호전되었으나 6대 자동차기업의 수출실적은 보합세를 유지하였거나 달라진 것이 거의 없었다. 한편 2005년 자동차 1대당 수출가격[164]이 1만 달러를 넘었던 기업은 둥펑자동차와 혼다중국유한공사뿐이었고 수출량이 가장 많았던 치루이자동차와 하페이자동차의 1대당 수출 가격은 4,000달러, 2,600달러에 불과했다. 2005년 중국산 자동차의 평균 수출 단가도 9,194달러로 2004년보다 17%가량 상승했지만 여전히 1만 달러에는 못 미쳤다. 결국 현시점에서 중국 자동차기업들의 해외시장 진출전략은 가격 경쟁력 확보와 유지를 통한 중동, 동남아시아, 아프리카 등 신흥시장에 대한 수출 확대에 초점을 맞추고 있다고 할 수 있다.

---

164) <표 5-35>~<표 5-36>의 자동차 수출 단가 산출에는 CKD가 포함되어 있기 때문에, 조립된 완성차의 실제 수출 가격은 <표>에서 제시된 가격보다 더 높을 가능성이 있음.

〈표 5-35〉 2005년 중국 자동차기업의 완성차(승용차, 화물차, 승합차) 수출 현황(%)

기 업	수출량 (대)	총 수출량 대비 비중	수출액 (만 달러)	총 수출액 대비 비중	수출단가 (천 달러)	각 기업 판매량 대비 수출량 비중	각 기업 매출액 대비 수출액 비중
중국 전체	164,258		151,011		9.2	2.9	1.2
디이자동차	14,276	8.7	10,544	7.0	7.39	1.5	0.7
둥펑자동차	4,489	2.7	22,127	14.7	49.29	0.6	1.6
하페이(哈飛)자동차	20,054	12.2	5,147	3.4	2.57	8.7	6.2
치루이(奇瑞)자동차	18,000	11.0	7,300	4.8	4.06	9.5	6.6
창안자동차	6,700	4.1	1,754	1.2	2.62	1.1	0.4
지리(吉利)자동차	6,835	4.2	2,597	1.7	3.80	4.5	3.1
장화이(江淮)자동차	7,074	4.3	4,751	3.1	6.72	4.7	3.0
난징(躍進)자동차	3,858	2.3	2,309	1.5	5.98	3.5	2.3
상하이자동차	1,701	1.0	725	0.5	4.26	0.2	0.0
혼다중국유한공사	9,696	5.9	13,350	8.8	13.77	100.0	100.0
창청(長城)자동차	14,187	8.6	11,582	7.7	8.16	22.0	18.7
창허(昌河)자동차	7,041	4.3	2,364	1.6	3.36	7.0	5.6

출처: 中國汽車工業年鑑 2006, pp. 340-350을 바탕으로 재구성
  (단, 매출액 대비 수출액 비중에서 수출액은 각 기업 완성차 수출액만을 산출했고, 매출액은 각 기업별 완성차 및 부품, 하체 등의 매출액을 모두 포함하였음).

〈표 5-36〉 2004년 중국 자동차기업의 완성차(승용차, 화물차, 승합차) 수출 현황(%)

기 업	수출량 (대)	총 수출량 대비 비중	수출액 (만 달러)	총 수출액 대비 비중	수출단가 (천 달러)	각 기업 판매량 대비 수출량 비중	각 기업 매출액 대비 수출액 비중
중국 전체	75,999		59,677		7.9	2.7	0.6
디이자동차	10,112	13.3	8,095	13.6	8.0	1.0	0.6
둥펑자동차	5,683	7.5	8,389	14.1	14.8	1.1	0.7
하페이(哈飛)자동차	10,145	13.3	3,527	5.9	3.5	4.9	4.8
치루이(奇瑞)자동차	8,000	10.5	3,104	5.2	3.9	9.2	5.0
창안자동차	6,239	8.2	2,942	4.9	4.7	1.1	0.9
베이징자동차	5,438	7.2	2,455	4.1	4.5	1.0	0.4
지리(吉利)자동차	5,000	6.6	1,900	3.2	3.8	4.9	3.0
장화이(江淮)자동차	3,048	4.0	1,353	2.3	4.4	2.3	1.0
난징(躍進)자동차	2,056	2.7	1,130	1.9	5.5	2.2	1.2
상하이자동차	661	0.9	671	1.1	10.2	0.1	0.0

출처: 中國汽車工業年鑑 2005, pp.260-275를 바탕으로 재구성.

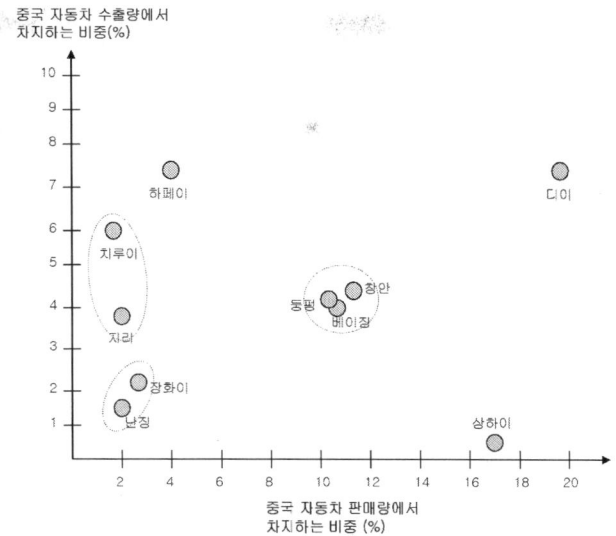

출처: 中國汽車工業年鑒 2005, pp.263-275 & pp.476-480을 바탕으로 재구성.

〈도 5-18〉 2004년 중국 자동차 수출량 및 내수판매량에서 각 기업의 비중

<도 5-18>은 2004년 중국 전체 자동차 수출량에서 각 기업 수출량이 차지하는 비중과 중국 전체 자동차 판매량에서 각 기업이 차지하는 비중을 두 축으로 하여 주요 자동차기업들의 위치를 도식화한 것이다. 각 기업의 자동차 판매량에서 수출이 차지하는 비중이 상대적으로 높았던 치루이와 지리 및 하페이자동차는 전체 자동차 내수판매량에서 차지하는 비중은 낮았으나 수출량에서 차지하는 비중이 높았고 상하이자동차는 그 반대였다. 창안, 둥펑, 베이징자동차는 두 변수에서의 비중이 서로 비슷했고 디이자동차는 두 변수의 비중이 모두 높아, 내수판매뿐만 아니라 중국 자동차 수출 증가에도 큰 기여를 한 것으로 나타났다. 그러나 <도 5-18>의 10개 기업의 실적에서는 두 변수 간 어떠한 상관관계를 찾기는 어려웠다.

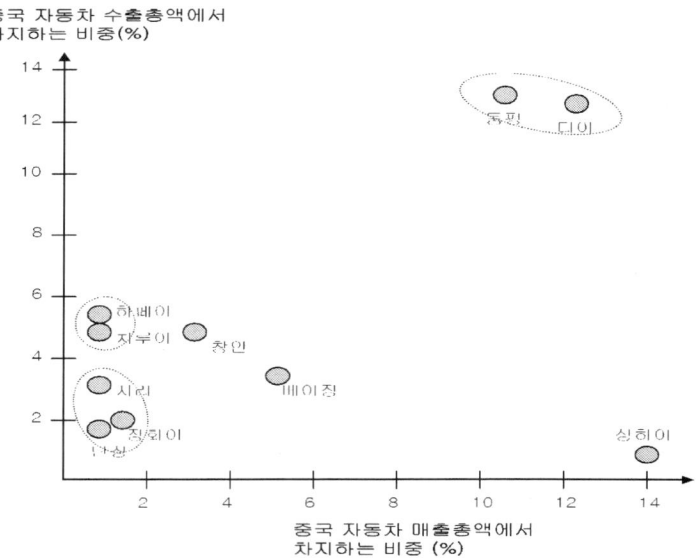

중국 자동차 수출총액에서
차지하는 비중(%)

중국 자동차 매출총액에서
차지하는 비중 (%)

출처: 中國汽車工業年鑒 2005 pp.263-275 & pp.502-504를 바탕으로 재구성.

〈도 5-19〉 2004년 중국 자동차 수출액 및 매출총액에서 각 기업의 비중

　아울러 〈도 5-19〉는 중국의 자동차 수출총액에서 각 기업이 차지
하는 비중과 중국의 자동차 매출총액(완성차, 부품, 하체 포함)에서 각
기업 매출액의 비중을 두 축으로 하여 각 기업의 위치를 도식화한 것
이다. 하페이와 치루이자동차는 수출총액에서 차지하는 비중이 각각
5.4%, 4.7%로 매출총액에서의 비중(0.6~0.7%)보다 훨씬 높았다. 반면
상하이자동차의 매출총액 비중과 수출총액 비중은 각각 13.8%, 1.0%
로 하페이, 치루이, 지리자동차와 분명한 대조를 이루었다. 둥펑자동차
와 디이자동차는 매출총액 비중과 수출총액 비중이 모두 두 자리 수를
기록, 내수판매와 수출실적이 모두 우수했고 상대적으로 균형을 갖춘
모습을 나타냈다. 한편 〈도 5-19〉의 10개 기업 실적에서도 두 변수
간 상관관계는 잘 나타나지 않았다.

3. 요약 및 함의

제5장 3절의 분석결과를 요약하면, 중국 6대 자동차기업 및 산하 다국적 합자기업 경영성과의 특징은 다음과 같이 다섯 가지로 정리할 수 있다. 첫째, 다국적 합자기업 경영성과가 모(母)국유기업 전체 경영성과보다 뛰어났다는 점이다. 둘째, 6대 자동차기업 자동차 생산량에서 다국적 합자기업이 차지하는 비중이 높은 기업이 상대적으로 더 좋은 경영성과를 보였다. 셋째, 6대 기업의 자동차 생산에서 승용차 생산비중이 높은 기업이 상대적으로 더 나은 성과를 나타냈다. 넷째, 다국적 합자기업 중에서는 최근 상하이GM, 광조우혼다, 톈진이치도요타, 베이징현대의 부상이 비교적 뚜렷하게 나타나고 있으며 폭스바겐과 다임러크라이슬러, PSA의 성과는 상대적으로 부진하였다. 다섯째, 다국적 합자기업의 지분 보유율은 모(母)국유기업과 다국적기업의 50 : 50 구조가 보편적이어서 경영성과와 지분 보유율 사이에 어떠한 상관관계를 찾기가 어려웠다.

이러한 다섯 가지 특징은 결과적으로 중국 자동차산업 발전에 있어서 다국적 합자기업의 역할을 강화시키고 있다. 다국적 합자기업 대부분이 승용차 부문의 강점을 내세워 중국 자동차산업에 진출하였다는 점과 1990년대 중반 이후 승용차 부문이 중국 자동차산업의 발전을 이끌고 있다는 점이 다국적 합자기업 역할 강화의 중요한 배경이다. 또한 6대 자동차기업 경영성과 실증분석에서 다국적 합자기업의 경영성과가 모(母)국유기업 전체 경영성과보다 더 나은 것으로 나타났는데, 이는 6대 자동차기업의 경영 합리화와 생산성 향상에 있어서 다국적 합자기업의 역할이 그만큼 중요해졌다는 것을 의미한다. 다국적 합자기업의 역할이 강화되면서 합자기업 경영에 있어서 다국적기업의 영향력과 중국기업 대한 다국적기업의 협상력이 동시에 커지고 있다. 다국적 합자

기업의 양산 승용차 거의 대부분이 다국적기업의 기존 모델이며, 연구
개발 경험이나 마케팅 능력에 있어서 다국적기업의 우월적 지위가 계
속 유지되거나 점차 강화되고 있기 때문이다.

특히 자주적인 신차(승용차) 개발에 있어서 중국 자동차기업들의 성과
는 여전히 부진했다. 2005년 중국 승용차 생산량에서 독자개발 모델이 차
지하는 비중은 10.8%에 머물렀다. 다만 2005년에 독자개발 승용차를 생
산하는 기업이 크게 늘어났고 치루이와 지리자동차의 독자개발 승용차 생
산량이 2004년 대비 138%, 51%가량 급증, 독자개발 승용차 생산량이
2004년보다 약 2.4배 증가했다. 하지만 6대 자동차기업으로 대표되는 주
류 기업들의 독자모델 개발 성과는 과거에 비해 별로 나아진 점이 없었다.

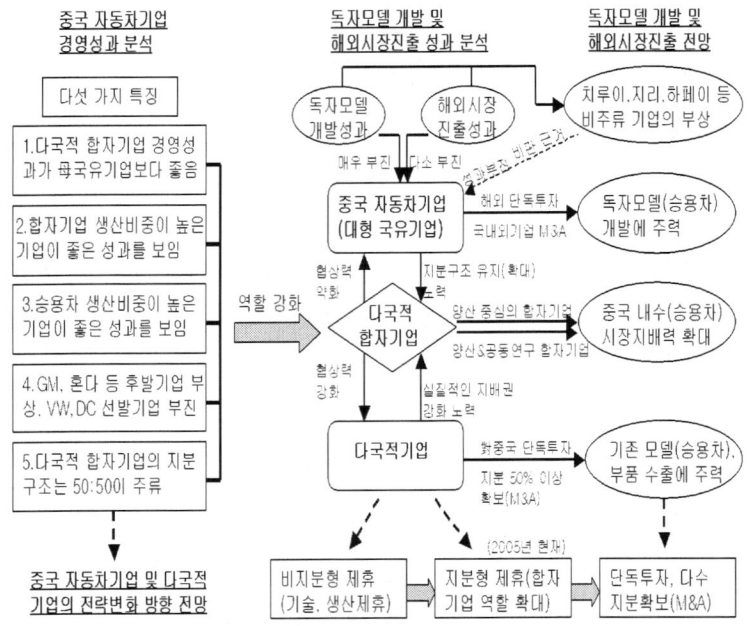

〈도 5-20〉 중국 자동차기업 경영성과 특징과 독자모델 개발 및
해외시장 진출성과가 전략 변화에 미치는 영향

중국의 자동차 수출량과 수출총액은 1989년 이후 지속적인 증가세를 나타냈으며 2005년에는 사상 처음으로 중국의 자동차 수출량(16.4만 대)이 수입량(16.1만 대)을 앞질렀다. 중국의 자동차 수출증가를 선도하고 있는 기업들은 하폐이자동차, 디이자동차, 치루이자동차, 창안자동차, 둥펑자동차, 지리자동차 등인데 특히 승용차 부문에서 치루이자동차와 지리자동차의 성장이 눈에 띈다. 2005년 자동차 수출량이 많은 10개 기업의 수출실적에서 각 기업 판매량 대비 수출량 비중을 살펴보면 창청(長城)자동차가 22%로 가장 높았고 치루이자동차와 하폐이자동차가 각각 9.5%, 8.7%로 그 뒤를 이었다. 반면 디이자동차, 창안자동차의 판매량 대비 수출량 비중은 각각 1.5%, 1.1% 수준이었고 둥펑자동차와 상하이자동차는 각각 0.6%, 0.2%로 극히 낮았으며 광조우자동차는 자동차 수출실적이 아예 없었다.

다만 2005년 자동차 수출 단가에서 치루이자동차와 지리자동차는 각각 4,060달러, 3,800달러를 기록, 중국 평균 수출 단가(9,200 달러)의 절반에도 못 미쳤다. 2005년 중국산 자동차의 평균 수출 단가는 2004년 대비 약 16.5% 상승했다(<표 5-35>~<표 5-36>). 대체로 중국 6대 자동차기업들은 수출보다 내수시장 확대에 더 심혈을 기울이고 있으며 치루이, 지리, 위에진 등 非주류 기업[165]들은 내수시장보다는 해외시장 진출에 더 힘을 쏟고 있는 형국이다. 이는 자주적인 신차개발 실적 부진과 맞물려, 대형 국유기업들이 다국적기업의 기존 모델을 들여와 내수판매량 증가에만 관심을 기울일 뿐, 독자모델 개발이나 해외시장 개척에는 별 관심이 없다는 비판 여론을 점점 커지게 하는 원인으로 작용하였다.

---

165) 자주적인 신차개발과 해외진출 성과에 대한 논의의 편의를 위해 제5장 3절에서는 지난 10여 년간 중국 자동차산업에서 시장점유율 상위 6대, 또는 10대 기업(대형 국유기업)에 대비되는 개념으로서 중소 국유기업과 민영기업을 非주류 기업이라고 지칭한 것임.

<도 5-20>은 제5장 3절 분석결과 및 이에 따른 전략 변화의 방향을 도식화한 것이다. <도 5-20>에서처럼 중국 내수(승용차)시장을 장악한 대형 국유기업과 다국적 합자기업들은 자주적인 신차개발과 해외시장 진출성과 부진에 대한 중국 내 비판 여론에 직면하여 있는데, 이에 대한 대응방식으로서 중국기업과 다국적기업은 서로 다른 생각을 하고 있을 가능성이 높다. 즉, 다국적 합자기업의 중국 측 파트너는 독자모델 개발을 더 중시하는 반면, 다국적기업 파트너는 기존 모델의 수출 증대에 더 큰 관심을 가질 것으로 예상된다. 대형 국유기업들은 기업 규모가 점점 커지면서, 세계 자동차산업에서 지속적인 성장발판을 마련하기 위해 배타적인 지적재산권[166]을 행사할 수 있는 독자모델 개발이 필수라는 인식하에 최근 독자모델 개발에 적극 나서는 모습을 보이고 있다. 상하이자동차가 2010년까지 세계 자동차기업 'Top 10 진입' 목표를 달성하기 위해 향후 5년 동안 30여 개의 독자모델을 개발하여 폭스바겐이나 GM의 기존 모델 복제(개량)생산 방식에서 벗어나겠다는 의지를 밝힌 것(조선일보 2006 / 06 / 19)은 그러한 움직임의 대표적인 사례이다.

다국적기업들도 비용과 위험부담이 큰 신차개발보다는 세계시장에서 이미 검증된 모델의 중국 현지생산능력 확대를 우선적으로 고려할 수밖에 없는 입장이다. 50 : 50 지분구조에서 신차개발을 시도할 경우, 다국적 합자기업의 계약기간 종료나 계약조건 변경 시, 자칫 지적재산권

---

166) 제2장 1절 선행연구 검토에서 언급하였듯이 Noble, Ravenhill & Doner(2005)는 중국이 WTO에 가입한 이후 다국적기업들이 중국 자동차기업의 지적재산권 침해 사례에 대해 과거보다 더욱 강경하게 대응하기 시작했고, 중국정부도 자동차산업의 지적재산권 관련법 정비와 적용에 있어서 과거보다 적극적이라고 진단하였음. 따라서 중국정부의 자주적인 신차개발 독려와 자동차기업들의 신차개발 노력은 중국이 자동차산업에서 지적재산권의 가치를 확실하게 인식하기 시작했다는 의미로 풀이하였음.

분쟁에 휘말릴 가능성이 있기 때문이다. 동등한 합자기업 관계가 오히려 독자모델 개발을 저해하는 요인이 될 수 있다는 얘기이다. 혼다가 전량 수출을 조건으로 혼다중국유한공사(本田汽車中國有限公司)의 지분 65%를 확보, 대주주가 된 것이나 폭스바겐이 중국을 수출기지로서, GM이 중국을 아시아지역 생산기지로 육성하겠다는 계획을 밝힌 것은 다국적기업들의 의중이 독자모델 개발보다는 수출 증대에 있음을 짐작게 하는 대목이다.

그런데 중국 자동차기업이나 다국적기업 모두 향후 독자모델 개발이나 수출 확대를 더욱 촉진하기 위해서는 합자기업 형태의 전략적 제휴보다는 단독투자나 인수합병(지분 확대)을 통한 독자 경영권 행사가 더 유리하다고 볼 수 있다. 따라서 중국 자동차산업의 규모가 커질수록 전략적 제휴보다 단독투자 및 인수합병이 더욱 주효한 전략으로 부상할 것이라는 추론이 가능하다. 또한 자주적인 신차개발과 해외시장 진출 필요성의 대두는 앞으로 다국적기업들이 해외시장 진출을 빌미로 독자 경영권을 강화할 수 있는 훌륭한 도구로서 활용될 가능성이 높다. 대형 국유기업을 포함한 중국기업들도 국내외에서 독자모델 개발 역량과 경험을 갖춘 자동차기업들에 대한 인수합병에 더욱 공세적인 자세를 취할 것으로 예상되며, 중국정부도 자국기업이 주도하는 인수합병에 유리한 환경을 조성하기 위해 직간접적인 지원을 아끼지 않을 것으로 보인다.

한편 자주적인 신차개발과 관련하여 중국 내부에서 일고 있는 주요 이슈들을 좀 더 세심하게 살펴보면 다음과 같이 정리할 수 있다. 우선, 중국정부는 1990년대 후반까지만 하더라도 중국 자동차산업에서 외자유치는 기본적으로 '내수시장을 내어 주고 기술을 받아 오는(以市場換技術)' 정책기조를 유지하였다. 그러나 2000년대에 들어 '시장과 기술의 교환' 전략은 자동차산업뿐만 아니라 대부분의 주요 산업에서 공개적으로 언급되는 횟수가 과거에 비해 훨씬 줄어들었다. WTO 가입을 계기로 다국적기업의 내수시장 진출을 규제할 만한 명분이나 수단이 많이 약화되었고 중국기업들도 자체적인 기술력을 발판으로 공격적인 해외진출(走出去)을 추진하고 있기 때문이다. 더 나아가 중국 자동차기 업들의 자주적인 신차개발능력이 여전히 취약하고 다국적 합자기업이 생산하는 승용차 거의 대부분이 다국적기업 브랜드라는 점을 근거로 자동차산업에서 시장과 기술을 교환하는 전략은 실패했다는 주장(路風, 張凱棟 2004, 王曉玲 2004, 李艶 2004)이 강력하게 제기되고 있다.

중국정부는 자동차산업에서 다국적 합자기업에 대한 다국적기업의 지 분비율을 50% 이하로 제한하는 규정과 함께, 동일한 다국적기업이 완성 차(승용차 및 상용차, 오토바이 포함) 부문에서 설립할 수 있는 합자기 업 수를 두 개 이내로 제한하는 규정을 계속 유지해 왔다. 그러나 앞서 언급했듯이 중국 자동차기업의 합자관계 선택과 집중, 또는 다국적기업 의 합자기업 설립에 관한 규제정책이 중국기업의 독자모델 개발능력 향 상에 얼마나 도움을 주었는지에 대해서는 판단하기 어렵다. 오히려 현재 시장상황만을 놓고 보았을 때 선택과 집중전략이나 다국적기업 진출 규 제정책의 실효성에 대해서 강한 의구심을 갖지 않을 수 없다. 물론 다국 적기업들이 중국 측 파트너에 대한 핵심기술 이전이나 독자모델 개발을 의도적으로 지연시키고 있다는 점도 중국기업의 자주적인 신차개발 실 적이 저조한 원인으로서 지적될 수 있다. 중국 측 파트너의 독자모델 개 발능력이 커질수록 합자기업에 대한 다국적기업의 영향력은 과거보다 줄어들 가능성(서석홍 2005, 78)이 높기 때문[167]이다.

---

167) 하지만 중국 측 파트너의 자주개발능력의 확대가 곧바로 합자기업에 대한 다국적기업의 영향력 축소를 의미하는 것은 아님. 합자기업의 양산 모델 도입결정에 있어서 다국적기업이 지분구조에 관계없이 실질적인 영향력을 계속 행사할 가능성이 높으며, 이는 내수판매와 할부금융 및 해외시장 개척에 있어서 다국적기업의 정보 우월성은 당분간 계속 유 지될 것이기 때문임.

　하지만 현시점에서 중국 자동차기업들의 자주적인 신차개발이 더딘
이유가 무엇인지를 밝히는 것보다 자주적인 신차개발 재촉 요구의 타
당성 및 다국적 합자기업 지배구조에 대한 다양한 논의들을 정리하고
정책의 큰 방향을 잡는 것이 중국정부엔 더욱 긴요한 일이라고 할 수
있다. 자주적인 신차개발과 관련하여 중국에는 크게 두 가지 관점이 존
재한다(서석흥 2005, 78~80). 첫째는 대형 국유기업이나 중소형 국유
및 민영기업의 자주적인 신차개발 필요성을 지나치게 강조하거나 재촉
할 필요가 없다는 주장이다. 이는 다국적기업이 개발한 모델이든, 중국
기업이 개발한 모델이든 중국에서 생산되기만 한다면, 내수시장이나 해
외시장에서 잘 팔리는 모델을 만드는 것이 가장 중요하다는 생각에 바
탕을 두고 있다(馮淑娟 2004).
　또한 이젠 중국 자동차산업이 한국이나 일본식 발전모델만 고집하여
독자모델 개발을 지고지선의 목표로 여길 것이 아니라, 세계 자동차산
업의 가치사슬에서 완성차 제조 및 부품 제조기지가 되는 것에 대해
좀 더 긍정적으로 생각할 필요가 있다는 주장(胡潤峰 2003)도 있다.
독자모델 개발에 대한 중국 자동차산업의 이상과 세계 자동차산업의
현실은 엄연히 다르고, 이를 냉정하게 구분해야 한다는 것이다. 게다가
중국기업들의 승용차 생산 역사나 생산규모 등을 고려할 때 아직 자주
적인 신차개발은 시기상조라는 주장(楊宗奇 2004)도 첫 번째 관점과
같은 맥락이다. 자동차 양산업체 입장에서 자주적인 신차개발능력의 유
무보다는 시장에서 팔릴 만한 수준의 품질과 가격의 신차를 개발할 수
있느냐가 더욱 중요하기 때문이다.
　자주적인 신차개발에 관한 두 번째 관점은 중국 자동차기업들이 배
타적인 권리를 행사할 수 있는 신차개발을 하루 속히 앞당기는 것이
자동차산업 발전의 핵심과제라는 주장(路風, 張凱棟 2004)이다. 이는
중국정부가 시장점유율 경쟁[168]에 기반을 둔 자동차산업 구조조정 촉

진이나 생산 집중화, 대형기업 육성보다는 대형기업이든 중소기업이든 또는 국유기업이든 민영기업이든 중국기업들의 자주개발능력 확대를 정책의 최우선 과제로 삼아야 한다는 의미를 내포하고 있다. 아울러 자주개발에 대한 강력한 의지와 가능성을 지닌 신규기업에 대해서는 자동차산업 진입장벽을 대폭 낮추고, 독자모델 차량에 대한 공공부문의 구입 확대 및 자주적인 신차개발 기업에 대한 우대정책을 좀 더 공격적으로 펼쳐야 한다는 주장(左延安 2004, 秋風 2004)도 제기되고 있다.

사실 이러한 주장들은 대형 국유기업들이 독자모델 개발 노력보다는 다국적기업 파트너의 모델을 양산하여 판매하는 데 더 열중해 왔다(李艶 2004)는 인식에 기인한 것이다. 구조적으로 대형 국유기업의 경영자들은 기업의 장기적인 발전 기반이나 실질적인 성장 기반 마련보다는 단기적인 이윤 획득에 더 많은 관심을 가질 수밖에 없으며(秋風 2004), 따라서 중국정부가 다국적기업과 합자관계를 통해 기술이전 및 독자모델 개발을 촉진하겠다는 계획은 예나 지금이나 실현 가능성이 높지 않다는 것이다. 중국정부는 신정책 제1장 정책목표의 3조와 제2장 발전계획의 6조 등에서 자주적인 신차개발과 독자브랜드 육성의 중요성을 인식하고 이를 촉진시키겠다는 의지를 다시 한 번 분명히 밝혔다.

다만 그러한 정책조항 대부분이 여전히 선언적인 수준[169]에 머물고

---

168) 신정책 제6조에서 중국정부는 중국 내수시장점유율 15%, 또는 자동차 매출총액이 자동차산업 전체 매출액의 15% 이상인 기업을 대형기업집단으로 간주, 독자적인 발전계획 수립권한을 부여하겠다고 밝힘. 따라서 중국 자동차업계는 시장점유율 15%를 향후 산업구조 조정의 주도권을 쥘 수 있는 기준으로 여기고 있음.

169) 선언적 수준의 대표적인 조항으로서 신정책 제3조, R&D 능력향상 및 기술혁신을 촉진하여 2010년까지 '비교적 유명한(若干馳名)' 자동차와 오토바이 및 부품 브랜드를 만든다는 것과 제7조, 자주적으로 개발한 제품의 경쟁력이 국제적 수준에 도달하도록 하며, '국가(정부)는 기술정책에 부합하는 R&D활동을 조세정책으로 지원(國家在稅收政策上符合技術政策的研發活動給予支持)'한다는 것을 들 수 있음.

있어, 앞으로 얼마나 성과를 거둘지에 대해서는 회의적인 생각을 거두
기 어렵다. 한편에서는 대형 국유기업과 산하 다국적 합자기업에 유리
하게 만들어진 신정책에 대해 이제 특정 산업의 육성과 보호를 위한
정책 수립은 그만두어야 한다는 주장(劉芳 2004, 謝光飛 2004, 文劍
2003)도 나오고 있다. 특히 자동차산업의 경우 지난 20여 년 동안 추
진된 육성정책의 성과가 전반적으로 좋지 못했고 WTO 가입 이후엔
보호주의적 성격의 정책조항들은 그 효과를 기대하기가 더욱 어려워졌
기 때문에, 진입장벽을 더 낮추고 시장에 맡기는 것이 자주개발 등 중
국 자동차산업 발전에 더 유리하다는 생각이다.

아울러 중국기업과 다국적기업이 설립한 다국적 합자구조의 지배구
조와 관련하여 중국정부는 합자기업이 정녕 누구의 기업인지에 대해서
도 입장을 정리할 필요가 있다. <표 5-32>에서 2005년 상하이자동차
는 폭스바겐 및 GM 계열의 합자기업들이 자동차 생산의 99%를 차지
하고 있는데, 상하이자동차가 각 합자기업의 지분을 50% 이상 보유하
고 있다는 사실만으로 이들 합자기업을 중국기업으로 간주할 수 있느
냐는 문제에 봉착하는 것이다. 이 문제는 기업 지배구조에 관한 법적인
측면과 실질적인 경영권 행사라는 측면 및 국민정서적인 측면 등 세
가지 이슈가 함께 얽혀 있다고 할 수 있다. 즉, 법적으로는 다수지분을
보유한 중국기업이 다국적 합자기업의 소유주라고 할 수 있지만, 다국
적기업과 동등지분을 보유하고 있다면 합자기업에 대한 실질적인 경영
권은 다국적기업이 행사할 가능성이 높다. 더 나아가 중국기업이 다수
지분을 가지고 있더라도 다국적 합자기업 내부의 중요한 의사결정은
다국적기업 주도로 이루어지는 경우가 많다(王曉玲 2004). 지난 20여
년간 승용차 부문이 중국 자동차산업 발전을 실제로 이끌어 왔는데 승
용차 부문에서 다국적기업들은 기술과 정보, 자본과 경험에서 중국기업
들을 여전히 압도하고 있기 때문이다.

  한편 국민정서적인 측면에서 다국적 합자기업을 중국 자동차기업으로서 받아들일 수 있는지에 대해서는 현재로선 의견이 분분한 것으로 판단된다. 한쪽에서는 다국적 합자기업뿐만 아니라 다국적기업이라도 중국에 투자하여 고용을 창출하고 정당한 방법으로 이윤을 추구하면서 세금을 납부한다면 중국기업으로 인정해 주어야 한다고 주장하고 있다. 하지만 또 다른 한쪽에서는 다국적기업의 기존 모델을 양산하고 판매하는 다국적 합자기업과 그 생산물에 대해 중국 자동차기업, 중국산 자동차라는 민족적 자부심과 긍지를 갖기는 매우 어렵다고 주장한다. 이러한 논쟁에 대한 중국정부의 인식은 아직까지 각종 정책이나 공식 문건에서는 구체적으로 드러나지 않고 있다.

제6장 진출전략 변화 분석 종합평가와 전망

제1절 다국적기업 진출전략 변화에 관한 종합평가

1. 분석방법과 분석결과에 대한 평가

　본 연구 제5장 1~3절까지의 세 가지 분석의 목적은 중국 자동차산업에 대한 다국적기업의 전략이 어떻게 변해 왔으며 앞으로 어떤 요인으로 인해, 어떻게 변할 것인지에 대한 답을 얻고자 함이었다. 또한 중국 자동차산업 발전과정에서 자주적인 신차개발과 해외시장 진출이 중요한 이슈로 부상하고 있는 상황이 국유기업 파트너의 경영성과와 관련하여 다국적기업의 전략 변화에 어떤 의미를 갖는지를 분석해 보고자 하였다.

제5장 1절에서는 중국 자동차기업과 다국적기업 간 전략적 제휴에 초점을 맞추어 지난 20여 년 동안 제휴 유형이 어떻게 변해 왔으며, 제휴 유형의 변화를 촉진했던 동인(動因)은 무엇이었는지 검증하여 보았다. 이를 위해 중국 자동차기업 13곳과 다국적기업 22곳을 선정하여 이들 기업 간 전략적 제휴 체결 건수와 내용을 조사하였다.

1절 분석결과는 첫째, 기술공여(TS)형 제휴의 감소와 양산(KD)형 합자기업 및 공동연구개발(JD)형 합자기업의 증가, 둘째, 非지분형 제휴의 감소와 지분형 제휴의 증가, 셋째, 단방향 제휴의 감소와 쌍방향 제휴의 증가로 나타났다. 아울러 다국적기업 입장에서 중국이 세계 자동차산업의 변방에서 핵심지역으로 부상함에 따라, 양산(KD)에 초점을 맞추어 왔던 합자기업이 갈수록 공동연구개발(JD)형 합자기업으로 전환되고 있는 점도 중요한 특징으로 지적하였다. 그런데 제5장 1절 분석 방법에서 가장 중요한 점은 기존의 합자기업을 양산(KD)형 합자기업과 공동연구개발(JD)형 합자기업으로 구분하여 제휴 유형을 추적하였다는 것이다. 이는 전략적 제휴에 있어서 세계 자동차산업과 중국 자동차산업의 가장 중요한 차이점이기도 하다.

1절 분석에서 제휴 유형 분석 툴(tool)을 제시하였던 조대우·송우용 (1999)의 연구는 전략적 제휴의 유형을 자본참가, 합작투자, 기술공여, 완성차 공급, 부품공급, 공동개발, 공동생산, 판매협력 등 8 가지로 나누었고, 이를 바탕으로 세계 자동차산업에서 전략적 제휴 유형의 변화를 추적하였다. 아울러 제휴 유형 분석을 지분 형태별, 제휴 방향별, 협력 분야별[170] 및 제휴 파트너 국적별 특성 등 네 가지로 다시 나누어서 다루었다. 본 연구 5장 1절 분석은 조대우·송우용(1999)의 접근방법과

---

170) 조대우·송우용(1999)은 세계 자동차산업 전략적 제휴의 협력 분야별 특성을 자본협력(자본참가, 합작투자), 기술협력(기술지원, 공동개발), 생산협력(공동생산, 부품공급, 완성차 공급), 판매협력(위탁판매) 등 크게 네 가지로 재분류하여 분석하였음.

기본 구상을 상당 부분 따랐지만, 협력분야별 특성에서 본 연구는 기술
공여(TS), 부품제공(PS), 공동생산(JM), 양산(KD)형 합자기업, 공동연구
개발(JD)형 합자기업 등 다섯 가지로 분류, 중국 자동차산업의 제휴 유
형 변화와 특징을 포착하고자 하였다.

즉, 중국 자동차기업과 다국적기업 간 전면적 합자(협력)관계를 기반
으로 한 공동연구개발(JD)형 합자기업을 전략적 제휴에서 인수합병이나
단독투자로 진행하기 위한 또 다른 형태의 발전단계로 간주한 것이다.
더 나아가 중국이 WTO에 가입한 이후 JD형 합자기업은 중국 자동차기
업과 다국적기업 간 지분제휴관계의 중첩성과 그 역할의 지속적인 확대
로 인하여 중국기업, 다국적기업, 중국정부 등 3자 간 이해관계가 가장
많이 수렴될 수 있는 가장 현실적인 대안이라고 보았다. 다만 KD형 합
자기업과 JD형 합자기업을 구분함에 있어서 전면적인 합자(협력)관계 계
약 유무와 KD형 합자관계 계약기간 연장 및 설비투자 확대 등을 중요
한 기준으로 삼았는데, 합자기업 성격 분석에서 KD형과 JD형을 명확하
게 나누기가 어려운 경우도 있었다. 즉, 정성적(定性的) 접근방법의 특
성상 연구자의 주관적인 판단을 완전히 배제할 수 없었다는 얘기다.

또한 KD형 합자기업의 경우 非지분형 제휴의 대표적 유형인 기술제
휴가 별도로 발생할 수 있다고 간주(단, 부품제공, 공동생산제휴는 KD
형 합자기업에 포함)하였고 JD형 합자기업은 더 포괄적이고 광범위한
제휴 유형으로서 기업 가치사슬상 모든 제휴활동을 포함한다고 보았다.
만약 JD형 합자기업 관계라는 개념을 설정하지 않을 경우 1990년대
후반 이후 중국 자동차기업과 다국적기업 간 전략적 제휴의 성격 변화
를 설명하기가 쉽지 않았다. 가령 디이자동차와 폭스바겐은 2003년 제
2생산공장 설립을 전후하여 양사 간에는 기술협력 7건, 공동생산제휴 7
건, 공동판매제휴 6건이 성사되었는데 이를 유형별로 떼어놓고 건수를
헤아리는 것은 단지 제휴 건수가 많아졌다는 것 외에 그 성격과 의미

를 파악하는 데 별 도움을 주지 못한다고 판단했다. 제5장 1절에서도 언급하였지만 다섯 가지 제휴 유형의 발생 빈도와 비중을 단순 비교하는 것보다 각 시기별 제휴 유형 변화와 제휴 성격 변화 추세를 파악하는 것이 더욱 유의미한 접근방법이라고 보았기 때문이다. 이런 측면에서 1절 분석은 중국 자동차산업에 대한 다국적기업 진출전략의 변화 추세와 함의를 도출함에 있어서 적지 않은 성과를 거두었다고 평가할 수 있다.

5장 2절 분석은 현재 중국 자동차산업의 발전양상이 전략적 제휴(非지분형 제휴, 지분형 제휴)와 인수합병 중에서 어떤 전략을 더 바람직한 전략으로 요구하고 있는지를 정량적(定量的)인 방법으로 접근한 것이다. 즉, Dyer, Kale & Singh(2004)가 제시한 다섯 가지 결정변수: 범위의 경제효과의 유형, 유형자산 대비 무형자산의 상대적 가치, 경영자원 과잉의 정도, 시장 불확실성의 수준, 시장경쟁의 수준 등을 가지고 어떤 전략이 중국 자동차산업의 발전양상에 더 적합한지를 살펴본 것이다. 또한 변화양상을 좀 더 구체적으로 살펴보기 위해, 중국 6대 자동차기업 및 산하 다국적 합자기업들의 경영성과를 분석하였고 그 결과를 적합한 전략 도출을 위한 보완 근거로서 활용하였다.

그런데 Dyer, Kale & Singh(2004)는 다섯 가지 결정변수의 성격이나 수준에 따른 바람직한 전략을 제시하였으나, 성격 및 수준을 측정하기 위한 구체적인 판단지표는 제시하지 않았다. 결국 2절 분석방법에서 주요 판단지표는 본 연구를 수행하기 위해 본 연구자가 직접 첨가한 것이다. 주요 판단지표 선정은 다섯 가지 결정변수의 성격과 수준을 얼마나 잘 파악할 수 있느냐에 중점을 두었고 자료수집 가능성과 객관성도 함께 고려하였다. 그러나 판단지표와 각 변수를 연결하는 모형이 구체적으로 제시되지 않았기 때문에, 각 결정변수의 성격이나 수준을 최종 판단하는 작업도 구체적인 수치에 근거하였다기보다는 본 연구자의 종합적인 판단에 의해서 이루어졌다. 즉, 다섯 가지 결정변수 수준의 높고 낮음을 판단하는 기준이 계량화되지 못하였고 전략적 제휴에서 인수합병으로 전환되는 시점도 제시된 예측모델을 통하여 짚을 수 없는 방법론상의 한계가 존재한다는 얘기이다. 이는 Dyer, Kale & Singh(2004)가 제시한 연구방법의 한계이기도 하지만 본 연구의 정량적 접근에서 본 연구자의 주관적인 판단을 어느 정도 가미할 수밖에 없었던 이유이기도 하다.

하지만 다섯 가지 결정변수의 성격과 정도를 전체 산업수준과 개별 기업수준에서 동시에 관찰함으로써 바람직한 전략선택 방향의 객관성 및 변수 간 공통분모를 최대한 확보하고자 노력하였고, 비교적 일관성 있는 결과를 획득하였다. 제5장 2절 분석결과에서 중국 자동차산업 발전양상 및 자동차기업 경영성과 변화에서 앞으로 지분형 제휴나 非지분형 제휴를 추진하는 것보다 인수합병을 추진하는 것이 더 적합한 것으로 나타났기 때문이다. 다섯 가지 결정변수 중에서 경영자원 과잉의 정도에서만 지분형 제휴가 더 나은 것으로 나타났는데, 앞으로 생산설비 과잉투자에 대한 우려가 현실화되어 자산이익률(ROA)이 본격적으로 하락하기 시작하면 지분형 제휴보다는 인수합병이 더 바람직한 전략으로서 부상할 가능성이 높다.

이렇듯 2절 분석에서 현재 중국 자동차산업 발전양상은 인수합병 전략을 추진하는 것이 전략적 제휴보다 더 바람직한 것으로 나타났지만, 대부분의 다국적기업들이 공동연구개발(JD)형 합자기업 관계를 주요 진출전략으로 삼고 있는 것은 중국정부가 다국적기업의 진출을 규제하고 있기 때문이라고 보았다. 하지만 2절 분석결과가, 정책규제 완화나 철폐의 조건하에, 공동연구개발(JD)형 합자관계를 인수합병 전략이나 단독투자로 진행하는 중간단계로 규정하는 것은 아니다. 다국적기업의 진출을 제한하는 정부정책 요인이 없었더라도 합자관계가 예상보다 길어졌을 가능성은 얼마든지 존재하기 때문이다.

또한 다국적기업 입장에서는 글로벌 전략 차원에서 중국진출 속도의 완급을 조절하고 인수합병 기업 탐색 및 단독경영체제를 구축하기 위한 시간이 더 필요할 수 있다. 중국 자동차산업이 세계 자동차산업에 편입될수록 중국 내수시장에서도 다국적기업 간 경쟁이 점점 더 중요해질 것이나, 다국적기업 내부 상황에 따라 중국 자동차기업과의 전면적 협력이나 합자관계가 단독경영보다 더 유리한 경쟁구조를 형성할 수 있는 여지도 충분히 존재한다. 다만 전략적 제휴의 대안으로서 인수합병 전략의 유효성은 시간이 지날수록 더욱 커질 것이라는 것이 2절 분석결과이며, 분석과정에서 중국 자동차산업 발전양상과 주요 기업의 경영성과에 대해 방향성을 가지고 새로운 접근방법을 시도하여 설득력 있는 결과를 도출한 것에 큰 의미를 부여할 수 있다.

제5장 3절에서는 중국 자동차기업 경영성과를 자주적인 신차개발 및 해외시장 진출이라는 측면에 초점을 맞추어 다루었다. 사실 자주적인 신차개발과 해외시장 진출은 중국 자동차산업이 한 단계 더 도약하기 위해 필수적으로 달성해야 할 과제이며 중국정부가 산업정책 수립 시 가장 큰 관심을 가지고 있는 이슈라고 할 수 있다. 중국 자동차산업이 세계 자동차산업에서 단순 제조기지나 거대시장에 머무느냐, 아니면 기술혁신이나 디자인 등 새로운 가치를 창조할 수 있느냐는 앞으로 독자모델 개발 및 해외시장 진출에서 어떤 성과를 거두느냐에 달려 있기 때문이다. 그리고 가시적인 성과를 거두는 시기가 늦어지면 늦어질수록 그 과정은 더욱 복잡하고 어려워질 가능성이 높다. 도요타, 혼다, BMW 등 세계적인 수준의 기업들은 이미 가솔린 동력 시대를 넘어 전기, 수소, 하이브리드 등 대체 에너지를 사용한 차세대 동력 시대를 열어 가고 있기 때문이다. 결국 자주적인 신차개발과 해외시장 진출성과는 중국 자동차산업의 질적인 발전 상황과 진짜 실력을 가늠할 수 있는 척도이며, 향후 중국정부의 정책방향을 짚을 수 있는 중요한 단서인 셈이다.

더 나아가 <도 5-20>에서 알 수 있듯이 자주적인 신차개발과 해외시장 진출에 대한 요구는 이미 다국적기업 진출전략 변화를 유인하는 중요한 변수가 되고 있다. 또한 그동안 6대 자동차기업들에 비해 상대적으로 주목을 덜 받아 왔던, 치루이, 지리, 하페이 등 非주류 자동차기업들이 자주적인 신차개발과 해외시장 진출에서 6대 기업들보다 앞서 나가는 형국도 6대 기업의 전략 변화 요인으로 작용하고 있다고 보았다. 즉, 다국적기업의 진출전략 변화에 대한 향후 중국정부의 대응이 非주류 자동차기업을 활용한 주류 자동차기업의 성장전략 변화 촉구에 맞추어질 가능성이 많은 것이다. 따라서 3절 분석결과는 중국 자동차산업의 한계와 문제점 및 중국 자동차기업들이 당면한 과제를 입체적으로 파악하는 데 큰 기여를 하였다고 평가할 수 있다. 더 나아가 6대 자동차기업들의 매출액 대비 이윤액 비율과 산하 다국적 합자기업 생산비중의 관계 및 종업원 1인당 이윤액과 승용차 생산비중의 관계를 분석하는 과정에서 흥미로운 결과를 도출하였다. 비록 표본 수의 부족으로 그러한 결과를 일반화하기는 어렵지만, 중국 자동차산업 특징과 다국적기업 전략 변화의 연결고리를 만드는 데 있어서 나름대로 유의미한 점들을 발견한 것이다.

또한 10개 주요 기업들의 자동차 수출량과 수출액을 내수판매실적과 비교, 분석함으로써 이들 기업의 해외진출 성과 파악에서 좋은 결과를 얻을 수 있었다. 과거 대부분의 연구가 중국 자동차산업 전체 또는 개별 기업의 수출실적 및 추이분석에 치중하였다는 점[171]을 고려하면 10개 기업의 수출실적과 내수판매실적 비교는 그 자체로도 의미 있는 시

---

171) 중국 자동차산업의 대외무역에 관한 연구들은 대체로 연간 수출입 물량과 금액의 추세분석에 근거하여 시기별 주요 특징과 정책변화, 정책목표를 연결짓고, 이를 바탕으로 향후 전망과 한국 자동차산업에 대한 시사점을 도출하는 데 초점을 맞추었다고 할 수 있음. 또한 개별 자동차기업의 수출입에 대한 연구는 일단 양적으로 많지 않고, 연구초점도 독자모델 수출과 부품수출 현황 분석에 국한되었음.

도라고 할 수 있다. 수출과 내수에 있어서 개별 기업의 전략적 지향점을 파악할 수 있고 비슷한 성향을 보이는 기업 간 그룹화 및 상대적인 경쟁력을 나타내는 데도 유용하기 때문이다. 한편 본 연구에서 중국 자동차기업의 자주적인 신차개발 성과 분석은 완성차에 초점을 맞추어, 中國汽車工業年鑑 각 호에서 제시한 독자모델의 생산량과 판매량 분석에만 주목한 것은 뭔가 부족하다는 느낌을 지울 수 없다.

자동차산업에서 자주적인 신차개발은 결국 자체적인 설계능력 향상과 부품의 국산화에 달려 있기 때문에 최종 산물인 완성차 실적만을 살펴보는 것은 자칫 숨겨진 진짜 실력을 놓칠 가능성이 있기 때문이다. 즉, 자주적인 신차개발능력에 대한 심층적인 분석을 위해서는 각 기업의 완성차 제조과정에서 국산 부품조달 비율이나 설계, 디자인 등에 있어서 독자적인 지적재산권 보유 여부를 면밀히 추적할 필요가 있다는 얘기다. 다만 자료수집 과정의 효율성과 수집자료의 객관성 및 자료수집의 실질적인 가능성[172]은 어느 연구든지 연구과정에서 적극적으로 고려할 수밖에 없는 중요한 이슈라는 점을 상기할 필요가 있다.

2. 다국적기업 진출전략 추이와 분석결과의 비교

본 연구 제5장 1절에서 중국 자동차기업과 다국적기업 간 전략적 제휴 유형 변화 추이는 기업의 일반적인 해외진출 과정에 상당 부분 부

---

172) 제1장 2절 연구방법에서 언급하였듯이, 다국적 합자기업 방문이나 관계자 인터뷰만으로는 공개되는 자료 이외의 내부 경영자료나 중장기 발전계획에 대한 정보를 수집하는 데 분명한 한계가 있었음.

합한다고 진단하였다. 즉, <도 2-5>에서 기업의 해외진출 과정은 '수출입에 의한 진출 → 非지분형 제휴에 의한 진출 → 지분형 제휴 및 단독투자(인수합병)' 등 크게 3단계로 나누었는데, 제5장 분석을 통해 중국 자동차산업에 대한 다국적기업의 진출전략 변화과정도 '직간접 수출 → 기술공여, 부품공급 등 非지분형 제휴 → 공동생산 등 지분형 제휴 → 합자기업 설립'의 형태로 진행되어 왔음을 확인하였다(<도 5-4>). 또한 이러한 결과는 다국적기업의 중국 진출전략이 시장을 통한 단타 거래, 또는 다발적 거래로부터 非지분형 전략적 제휴로 바뀐 뒤, 제휴 유형 중에서 상호간 협력 몰입도가 가장 높은 합자기업 설립으로 이어진 것이라고 풀이할 수 있다(<도 2-4>).

　지배구조에 따른 해외진출 전략 분류에서도 중국 자동차산업에 대한 다국적기업의 진출전략은 시장에 의한 지배에서 시장 중간자적 지배구조로 발전하였다. <표 2-2>에서 시장 중간자적 지배구조 유형으로서 각종 라이센싱, 非지분형 제휴, 지분형 제휴 및 합자기업 설립 등을 제시하였다. 다만 중국 자동차산업에서 인수합병이나 단독투자처럼 수직적 지배구조를 확립할 수 있는 전략이 아직 다국적기업의 보편적인 전략으로서 부상하지 못하고 있는 것은 중국정부가 다국적기업 주도의 인수합병과 지분 보유를 제한하고 있는 것이 가장 큰 이유라고 지적하였다. 그러나 다국적기업들이 수직적 지배구조 위주의 전략으로 진행하느냐, 아니냐가 다국적기업의 성과 향상이나 진출전략의 발전을 가늠하는 기준이 되는 것은 아니다. 더 나아가 합자기업에서 인수합병이나 단독투자로 나가는 것이 반드시 바람직하다고도 할 수 없다. 다만 지난 20여 년간 중국 자동차산업에 대한 다국적기업의 진출전략 변화 추이가 일반적인 해외진출 과정에 대체로 부합하였기 때문에 앞으로 다국적기업의 對중국 진출 방법도 단독투자나 인수합병으로 변화될 가능성이 있고, 그 시기는 정책변수에 따라 달라진다는 것이 5장 1절 분석의 가장 중요한 포인트이다.

한편 조대우·송우용(1999)은 1999년까지 세계 자동차산업에서 발생한 전략적 제휴의 유형 변화와 추세, 특성을 분석한 결과 非지분형 제휴가 지분형 제휴보다 더 많아졌다고 진단하였다. 이는 지난 20여 년간 중국 자동차산업에서 非지분형 제휴의 감소와 지분형 제휴의 증가현상이 나타났다는 5장 1절 분석결과와 다른 것이다. 그러나 조대우·송우용(1999)의 연구는 1985년, 1990년, 1994년, 1999년 등 네 시기의 제휴 사례를 추적하였고 본 연구는 1985년~2005년까지 5년 단위로 나누어 제휴 사례를 분석하였기 때문에 분석결과에서 차이가 있을 수 있다. 특히 조대우·송우용(1999)의 연구결과는 2000년 이후 세계 자동차산업의 제휴 사례를 반영하지 않았다는 점이 본 연구와 다른 결과가 도출된 가장 큰 이유라고 추정할 수 있다.

또한 중국 자동차산업에서는 1990년대 후반부터 기존의 제휴관계가 더욱 강화되면서 전면적 합자관계가 발생하기 시작하였는데, 이러한 전면적 합자관계(공동연구개발형 합자기업)는 모든 유형의 非지분형 제휴를 포함한다고 간주한 것도 분석결과의 차이로 나타났다고 하겠다. 더나아가 본 연구가 중국 자동차산업의 중요한 특징으로서 합자기업 역할과 성격에 따라, 합자기업을 양산(KD)형 합자기업과 공동연구개발(JD)형 합자기업으로 구분하고 공동연구개발형 합자기업에 논의의 초점을 맞춘 것도 중요한 차이점이다. 그러나 조대우·송우용(1999)의 연구나 본 연구에서 기업 간 쌍방향 제휴가 증가하고 있다는 점에서는 일치를 보았다.

5장 1절이 전략적 제휴 유형 변화에 대한 분석을 바탕으로 다국적기업 진출전략 추이와 함의를 도출하고 인수합병과 단독투자로의 진행을 전망하였다면, 5장 2절은 중국 자동차산업 발전양상에 대한 분석을 바탕으로 다국적기업 입장에서 더 바람직한 진출전략이 무엇인지를 짚어 본 것이다. 아울러 중국의 주요 자동차기업과 산하 다국적 합자기업 경영성과 분석을 첨가하여 2절 분석결과의 설득력을 더욱 높였다. 결국 5장 2절 분석결과는 5장 1절 분석과 전망을 뒷받침한 셈이다. 최근 중국 자동차산업 발전양상이나 자동차기업 경영성과를 고려할 때, 전략적 제휴보다는 인수합병이나 단독투자가 더 적합한 진출전략으로 나타났기 때문이다(<도 5-13>).

한편 5장 2절에서 Dyer, Kale & Singh(2004)가 제시한 5대 결정변수에 기초하여 중국 자동차산업을 분석한 결과는 Dyer, Kale & Singh(2004)가 5대 결정변수를 도출하기 위해 사용한 해외기업의 사례 및 경영전략 이론과 개념의 범주에서 벗어나지 않았음을 확인하였다. Dyer, Kale & Singh (2004)는 기업들이 경쟁우위를 확보하고 유지함에 있어서 올바른 전략선택이 전략의 실행능력보다 더 중요하다고 보았으며, 본 연구도 전략실행 과정이나 세부내용, 성과보다는 전략 변화와 전략선택의 방향에 논의의 초점을 맞추었다. 즉, 본 연구의 분석방법에서 Dyer, Kale & Singh(2004)의 접근방법을 응용한 것은 별 문제가 없는 시도였다는 얘기다.

제5장 3절에서는 6대 국유기업 등 중국의 주류 자동차기업들도 앞으로 독자모델 개발이나 해외시장 진출에서 가시적인 성과를 거두기 위해서는 다국적기업과의 합자관계에서 벗어나 단독투자나 인수합병을 추진하는 것이 더 유리한 상황이라고 진단하였다(<도 5-20>). 중국 자동차기업들의 성장전략 변화도 다국적기업의 對중국 진출전략 변화와 같은 괘도에 놓여 있다는 얘기다. 특히 독자모델 개발과 해외시장 진출에서 상대적으로 좋은 성과를 내고 있는 치루이자동차, 하페이자동차, 지리자동차 등 非주류 자동차기업들의 사례는 이제 주류 자동차기업들의 성장전략과 사업방식에 대한 검토와 변화를 요구하는 좋은 근거로 활용되고 있다. 즉, 非주류 자동차기업들은 다국적기업과 제휴나 합자

관계보다는 독자적인 생존방식을 더욱 중시하며 신차개발과 수출, 해외 현지생산에 과감하게 뛰어들고 있다. 반면 중국정부의 직간접적인 지원과 보호를 받아 왔던 대형 국유기업들은 다국적기업과의 제휴나 합자관계 때문에 신차개발이나 해외시장 진출에 과감하게 나서기가 어려운 입장이라고 볼 수 있다.

김주영(2004)은 중국 자동차산업의 M&A 동향 분석에서 디이자동차, 상하이자동차, 둥펑자동차 등 3대 기업이 각각 도요타, GM, 닛산과 PSA와의 합자관계를 내세워 향후 M&A를 주도할 것으로 내다보았다. 또한 창안자동차, 광조우자동차, 베이징자동차도 각각 포드, 혼다, 현대 등 다국적기업의 기술력과 자본력을 배경으로 M&A 시장에 적극 참여할 것으로 예상하였다. 치루이자동차와 지리자동차가 독자모델을 출시하면서 축적한 노하우도 이들 기업이 피인수보다는 인수기업이 되도록 하는 데 별 어려움이 없을 것이라고 진단하였다. 그런데 김주영(2004)의 이러한 분석은 본 연구 제5장 3절에서 다국적기업과 중국 자동차기업 모두 독자모델 개발과 해외시장 진출 변수 때문에 제휴나 합자관계를 계속 유지하면서도 앞으로 각자 갈 길을 더욱 재촉하게 될 것이라는 가정을 담고 있다고 볼 수 있다. 일단 주요 자동차기업과 다국적기업이 서로 협력하여 중국 자동차산업구조를 재편할 것이라는 뜻이다. 그렇다면, 중국 자동차산업구조 개편이 어느 정도 마무리된 뒤에, 구조개편을 주도했던 주요 자동차기업과 다국적기업 간 합자관계는 어떻게 될 것인가? 이에 제6장 2절에서는 중국 자동차산업의 구조 개편과 인수합병이 언제, 어떠한 방향으로 진행될 것인지를 다국적기업 진출전략 변화라는 측면에서 좀 더 구체적으로 살펴보기로 한다.

제2절 향후 다국적기업 진출전략
시나리오와 시사점

1. 다국적기업 진출전략 시나리오

본 연구 제5장 1절 분석에서는 중국 자동차기업과 다국적기업 간 전략적 제휴가 양산(KD)형 합자기업 관계를 지나 공동연구개발(JD)형 합자기업 관계에 접어들었으며, 부분적으로 중국 자동차기업 및 다국적기업의 다수지분 확보와 인수합병 등 독자경영 움직임이 나타나고 있다고 지적하였다. 아울러 제5장 2절에서는 중국 자동차산업 발전양상과 자동차기업 경영성과 분석을 통하여 중국 자동차산업에서 지분형 제휴나 非지분형 제휴보다 인수합병이 더 바람직한 전략이 되고 있다고 진단하였다. 중국 자동차산업에 대한 다국적기업의 진출전략이 향후 공동연구개발(JD)형 합자관계를 지나 인수합병이나 단독투자로 전환될 것으로 예상할 때, 과연 중국 자동차산업에서 인수합병이 어느 시기에, 어떠한 형태로 진행될 것인가에 대한 전망은 본 연구의 성과를 더욱 높여 줄 것이다. 다국적기업 진출전략 추이와 이론적 배경 및 분석결과를 바탕으로 향후 시나리오 전개의 구체성을 높임으로써 연구자들뿐만 아니라 국내외 자동차산업 및 관련 산업 종사자들에게도 전략적 시사점을 줄 수 있기 때문이다.

다국적기업의 향후 對중국 진출전략 시나리오의 큰 방향은 전략적 제휴에서 인수합병 및 단독투자로의 전환으로 요약할 수 있다. 앞서 <도 5

−3>에서 루트(F. R. Root)의 해외시장 진출모형을 응용하여 중국 자동차산업에 대한 다국적기업의 진출전략이 '직간접 수출 → 非지분형 제휴 → 지분형 제휴 → 합자기업 설립'으로 발전하여 왔다고 지적하였다. 아울러 루트의 모형을 따를 때, 앞으로 다국적기업 진출전략이 인수합병이나 단독투자로 진행할 것으로 내다보았다. 향후 20년 동안 중국 거시경제환경의 변화와 정책변화 및 자동차산업의 발전속도 등을 종합적으로 고려할 때, 중국 자동차산업에 대한 다국적기업의 전략 변화 시나리오는 <도 6−1>과 같이 크게 네 시기로 나누어 살펴볼 수 있다.

우선 11.5계획이 마무리되는 2010년경까지는 중국 자동차기업과 다국적기업 간 공동연구개발(JD)형 합자기업 관계를 중심으로 현 상황이 계속 유지될 것으로 예상된다. 그 뒤 2015년경까지는 대형 국유기업 산하 다국적 합자기업의 경쟁력을 바탕으로 구조조정 여건이 더욱 무르익고 7~8개 국유기업이 구조조정의 주도세력으로 부상할 것으로 보인다. 또한 2020년대 초반까지 다국적기업들은 합자기업 파트너인 국유기업의 대형화와 경쟁력 강화를 구실로 7~8개 국유기업 간 자본제휴나 인수합병의 여건을 적극 조성할 것으로 전망된다. 아울러 대형 국유기업과 다국적기업 간 공동연구개발(JD)형 합자관계가 마무리되는 2020년대 초반부터 향후 합자기업 운영에 대한 새로운 협력방안을 모색함과 동시에, 합자기업 경영권을 확보하기 위한 양자 간 지분인수 경쟁이 더욱 치열해질 것으로 예상된다.

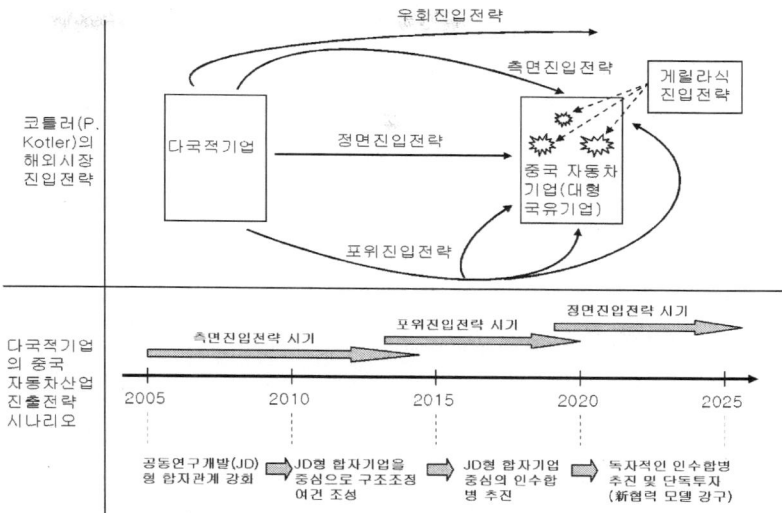

출처: P. Kotler, L. Fahey & S. Jatusripitak. 1985. *The New Competition*. p.124를 바탕
으로 재구성.

〈도 6-1〉 코틀러의 해외시장 진입전략과
다국적기업의 對중국 진출전략 시나리오

　한편 코틀러(P. Kotler)는 일본기업들이 미국시장에 진출하거나, 미국
기업들이 제3국 시장에 진입하고자 할 때 사용했던 해외시장 진입전략
을 〈도 6-1〉과 같이 다섯 가지로 구분하였다(원종근 2006, 241~247).
측면진입전략은 현지기업과 정면으로 경쟁하기보다 측면에서부터 점진
적으로 경쟁력을 강화시켜 나가는 전략이며, 정면진입전략은 현지기업의
강점을 정면에서 공격하면서 시장진입을 시도하는 것이다. 일반적으로
정면진입전략은 측면진입전략에서 어느 정도 성과를 거둔 다국적기업들
이 직접적인 경쟁 형태로 전환하면서 선택하는 전략으로서 이를 실행에
옮기기까지는 오랫동안의 준비 기간이 필요하다고 할 수 있다(원종근,
2006, 243).

또한 포위진입전략은 다국적기업이 다양한 제품과 서비스를 시장에 일시에 공급함으로써 현지기업의 방어역량을 분산시키고 시장분할을 촉진하여 시장을 잠식해 가는 전략이다. 우회진입전략은 현지기업과 직접적인 경쟁은 최대한 피하고, 현지기업이 큰 관심을 갖지 않는 시장부터 진입하는 전략이다. 코틀러의 해외시장 진입전략 유형을 중국 자동차산업에 적용하면, 우선 다국적기업들은 2015년경까지 공동연구개발형 합자기업을 내세워 중국 자동차산업, 좀 더 정확히 말하자면, 대형 국유기업에 대한 측면진입전략을 전개할 것으로 예상된다(<도 6-1>). 무엇보다도 중국정부가 다국적기업과 중국 자동차기업 간 전면적인 경쟁을 계속 제한할 것이기 때문이다. 2015년부터 2020년경까지 다국적기업들은 중국 승용차 부문에 대한 시장지배력을 바탕으로 대형 국유기업에 대한 포위진입전략을 전개할 가능성이 많다. 다국적기업들이 승용차 모델 다양화 및 할부금융, 보험업 등으로 사업을 확장하고 상용차 부문에까지 손을 뻗칠 것으로 예상되기 때문이다. 아울러 합자계약이 종료되는 2020년경부터 다국적기업들은 정면진입전략을 추진할 것으로 보인다.

물론 이러한 전략 변화 시나리오는 중국의 자본시장 개방 및 국유기업 지배구조 개혁 일정과 그 결과에 큰 영향을 받게 될 것이다. 다만 본 연구에서는 적어도 향후 20년 동안은 중국 및 해외자본시장에서 대형 국유기업에 대한 중국정부의 소유권이, 비록 명목상의 소유권일지라도, 심각한 위험을 받을 정도의 주식제 개혁이나 민영화 조치가 발생하지 않을 것으로 가정하였다. <도 6-2>는 향후 중국 자동차산업에 대한 다국적기업의 진출전략 변화 시나리오를 각 시기별 중국 거시경제 환경과 정책변화 및 자동차산업 발전전망[173]에 기초하여 좀 더 구체적으로 작성한 것이며, 인수합병 전략의 전개에 초점을 맞추었다.

---

173) 2006~2025년 중국의 GDP, 인구, 도시주민 1인당 가처분소득, 자동차 생산량 및 1천 명당 자동차 보유량은 각종 예측자료를 종합하여 본 연구자가 직접 추정한 결과임. 자세한 내용은 <부표 7>~<부표 10>을 참조

다국적기업 진출 전략 시나리오

공동연구개발(JD)형 합자관계 강화 → JD형 협자기업을 중심으로 구조조정 여건 조성 (7~8개 국유기업 및 2~3개 자주개발기업 주도) → JD형 협자기업 중심의 인수합병 추진 (3~4개 국유기업 및 1~2개 자주개발기업 주도) → 독자적인 인수합병 추진 및 단독투자(新협력 모델 강구) (3~4개 국유기업과 다국적기업간 합자기업 구조조정)

	2005	2010	2015	2020	2025
시기별 특징	시장경쟁 심화, 완성차 부문 ROA 증가율 정체, 부분적인 인수합병 발생	다국적기업과의 합자기업 경쟁력이 인수합병 주도 기업 형성의 핵심 변수로 등장	국유기업의 주식제 기업으로 전환 가속, 시장유통 지분 및 자본시장 개방 확대, 인수합병 관련 규제 완화	국유기업과 다국적기업간 합자계약 종료시점, 합자기업에 대한 단독경영권 확보경쟁 및 협상 전개	
자동차 생산량	자동차:574만 대 승용차(세단):278만 대	1,108~1,243만 대 613~711만 대	1,554~1,842만 대 909~1,176만 대	1,908~2,373만 대 1,239~1,711만 대	2,086~2,724만 대 1,551~2,247만 대
자동차 보유량	자동차:3,160만 대 승용차:1,173만 대	5,983~6,212만 대 2,997~3,253만 대	9,482~10,616만 대 5,204~6,394만 대	12,702~15,594만 대 7,632~10,649만 대	14,843~19,920만 대 9,858~15,234만 대
중국 인구	총인구:13.1억 명 도시인구(비중):5.6억 명(43%)	13.7억 명(TFR=1.8) 6.6억 명(48%)	14.2억 명(TFR=1.8) 7.4억 명(52%)	14.5억 명(TFR=1.8) 8.1억 명(56%)	14.7억 명(TFR=1.8) 8.8억 명(60%)
인구 1천명당 자동차 보유량	자동차:24.2대 승용차:8.97대	43.7~45.3대 21.9~23.7대	66.8~74.8대 36.7~45.1대	87.4~107.3대 52.5~73.2대	100.8~135.2대 66.9~103.4대
중국 GDP	GDP총액:183,085억 위엔 GDP증가율:13.7%('01~'05) 1인당 GDP:14,008위엔	267,769억 위엔 7.9%('06~'10) 19,545위엔	368,592억 위엔 6.6%('11~'15) 25,976위엔	493,259억 위엔 6.0%('16~'20) 33,924위엔	644,670억 위엔 5.5%('21~'25) 43,766위엔
도시주민 1인당 가처분소득	가처분소득:10,493위엔 증가율:11.2%('01~'05)	15,561위엔 8.2%('06~'10)	21,825위엔 7.0%('11~'15)	29,623위엔 6.2%('16~'20)	39,084위엔 5.7%('21~'25)
완성차 부문 매출액 대비 이윤율	매출액:5,583억 위엔 이윤액:581억 위엔 영업이익률:10.4%	8,991억 위엔 899~1,079억 위엔 10~12%	13,211억 위엔 925~1,189억 위엔 7~9%	17,680억 위엔 884~1,238억 위엔 5~7%	22,564억 위엔 677~1,128억 위엔 3~5%
외자진출 및 인수합병 관련 산업정책 변화	신규 진입 억제, 소수의 대형기업집단 육성, 자주개발 능력 향상, 독자 브랜드 육성 등	자동차산업 발전정책 기조 유지, 외자의 합자기업 지분 50% 이내 제한 및 합자기업 수를 2개 이하로 제한	국유기업간 인수합병 촉진을 위해 주식제기업으로 전환 및 민영화 단행, 외자의 합자기업 지분제한 예외 규정의 확대	외자 단독투자조건(지분제한 규제) 완화, 외자 주도(단독)의 인수합병 제한규정은 유지	외자 주도(단독)의 인수합병 규제 완화, 외자의 합자기업에 대한 지분확대는 선별적 허용
주도 기업군	5대기업 점유율:67% 10대기업 점유율:84% 15대기업 점유율:93%	'04~'05과 비슷한 상황 지속 5대기업 점유율:65~70% 10대기업 점유율:80~85% 15대기업 점유율:90~95%	디이, 상하이, 둥펑, 창안, 베이징, 광조우 등 6대 국유기업 및 하페이, 위에진, 진베이, 장화이, 치루이(지리) 등	디이(베이징), 상하이(광조우), 둥펑(창안) 등 3대 국유기업이 중심, 치루이(지리) 등 1~2곳 정도가 가세	3~4개 대형 국유기업과 5~6개 다국적기업간 합자기업 지분확보 경쟁, 新협력 방안 창출 노력

〈도 6-2〉 중국 거시경제환경 변화와
다국적기업의 對중국 진출전략 시나리오 전망

1) 측면진입전략 시나리오 1:
공동연구개발형 합자관계의 강화(2006~2010년)

2010년경까지는 중국 자동차산업에서 기업 간 제휴와 협력양상이 다국적기업과 중국기업 간 공동연구개발(JD)형 합자관계를 중심으로 진행되고 2005년과 비슷한 경쟁구도가 계속 유지될 가능성이 높다. 2008년 베이징 올림픽과 2010년 상하이 세계무역박람회, 광조우 아시안게임 등 굵직굵직한 국제행사가 열리는 점은 대형 국유기업과 산하 다국적 합자기업 및 중소 국유기업, 민영기업들 모두에게 호재라고 할 수 있다. 국제행사 준비과정에서 중국 자동차기업 및 다국적기업의 투자가 계속 증가하고 소득수준의 지속적인 향상으로 인해 고급 내구재에 대한 소비심리가 더욱 활성화되면 연해지역 대도시를 중심으로 '마이카' 열풍이 확산될 가능성이 높기 때문이다.

즉, 2010년 초반까지는 중국 자동차산업의 신규 진입자들이나 중소형 기업들도 기본적인 기업활동의 유지가 가능할 뿐만 아니라, 비록 가능성은 높지 않지만 잘만 하면 장기적인 성장 기반을 마련할 수 있는 기회가 주어진다고 볼 수 있다. 하지만 공급과잉으로 인한 판가하락 및 생산설비 과잉투자에 대한 우려가 현실화되기 시작하면 영세기업의 영업기반 잠식과 자산이익률 하락으로 인한 산업구조 조정 압력은 더욱 커질 수밖에 없다. 따라서 GM이 합자기업인 상하이GM을 전면에 내세워 엔타이차체유한공사(烟台車身有限公司), 진베이GM, 산둥대우엔진공사(山東大宇汽車發動机有限公司), 류조우우링자동차(柳州五菱汽車有限責任公司) 등을 인수합병한 것과 비슷한 사례가 앞으로 더욱 자주 발생할 가능성이 높다고 하겠다.

결국 다국적기업들은 2010년대 초반까지 대형 국유기업과 공동연구개발형 합자관계를 계속 강화하면서 정부규제를 피하고 승용차 부문에서부터 중국 자동차시장을 지속적으로 잠식해 갈 것으로 보인다. 이는 측면진입전략의 전형적인 패턴이라고 할 수 있다. 한편 2005년 중국 GDP는 18조 3,084억 위엔[174]에 달했고 1인당 GDP는 1만 4,040위엔 (中國統計年鑑 2006, 57), 도시주민 1인당 가처분소득[175]은 1만 493 위엔(中國統計摘要 2006, 108)으로 사상 처음 1만 위엔을 돌파했다. 2005년 1인당 GDP와 도시주민 1인당 가처분소득을 달러로 환산(1달러=8위엔)하면 각각 1,748달러, 1,312달러로 이미 1천 달러를 넘어서 2천 달러를 향해 가고 있다. 2006~2010년까지 연평균 GDP 증가율[176] 이 7.9%에 달하고 중국 여성의 합계출산율(TFR)이 1.8을 유지하면 2010년 중국 1인당 GDP와 도시주민 1인당 가처분소득은 각각 1만 9,545위엔, 1만 5,561위엔에 달할 것으로 예상된다(<부표 7>).

아울러 2005년 각각 574만 대, 278만 대에 달했던 자동차와 승용차 (세단형)의 연간 생산량은 2010년경에 각각 1,108~1,243만 대, 613~711 만 대로 늘어날 것으로 예상[177]된다<부표 8>. 이에 따라 자동차 대중

---

174) 중국 국가통계국은 2005년 12월에 공식 발표를 통해 2004년 GDP를 기존 13조 6,876억 위엔에서 15조 9,878억 위엔으로 상향조정한다고 밝혔음. 아울러 2004~2005년에 실시한 경제센서스 자료를 바탕으로 2006년 초까지 과거(1978년~2003년) GDP와 산업별 생산총액에 대한 수정작업을 실시하였고, 그 결과를 2006년 5월, 『中國統計摘要 2006』에 담아 출판하였음. 『中國統計年鑑 2005』와 비교할 때, 『中國統計摘要 2006』의 1978~2004년 GDP와 1인당 GDP는 대체로 상향조정되었음.

175) 중국통계연감에서는 도시주민의 경우 '1인당 가처분소득(人均可支配收入)'라는 표현을 쓰고 있으나 농촌주민의 경우 '1인당 순수입(人均純收入)'이라고 표현하고 있음, 이는 도시근로자의 경우 연간, 또는 월정 임금이 주요 소득원인 반면 농촌근로자의 경우 임금보다는 농업, 목축업 등 자가경영을 통한 현금수입이 주요 소득원이기 때문임.

176) 2020년 또는 2030년까지 중국의 연평균 GDP 증가율에 대한 전망은 국무원발전연구중심, 세계은행, Global Insight 등 기관에 따라 조금씩 다르지만, 대체로 2000~2010년까지는 6.8~7.9%, 2010~2020년까지는 5.5~6.6% 정도가 될 것으로 예상하고 있음.

177) 본 연구에서는 2007~2010년까지 자동차와 승용차 생산량의 연평균

화 또는 모터라이제이션(Motorization) 진입 척도로 사용되는 인구 1천 명당 승용차 보유량은 2005년 8.97대 수준에서 2010년 21.9~23.7대로 늘어날 것으로 전망[178]된다(<부표 9>). 2010년경 중국 자동차산업 시 장점유율 상위 기업 군은 2005년 기업 군과 별 차이가 없을 것이며 상위 5대 기업과 10대 기업 시장점유율도 각각 65~70%, 80~85%를 유지할 것으로 예상된다. 또한 중국정부는 다국적기업의 합자기업 지분 보유를 50% 이내로 제한하는 것과 합자기업 설립을 2개 이하로 제한 하는 정책기조를 계속 유지하면서 대형 국유기업 중심의 산업 집중화 와 구조조정 방법을 적극 모색할 것으로 보인다.

2) 측면진입전략 시나리오 2: 공동연구개발형 합자기업 중심의 구조조정 여건조성(2011~2015년)

중국에서 올림픽이나 아시안게임 등 대형 국제행사가 끝난 이후 2010 년대 초반부터 자동차산업 구조조정 움직임이 본격적으로 나타날 것으 로 예상된다. 구조조정 방법은 한계기업 도산, 강제퇴출 및 기업 간 인 수합병이 될 것이며 인수합병의 경우 대형 국유기업들이 산하 다국적 합자기업 시장점유율을 바탕으로 중소 국유기업 및 민영기업의 지분을 인수, 수직적으로 통합하는 방식이 될 가능성이 높다. 적어도 2010년대

증가율을 각각 12~15%, 15~20%로 가정하였음. 자세한 내용은 <부표 8>을 참조

178) 일반적으로 자동차 대중화(모터라에제이션) 진입시점을 분석할 때는 상용차를 제외한 승용차만을 대상으로 함. 한편 박경서(2003)는 한국, 미 국, 일본, 브라질의 모터라이제이션 진입시점에 관한 실증분석에서는 이들 4개국은 인구 1천 명당 승용차 보유량이 20대가 되는 시점에서 자동차 보급률 추세선의 기울기가 급격히 높아졌다고 진단하고, 이 시기를 모터라 이제이션 진입시점으로 간주하였음.

중반까지 다국적기업들은 대형 국유기업과의 정면 대결은 피하면서 한계기업에 대한 통폐합 작업을 주도하는 배후 동력으로 작용할 것으로 보인다. 이것 역시 측면진입전략 시나리오의 일환으로 풀이할 수 있다.

한편 2005년 말까지 중국 완성차 제조 부문에만 총 117개의 기업이 공식 등록되어 있는데, 그중 연간 자동차 생산량이 10만 대 이상인 기업은 13개, 5만 대 이상과 1만 대 이상 기업은 각각 15개, 35개로 나타났다(中國汽車工業年鑑 2006, 495~496). 완성차 제조기업의 70%가 연간 생산량 1만 대 미만의 영세기업이라는 얘기이다. 아울러 2005년 자동차 생산량 상위 15개 기업의 연간 생산량은 중국 전체 생산량의 약 93%를 차지하였는데, 결국 이들 기업이 2010년 이후 진행될 산업구조 조정의 주도 기업 군으로 나설 가능성이 높다. 중국정부가 신정책 제1장 4조에서 시장경쟁을 바탕으로 2010년경까지 자동차산업 구조조정을 추진하여 분산(散), 혼란(亂), 낮은 품질수준(低水平), 중복투자 문제를 계속 풀어나가겠다고 밝힌 점은 이러한 전망에 힘을 실어 준다.

다국적 합자기업의 경쟁력에 기반을 둔 구조조정 시기를 거치면서 100여 개에 달하는 영세기업 대부분은 2010년대 중반까지 디이자동차, 상하이자동차, 둥펑자동차, 창안자동차, 베이징자동차, 광조우자동차, 하페이자동차, 진베이자동차, 장화이자동차, 위에진자동차 등 10여 개 대형 국유기업 및 독자모델 개발에 적극 나서고 있는 치루이자동차, 지리자동차 산하로 흡수되거나 시장에서 퇴출될 것으로 예상된다. 2015년경 중국 완성차 제조업계의 매출액 대비 이윤액 비율[179]이 10% 밑으로 떨어지면서

---

179) 2002년 이후 세계 자동차산업에서 공급과잉과 업체 간 경쟁심화로 평균판매가격(ASP)은 거의 정체되어 있는 반면, 인건비와 원자재 가격은 계속 상승하여 각 기업의 매출액 대비 영업이익의 비율(영업이익률)은 하락하였거나 상승세가 크게 둔화되었음. 현재 세계적으로 자동차업계의 평균 영업이익률이 10% 이상인 곳은 중국, 인도, 러시아 등 신흥시장 정도임. 다국적기업의 경우 영업이익률이 3~5%이면 보통 수준, 7~8%이면 우수한 성과를 거두었다고 볼 수 있고 1~2%이면 장차

(<부표 10>), 자금조달 능력이 떨어지는 중소 규모의 기업들은 한계 상황에 봉착할 것이기 때문이다. 또한 상용차보다는 승용차 부문, 대형 국유기업과 다국적기업 간 협업능력(cooperative capability), 제휴를 통한 시너지 효과 및 다국적기업의 경쟁력이 구조조정 주도 기업 군 형성에 큰 변수가 될 것이다.

2015년경 중국의 연간 자동차 생산량 및 승용차 생산량은 각각 1,554~1,842만 대, 909~1,176만 대에 이르고 인구 1천 명당 자동차와 승용차 보유량은 각각 66.8~74.8대, 36.7~45.1대에 달할 것[180]으로 예상된다. 또한 중국의 1인당 GDP는 2011~2015년까지 연평균 6.6% 증가, 2015년경에는 2만 5,976위엔 수준에 도달하고 도시주민 1인당 가처분소득도 2만 위엔을 넘어설 것으로 보인다. 산업정책에 있어서는 국유기업 간 인수합병을 촉진하기 위해 국유주식제기업으로의 전환 및 국유와 민간의 공동경영 방식을 다양화하고 다국적기업들이 중국기업과 공동으로 인수합병에 더욱 적극적으로 나설 수 있도록 각종 유인책 제공 및 제도 개선에 나설 것으로 전망된다.

3) 포위진입전략 시나리오: 공동연구개발형 합자기업 중심의 인수합병 추진 (2016~2020년)

10여 개 기업을 중심으로 중국 자동차산업 구조조정이 탄력을 받기

경영난에 봉착할 가능성이 높다고 할 수 있음. 영업이익에서 법인세를 제외하면 사실상 적자상태이기 때문임.
180) 본 연구에서 2011~2015년의 중국의 자동차 생산량과 승용차 생산량의 연평균 증가율을 각각 6~9%, 9~12%로 가정하였으며, 중국 여성의 합계 출산율(TFR)이 1.8을 유지한다는 조건으로 인구 1천 명당 자동차(승용차) 보유량을 예측하였음. <부표 8>과 <부표 9>를 참조

시작하면, 이들 10여 개 기업 간 합종연횡 움직임도 나타날 것으로 예상된다. 사실, 중국정부는 이러한 구조조정 계획을 지난 20여 년간 지속적으로 밝혀 왔다. 우선 1994년에 수립한 자동차공업산업정책 제1장 2조에서 국제적인 경쟁력을 갖춘 2~3개 대형기업과 6~7개 주요(骨幹) 기업을 중점적으로 육성한 뒤, 이들 기업을 2010년까지 3~4개 대형기업 산하로 다시 통합하여 세계적 수준의 기업을 만들겠다는 계획을 제시한 바 있다. 또한 2001년에 발표한 10.5계획에서도 2005년까지 디이자동차, 상하이자동차, 둥펑자동차 등 2~3개 기업을 중심으로 자동차산업을 재편, 이들 기업의 국내 시장점유율이 70% 수준에 이르게 하고 이들 기업이 세계적인 기업으로 도약하도록 집중 육성하겠다고 밝혔다.

다만 2004년 신정책에서는 2010년까지 세계 500대 기업 리스트에 진입하도록 만들겠다는 기업 숫자에 대해 구체적인 언급은 생략하고 '몇 개의 대형 자동차기업집단'[181]이라고 표현하였다. 하지만 신정책 제2장 6조에서 국내 시장점유율 15%, 또는 연간 매출액이 중국 완성차 부문 매출총액의 15% 이상인 기업을 대형기업집단으로 간주, 독자적인 발전계획 수립 권한을 부여하겠다고 명시한 것은 집중 육성대상 기업이 많아야 3~4곳 정도임을 간접적으로 밝힌 것이라고 볼 수 있다. 2010년 중반까지 산업구조 조정을 주도한 10여 개 기업들은 2010년대 중반 이후 주력 생산모델 및 주요 시장 기반(지역별 영업망)의 중복 정도나 통합 이후 예상되는 시너지 효과 등을 고려하여 인수 및 피(被)인수기업을 찾아나설 것으로 예상된다. 이 과정에서는 시장점유율뿐만 아니라 국유자산관리위원회 등 중앙정부의 의중도 중요한 변수가 될 것이다. 거대 국유기업 간 거래이기 때문에 중앙정부의 직간접적인 개

---

181) 2004년 '汽車産業發展政策' 제1장 3조 중에서, "通過市場競爭形成几家具有國際競爭力的大型汽車企業集團, 力爭到2010年跨入世界500强汽車之列."라고만 언급하였음.

입 없이 인수합병 과정이 순탄하게 마무리되기를 기대하기는 어렵기 때문이다. 또한 지역정서와 지방정부의 입장도 무시할 수 없는 요인이다. 그러나 중요한 것은 그동안 실패를 거듭했던 중앙정부의 산업정책, 즉 기업 간 인수합병 및 산업구조 조정 노력이 2010년 이후 시장동력에 의해 가시화될 가능성이 높다는 점이다.

2005년 말까지, 각 기업의 지역별 영업망 및 주력 모델 중복성, 시장점유율 등을 종합적으로 고려할 때 2010년대 중반 이후 합종연횡 바람으로 탄생할 기업 군은 디이자동차-베이징자동차(진베이자동차) 연합, 상하이자동차-광조우자동차(치루이자동차, 장화이자동차) 연합, 둥펑자동차-창안자동차(위에진자동차) 연합 등 3대 기업집단과 기타 기업집단 1곳(하페이-창허자동차-지리자동차) 정도가 될 것으로 전망된다. 물론 3~4개 대형기업집단 산하로 편입되는 기업구성은 그 당시 시장상황에 따라 얼마든지 달라질 수 있다. 다만 2005년 말까지 자동차 생산량과 자산총액, 매출총액, 이윤총액 등 기업 규모에서 다른 기업들을 압도하고 있고 오랫동안 중점 육성기업이었으며, 산하 합자기업의 경쟁력도 우월한 디이자동차, 상하이자동차, 둥펑자동차 등 3대 국유기업이 인수합병의 중심에 서는 구도는 좀처럼 바뀌지 않을 것으로 예상된다. 또한 대형 국유기업 간 통합과정에서 다국적기업들은 공급모델 다양화와 각종 서비스업 진출을 통하여 대형 국유기업들을 전방위적으로 압박, 측면진입전략 위주에서 포위진입전략 시나리오로 전환하는 계기를 만들어 갈 것이다.

한편 2010년대 중반 이후 신규 합자기업 설립에 있어서 외자의 지분 비중을 50% 이내로 제한하는 규정은 대폭 완화되거나 예외 사례가 더욱 많아질 것으로 예상된다. 그러나 다국적기업이 단독으로 또는 다수지분을 보유한 합자기업을 내세워 중국 국유기업이나 민영기업을 인수합병하는 것에 대한 규제는 적어도 2020년대 중반까지 계속 유지될 가능성이 높다. 그 기간 동안 중국정부는 주요 국유기업의 대형화와 경쟁력 강화를 위해 다국적기업 주도의 산업구조 조정 시나리오를 최대한 배제할 것이기 때문이다. 2020년경 중국의 연간 자동차 생산량 및 승용차 생산량은 각각 1,908~2,373만 대, 1,239~1,711만 대에 이르고 인구 1천 명당 자동차와 승용차 보유량은 각각 87.4~107.3대, 52.5~73.2대에 달할 것[182]으로 보인다. 또한 중국의 1인당 GDP는 2016~2020년까지 연평균 6.0% 증가, 2020년경 3만 3,924위엔에 달하고 도시주민 1인당 가처분소득도 3만 위엔에 육박할 것으로 전망된다(<부표 7>).

4) 정면진입전략 시나리오:
독자적인 인수합병 및 단독투자 추진(2021년 이후)

중국 자동차산업에서 거대 기업 간 합종연횡 바람이 어느 정도 마무리되는 2020년대 초반은 대형 국유기업과 다국적기업 간 공동연구개발(JD)형 합자기업 계약관계가 종료[183]되기 시작하는 때이다. 따라서 산업구조 조정과 인수합병을 거치면서 규모가 더욱 커진 중국기업과 다국적기업들은 2020년대에 들어 양자 간 합자관계의 새로운 방향을 모색해야 하는 문제에 직면하게 된다. 다국적기업들에 대한 지분 제한 규제의 대폭 완화, 또는 철폐로 다국적기업들이 전략적 제휴보다 단독투자나 중국 자동차기업에 대한 독자적인 인수합병을 더 선호할 가능성

---

182) 본 연구에서 2016~2020년의 중국의 자동차 생산량과 승용차 생산량의 연평균 증가율을 각각 4~6%, 7~9%로 가정하였음(<부표 8>).
183) 폭스바겐과 상하이자동차는 2002년 4월에 상하이폭스바겐의 계약기간을 20년 연장하였으며 1998년에 설립된 광조우혼다의 합자계약기간은 30년, 1993년에 설립된 창안스즈끼의 계약기간 및 2004년에 설립된 광조우도요타의 합자계약기간도 모두 30년임.

이 많다. 즉, 2020년대 초반 이후에는 다국적기업들이 3~4개의 대형 중국기업과 직접 경쟁하면서 정면진입전략을 적극적으로 구사할 것이라는 얘기이다.

그러나 현 상황에서 1990년대 후반부터 2000년대 초반까지 집중적으로 체결된 전면적(공동연구개발형) 합자관계가 종료된 이후, 다국적기업 진출전략 시나리오와 경쟁양상 및 새로운 협력관계의 모습을 구체적으로 예측하기는 매우 어렵다. 고려해야 할 변수가 많고 변수 간 상호작용 때문에 각 변수에 대한 분석이 쉽지 않기 때문이다. 무엇보다도 세계 자동차시장의 환경 변화가 다국적기업 전략 수립에 미치는 영향을 가늠하기가 어렵다. 2020년경 어떤 기업이 세계 자동차산업에서 어느 정도의 시장지배력을 행사할 것인지에 대해서 다양한 전망이 나올 수 있고, 각 기업이 처한 상황에 따라 對중국 진출전략 시나리오는 얼마든지 달라질 수 있다.

분명한 것은 중국 자동차산업이 세계 자동차산업체제 속으로 지금보다 더욱 많이 편입될 것이라는 점이다. 따라서 2020년경 중국의 대형 국유기업들은 자주적인 신차개발능력이나 독자모델 성공 여부, 또는 중국정부의 개입 여부에 상관없이 다국적기업의 글로벌 전략과 가치사슬 속에서 생존과 성장을 모색하게 될 것으로 예상된다. 특히 대형 국유기업들이 해외시장에서 GM이나 도요타와 같은 다국적기업과 정면으로 맞서면서 시장을 확대해 나가는 것은 지금도 거의 불가능한 일이지만, 20년 뒤에도 상황이 크게 나아질 것이라고 기대하기는 어렵다. 다국적기업과 정면 대결을 피하기 위해 지속적으로 저가모델을 내세워 신흥시장을 개척하고 성장모델을 찾는 것도 쉽지 않지만, 그렇게 함으로써 세계적인 자동차기업들과의 차이가 언젠가 좁혀질 것이라고 믿는 것도 별 근거가 없는 막연한 낙관론에 불과하기 때문이다.

또한 2020년 이후 대형 국유기업들이 다국적 합자기업의 50 : 50 지

분구조를 혁파하고 다수지분을 확보, 단독경영권을 행사한다고 할지라
도 해외시장에서 다국적기업과의 경쟁력 차이를 획기적으로 줄이기는
어려울 것으로 보인다. 오랜 세월 동안 축적된 일류 기업의 무형자산가
치와 핵심역량 등을 제휴나 인수합병을 통해 단숨에 모방하거나 따라
잡기가 매우 어렵다는 점은 다른 기업들 선례에서 이미 잘 나타나 있
다. 따라서 2020년 이후에도 중국 자동차기업들은 다국적기업과 정면
대결을 펼치기보다 어떤 형태로든지 상생관계를 유지하려고 노력할 가
능성이 더 높다. 더 나아가 세계 자동차산업 가치사슬에서 어디에 위치
할 것인가와 거대한 내수시장을 기반으로 다국적기업 산하에서 어떻게
강력한 로컬 브랜드로서 성장할 것인가가 중국 자동차기업들이 진정으
로 고민해야 할 현실적인 과제가 될 것으로 전망된다.

2. 한국 자동차산업에 대한 시사점

  2005년 한국의 자동차 생산량은 약 370만 대로 전 세계 자동차 생산
량(6,631만 대)의 약 5.6%를 차지하였는데(<표 3-9>), 이는 2005년
미국, 일본, 독일, 중국에 이어 세계 5위의 생산규모이다. 또한 2005년
한국의 자동차 내수판매량은 114.5만 대로 세계 자동차 판매량(6,592만
대)의 1.7%를 차지, 내수시장 규모는 생산량의 1/3에도 못 미쳤다. 이
는 한국 자동차산업이 내수보다는 해외시장에서 활로를 모색하고 있다
는 의미이다. 2005년 한국의 자동차 수출량은 약 258만 대로 전 세계
자동차 수출량의 9.1%를 차지하며 세계 4위에 올랐다(<부표 4>). 이는
2004년 수출량 238만 대, 세계 수출량 비중 8.7%보다 크게 늘어난 수

치다. 또한 간판기업인 현대자동차의 해외생산량(기아자동차 제외)은 2003년 14.2만 대에서 2005년 79만 대로 급증, 현대자동차의 해외생산 비중은 2003년 7.9%에서 2005년 23.5%로 크게 상승했다(<부표 3>).

이처럼 해외시장에 대한 의존도가 점점 커지고 있는 한국 자동차산업의 입장에서 중국 자동차산업 부상은 기회와 위협요인을 동시에 제공하고 있다. 우선 중국의 자동차 내수시장이 이미 일본을 제치고 세계 2위로 올라선 것[184]과 앞으로도 계속 커질 것이라는 예상 및 승용차 부문이 중국 자동차산업의 핵심으로 자리 잡은 것은 한국 자동차산업이 다시 한번 도약할 수 있는 좋은 기회임에 분명하다. 중국시장이 한국과 매우 가까운 거리에 있고, 한국이 독자적으로 개발한 승용차의 가격과 품질경쟁력이 뛰어나기 때문이다. 그러나 최근 중국 자동차기업들이 양산능력을 발판으로 수출에 적극 나서는 것[185]과 비록 저급한 수준이지만 독자모델을 개발하여 해외 현지생산체제 구축에 박차를 가하고 있는 것은 장차 한국 자동차산업에 커다란 위협요인이 될 가능성이 충분히 있다. 특히 상하이자동차나 디이자동차의 경우처럼 대형 국유기업들이 다국적 합자기업과는 별도로 독자모델 개발을 위한 R&D 투자와 해외기업 인수합병에 예전보다 적극적인 움직임을 보이는 것은 경계할 필요가 있다.

앞서 지적하였듯이 2010년 이후 중국 자동차산업에서 시장동력에 의

---

184) 2006년에 중국은 721.6만 대의 내수판매량을 기록, 일본(574만 대)을 크게 제치고 세계 2위의 내수시장으로 부상하였음. 세계 1위인 미국의 2006년 내수판매량은 1,705만 대였음.

185) 치루이자동차나 지리자동차가 독자모델에 대한 가격 경쟁력을 내세워 중동, 아프리카, 동남아지역으로 수출에 적극 나서고 있는 것과 달리, 최근에는 다국적 합자기업들이 기존 모델의 양산을 바탕으로 수출에 나서려는 움직임이 나타나고 있음. 상하이GM이 대만, 러시아, 칠레 등에 CKD형 완성차를 수출한 것이나, 둥펑자동차유한공사(둥펑-닛산 합자기업)가 완성차를 앙골라에 수출한 것이 좋은 사례임. 그러나 수출량이 많지 않아, 다국적 합자기업 수출이 본격적으로 시작되었다고 보기는 어려움.

한 구조조정이 가시화되면 1차적으로 다국적 합자기업의 경쟁력을 기반
으로 7~8개 대형 국유기업이 주도 기업 군으로 등장할 가능성이 높다.
이때 한국 자동차산업의 간판기업인 현대-기아는 베이징자동차, 둥펑자
동차의 합자 파트너로서 이들 국유기업이 구조조정을 주도할 수 있는
뒷심이 될 것으로 예상된다. 중국정부가 장차 기업 간 인수합병과 구조
조정을 추진함에 있어서 시장점유율과 경영성과를 가장 중요한 기준으
로 삼겠다고 밝힌 상황에서 베이징현대와 둥펑웨다기아가 2004~2005년
과 같은 경영성과[186)를 계속 유지한다면 모(母)국유기업의 성과 향상에
있어서 중요한 역할을 수행할 것이기 때문이다.

다만 현대-기아가 2010년대 중반 이후 대형 국유기업 간 지분제휴
와 인수합병의 소용돌이에서 경쟁우위를 계속 유지하고 합자기업 파트
너로서의 가치를 더욱 부각시키기 위해서는 중국 자동차산업뿐만 아니
라 세계 자동차산업에서 차지하는 위상과 역할을 확실하게 다질 필요
가 있다. 이는 곧 현대-기아의 핵심역량(core competence)[187)이 무엇
인가와 깊은 관련이 있다. 현대-기아의 승용차가 가격 대비 우수한 품

---

186) 본 연구 제5장 3절 <표 5-32>와 <표 5-33>에서 베이징현대는 2005
년 베이징자동차 전체 승용차 생산량의 85.3%를 감당하였고, 2005년 비
중이 2004년(81.6%)보다 3.7% 포인트가량 증가하였음. 다만 2005년
둥펑웨다기아의 승용차 생산량은 11만 대로 2004년 6.3만 대보다 크게
늘어났으나, 둥펑자동차 전체 승용차 생산에서 차지하는 비중은 2004
년 27.8%에서 2005년 23.0%로 줄어들었음.

187) 1990년대에 들어 기업을 '다양한 경영자원의 결집체(resource-based view
of firm)'로 간주하는 경향이 많아지면서 Hamel과 Prahalad는 내부자
원의 개념을 발전시켜 '핵심역량(core competence)'이라는 개념을 제시
하였음. 즉, 핵심역량이란 특정 기업이 보유한 차별적 능력(distinctive
competence)과 비슷한 개념으로 조직 내 축적된 지식과 기술, 정보를 취
합하여 경쟁우위 요소를 창출하는 종합적인 능력임. 또한 제품이나 서비스
의 가치를 높이거나 그 가치가 전달되는 과정을 더욱 효율적으로 수행할
수 있는 능력이기도 함(Barney 2002, 414~415). 따라서 핵심역량은 절대
적인 개념이라기보다 다른 기업들보다 '뭔가를 더 잘할 수 있다는' 상대적
인 개념이라고 할 수 있음.

질을 보유하고 있다면 현대-기아의 핵심역량은 생산원가를 줄일 수
있는 양산능력과 공정기술에서 찾을 수 있다. 양산능력과 공정기술은
설비 자동화뿐만 아니라 잘 훈련된 인적자원의 조합능력을 통해 확보
된다. 현대자동차는 2010년까지 중국에 총 11억 달러를 투자할 계획이
며 2008년까지 베이징현대의 연간 생산능력을 60만 대까지 확대할 방
침이다[188]. 기아자동차도 2010년까지 둥펑웨다기아의 생산능력을 40만
대까지 늘릴 계획이어서 중국은 이미 현대-기아의 핵심시장이자 주요
생산거점으로서 다루어지고 있다.

그런데 앞으로 중국 자동차산업에서 현대-기아가 중저가 보급형 승
용차뿐만 아니라 고급 승용차나 고급 SUV 부문에서도 경쟁력을 갖추
려면 디자인과 내구성 및 브랜드 이미지 제고 등 분발해야 할 일이 적
지 않다. 고급 승용차나 SUV 개발에 필요한 역량은 보급형 승용차의
핵심역량과 분명히 다르기 때문이다. 하지만 2020년 이후 중국 자동차
산업에서 다국적 합자기업에 대한 계약이 종결되기 시기가 다가올수록
현대-기아는 3~4개 정도로 예상되는 중국 대형기업집단과 어떠한 모
습으로 협력하고 경쟁할 것인가에 대한 전략을 지금부터 구체적으로
구상할 필요가 있다.

즉, 베이징현대와 둥펑웨다기아의 다수지분을 확보하여 단독경영체제
로 갈 것인지, 합자기업 관계를 더 연장할 것인지, 지분비율을 줄이거
나 제휴유형을 바꿀 것인지, 아니면 제휴관계를 완전히 종결하고 독자
법인을 신설할 것인지 등 중국시장상황과 정책변화 및 내부 목표에 따
라 바람직한 전략이 얼마든지 달라질 수 있다. 다만 본 연구 제5장 2
절 분석결과에서 중국 자동차산업 발전양상에서 향후 전략적 제휴보다

---

188) 현대-기아의 중국진출현황과 진출전략에 관한 자세한 내용은, 산업연
구원, 2004, 『중국 자동차산업의 발전전략과 우리의 대응방안』, pp.195-
202를 참조.

331 제6장 진출전략 변화 분석 종합평가와 전망

는 인수합병이나 단독투자가 더 바람직하다고 진단한 점은 적극적으로 고려할 필요가 있다. 또한 GM이 중국에서 자동차 할부금융업에 진출한 사실에 주목하여 중장기적으로 자동차 제조뿐만 아니라 자동차 판매와 관련된 금융 서비스업의 부가가치 창출 방안을 적극 모색할 필요가 있다. 중국 자동차기업과의 가치사슬 차별화 전략 차원에서라도 한국 자동차기업들은 할부금융 서비스업 및 보험업 등에서 하루 속히 세계적인 경쟁력을 갖출 수 있는 방안을 강구해야 할 것이다.

한편 현대-기아를 제외한 GM대우, 르노삼성, 쌍용자동차는 이미 GM, 르노-닛산, 상하이자동차 그룹 산하로 흡수되었기 때문에 중국 자동차산업에서 이들 기업이 뭔가 주도적인 역할을 수행할 것이라고 기대하기는 어렵다. 이들 기업들은 모(母)기업의 對중국 전략 및 아시아 전략에 따라 그 역할이 달라질 것이기 때문이다. 가령 GM대우는 한국 내수시장뿐만 아니라 상하이GM과의 관계 속에서 중국 및 아시아, 세계시장에서의 생존전략을 모색해야 하는 입장이다. 또한 부품조달과 신차개발 및 완성차 양산과 수출입에 있어서 GM의 글로벌 계획이 GM대우의 전략 수립에 절대적인 영향을 미치고 있다. 르노삼성도 GM대우와 비슷한 입장이라고 할 수 있다. 다만 쌍용자동차의 경우 상하이자동차가 쌍용자동차를 인수하면서 진정으로 얻고 싶어 했던 것과 그것의 실제 가치, 그리고 상하이자동차그룹의 일원으로서 중국과 아시아 지역에서 그 가치를 유지할 수 있는 방법을 끊임없이 강구해야 한다. 이 과정에서 상하이자동차는 중국 최대의 자동차기업으로서 2020년 이후에도 중국 자동차산업의 간판기업으로서 살아남을 가능성이 매우 높다는 점에 유념할 필요가 있다. 아울러 상하이자동차가 오랫동안 폭스바겐, GM과 합자관계를 맺어 왔으며 GM대우와도 자본제휴관계를 유지하고 있다는 점도 고려해야 한다.

앞으로 중국 자동차산업에서 새로운 협력모델이 등장하고 구조조정이 가시화되거나 기업 간 인수합병 움직임이 더욱 탄력을 받게 되면 다국적기업의 對중국 진출전략 변화는 불가피하다. 또한 다국적기업의 對중국 전략 변화는 결국 한국 자동차산업에도 분명히 큰 영향을 끼치게 될 것이다. 특히 GM대우와 르노삼성, 쌍용자동차가 다국적기업의 가치사슬에서 어떤 역할을 감당해 왔으며, 그 역할을 얼마나 잘 수행했는지, 주요 자산과 내부역량의 상대적 가치는 어느 정도인지에 따라 다국적기업의 중국 진출전략 변화가 이들 기업에는 좋은 기회가 될 수도 있고 큰 위협이 될 수도 있다. 다만 현시점에서 GM대우와 르노삼성의 경쟁력은 좋은 기회가 될 가능성이 더 높다는 전망을 가능케 한다고 하겠다.

 제7장 요약 및 결론

    본 연구에서 중국 자동차산업에 대한 다국적기업의 진출전략은 '직간접 수출 → 非지분형 제휴 → 지분형 제휴 → 합자기업 설립'으로 변화되어 왔으며, 이는 기업의 해외진출 방법의 일반적인 발전패턴에 부합한다고 진단하였다. 특히 중국 자동차기업과 다국적기업 간 전략적 제휴 유형 변화에 관한 실증분석에서 1980년대 중반부터 본격적으로 설립되었던 합자기업의 역할과 성격이 1990년대 후반 이후 변하고 있는 것으로 나타났다. 즉, 1980년대 중반 승용차 수입대체와 승용차 부문 육성을 목적으로 설립되었던 다국적 합자기업들은 다국적기업의 기존 모델 양산과 부품 국산화율 제고에 초점을 맞추었다. 그런데 1990년대 후반에 들어 중국 자동차 생산량이 급격히 증가하고 시장규모가 계속 커지자 중국기업과 다국적기업들은 기존 합자기업의 역할 변화를 모색하게 되었다. 이는 다국적 합자기업들이 양산뿐만 아니라 공동구매, 공동판매 및 신차와 부품에 대한 공동연구개발까지 포함하는 전면적 협력관계 수립으로 구체화되었다.

    본 연구에서는 1980년대 합자기업을 양산(KD)형 합자기업 또는 1세대 합자기업이라고 지칭하였고 1990년대 후반 이후의 합자기업을 공동연구개발(JD)형 합자기업 또는 2세대 합자기업이라고 보았다. 공동연구개발(JD)형 합자기업의 등장을 계기로 중국기업과 다국적기업 간 기술 공여나 부품제공, 판매제휴 등과 같은 전략적 제휴의 건수와 유형을 헤아리는 것은 더 이상 별 의미를 획득하기 어렵게 되었다. 또한 양산형 합자기업이 세단형 승용차 생산을 바탕으로 중국 내수시장을 겨냥하였던 반면, 공동연구개발형 합자기업은 승용차뿐만 아니라 SUV, MPV, CUV(Crocssover Utility Vehicle) 차량 등 다양한 모델을 바탕으로 중국시장 및 세계(아시아)시장 공략을 목표로 하고 있다는 점도 큰 차이점이다. 이러한 다국적 합자기업의 역할 확대는 무엇보다도 중국 자동차산업과 시장에 대한 다국적기업의 인식 전환에서 비롯되었다고 할 수 있다. 잠재력이 풍부하지만 세계 변방의 시장이라는 對중국 인식이 어느덧 세계 4대 전략시장으로 바뀌어 버린 것이다.

다국적기업의 입장에서 이제 가장 중요한 문제는 어떻게 하면 세계 4대 전략시장의 하나로 급부상하고 있는 중국에서 자동차사업을 좀 더 안정적이고 활기차게 전개하느냐는 것이다. 이는 공동연구개발형 합자기업 관계를 포함, 전략적 제휴와 단독투자, 또는 인수합병 중에서 향후 어떤 진출전략을 추진하는 것이 다국적기업 경쟁우위 구조의 유지와 강화에 더 유리한가에 대한 문제로 귀착된다. 중국 내부에서도 중국기업들의 내수시장지배력 강화와 자주적인 신차개발 및 해외시장 진출에 있어서 다국적 합자기업 설립만이 능사가 아니라는 주장이 점차 힘을 얻고 있다. 따라서 본 연구는 현재 중국 자동차산업의 발전양상에 대한 분석을 통해 향후 바람직한 전략 변화의 방향에 관해서도 짚어 보았다. 분석은 다국적기업과 중국기업 간 범위의 경제 효과 유형, 유형자산 대비 무형자산의 상대적 가치, 경영자원 과잉의 정도, 시장 불확실성의 수준 및 시장경쟁의 수준 등 다섯 가지 결정변수를 가지고 실시하였고, 경영자원 과잉의 정도를 제외한 나머지 네 개 변수에서 전략적 제휴보다는 인수합병이 더 적합한 전략으로 나타났다. 또한 주요 기업 경영성과 분석에서도 非지분형 제휴나 지분형 제휴보다는 인수합병이나 단독투자가 더 바람직하다는 결론을 얻을 수 있었다.

혼다가 전량 수출을 조건으로 혼다중국유한공사(本田汽車中國有限公司)의 지분 65%를 확보, 독자경영체제를 갖춘 것이나 GM이 상하이GM을 내세워 중국기업들에 대한 인수합병을 단행한 것은 본 연구 분석결과와 같은 맥락에서 풀이할 수 있다. 또한 상하이자동차와 디이자동차의 자주적인 신차개발 움직임, 치루이와 지리자동차의 독자모델을 통한 해외시장 진출성과도 제휴와 합자방식에 의존하였던 성장모델을 벗어나려는 중국기업들의 전략 변화로 볼 수 있다. 특히 치루이자동차, 지리자동차, 하페이자동차 등 그동안 중국 자동차산업에서 非주류로 분류되어 왔던 기업들이 독자모델 개발과 수출 및 해외 현지생산체제 구축에서 6대 국유기업 등 주류 기업들보다 더 좋은 실적을 보이고 있는 점은 다국적 합자기업에 의존한 성장모델을 중용하여 왔던 대형 국유기업들을 더욱 압박하고 있다. 아울러 승용차 부문 육성을 위해 '시장을 내어 주고 기술을 받아 오는(以市場換技術)' 기조를 유지하며 대형 중국기업과 다국적기업 간 합자기업 설립을 적극 추진하였던 중국정부의 산업정책이 별 성과를 거두지 못했다는 비판의 목소리도 계속 커지고 있다.

한편 중국 자동차기업 경영성과에 관한 분석에서 본 연구는 네 가지 특징을 제시하였다. 첫째, 다국적 합자기업의 경영성과가 모(母)국유기업을 압도하였다는 점, 둘째, 다국적 합자기업 생산비중이 높은 중국기업들이 그렇지 않은 기업들보다 상대적으로 더 나은 성과를 보였다는 점, 셋째, 승용차 생산비중이 높은 기업들이 더 좋은 성과를 나타낸 것, 넷째, GM, 혼다, 현대 등 미국과 아시아 기업들의 부상과 폭스바겐, PSA, 다임러크라이슬러 등 유럽기업들의 상대적 부진 등을 들었다. 여기에 다국적 합자기업에 대한 50:50 지분구조가 과거보다 더 많아졌다는 점을 다섯 번째 특징으로 첨가하였다. 중요한 것은 이러한 특징들이 중국 자동차산업 발전에서 다국적 합자기업의 역할을 더욱 강화시키고 있으며, 이는 결국 다국적 합자기업에 대한 실질적인 경영권을 행사하고 있는 다국적기업의 영향력 확대로 이어지고 있다는 점이다.

중국 내부에서 독자모델 개발과 해외시장 진출에 대한 필요성이 점차 크게 대두되고 있지만 다국적 합자기업들은 양산형이든 공동연구개발형이든 여전히 기존 모델 양산을 통한 중국 내수시장 공략을 가장 중요한 목표로 삼을 것이다. 50 : 50 지배구조하에서 신차개발의 위험을 선뜻 받아들이기가 쉽지 않기 때문이다. 다만, 다국적기업들이 합자기업을 통해 부품개발이나 기초연구 기능을 확대하고 수출을 조건으로 합자기업에 대한 다수지분을 확보하려는 움직임은 더욱 뚜렷해질 것으로 예상된다. 반면 그동안 합자관계에 의존하여 왔던 중국 자동차기업들은 해외시장 진출보다는 독자모델 개발을 더욱 적극적으로 추진할 가능성이 높다. 다국적기업의 기존 모델 양산과 수출 확대는 중국 자동차기업들이 세계적인 기업으로 성장하는 데 절반의 성공이라는 의견이 지배적이기 때문이다. 중국기업과 다국적기업 간 이러한 '생각의 차이'가 향후 합자기업 경영에 있어서 새로운 갈등국면으로 발전할 가능성이 있다는 얘기다.

하지만 중국 자동차기업과 다국적기업 간 전면적인 협력 및 합자관계는 계약이 종료되는 2020년대 초반까지 계속 유지될 가능성이 높다. 본 연구는 중국 자동차산업 발전 및 거시경제 발전전망을 바탕으로 향후 다국적기업의 對중국 진출전략 변화 시나리오와 자동차업계의 구조조정 방향을 짚어 보았다. 이를 정리하자면, 우선 2010년까지는 공동연구개발형 합자관계가 더욱 강화되면서 현재와 같은 경쟁구도가 계속 유지될 것으로 예상된다. 2010년 이후에는 공동연구개발형 합자관계를 바탕으로 7~8개 대형 국유기업들이 산업구조조정의 중심에 서는 상황이 점차 뚜렷해지고 2010년대 중반 이후에는 7~8개 기업 중심의 구조조정과 함께, 이들 기업 간 합종연횡 움직임도 동시에 나타날 것으로 보인다.

또한 2020년대에 들어 합자계약이 종료되는 시점을 즈음하여 다국적 합자기업의 지배구조와 경영권을 놓고 3~4개 대형기업집단과 다국적기업 간 힘겨루기가 본격화될 것으로 전망된다. 다국적기업들이 대형 국유기업에 대한 정면진입전략 시나리오를 본격적으로 전개하는 것이다. 그러나 중국기업과 다국적기업 간 힘겨루기는 치열한 경쟁일 수도 있고 새로운 협력방안을 모색하기 위한 이해조정 과정일 수도 있다. 다만 세계 자동차산업에서 다른 기업들의 선례와 중국 자동차산업 발전과정 등을 종합적으로 고려할 때, 2020년대에 들어서도 중국기업들은 다국적기업과 정면 대결을 펼치기보다 어떤 형태로든지 상생관계를 유지할 가능성이 더 높다. 2020년 이후 덩치가 더욱 커진 중국의 대형기업집단들이 다국적 합자기업에 대한 50：50 지분구조를 혁파하고 다수지분을 확보, 단독경영권을 행사한다고 할지라도 세계시장에서 다국적기업과의 경쟁력 차이를 획기적으로 줄이기는 어려울 것이기 때문이다. 결국 세계 자동차산업 가치사슬에서 어디에 위치할 것인가와 거대한 내수시장을 기반으로 다국적기업 산하에서 어떻게 강력한 로컬 브랜드로서 성장할 것인가가 앞으로 중국 자동차기업들이 진정으로 고민해야할 현실적인 과제라고 하겠다.

 부 표

〈부표 1〉 차종별, 지역별 세계 자동차 생산 추이(만 대, %)

연 도	승용차	상용차	Total	북미	유럽	아시아, 태평양	중남미
1970	2,249	691	**2,940**	944	1,303	596	83
1975	2,496	804	**3,300**	1,037	1,347	765	153
1975년 생산비중	75.6	24.4		31.4	40.8	23.2	4.6
1976	2,879	955	**3,834**	1,302	1,521	857	150
1977	3,047	1,047	**4,094**	1,439	1,588	927	144
1978	3,118	1,112	**4,230**	1,464	1,612	986	163
1979	3,077	1,074	**4,151**	1,307	1,629	1,059	183
1980	2,858	994	**3,852**	933	1,544	1,186	194
1980년 생산비중	74.2	25.8		24.2	40.0	30.7	5.0
1981	2,746	977	**3,723**	923	1,444	1,203	155
1982	2,663	949	**3,612**	826	1,481	1,165	147
1983	2,997	979	**3,976**	1,075	1,570	1,206	134
1984	3,048	1,158	**4,206**	1,275	1,529	1,262	139
1985	3,229	1,252	**4,481**	1,358	1,601	1,373	156
1985년 생산비중	72.1	27.9		30.3	35.7	30.6	3.5
1986	3,286	1,244	**4,530**	1,319	1,672	1,381	157
1987	3,301	1,290	**4,591**	1,256	1,755	1,429	151
1988	3,428	1,393	**4,821**	1,316	1,823	1,506	175
1989	3,558	1,352	**4,910**	1,287	1,897	1,546	178
1990	3,611	1,224	**4,835**	1,171	1,865	1,615	184
1990년 생산비중	74.7	25.3		24.2	38.6	33.4	3.8
1991	3,466	1,184	**4,650**	1,068	1,752	1,620	209
1992	3,513	1,269	**4,782**	1,278	1,766	1,574	133
1993	3,399	1,281	**4,680**	1,423	1,541	1,512	173
1994	3,564	1,396	**4,960**	1,533	1,696	1,498	199
1995	3,599	1,409	**5,008**	1,532	1,684	1,513	187
1995년 생산비중	71.9	28.1		31.0	34.0	30.6	3.8
1996	3,721	1,454	**5,175**	1,541	1,787	1,598	211
1997	3,835	1,525	**5,360**	1,601	1,781	1,676	251
1998	3,914	1,531	**5,445**	1,603	1,972	1,552	229
1999	4,032	1,678	**5,710**	1,761	1,992	1,689	179
2000	4,146	1,763	**5,909**	1,766	2,005	1,798	220

연 도	승용차	상용차	Total	북미	유럽	아시아, 태평양	중남미
2000년 생산비중	70.2	29.8		29.9	33.9	30.4	3.7
2001	4,030	1,670	**5,700**	1,581	2,005	1,779	228
2002	4,150	1,816	**5,966**	1,672	2,018	1,978	215
2003	4,333	1,858	**6,191**	1,621	2,001	2,170	217
2004	4,569	1,939	**6,508**	1,622	2,048	2,336	284
2005	4,727	1,993	**6,720**	1,632	2,042	2,510	316
2005년 생산비중	70.3	29.7		24.3	30.4	37.4	4.7

출처: 한국자동차공업협회, 세계자동차공업협회(OICA) 자료 종합.

〈부표 2〉 2004~2005년 세계 주요 기업 자동차 생산 현황(만 대, %)

주요 기업	생산구분	2005년			2004년			총 생산량 증가율
		승용차	상용차	Total	승용차	상용차	Total	
GM	국내생산	121.5	215.1	336.6	125.2	239.9	365.1	−7.8
	해외생산	360.3	137.1	497.4	356.8	94.8	451.6	10.1
	total	481.8	352.2	834.0	482.0	334.7	816.7	2.1
Ford	국내생산	78.3	218.3	296.6	73.8	231.8	305.6	−2.9
	해외생산	270.3	70.2	340.5	288.9	92.9	381.8	−10.8
	total	348.6	288.5	637.1	362.7	324.7	687.4	−7.3
Toyota	국내생산	337.4	41.5	378.9	323.1	45.0	368.1	2.9
	해외생산	237.0	117.8	354.8	230.9	74.0	304.9	16.4
	total	574.4	159.3	733.7	554.0	119.0	673.0	9.0
Volkswagen	국내생산	186.0	9.6	195.6	182.4	7.9	190.3	2.8
	해외생산	323.4	15.0	338.4	297.0	13.8	310.8	8.9
	total	509.4	24.6	534.0	479.4	21.7	501.1	6.6
Daimler Chrysler	국내생산	129.6	165.7	295.3	139.1	163.6	302.7	−2.4
	해외생산	58.1	95.8	153.9	35.1	91.6	126.7	21.5
	total	187.7	261.5	449.2	174.2	255.2	429.4	4.6
Nissan	국내생산	122.1	27.1	149.2	120.4	27.1	147.5	1.2
	해외생산	132.2	77.2	209.4	109.9	59.6	169.5	23.5
	total	254.3	104.3	358.6	230.3	86.7	317.0	13.1

주요 기업	생산구분	2005년			2004년			총 생산량 증가율
		승용차	상용차	Total	승용차	상용차	Total	
Honda	국내생산	121.3	4.9	126.2	119.1	5.2	124.3	1.5
	해외생산	152.5	55.5	208.0	145.8	44.0	189.8	9.6
	total	273.8	60.4	334.2	264.9	49.2	314.1	6.4
PSA Peutgeot Citroen	국내생산	176.1	12.6	188.7	180.8	12.6	193.4	−2.4
	해외생산	60.2	39.7	99.9	67.9	39.6	107.5	−7.1
	total	236.3	52.3	288.6	248.7	52.2	300.9	−4.1
Renault	국내생산	104.2	27.6	131.8	108.4	23.5	131.9	−0.1
	해외생산	113.4	8.9	122.3	92.1	27.4	119.5	2.3
	total	217.6	36.5	254.1	200.5	50.9	251.4	1.1
Hyundai	국내생산	146.9	21.4	168.3	147.3	20.1	167.4	0.5
	해외생산	73.6	5.1	78.7	58.0	0.0	58.0	35.7
	total	220.5	26.5	247.0	205.3	20.1	225.4	9.6
Suzuki	국내생산	92.1	17.0	109.1	87.0	17.5	104.5	4.4
	해외생산	94.8	16.2	111.0	65.7	3.1	68.8	61.3
	total	186.9	33.2	220.1	152.7	20.6	173.3	27.0
Mitsubishi	국내생산	55.5	10.9	66.4	53.2	22.8	76.0	−12.6
	해외생산	22.0	31.4	53.4	24.0	30.0	54.0	−1.1
	total	77.5	42.3	119.8	77.2	52.8	130.0	−7.8
BMW	국내생산	84.7			75.9	0.0	75.9	−100.0
	해외생산	37.3	10.5	47.8	27.2	10.9	38.1	25.5
	total	122.0	10.5	132.5	103.1	10.9	114.0	16.2
Kia	국내생산	100.0	10.5		89.7	12.2	101.9	−100.0
	해외생산	16.1	0.4		9.7	0.0	9.7	−100.0
	total	116.1	10.9	127.0	99.4	12.2	111.6	12.8
Mazda	국내생산	80.6	5.9	86.5	75.8	6.0	81.8	5.7
	해외생산	7.9	12.8	20.7	9.1	13.5	22.6	−8.4
	total	88.5	18.7	107.2	84.9	19.5	104.4	2.7
GM Deawoo	국내생산	63.3	1.4	64.7	54.1	1.4	55.5	16.6
	해외생산	49.7	0.8	50.5	34.3	0.0	34.3	47.2
	total	113.0	2.2	115.2	88.4	1.4	89.8	28.3

출처: 한국자동차공업협회, 세계자동차공업협회(OICA) 자료 종합.

〈부표 3〉 2003~2005년 세계 주요 기업 자동차 생산량에서 해외생산비중(%)

구분	GM	Ford	Toyota	VW	D-C	Nissan	Honda	PSA	Renault	Hyundai	BMW
2005년	74.8	77.5	41.3	63.5	31.0	52.0	55.7	25.5	52.1	33.4	30.6
2004년	55.2	55.5	45.3	62.0	29.5	53.5	60.4	35.7	47.5	25.7	33.4
2003년	53.3	51.9	43.1	62.7	29.8	48.6	57.5	35.3	43.6	7.9	35.5

출처: 한국자동차공업협회, 세계자동차공업협회(OICA) 자료 종합.

〈부표 4〉 세계 주요국 자동차 수출량 추이(만 대, %)

구분	2005				2004				2003			
	승용차	상용차	Total	비중	승용차	상용차	Total	비중	승용차	상용차	Total	비중
일본	436.3	69.0	505.3	17.7	421.4	74.4	495.8	18.1	408.0	67.6	475.6	16.8
프랑스	384.1	47.4	431.5	15.1	382.0	44.9	426.9	15.5	363.8	40.7	404.5	14.3
독일	379.5	28.5	408.0	14.3	366.7	25.7	392.4	14.3	365.5	25.2	390.7	13.8
한국	245.6	12.9	258.5	9.1	227.6	10.3	237.9	8.7	172.0	9.5	181.5	6.4
스페인	170.5	54.2	224.7	7.9	196.8	51.3	248.1	9.0	196.1	53.4	249.5	8.8
미국	167.7	38.7	206.4	7.2	142.2	37.2	179.4	6.5	127.8	33.6	161.4	5.7
영국	118.6	13.0	131.6	4.6	117.3	12.8	130.1	4.7	112.3	11.3	123.6	4.4
멕시코	66.8	55.6	122.4	4.3	57.7	55.5	113.2	4.1	61.5	58.0	119.5	4.2
브라질	68.4	21.3	89.7	3.1	49.7	15.2	64.9	2.4	44.1	9.5	53.6	1.9
벨기에	83.9	2.9	86.8	3.0	83.0	4.1	87.1	3.2	76.4	10.8	87.2	3.1
스웨덴	49.2	13.6	62.8	2.2	51.9	6.3	58.2	2.1	38.3	11.2	49.5	1.8
이태리	27.2	22.4	49.6	1.7	37.8	21.8	59.6	2.2	50.2	20.1	70.3	2.5
sub-total	2,197.8	379.5	2,577.3	90.5	2,134.1	359.5	2,493.6	90.8	2,016.0	350.9	2,366.9	83.7
전세계	2,401.9	446.9	2,848.8		2,338.1	408.7	2,746.8		2,390.9	436.5	2,827.4	

출처: 한국자동차공업협회, Fourin 자동차통계백서, 세계자동차공업협회(OICA) 자료 종합.

〈부표 5〉 세계 주요국 자동차 보유량 추이(만 대, %)

구 분	승용차	상용차	Total	미국	일본	독일	프랑스	이태리	영국
1970	19,348	5,290	24,638	10,842	1,758	1,561	1,440	1,112	1,357
1975	26,020	6,770	32,790	13,295	2,809	1,950	1,793	1,625	1,599
1975년 비중	79.4	20.6		40.5	8.6	5.9	5.5	5.0	4.9
1980	32,039	9,059	41,098	15,580	3,786	2,485	2,172	1,912	1,735
1985	37,448	11,302	48,751	17,165	4,616	2,782	2,409	2,441	2,225
1985년 비중	76.8	23.2		35.2	9.5	5.7	4.9	5.0	4.6
1986	38,635	11,344	49,979	17,619	4,797	2,898	2,507	2,550	2,279
1987	39,403	12,118	51,521	17,904	4,990	3,011	2,570	2,639	2,362
1988	41,291	12,688	53,979	18,440	5,245	3,104	2,634	2,748	2,467
1989	42,437	13,257	55,693	18,726	5,509	3,207	2,709	2,858	2,574
1990	44,490	13,808	58,298	18,866	5,770	3,268	2,776	2,991	2,641
1990년 비중	76.3	23.7		32.4	9.9	5.6	4.8	5.1	4.5
1991	45,603	13,927	59,531	18,837	5,992	3,342	2,846	3,103	2,657
1992	46,994	14,359	61,353	19,036	6,164	4,025	2,883	3,211	2,684
1993	46,946	14,763	61,709	19,406	6,326	4,204	2,905	3,237	2,721
1994	47,953	14,955	62,908	19,805	6,501	4,288	3,004	3,246	2,765
1995	47,701	16,975	64,676	20,153	6,685	4,356	3,030	3,317	2,817
1995년 비중	73.8	26.2		31.2	10.3	6.7	4.7	5.1	4.4
1996	48,595	18,540	67,136	20,637	6,880	4,417	6,076	3,374	2,880
1997	50,745	18,567	69,312	20,775	7,000	4,450	3,127	3,440	2,964
1998	51,488	19,368	70,856	21,102	7,082	4,498	3,231	3,471	3,044
1999	52,522	20,049	72,571	21,631	7,173	4,579	3,309	3,545	3,097
2000	53,668	20,746	74,414	22,148	7,265	4,731	3,381	3,617	3,146
2000년 비중	72.1	27.9		29.8	9.8	6.4	4.5	4.9	4.2
2001	57,511	20,952	78,463	23,049	7,341	4,800	3,460	3,700	3,212
2002	58,097	20,792	78,889	23,085	7,399	4,823	3,514	3,768	3,292
2003	59,754	21,705	81,460	23,153	7,421	4,856	3,563	3,848	3,359
2004	61,016	22,466	83,482	23,140	7,466	4,892	3,604	3,822	3,409
2005	62,669	23,515	86,184	23,770	7,568	4,922	3,630	3,894	3,459
2005년 비중	72.7	27.3		27.6	8.8	5.7	4.2	4.5	4.0

출처: 한국자동차공업협회, 세계자동차공업협회(OICA) 자료 종합.

〈부표 6〉 2005년 세계 주요국 자동차 및 승용차 보유량 현황(만 대, 만 명)

구 분	승용차	상용차	total	총인구	승용차 1대당 인구(명)	인구 1천 명당 승용차(대)	인구 1천 명당 자동차(대)
미 국	13,291	10,479	23,770	29,821	2.24	445.69	797.09
캐나다	1,812	79	1,891	3,227	1.78	561.51	585.99
멕시코	1,490	761	2,251	10,703	7.18	139.21	210.31
프랑스	3,010	620	3,630	6,049	2.01	497.60	600.10
독 일	4,609	313	4,922	8,269	1.79	557.38	595.24
이태리	3,467	427	3,894	5,809	1.68	596.83	670.34
스페인	2,025	491	2,516	4,306	2.13	470.27	584.30
스웨덴	415	47	462	904	2.18	459.07	511.06
영 국	3,065	394	3,459	5,967	1.95	513.66	579.69
체 코	396	49	445	1,022	2.58	387.48	435.42
헝가리	289	41	330	1,009	3.49	286.42	327.06
폴란드	1,263	264	1,527	3,853	3.05	327.80	396.31
루마니아	336	67	403	2,171	6.46	154.77	185.63
러시아	2,529	570	3,099	14,320	5.66	176.61	216.41
한 국	1,112	427	1,539	4,829	4.34	230.28	318.70
일 본	5,709	1,860	7,569	12,808	2.24	445.74	590.96
대 만	563	103	666	2,286	4.06	246.28	291.34
싱가포르	44	20	64	432	9.82	101.85	148.15
인도네시아	385	295	680	22,278	57.86	17.28	30.52
말레이시아	640	132	772	2,535	3.96	252.47	304.54
필리핀	79	181	260	8,305	105.13	9.51	31.31
중 국	2,132	1,027	3,159	131,584	61.72	16.20	24.01
인 도	765	442	1,207	110,337	144.23	6.93	10.94
호 주	1,090	256	1,346	2,016	1.85	540.67	667.66
뉴질랜드	267	53	320	403	1.51	662.53	794.04
브라질	1,837	465	2,302	18,641	10.15	98.55	123.49
아르헨티나	523	178	701	3,875	7.41	134.97	180.90
칠 레	143	77	220	1,630	11.40	87.73	134.97
콜롬비아	91	56	147	4,560	50.11	19.96	32.24
베네수엘라	152	118	270	2,675	17.60	56.82	100.93
전세계	60,961	22,500	83,462	615,788	10.10	99.00	135.54

출처: 한국자동차공업협회, Fourin 자동차통계백서, 세계자동차공업협회(OICA) Automotive News 자료 종합.

〈부표 7〉 중국 GDP, 1인당 GDP, 인구 및 도시주민
1인당 가처분소득 추이와 전망

연도	GDP(억 위엔)	CAGR(%)	인구(억 명)	1인당 GDP(위엔)	도시주민 1인당 소득(위엔)	CAGR(%)
1990	18,667.8		11.43	1,644	1,510.2	
1991	21,781.5		11.58	1,893	1,700.6	
1992	26,923.5	26.7	11.71	2,311	2,026.6	23.1
1993	35,333.9		11.85	2,998	2,577.4	
1994	48,197.9		11.99	4,044	3,496.2	
1995	60,793.7		12.11	5,046	4,283.0	
1996	71,176.6		12.24	5,846	4,838.9	
1997	78,973.0		12.36	6,420	5,160.3	
1998	84,402.3	8.7	12.48	6,796	5,425.1	6.7
1999	89,677.1		12.58	7,159	5,854.0	
2000	99,214.6		12.67	7,858	6,280.0	
2001	109,655.2		12.76	8,622	6,859.6	
2002	120,332.7		12.85	9,398	7,702.8	
2003	135,822.8	13.7	12.92	10,542	8,472.2	11.2
2004	159,878.3		12.99	12,336	9,421.6	
2005	183,084.8		13.07	14,008.0	10,493.0	
2006	197,548.5		13.33	14,819.8	11,353.4	
2007	213,154.8		13.42	15,883.4	12,284.4	
2008	229,994.1	7.9	13.51	17,024.0	13,291.7	8.2
2009	248,163.6		13.61	18,233.9	14,381.7	
2010	267,768.5		13.70	19,545.1	15,560.9	
2011	285,441.2		13.80	20,684.1	16,650.2	
2012	304,280.4		13.90	21,890.7	17,815.7	
2013	324,362.9	6.6	14.00	23,168.8	19,062.8	7.0
2014	345,770.8		14.10	24,522.8	20,397.2	
2015	368,591.7		14.19	25,975.5	21,825.0	

연도	GDP(억 위엔)	CAGR(%)	인구(억 명)	1인당 GDP(위엔)	도시주민 1인당 소득(위엔)	CAGR(%)
2016	390,707.2		14.27	27,379.6	23,200.0	
2017	414,149.6		14.35	28,860.6	24,661.6	
2018	438,998.6	6.0	14.42	30,443.7	26,215.3	6.3
2019	465,338.5		14.48	32,136.6	27,866.9	
2020	**493,258.8**		**14.54**	**33,924.3**	**29,622.5**	
2021	520,388.1		14.59	35,667.4	31,320.9	
2022	549,009.4		14.63	37,526.3	33,095.7	
2023	579,204.9	5.5	14.67	39,482.3	34,982.1	5.7
2024	611,061.2		14.70	41,568.8	36,976.1	
2025	**644,669.6**		**14.73**	**43,765.8**	**39,083.7**	

출처: 中國統計年鑑 2006, World Bank, *China 2020 and* Global Insight, *World Overview 2004* 등 각종 예측자료 종합.

〈부표 8〉 중국의 자동차 및 승용차 생산량 추이와 전망

연도	자동차 생산량(만 대)		승용차 생산량(만 대)		승용차 비중(%)	
	예측(최저)	예측(최고)	예측(최저)	예측(최고)	예측(최저)	예측(최고)
1990	50.9		4.2		8.3	
1991	70.8		8.1		11.4	
1992	106.2		16.3		15.3	
1993	129.7		22.9		17.7	
1994	135.3		25.0		18.5	
1995	145.3		32.5		22.4	
1996	147.5		39.1		26.5	
1997	158.3		48.8		30.8	
1998	162.8		50.7		31.1	
1999	183.2		56.6		30.9	
2000	206.8		60.7		29.4	
2001	234.2		70.4		30.1	
2002	325.4		109.3		33.6	
2003	444.4		203.8		45.9	
2004	507.4		231.4		45.6	
2005	574		278		48.4	
2006	730		386		52.9	

연도	자동차 생산량(만 대)		승용차 생산량(만 대)		승용차 비중(%)	
	예측(최저)	예측(최고)	예측(최저)	예측(최고)	예측(최저)	예측(최고)
2007	825	861	436	463	52.9	53.8
2008	916	991	489	537	53.4	54.2
2009	1,007	1,109	547	618	54.3	55.7
2010	1,108	1,243	613	711	55.3	57.2
2011	1,197	1,367	668	796	55.8	58.2
2012	1,292	1,490	728	891	56.3	59.8
2013	1,383	1,609	786	981	56.9	60.9
2014	1,480	1,738	849	1,079	57.4	62.1
2015	1,554	1,842	909	1,176	58.5	63.8
2016	1,631	1,953	972	1,281	59.6	65.6
2017	1,713	2,070	1,040	1,397	60.7	67.5
2018	1,781	2,173	1,103	1,495	61.9	68.8
2019	1,853	2,282	1,169	1,599	63.1	70.1
2020	1,908	2,373	1,239	1,711	64.9	72.1
2021	1,965	2,468	1,301	1,814	66.2	73.5
2022	2,005	2,542	1,366	1,923	68.1	75.6
2023	2,045	2,618	1,434	2,038	70.1	77.8
2024	2,065	2,671	1,492	2,140	72.2	80.1
2025	2,086	2,724	1,551	2,247	74.4	82.5

출처: 中國汽車年鑒 2000, 2006 각 호 및 중국 자동차(승용차) 생산에 관한 각종 예측자료 종합.

<부표 9> 중국의 자동차와 승용차 보유량 및 인구
1천 명당 보유량 추이와 전망

연도	자동차 보유량 (만 대)		승용차 보유량 (만 대)		총인구 예측 (만 명)	인구 천 명당 자동차 보유량(대)		인구 천 명당 승용차 보유량(대)	
	예측 (최저)	예측 (최고)	예측 (최저)	예측 (최고)	(TFR=1.8)	예측 (최저)	예측 (최고)	예측 (최저)	예측 (최고)
1991	606.1		63.5		115,823	5.23		0.55	
1992	691.7		91.3		117,171	5.90		0.78	
1993	817.6		132.0		118,517	6.90		1.11	
1994	942.0		169.0		119,850	7.86		1.41	
1995	1,040.0		209.3		121,121	8.59		1.73	

연도	자동차 보유량 (만 대)		승용차 보유량 (만 대)		총인구 예측 (만 명)	인구 천 명당 자동차 보유량(대)		인구 천 명당 승용차 보유량(대)	
	예측 (최저)	예측 (최고)	예측 (최저)	예측 (최고)	(TFR=1.8)	예측 (최저)	예측 (최고)	예측 (최저)	예측 (최고)
1996	1,100.1		244.1		122,389	8.99		1.99	
1997	1,219.1		286.0		123,626	9.86		2.31	
1998	1,319.3		328.4		124,761	10.57		2.63	
1999	1,452.9		377.0		125,786	11.55		3.00	
2000	1,608.9		426.4		126,743	12.69		3.36	
2001	1,802.0		473.5		127,627	14.12		3.71	
2002	2,053.2		549.0		128,453	15.98		4.27	
2003	2,382.9		720.9		129,227	18.44		5.58	
2004	2,693.7		917.5		129,988	20.72		7.06	
2005	3,159.7		1,173.0		130,756	24.16		8.97	
2006	3,511.4	3,522.8	1,457.2	1,469.1	133,300	26.34	26.43	10.93	11.02
2007	4,038.8	4,075.6	1,780.4	1,819.3	134,200	30.10	30.37	13.27	13.56
2008	4,630.3	4,709.3	2,141.0	2,226.3	135,100	34.27	34.86	15.85	16.48
2009	5,277.2	5,418.6	2,547.1	2,702.8	136,100	38.77	39.81	18.72	19.86
2010	5,983.4	6,211.6	2,996.8	3,252.9	137,000	43.67	45.34	21.87	23.74
2011	6,722.7	7,063.7	3,451.8	3,829.8	138,000	48.72	51.19	25.01	27.75
2012	7,431.6	7,915.4	3,860.4	4,385.1	139,000	53.46	56.95	27.77	31.55
2013	8,092.2	8,752.6	4,296.5	4,996.5	140,000	57.80	62.52	30.69	35.69
2014	8,774.7	9,650.1	4,735.0	5,643.2	141,000	62.23	68.44	33.58	40.02
2015	9,481.7	10,615.7	5,204.0	6393.8	141,900	66.82	74.81	36.67	45.06
2016	10,181.5	11,603.9	5,681.4	7,180.3	142,700	71.35	81.32	39.81	50.32
2017	10,867.5	12,609.2	6,165.6	8,002.2	143,500	75.73	87.87	42.97	55.76
2018	11,521.3	13,614.0	6,653.8	8,858.7	144,200	79.90	94.41	46.14	61.43
2019	12,137.7	14,613.7	7,140.9	9,744.4	144,800	83.82	100.92	49.32	67.30
2020	12,702.3	15,594.4	7,632.4	10,648.9	145,400	87.36	107.25	52.49	73.24
2021	13,240.6	16,558.4	8,111.6	11,562.9	145,900	90.75	113.49	55.60	79.25
2022	13,720.5	17,471.9	8,571.8	12,479.2	146,300	93.78	119.43	58.59	85.30
2023	14,147.7	18,338.5	9,010.5	13,395.4	146,700	96.44	125.01	61.42	91.31
2024	14,520.5	19,153.9	9,435.4	14,318.2	147,000	98.78	130.30	64.19	97.40
2025	14,842.9	19,919.5	9,857.9	15,234.1	147,300	100.77	135.23	66.92	103.42

출처: 中國汽車年鑑 2006, 中國統計年鑑 2006, 중국정보핸드북 2005~2006 및 중국 자동차 (승용차) 생산, 중고차 수명, 수출입에 관한 각종 예측자료 종합.

〈부표 10〉 중국 완성차 부문 매출액, 이윤액 및
매출액 대비 이윤율 추이와 전망

구 분	매출총액 (억 위엔)	매출총액 CAGR(%)	이윤액(억 위엔)		매출액 대비 이윤율(%)	
			예측(최저)	예측(최고)	예측(최저)	예측(최고)
1990	225.9		21.4		9.5	
1991	399.0		42.7		10.7	
1992	678.7	37.9	81.1		11.9	
1993	1,013.0		97.6		9.6	
1994	1,007.0		65.9		6.5	
1995	1,124.9		106.2		9.4	
1996	1,199.0		107.6		9.0	
1997	1,392.1		116.0		8.3	
1998	1,443.9	13.9	103.7		7.2	
1999	1,660.8		180.8		10.9	
2000	2,014.5		247.9		12.3	
2001	2,457.7		339.9		13.8	
2002	3,406.8		484.8		14.2	
2003	5,141.6	22.8	700.2		13.6	
2004	5,490.5		708.4		12.9	
2005	5,582.9		580.8		10.4	
2006	6,141.2		614.1	736.9		
2007	6,755.3		675.5	810.6		
2008	7,430.8	10.0	743.1	891.7	10.0	12.0
2009	8,173.9		817.4	980.9		
2010	8,991.3		899.1	1,079.0		
2011	9,710.6		679.7	874.0		
2012	10,487.5		734.1	943.9		
2013	11,326.5	8.0	792.9	1,019.4	7.0	9.0
2014	12,232.6		856.3	1,100.9		
2015	13,211.2		924.8	1,189.0		

구분	매출총액 (억 위엔)	매출총액 CAGR(%)	이윤액(억 위엔)		매출액 대비 이윤율(%)	
			예측(최저)	예측(최고)	예측(최저)	예측(최고)
2016	14,003.9		700.2	980.3		
2017	14,844.1		742.2	1,039.1		
2018	15,734.7	6.0	786.7	1,101.4	5.0	7.0
2019	16,678.8		833.9	1,167.5		
2020	**17,679.6**		**884.0**	**1,237.6**		
2021	18,563.5		556.9	928.2		
2022	19,491.7		584.8	974.6		
2023	20,466.3	5.0	614.0	1,023.3	3.0	5.0
2024	21,489.6		644.7	1,074.5		
2025	**22,564.1**		**676.9**	**1,128.2**		

출처: 中國汽車年鑒 2000, 2006 각 호 및 중국 자동차산업(완성차 부문) 매출액과 이윤액에 관한 각종 예측자료 종합.

참고문헌

〈국내 논문〉

김미경. 1996. "자동차산업부문에서의 정부-기업관계", 『사회과학연구』 제9호.

김안호·기성래. 2004. "자동차산업의 경제적 효과분석-산업연관분석을 중
　심으로", 『산업경제연구』 제17권 제4호.

김영인·박노광·정창선. 2001. "한·미·일에 있어서 자동차산업과 부품
　산업간 협력관계의 특징 비교", 『경영학연구』 제30권 제3호.

김용운. 2005a. "원유수급 해소를 위해 적극적인 해외 원유자원 개발에 나
　선 중국", 『수은해외경제』, 2005. 5, 한국수출입은행.

김용운. 2005b. "경쟁이 심화되는 중국 자동차 시장", 『수은해외경제』,
　2005. 6, 한국수출입은행.

김주영. 2004a. "M&A를 통해 본 중국 자동차산업의 세력 판도: 승용차를
　중심으로", 『수은해외경제』, 2004. 12, 한국수출입은행.

김주영. 2004b. "중국, 자동차산업 정책 변화로 관련 진출기업 전략수정
　불가피", 2004. 8. 13, 한국수출입은행 해외경제연구소.

김준규. 2005. "중국 승용차산업의 공급과잉 우려와 대응전략", 한국자
　동차공업협회, 2005. 12.

김현진. 2003. "도요타 환경중시 경영과 시사점", Issue Paper, 2003. 12.
　24, 삼성경제연구소.

김현진. 2004. "중국발 에너지 위기 가능성과 에너지 안전보장", Issue Paper, 2004. 6. 7, 삼성경제연구소

김형국. 2002. "중국 자동차산업과 정책변화: 사회주의 발전국가의 정책 자율성과 구조적한계", 『한국정치학회보』 제36집 3호, 한국정치학회.

박경서. 2003. "중국 자동차시장의 성장과 모토라이제이션 진입시점 추정 연구", 『POSRI 경영연구』 제3권 제2호.

박상수. 2006. "중국기업의 글로벌화 전략에 대한 일고", 『중국학연구』 제36집, 중국학연구회.

박세근. 2004. "중국, 중장기 에너지발전계획 수립", 2004. 7. 8, 한국수출입은행 해외경제연구소

박장재. 1999. "정부와 시장관계에 대한 중국의 선택과 조정", 『중소연구』 제23권, 한양대학교 아태지역연구센터.

서석흥. 2004. "중국의 신(新) ≪자동차산업 발전정책≫의 주요 쟁점 분석", 『현대중국연구』 제6집 1호, 현대중국학회.

심상목. 2004. "한국기업의 중국자동차시장 진출전략", 『경영논집』 제22집.

이강용. 1996. "일본자동차산업의 국제화 전략', 『한국무역학회』 제21권 2호.

이덕훈. 1997. "일본의 자동차산업발전과 산업정책", 『한일경상논집』 제13권.

이두환. 2002. "중국의 자동차 산업정책에 관한 연구", 『한독사회과학논총』 제12권 제2호, 한독사회과학회.

오승렬. 2005. "중국 거시경제 관리 방식과 정책 효율성 연구", 『중국학연구』 제33집, 중국학연구회.

유석진. 1993. "한국자동차산업과 국제분업구조- 국가주도산업화 명제와 관련지어", 『국제정치논총』 제33집 1호.

유진수. 1999. "대외환경변화와 자동차산업", 『구조조정과 한국자동차산업』, 한국산업조직학회 하계정책세미나 논문집.

장영석·조성재·박준식. 2005. "중국 자동차산업의 발전과 고용관계", 『동북아제조업의 분업구조와 고용관계(Ⅰ)』, 한국노동연구원.

조대우·송우용. 1999. "종단분석을 이용한 세계 자동차산업의 전략적 제휴 특성", 『경영논집』 제15권 제2호.

조돈문. 1999. "세계자동차산업의 구조조정과 노동조합의 대응전략", 『노동사회』, 1999년 1월호.

정환우. 2004. "중국의 자동차 산업정책과 외자", 『현대중국연구』 제6집 1호, 현대중국학회.

최병헌. 2005a. "중국 도시와 농촌주민의 소득현황 및 소비구조 분석", 『월간한중』 제8－1호, 인천발전연구원 한중교류센터.

최병헌. 2005b. "중국 자동차산업의 역동성과 승용차 부문의 도약", 『월간한중』 제6－2호, 인천발전연구원 한중교류센터.

최태호. 1998. "중국에 있어서 자동차산업발달의 공간적 측면('56~'85)", 국토연구원, Vol.84, No.0, pp.26－33.

하상조. 1997. "중국자동차 산업의 발전과 산업정책 평가", 『경제학논집』 제6권 1호, 한국국민경제학회.

탁승문. 2001. "세계 자동차산업의 구조변화가 철강산업에 미치는 영향과 대응과제", 『POSRI 경영연구』 제1권 제1호.

탁세령. 2005. "중국 자동차산업 현황 및 전망", 2005. 12. 9, 한국수출입은행 해외경제연구소.

한국자동차공업협회. 2003. "한국 자동차 수요 중장기 예측모형(IV)", 2003. 4.

한국자동차공업협회. 2005. "2006년 자동차산업 전망", 2005. 12.

한국자동차공업협회. 2006. "일본 자동차산업 동향과 주요 메이커의 경영전략", 2006. 3.

〈국내 단행본〉

강준영 · 전병곤. 2004. 『한권으로 이해하는 중국』, 서울: 지영사.

강준영 편. 2003. 『중국 진출전략 대특강』, 서울: 중앙M&A.

김원배 · 장경섭 · 김형국 편. 2003. 『중국의 오늘과 내일』, 서울: 나남출판.

신태용. 1987. 『중공의 자동차산업 현황과 전망』, 연구보고서 제109호(F),

산업연구원.

심윤섭·양평섭. 2002. 『중국 자동차 시장 현황과 우리의 진출전략: 다국 적기업의 생산 및 아웃소싱기지로 부상하는 중국』, 한국무역협회 무역연구소.

이문형. 2000. 『21세기 중국 승용차산업 발전전략과 한중 협력증진 방안』, 산업연구원 정책자료. 제205호.

이희옥. 2004. 『중국의 새로운 사회주의 탐색』, 파주: ㈜창비.

이항구·조철·이영주·김경유. 2004. 『중국 자동차산업의 국제적 위상 변화와 한·중 자동차산업협력 로드맵』, 산업연구원, 2004. 12.

임기택. 2003. 『중국 자동차산업의 현황과 미래』, 서울: 화서당.

어윤대·방호열. 1995. 『전략경영』, 서울: 학현사.

어윤대. 2001. 『국제경영』, 서울: 학현사.

원종근. 1995. 『국제경영학』, 서울: 박영사.

원종근. 2006. 『글로벌 시대의 국제경영』, 서울: 박영사.

장세진. 1996. 『글로벌경쟁시대의 경영전략』 제1판, 서울: 박영사.

장세진. 2005. 『글로벌경쟁시대의 경영전략』 제4판, 서울: 박영사.

정구현·엄구호 편. 2000. 『중국의 시장과 기업』, 서울: 나남출판

지만수·최의현·이남주·김석진·백권호. 2005. 『중국의 산업고도화 및 기업성장현황과 시사점: 중국 위협의 재평가』, 대외경제정책연구원.

조영복·정동섭. 2003. 『경영전략』, 대구: 대명출판사.

미쉘린 메이너드(저), 최원석(역). 2004. 『디트로이트의 종말』, 서울: 인디북.

마에마 다카노리(저), 박일근(역). 2004. 『미래산업을 주도하는 세계 자동차 전쟁』, 서울: 시아출판사.

산업연구원. 2004. 『중국 자동차산업의 발전전략과 우리의 대응방안』, 2004. 12.

전경련 국제협력실(역). 2005. 『중국정보 핸드북 2005~2006』, 서울: FKI 미디어.

〈영문 논문〉

Ann Chen, and Vijay Vishwanath. 2005. "Expanding in China", *Harvard Business Review*, March, Vol.*83*.

Clayton M. Christensen. 2001. "The Past and Future of Competitive Advantage", *MIT Sloan Management Review*, Winter, pp.105 – 109.

C. K. Prahalad and Gary Hamel. 1990. "The Core Competence of the Corporation", *Harvard Business Review*, May – June, pp.79 – 91.

Chikashi Kishimoto and Eric D. Ramstetter. 2005. "Distribution in Chinese Affiliates of Japanese Automobile Firms", Working Paper, Vol.2005 – 10, The International Center for the Study of East Asian Development, Kitakyushu.

Benjamin Gomes – Casseres. 1994. "Group versus group: How alliance network compete", *Harvard Business Review,* July – August, Vol.72.

Fewsmith, Joseph. 2001. "The Political and Social Implication of China's Accession to the WTO", *China Quarterly*, no.167. pp.573 – 591.

Francois, Joseph F. and Dean Spinanger. 2003. "Regulated Efficiency, World Trade Organization Accession, and the Motor Vehicle Sector in China", *World Bank Economic Review* 18, no.1. pp.85 – 104.

Gregory W. Noble, John Revenhill and Richard F. Doner. 2005. "Executioner or Disciplinarian: WTO Accession and the Chinese Auto Industry", *Business and Politics*, Vol.7, No.2, pp.1 – 33.

Harwit, Eric. 2001. "The Impact of WTO Membership on the Automobile Industryin China", *The China Quarterly,* No.167, September, pp.655 – 670.

Huang, Yasheng. 2002. "Between Two Coordination Failures: Automotive

Industrial Policy in China with a Comparison to Korea", *Review of International Political Economy* 9, no.3: 538−73.

J. Enrique Bigne and Natalia Vila Lopez. 2002. "Competitive groups in the Automobile industry: a compared supply−demand approach", *Journal of Strategic Marketing*, Vol.10, pp.21−45.

Jeffrey H. Dyer, Prashant Kale, and Harbir Singh. 2004. "When to Ally & When to Acquire", *Harvard Business Review*, July−August, pp.109−115.

Marie−Claude Belis−Bergouignan, Gernard Bordenave and Yannick Lung. 2000. "Global Strategies in the Automobile Industry", Regional Studies, Vol.34.1, pp.41−53.

Ma Jun and Zhi Wang. 2001. "Winners and Losers of China's WTO Entry", China Business Review 28, no.2, pp.22−25.

Mike W. Peng. 2000. "Controlling the Foreign Agent: How Governments Deal with Multinationals in a Transition Economy", *Management International Review,* Vol.40, pp.141−165.

Mike W. Peng. 2006. "Making M&A Flu in China", *Harvard Business Review,* March, Vol.72.

Michael E. Porter. 1987. "From Competitive advantage to corporate strategy", *Harvard Business Review*, May−June, pp.43−59.

Michael E. Porter. 1996. "What Is Strategy?" *Harvard Business Review,* November−December, pp.61−78.

Michael E. Porter. 2001. "Strategy and the Internet", *Harvard Business Review,* March, pp.63−78.

Murphy, David. 2003. "Old Volkswagen Chases New China", *Far Eastern Economic Review* 166−9, 2003. 3. 6, pp.25−28.

Shishi Kaku. 2002. "Oil Security: A Crucial Strategic Issue for the Economic Development of China", The Institute of Energy Economic. Japan (IEEJ). September.

Wei Zhang and Robert Taylor. 2001. "EU Technology Transfer to China — The automotive industry as a case study", Journal of the Asia Pacific Economy, 6(2), pp.261 — 274.

Wilfried Vanhonacker. 1997. "Entering China: An Unconventional Approach", *Harvard Business Review*, March — April, Vol.75.

Wilfried Vanhonacker. 2000. "A better way to Crack China", Harvard Business Review, July — August, Vol.78.

Zhao Min. 2005. "Five Competitive Forces in China's Automobile Industry", *Journal of American Academy of Business*, Vol.7, Num.1, pp.99 — 105, September.

Zheng Zhao, Jaideep Anand and Will Mitchell. 2005. "A Dual Networks Perspective on Inter — Organizational Transfer of R&D Capabilities: International Joint Ventures in the Chinese Automotive Industry", Journal of Management Studies, January 2005, pp.127 — 160.

DATAMONITOR. 2004. "Automobile Manufactures in China", Industry Profile 0099 — 2010. October.

〈영문 단행본〉

Franklin Root. 1994. *Entry Strategies for International Market*, Lexington.

Harwit, Eric. 1995. *China's Automobile Industry: Policies, Problems and Prospects.* Armonk. NY: M.E. Sharpe.

Jay B. Barney. 2002. *Gaining and Sustaining Competitive Advantage.* The 2nd editions. Prentice Hall. New Jersey.

Lardy, Nicholas R. 2002. *Integrating China into the Global Economy.*

Washington, D.C.: Brookings Institution Press.

Michael E. Porter. 1980. *Competitive Strategy.* New York.

P. Kotler, L. Fahey and S. Jatusripitak. 1985. *The New Competition.* Prentice-Hall, pp.123-150.

Zheng, Yongnian. 2004. *Globalization and State Transformation in China.* New York: Cambridge University Press.

〈중문 논문〉

董揚. 2004. "加快培育与發展自主品牌系列報道討論之一中國汽車到造品牌的時候了嗎?" ≪經濟日報≫, 2004. 2. 12.

胡潤峰. 2003. "質疑我國汽車産業政策: 世界主義和本土主義大較量?" 『經濟』, 8月.

龍永圖. 2004. "産業保護政策不利于中國汽車工業的發展", ≪搜狐財經≫, 2004. 2. 6.

路風·封凱棟. 2004. "加强自主開發是振興中國汽車工業唯一出路", ≪商務周間≫, 2004. 4. 6.

秋風. 2004. "爲什么國有大厂不關心自主品牌?" ≪新京報≫, 2004. 4. 14.

史自力. 2005. "美日歐汽車産業技術研發比較与分析", 『經濟与管理研究』, 2005年 第3期.

文劍. 2003. "汽車産業政策是誰的", ≪中華工商時報≫, 2003. 6. 5.

王夢奎·謝伏瞻·李劍閣. 2005. "十一五時期及2020年能源供求格局", ≪中國經濟時報≫, 중국국무원발전연구중심 정보망. (검색일: 2005. 5. 17.)

王曉玲. 2004. "中國汽車以市場換技術: 二十年合資道路實利什么?" ≪商務周間≫, 2004. 2. 6.

汪衛東. 2005. "我國汽車産業面臨的最大机遇和挑戰", 『汽車工業研究』, 2005

年 第5期, 중국국무원발전연구중심 정보망. (검색일 2005. 5. 31.)

謝光飛. 2004. "八問汽車産業政策", ≪中國經濟時報≫, 2004. 2. 25.

謝聞南. 2004. "自主品牌能不能指望合資企業-上汽, 上海通用, 東風公司總如是說", ≪中國經濟時報≫, 2004. 6. 9.

楊宗奇. 2004. "曾慶洪 自前談自主開發還爲時過早", ≪中國商報≫, 2004. 3. 17.

趙英. 2003. "中國汽車工業發展趨勢及對策", 『中國工業經濟』, 2003. 10. 25.

張娟.2005. "跨國公司對我國汽車産業技術轉移模式分析", 『汽車工業研究』, 2005年 第6期.

左延安. 2004. "自主開發和自主品牌需要政府大力支持", ≪經濟參考報≫, 2004. 3. 8.

朱劍明・孫明興・彭代勇. 2005. "中國汽車産業的大國优勢和出路", 『企業研究』, 2005年 第6期, 중국국무원발전연구중심 정보망. (검색일: 2005. 6. 24.)

朱中奇. 2003. "市場的事情交給市場辨汽車行業行政干預不宜多", ≪南方都市報≫, 2003. 8. 25.

〈중문 단행본〉

賈可. 2005. 『中國汽車調査』, 上海: 上海交通大學出版社.

劑世錦・陽建龍編. 2005. 『2005 中國産業發展報告』, 中國國務院發展研究中心, 北京: 華夏出版社.

中國汽車工業協會. 2006. 『中國汽車工業年鑒 2006』, 天津.

中國汽車工業協會. 2005. 『中國汽車工業年鑒 2005』, 天津.

中國汽車工業協會. 2004. 『中國汽車工業年鑒 2004』, 天津.

中國汽車技術研究中心. 1999. 『中國汽車工業年鑒 1999』, 天津.

中國汽車技術研究中心・中國汽車工業協會. 2000. 『中國汽車工業年鑒 2000』, 天津.

机械工業部汽車工業司·中國汽車技術硏究中心. 1995.『中國汽車工業年鑒 1995』, 天津.

國家信息中心中國經濟信息网. 2005.『中國行業發展報告－汽車制造業 2004』, 北京: 中國經濟出版社.

中國社會科學院工業經濟硏究所. 2005. 『中國工業發展報告 2005－資 源与环境約束下的中國工業發展』, 北京: 經濟管理出版社.

中國社會科學院工業經濟硏究所. 2004. 『中國工業發展報告 2004－中 國工業技術創新』, 北京: 經濟管理出版社.

中國國家統計局. 2006.『中國統計年鑒 2006』, 北京: 中國統計出版社.

中國國家統計局. 2006.『中國統計摘要 2006』, 北京: 中國統計出版社.

中國國家統計局. 2005.『中國統計年鑒 2005』, 北京: 中國統計出版社.

中國國家統計局. 2004.『中國統計年鑒 2004』, 北京: 中國統計出版社.

中國國家統計局. 2003.『中國統計年鑒 2003』, 北京: 中國統計出版社.

中國國家統計局. 2002.『中國統計年鑒 2002』, 北京: 中國統計出版社.

〈기타 주요 인터넷 사이트〉

세계자동차공업협회(www.oica.net)

중국자동차공업협회(www.caam.org.cn)

중국자동차공업정보망(www.autoinfo.gov.cn)

중국자동차공업협회통계정보망(www.auto-stats.org.cn)

한국자동차공업협회(www.kama.or.kr)

Fourin China Auto Weekly(www.fourin.com) 각 호

Fourin 자동차통계백서 각 호

Automotive news(www.autonews.com) 각 호

중국 자동차기업 각 홈페이지

세계 자동차산업 다국적기업 각 홈페이지

· 저자 ·

최병헌

• 약 력 •
한국외국어대학교 중국어과 졸업
미국 오하이오주립대학교(The Ohio State University) 경영학 석사(MBA)
한국 외국어대학교 국제지역대학원 국제지역학 박사(중국경제 전공)

인천발전연구원 한중교류센터 책임연구원
삼성전자 DM총괄 OMS사업부 전략마케팅실 근무
(現) 중국 상하이사회과학원 부문경제연구소 박사후 연구원(방문학자)

• 주요 연구실적 •
「홍콩과 주강삼각주간 협력관계 변화에 관한 연구」
「치루이자동차의 등장과 전략에 대한 함의: 자원준거관점의 확산」
「중국 자동차기업의 경영성과 분석과 함의: 독자모델 개발과 해외시장 진출
성과를 중심으로」
「중국 자동차산업에서 기업전략 변화 방향 분석」
「중국 자동차산업에 대한 외자증가와 산업구조 변화에 관한 연구」

"A Study on the strategic alliance type change between Chinese
automobile companies and multinational enterprises" 외 다수.

중국 자동차 산업의 미래
-다국적기업의 전략변화 전망-

• 초판 인쇄   2007년 12월 31일
• 초판 발행   2007년 12월 31일

• 지 은 이   최병헌
• 펴 낸 이   채종준
• 펴 낸 곳   한국학술정보㈜
          경기도 파주시 교하읍 문발리 513-5
          파주출판문화정보산업단지
          전화 031) 908-3181(대표) · 팩스 031) 908-3189
          홈페이지 http://www.kstudy.com
          e-mail(출판사업부) publish@kstudy.com
• 등   록   제일산-115호(2000. 6. 19)
• 가   격   33,000원

ISBN   978-89-534-7948-7 93320 (Paper Book)
       978-89-534-7949-4 98320 (e-Book)